红色方案
法国的崩溃

CASE RED
THE COLLAPSE OF FRANCE

［英］罗伯特·福尔奇克（Robert Forczyk） 著

姚军 译

民主与建设出版社

·北京·

© 民主与建设出版社，2020

图书在版编目（CIP）数据

红色方案：法国的崩溃 /（英）罗伯特·福尔奇克
著；姚军译 . -- 北京：民主与建设出版社，2020.3
ISBN 978-7-5139-2915-8

Ⅰ . ①红… Ⅱ . ①罗… ②姚… Ⅲ . ①敦刻尔克撤退
(1940) – 研究 Ⅳ . ① E195.2

中国版本图书馆 CIP 数据核字 (2020) 第 028665 号

著作权合同登记图字：01-2020-0778

红色方案：法国的崩溃
HONGSE FANG'AN FAGUO DE BENGKUI

著　　者	〔英〕罗伯特·福尔奇克	
译　　者	姚　军	
责任编辑	彭　现	
封面设计	周　杰	
出版发行	民主与建设出版社有限责任公司	
电　　话	（010）59417747　59419778	
社　　址	北京市海淀区西三环中路 10 号望海楼 E 座 7 层	
邮　　编	100142	
印　　刷	重庆共创印务有限公司	
版　　次	2020 年 5 月第 1 版	
印　　次	2020 年 5 月第 1 次印刷	
开　　本	787 毫米 ×1092 毫米　1/16	
印　　张	24	
字　　数	300 千字	
书　　号	ISBN 978-7-5139-2915-8	
定　　价	109.80 元	

注：如有印、装质量问题，请与出版社联系

谨以本书献给：

二战中第一位阵亡的法国坦克手马夏尔·鲁索（Martial Rousseau）少尉，在蒙泰梅（Monthermé）的战斗中阵亡的保罗·巴巴斯特（Paul Barbaste）中尉，在拉费尔泰要塞（Fort La Ferté）阵亡的莫里斯·布吉尼翁（Maurice Bourguignon）中尉以及击落德国王牌飞行员的勒内·波米耶·莱拉尔格（Réne Pomier Layrargues）少尉。

民主的建立依靠的正是这些人的牺牲。

目　录

前言

我们将从一场惨败走向又一场惨败，直到最后的胜利。[1]

——乔治·曼德尔（Georges Mandel），法国殖民地部长，1939 年

四十年前，当我还是一名军校学生时，老师最先传授给我的信条之一就是：民主国家军队的目的是制止战争，如果无法制止，那就取得胜利。众所周知，1939—1940 年，法兰西第三共和国的军队（当时被普遍认为是世界上最强大、装备最精良的武装部队之一）在这两项任务上都失败了，这成了军事史上最可耻的一场惨败。由于法国的突然崩溃和英国军事力量被逐出欧洲大陆，在一段时间内，第二次世界大战似乎还没开始就已经结束了。

第二次世界大战的历史对法国并不友好。法兰西第三共和国在 1940 年 6 月突然遭遇的军事上的崩溃，给后世留下了一系列难忘的印象：撤退、集体投降以及希特勒趾高气扬地走在埃菲尔铁塔前。法国的战败常常被视为军事领导人无能和毫无士气的军队在战场上表现怯懦的结果，而这一切的根源是道德沦丧。经历耻辱之后，夏尔·戴高乐重新集结了"自由法国"军队，但在 1944 年美军将他送回巴黎之前，这一企图不过是历史的注脚而已。七十年以后，二战中法国对盟国战争的贡献在人们心中仍然可有可无。

许多事后分析判定，法国的失败实际上是不可避免的，他们将注意力集中在第三共和国的内部政治分歧以及所谓军事计划与准备的缺陷上，但这在当时的领导高层并不明显。1940 年 6 月战败之前，法国陆军享有很高的国际声

誉。阿道夫·希特勒于 1933 年夺取德国最高权力、开始威胁欧洲和平时，温斯顿·丘吉尔曾在英国下议院发表了"感谢上帝，幸好有法国陆军"的著名言论，他暗示，那是抵抗侵略的坚固堡垒。[2] 丘吉尔的钦慕之词是基于法国陆军在一战中表现出来的韧劲。1914 年 9 月，面对德军以巴黎为目标的进攻，费迪南·福煦（Ferdinand Foch）将军语带嘲讽地说："我的中路已经失去控制，右路正在撤退，情况棒极了——我将发动进攻。"此后，他在马恩河发动了一次成功的反攻。1916 年，面对德军在凡尔登的大规模攻势，菲利普·贝当（Philippe Pétain）将军同样沉着冷静，充满信心地说："我们将逮住他们！"他的副手罗贝尔·尼韦勒（Robert Nivelle）将军则宣称："他们绝不可能通过！"法国人的勇敢配得上这些说辞，西尔万·雷纳尔（Sylvain Raynal）少校为时一周的史诗般的沃堡（Fort Vaux）防御战就说明了这一点。一个又一个阵地失守了，但法军顽强防守，并在反攻中一个又一个地夺了回来。

除了丘吉尔，还有许多外国观察家为一战中法军的坚韧所折服，这种信任延续到了战后。虽然英国在两次世界大战期间的策略是避免与欧洲大陆结盟，而将重点转向保卫其扩大后的殖民帝国，但伦敦领导层相信，法国的军事力量可以继续抗衡德国以武力打破现状的努力。只要法国军队保持强大，能够阻止德国控制英吉利海峡的港口，英国就不需要为了欧洲争端而维持强大的陆军。1938 年 4 月，丘吉尔仍然满怀信心地称法国陆军是"欧洲训练最好、最可信赖的机动部队"[3]。当希特勒拒绝停止对波兰的侵略时，内维尔·张伯伦政府还充分信任法国防御西欧的能力，认为希特勒不过是虚张声势。然而，张伯伦没有意识到，法国军队有明显的缺陷，对没有英国大力帮助下的战争毫无准备。如果张伯伦更了解法国需要多少军事援助才能持续对抗第三帝国，他也许就不会毫不犹豫地对德宣战了。

英法对德宣战后，巴黎和伦敦的军事专家们注意到了法国军队的一些严重缺陷，尤其是陆军严重依赖训练不足的预备役人员，且空军力量平庸，但他们相信这些缺陷可以在总动员之后很快消除。当法国财政部长保罗·雷诺（Paul Reynaud）在 1939 年 9 月宣告"我们将取得胜利，因为我们是最强大的"时，他信任的既是巴黎，也是伦敦。因为在纸面上，英法的军事与工业资源看起来确实远超希特勒的第三帝国。但在 1939—1940 年的冬季，英国开始出现怀疑的论调（特别是丘吉尔），认为法国军事实力已经被严重削弱。[4] 英国驻法远征军（BEF）第 2 军军长艾伦·布鲁克中将在 1939 年 11 月的日记中写道："我不由得怀疑，法国是否仍然足够坚强，能再次从头到尾地参与这场战争。"[5]

在莱茵河对岸，希特勒将法国看成德国的死敌，几乎从一开始就准备着又一场冲突。但希特勒也尊重法国陆军——那是他在一战中曾经对抗过的军队——期待着一场艰苦的战斗，不过德军更胜一筹的训练和士气将锁定胜局。莫斯科的斯大林也期待着法国陆军在防御战中有好的表现。他认为即将到来的西线战役是意外收获，可以使希特勒专注于其中至少一年，那样的话，自己就可以随意实施在东欧的侵略行动了。当法国仅仅 6 周就沦陷时，目瞪口呆的斯大林惊呼："他们完全无法进行任何抵抗吗？"除了希特勒有预见性的乐观思想外，当时大部分关于欧洲军事平衡的看法都是错误的。尽管一些战后历史学家认为法国的失败显然是"不可避免的"，但对当时的几乎每个人来说这都是意料之外的。

巴黎陷落后，国际上对法国及其军队的看法立刻发生了转变。停战后仅两周，《生活》杂志就宣称"法国打败了自己"，并称"内部腐败"是失败的根源。法国军队应有的实力此时被嘲笑为"可悲的幻觉"，人们指责法国军官"如兔子般怯懦"。《生活》杂志的结论是，法国的失败源于内部分歧，以及法国人民对"愚蠢、官僚、腐败、懒惰、低效到无可救药的领导层"的宽容。[6] 其他人也效仿新闻界的这种嘲讽口吻，并很快形成了解释失败的"集体智慧"。

自战争开始以来的七十年里，1940 年这场以法国失败告终的六周战役得到了广泛的研究和分析。首次官方研究始于 1942 年 2 月，当时维希政府在里永举行了一次作秀般的审判，点出了第三共和国的主要军事和政治人物，并将失败的罪责放在他们头上。[7] 里永审判几乎不能证明任何东西，但它开启了对法国军队内部缺陷的公开讨论。当犹太历史学家马克·布洛赫（Marc Bloch）的遗作《奇怪的失败》（Strange Defeat）于 1946 年出版时，更为这种潮流添加了动力。布洛赫曾以预备役上尉的身份接受动员，参加了 1940 年的战役，他在书中给出了自己的结论。但这本回忆录的写作没有任何参考材料，作者身处被占国家也严重限制了其视野。而且，他仅是驻佛兰德斯的法国第 1 军中一名下级后勤人员，也承认自己"没有任何一线作战经历，远离前线部队，与前线部队接触很少"。布洛赫将失败完全归咎于"彻底无能的最高统帅部"，而他从未见过这些人，他还说，法国军事领导人无法理解现代化的作战方法。[8] 他承认，自己的结论基于间接得到的信息。尽管观点有很大的局限，布洛赫的回忆录仍被视为非常可信的作品，确立了一种被后来的许多历史学家遵循的模式。

20 世纪 50 年代，关于 1940 年法国战败的严肃文献著作开始出现，以英语写成的重要著作包括：阿利斯泰尔·霍恩（Alistair Horne）的《输掉一场战役》（To Lose a Battle，1969），盖伊·查普曼（Guy Chapman）的《为什么法国会沦陷》（Why France Fell，1969），威廉·L. 夏勒（William L. Shirer）的《第三共和国的崩溃》（The Collapse of the Third Republic，1969），杰弗里·A. 冈斯博格（Jeffery A. Gunsburg）的《分而治之》（Divided and Conquered，1979），罗伯特·道蒂（Robert Doughty）的《灾难的种子》（Seeds of Disaster，1985）和《断裂点：色当与法国的陷落，1940》（The Breaking Point: Sedan and the Fall of France, 1940；1999），恩斯特·R. 迈（Ernest R. May）的《奇怪的胜利：希特勒征服法国》（Strange Victory: Hitler's Conquest of France, 2000），朱利安·杰克逊（Julian Jackson）的《法国的沦陷》（The Fall of France, 2003），以及卡尔-海因茨·弗里泽尔（Karl-Heinz Frieser）的《闪电战传奇：1940 年西线战役》（The Blitzkrieg Legend: The 1940 Campaign in the West，2005）。这些书籍广泛研究了作者认为对法国军队迅速战败起作用的社会、政治、经济及军事因素，布洛赫"彻底无能"的主题思想交织于多部著作中。只有冈斯博格的书声称，1940年的法国军队从技术上说没有缺陷，也不是由无能的军官率领的。

读者也许感到疑惑，有了这么多现存文献，为什么还要再写一本关于该主题的书？答案很简单：现存文件几乎只关注"黄色方案"（Fall Gelb）——德军西线攻势的开始阶段；而摒弃了德军攻势的最后阶段，即所谓的"红色方案"（Fall Rot）或者仅将其当成短暂的尾声。许多著作在 1940 年 6 月 3 日英国远征军从敦刻尔克撤退后就停止了叙述，似乎那就是战役的结尾，从而忽略了英国在敦刻尔克大撤退后又向法国派出第二支远征军，并再次撤退的事实。弗里泽尔的作品被人们视为从德国角度出发的最佳著作，但也止于敦刻尔克，仅用两三页的篇幅简述了"红色方案"。而霍恩 666 页的著作中也仅用了 24 页来介绍"红色方案"；他主要关注政治细节，仅在一个句子中提到了第二支英国远征军。道蒂的书结束于 1940 年 5 月 16 日，迈的书则完全无视了"红色方案"。因此，现有历史著作大多遗漏了"红色方案"和法国战役的下半部分。

确实，详细讨论"红色方案"的重要著作只有莱昂内尔·埃利斯（Lionel Ellis）的正史《法国与佛兰德斯的战争》（The War in France and Flanders，2004，353 页中的 36 页）、上文提到的夏勒（948 页中的 100 页）和查普曼（354 页中的 70 页）的著作，以及爱德华·斯皮尔斯（Edward Spears）爵士的《灾难任务》第二卷（Assignment to Catastrophe，1954）。查普曼对"红色方案"的叙述注明了日期，最好和夏勒的日记一起阅读，但法军在索姆河的抵抗通常只得到一两段的篇幅。第二支英国远征军的撤退（"阿里尔"行动和"循环"行动）在二战史中实际上并不为人所知。发生于 1940 年 6 月的重要事件也鲜少在标准的叙述中被提及，例如德国空军在圣纳泽尔沿岸击沉"兰开斯特里亚"号客轮，造成至少 3000 名英国军人死亡。现有的法国战役文献主要关注 1940 年 5 月的事件，且基本以地面战役为中心，对空中与海上行动（除了敦刻尔克大撤退之外）则轻描淡写。虽然对 1940 年战役的空中行动有专门的研究——严重偏向于英国皇家空军（RAF）的贡献——但这些研究成果并没有被整合到正史中。法国海军在 1940 年 6 月也相当活跃：于沿岸地区提供舰炮火力支援，对意大利军队实施袭击，将关键舰只撤往北非，并对柏林发动了盟军的第一次空袭。但在有关 1940 年战役的所有叙述中，这些都被忽视了。关于德军在 1940 年战役期间对法国军人犯下的战争罪行，正史中也没有太多的讨论。1940 年 5 月 27 日—28 日党卫军部队在帕拉迪斯和沃尔穆屠杀英军战俘的事件广为人知，但德国陆军正规部队杀害法国战俘却被有意回避了。

现有的大多叙述还忽略了法国战役中波兰地面及空中部队的作用，因为这些部队都没有参加 1940 年 5 月的战斗。然而，在 1940 年 6 月的绝望日子里，5 万多名波兰军人和飞行员加入盟军一方，在法国宣布停战之前做出了显著的贡献。2 万多名波兰人逃往英国继续战斗。捷克飞行员在 1940 年也为法国军队做出了很重要的贡献。

因此，本书的焦点将放在"红色方案"和 1940 年 6 月的海空军事行动上，它将是第一本试图详细介绍法国战役最后三周的书籍。我必须讨论战前各参战国的军事现代化发展，概述"黄色方案"的进程，以便为讨论"红色方案"打下基础，但不会为此投入过多的篇幅；对前期情况感兴趣的读者可以参阅大量现有文献，了解那一阶段的更多细节。

然而，充实 1940 年法国战役后半段的内容不是我写作本书的唯一目的。我还发现对法国军事失败的现有解释在因果关系上过于笼统，与实际的战场情况不符。法国失败通常被描述为是军事无能或者道德败坏所致，最常被引用的 6 个具体因素是：

1. 和平主义和失败主义风行导致的士气低落；

2. 错误的法国军事学说，特别是机动战和坦克的运用；

3. 和平时期预备役部队训练不足，导致陆军装备无法应对现代化战争；

4. 马奇诺防线的不利影响，据称它破坏了法国陆军的战斗精神且占用了资源，这些资源本可以更好地用于发展装甲师；

5. 呆板的军队高级指挥机构在战役之前犯下了多项错误，事实证明，他们也无法应对变化无常的现代战场；

6. 法兰西第三共和国内部无法调和的政治分歧与腐败现象，据称，这些现象削弱了国家团结一致面对侵略的能力。

对法兰西第三共和国军事失败的这些传统解释都有可取之处，但也无法解释某些现象。例如，和平主义和失败主义确实削弱了某些法国预备役部队的士气，尤其是在色当之战中，但这些思想的影响在大部分正规部队或者殖民地部队中并不明显，而此类部队占野战部队的 40%。第 2 北非步兵师（DINA）预备军官丹尼尔·巴洛内（Daniel Barlone）上尉批评了该师的一些参谋，但在当时的日记中写道，部队中的士气甚佳。[9] 另一位正式军官——34 岁的弗朗索瓦·于埃（François Huet）上尉证明，法国陆军仍能造就"斗志昂扬"的士兵。于埃的父亲是一名虔诚的天主教徒，也是一名骑兵将军，而他自己也是圣西尔学校的明星学员，当时已在摩洛哥服役 7 年，是战功卓著的骑兵军官。1940 年战役期间，于埃作为骑兵中队指挥员也有过多次出色表现，在抵抗中发挥了重要作用。罗贝尔·纳谢兹（Robert Neucheze）少校也是第二代骑兵中的一员，且是殖民地老兵，他提供了进一步的证据，表明法国正规军中层军官同样不乏真正的勇士。

与德国陆军（现役、预备役与后备军）一样，1940 年的法国陆军也有不同质量水平的部队（现役、A 类预备役、B 类预备役），有超过 40 万人的北非部队参加了战役。德方在 1940 年的报道中承认，塞内加尔猎兵（tirailleurs）和其他殖民地部队作战勇猛。虽然第 55 步兵师（55e DI）、第 71 步兵师（71e DI）等 B 类预备役部队在色当战役中迅速瓦解，但让·德拉特尔·德塔西尼准将的第 14 步兵师等正规部队在勒泰勒桥头堡防御战中表现卓越，许多叙述（包括霍恩的著作）都忽略了这一事迹。霍恩无视法国陆军表现出色的事例，基于法国军队从内部瓦解的思路，得出了法国人在 1940 年的战斗中怯懦、无能、厌战的流行结论。法国历史学家多米尼克·洛米耶（Dominique Lormier）曾持续多年在他的法语版历史书籍中反对此类粗枝大叶的解释，但很不幸，他的努力并没有取得太多的成效。确实，将 230 万的野战军所有部队与色当战役中的 2 个三流步兵师混为一谈明显是荒唐之举。同样，现有证据表明，1940 年法国海军和战斗机飞行员的士气也相当高涨，这意味着和平主义和失败主义理论并不能代表整个法国的军事努力。[10] 而且，对法国和平主义的过分强调，完全无视了法国在 1925—1933 年镇压摩洛哥和叙利亚叛乱时表现出来的残酷无情。为了粉碎里夫山的阿卜杜勒－卡里姆起义，贝当元帅部署了超过 10 万名士兵，包括来自法国大都市区的部队。仅仅 6 个月，贝当的部队就遭受了 1.1 万人以上的伤亡，包括 3700 人死亡或失踪，说明法国愿意以损失换取军事上的成功。[11]很显然，阿卜杜勒－卡里姆和叙利亚的起义者都不会同意法国战备受到和平主义削弱的论调。

衡量军队士气与纪律的客观方法之一是研究与开小差、自杀及军事法庭审判有关的统计数字，但强调 1940 年战役中士气是关键因素的叙述却倾向于依靠坊间的评论，而不是统计学证据。在假战（Drôle de Guerre）期间，法国军队共计死亡 12623 人（包括疾病与事故），但自杀者与被处决者数量不详。另一方面，可以查到德国陆军在此期间的具体数字——非战斗死亡者将近 1 万人。1939 年 9 月到 1940 年 4 月，德国陆军有 777 名士兵自杀，超过 600 人开小差，被军事法庭判处死刑者超过 300 人。[12] 法军开小差的比例是否更高不得而知，但很明显，德国国防军中也有一部分人心怀不满。

"法军士气低落"的判断还忽略了关于另一方士气的隐藏真相——德国国防军高级将领密谋反对希特勒，并积极抵制"黄色方案"，因为他们不相信该方案能够取得成功。从1938年的布隆贝格－弗里奇事件开始，德国陆军内部就出现了反对希特勒的秘密组织。根据卡尔－海因茨·弗里泽尔的说法，当希特勒宣布1939年进攻法国的打算时，大部分德国高级将领都惊骇不已，并积极地破坏这一举措。[13] 德国陆军高层——包括总司令瓦尔特·冯·布劳希奇（Walther von Brauchitsch）、参谋长炮兵上将弗朗茨·哈尔德（Franz Halder）及其副手步兵上将卡尔－海因里希·冯·施蒂尔普纳格尔（Carl–Heinrich von Stülpnagel）——都知道这一反希特勒的图谋，却没有向希特勒告密。假战期间，C集团军群指挥官威廉·里特尔·冯·李布（Wilhelm Ritter von Leeb）上将、第1集团军指挥官埃尔温·冯·维茨莱本（Erwin von Witzleben）大将也知晓反希特勒的图谋。这些军官不仅反对"黄色方案"，其中一些（如施蒂尔普纳格尔）还积极商讨发动一场军事政变，将希特勒赶下台。国防军反希特勒共谋集团的领导人之一汉斯·奥斯特上校（Hans Oster）甚至在1939—1940年的冬季向荷兰驻柏林军事参赞提供了"黄色方案"的行动细节。1940年法国陆军各部队中确实存在士气问题，但德军的士气也远称不上高昂。尽管存在各种各样的不足，但至少法国陆军中没有人密谋推翻雷诺政府、刺杀莫里斯·甘末林（Maurice Gamelin）将军或者向敌方提供秘密计划文件。因此，士气对于1940年的双方都是一个问题，并非法国独有。

关于军事学说的争论主要因罗伯特·道蒂而起，他是一位法国陆军方面的专家，其著作《灾难的种子》解释了法国陆军"按部就班作战"（bataille conduit）的理论是如何在1918年8月亚眠战役中总结出的最优战术上加以精炼，并在两次世界大战期间经过简单的改良，最后纳入坦克与飞机的作战中的。[14] 道蒂断言，"按部就班作战"强调火力而非机动性，寻求利用由最高司令部实施微观控制的炮兵等关键资源，打一场紧密控制下的战役。他还表示，法国军事思想经过调整，能避免1914年8月给陆军造成惨重代价的那种会战再次发生。道蒂坚称，呆板且头重脚轻的法国军事思想不能适应1940年战争的节奏，因而无法阻止德军的机动战法（Bewegungskrieg）。他在严苛的评估中得出了"敏捷的德军纵队将笨拙的法国部队切成了碎片"[15] 的结论。

不过，这种军事思想有缺陷的解释很快就在多个层面上遇到了问题。首先，"按部就班作战"是以1918年成功的攻击战役为模板的，而1940年法国采取的是防御战略。在1940年战役中，法国陆军发动的局部反攻规模都不超过一两个师，因此公平地说，"按部就班作战"的军事学说并没有真的用于这场战役。其次，如果法国陆军打算发动一场集中战役，那么20世纪30年代中就应该在现代化通信设备上投入巨资，可是他们并没有这么做。正如道蒂本人所提出的，法国陆军在1923—1939年仅将预算的0.15%投入到通信设备的采购上。[16]法军总司令莫里斯·甘末林将军设于万塞讷的总部没有电台或者电报设备，依赖骑摩托车的通信员传递急件，无法密切控制军队的行动。[17]虽然其他法国指挥官（如阿方斯·乔治将军）拥有电台和电报，但1940年的指挥与控制（C2）方法不足以发动集中战役。第三，军事学说解释倾向于将焦点放在法军各师无法跟上迅速机动的德国装甲师这一事实上，但忽略了另一个事实："黄色方案"中90%的德国师在机动性上并不比与之对抗的法国师强。和法国陆军一样，德国国防军的大部分地面作战力量仍然由徒步步兵和马拉炮兵组成。霍恩承认这一点，他写道："当1940年的盟军部队面对占据德国国防军大部分的普通步兵师时，他们几乎都守住了自己的阵地。"[18]

"法国军事思想存在缺陷"的论调也无法解释，为何法国陆军能够建造和测试合适的反坦克炮及反坦克地雷，并在战前的演习中认识到它们的防御价值，却没有在前线作战部队中部署充足数量的此类武器。正如道蒂在1976年的一篇文章中所说，法国军官在战前的演习中了解到，反坦克炮和反坦克地雷可以构成纵深防御，阻止装甲部队的攻击，却没有将大量装备这类武器作为当务之急。[19]确实，法国陆军完全理解依托天然屏障建立连续反坦克防线的概念，这种防线可以控制装甲兵的通路，迟滞并最终阻止其行进。然而，尽管道蒂坚称法军重视火力，法国步兵部队火力却明显劣于德国步兵部队。例如，一个法国步兵师只有60门火炮，而德国步兵师有72门；法军的火炮口径仅为75毫米，而德军装备的火炮口径大部分为105毫米。因此，法军师属炮兵的火力投放能力只有对手的63%。法军团级单位的火力支援能力差距更大，步兵团只有15门迫击炮，而德国步兵团有45门。法国步兵团也没有德军拥有的近距火力支援用步兵火炮。鉴于道蒂坚称法国军事思想以防御为导向，同样奇怪的是，法国陆军没有研发和部署充足的防空武器。甘末林和其他将领反复提到了防空及训练的重要性，却没有坚持下去。对"按部就班作战"思想的批评也无法解释，为何法国空军（AdA）不能为陆军提供充分的空中支援，致使德军能够最大限度地运用地空协同战术。因此，"军事思想缺陷"的说法显然远远不能解释法国军队在 1940 年的速败。

道蒂和尤金妮亚·C. 基斯林（Eugenia C. Kiesling）的《武装对抗希特勒》（Arming Against Hitler）批评法国 1928 年将征兵服役期缩减为 12 个月，以及在 20 世纪 30 年代的大部分时期拒绝投入时间和资源训练预备役部队的决策，这一点更能站得住脚。基斯林提到，1919—1933 年，法国没有进行任何预备役训练，而当此类训练于 1934 年恢复时，演习的情况说明预备役部队无法令人满意。[20]基斯林对训练不足的讨论中埋藏着一个要点：法国陆军在军士和预备役下级军官的训练上做得很差。新兵的训练不足是一回事，但军士和排长的训练不足剥夺了军队的支柱。不过，预备役训练中的缺陷对 1940 年战果的影响有多大不得而知。很明显，这方面因素对色当的 B 类预备役师影响巨大，但对拥有较多职业军人的其他部队影响并不那么显著。道蒂和基斯林都没有注意到一个事实：法国陆军有足够的时间——1939 年 9 月的总动员与 1940 年 5 月德军发动攻势相隔 8 个月——可以用来弥补训练上的不足，但他们并没有这么做。由于他们没有很好地利用这段间歇，预备役训练不足的罪责至少有一部分应该算在前线军事指挥员（尤其是师和以下级别的指挥官）而非战前政治家头上。本质上，20 世纪 30 年代中期法国预备役训练中的缺陷与其 1940 年多次不佳的战场表现并无明确的联系。

数十年来，饱受争议的马奇诺防线背上了许多骂名，人们认为它代价过高，并且使法国陆军"感染"了过度消极的心态。阿利斯泰尔·霍恩声称，法国陆军就是因为马奇诺防线而变得虚弱的。[21]但是，马奇诺防线与法国的总体防御策略相符，它的存在确实阻止了德军直接攻入阿尔萨斯－洛林，而这正是构筑它的意图。马奇诺防线的存在也许支撑着法军的士气；丹尼尔·巴洛内上尉在假战期间的日记中写道："我们知道，由于马奇诺防线，法国本土不会遭到入侵……"[22]

至于成本，马奇诺防线构筑于 1928—1936 年，耗资约 50 亿法郎（约合 1.95

亿美元），相当于这一时期法国陆军预算的 7.5%。[23]而很少有历史学家提到的是，德国在 1934—1939 年为了构筑"西墙"工事投入了将近 10 亿马克（合 4 亿美元），消耗的水泥数量是马奇诺防线的 2 倍，钢铁则是后者的 4 倍，但这一工程并没有被描述为"浪费"，或者"损害了国防军的进攻精神"。[24]为什么一方的工事对士气有害，而另一方的类似工程却没有？而且，马奇诺防线不仅给德军造成了大量伤亡，抵抗的时间也长于法国陆军的机动部队。在构筑马奇诺防线的同一时期内，法国陆军在坦克项目上的确只花费了不到 1 亿法郎（合 390 万美元）——只是工事投入的 2%。[25]不过，这种不平衡现象在 1934 年就被逆转了，当时法国启动了一个重大计划来扩充其装甲部队，而 1936 年之后工事的构筑只是小打小闹。

与对马奇诺防线"浪费"的批评形成鲜明对比的是，几乎没有人指责过法国海军在战列舰、航空母舰、超级驱逐舰和海外基地上投入的巨资，实际上，这些投资对阻止希特勒甚至墨索里尼的进攻毫无贡献。相反，法国海军可以按照自己的议事日程建设，这与保护法国本土免遭德国入侵的战略目标完全脱节。表面上，法国海军的主要作用是保护前往法国殖民帝国的海上通道，但即便是这一使命也不过是热衷于采购"华丽摆设"的海军领导层开出的空头支票。例如，"叙尔库夫"号大型潜艇的设计目的是让其成为打击敌方商船的"水下巡洋舰"，但实际上与保护贸易的任务毫无关系。"叙尔库夫"号装备 2 门 8 英寸（203 毫米）舰炮——大于马奇诺防线上安装的任何一门火炮——于 1929 年完成，耗资 2 亿法郎。完成后，海军又订购了 6 艘航速达 40 节的"空想"级超级驱逐舰，总造价超过 4.3 亿法郎。1932 年，海军订购了 2 艘"敦刻尔克"级战列巡洋舰（总价 14 亿法郎），接着是 2 艘"黎塞留"级战列舰（总价 26 亿法郎）和 1 艘"霞飞"级航空母舰（5 亿法郎）。这些都是"面子工程"，法国舰队司令们很快就开始吹嘘，说自己拥有世界上最现代化的主力舰、最快速的驱逐舰和最大的潜艇。按照吨位计算，1939 年的法国海军已经名列世界第四，兵员超过 10 万人，却没有投资能够履行贸易保护任务的技术。战争开始时，"突袭部队"（Force de Raid）是一支令人称羡的现代化舰队，但与抗击德国毫无关系。由于法国海军在两次世界大战期间忽视了反潜作战，没有发展像英国的"测潜声呐"（Asdic）那样的水下侦测系统，因此无法打击德国 U 艇。20 世纪

30 年代法国的造舰计划浪费了大量关键资源（钢铁、武备和训练有素的人员），对 1940 年法国战争能力的损害远远超过马奇诺防线。与法国陆军和空军不同，法国海军在 1939—1940 年甚至没有流血，其唯一的成就是拦截了几艘没有武装的德国商船。

再说到法国高级军事领导人的问题。法军总司令莫里斯·甘末林将军长期因为法国陆军 1940 年 5 月的糟糕表现而受到集中批评。甘末林不仅常常被视为军事无能的象征，还成了法国军事机器运转不灵的主要责任代表。毫无疑问，甘末林在 1940 年 3 月采纳"戴尔 – 布雷达计划"，的确给他的部队带来了极大危险，但这一决定也是基于手头最好的情报做出的。还有一点也很重要，1939—1941 年，德军对每个敌人发动的军事行动都出其不意，他们使用的往往是令人预想不到的高风险战术。和其他应为惨败负责的军官（如珍珠港的沃尔特·肖特中将和海军上将赫斯本德·E. 金梅尔）不同，甘末林的错误并不在于没有采取必要措施保护自己的指挥。相反，他十年如一日地准备与德国一战，因而成了一位深谙敌军的能力与意图的非凡军事规划大师。根据甘末林和其他法国高级将领的建议，法国工业界研发出了一些当时最好的武器，如索玛 S35 中型坦克和霍奇基斯 47 毫米反坦克炮。甘末林知道，法国陆军需要新技术，他在接受新技术的时候头脑也非常清晰。因此，认为甘末林和其他法国高级军事领导人无法指挥现代战争，只会僵化地使用 1918 年的战术的说法，是不公平的。他认识到马奇诺防线不足以抵御德国，从 1935 年就开始组建第一批法国装甲师。[26] 如果没有甘末林和马克西姆·魏刚将军，法国陆军的坦克将显著减少，甚至可能完全没有装甲师。甘末林还认真地跟踪军事发展，对德军的能力与战术了如指掌。

从里永的"作秀审判"开始，影响甘末林声誉的不仅是 1940 年的惨败，还有他的个人风格，因为这使他表现得像一位游弋于第三共和国危险政治潮流中的职业军事官僚。法国军队和政治精英中都不乏甘末林的批评者，这些人总爱将更大的罪责推到他的头上，而令人吃惊的是，德国人对他的军事指挥能力给予了很高的评价。甘末林在战场指挥上没有过人的天赋，他更愿意将指挥行动的职责交给下属，这导致战后历史学家（如 A. J. P. 泰勒）指责他软弱、不负责任。其实在二战中，鲜有最高统帅直接指挥作战行动（除了苏联的格奥尔基·朱可夫元帅），所以甘末林将战场指挥权交给他人的做法对高级军事领导人来说也是可以接受的。他在1940年战役中的表现远胜于英国陆军高级指挥官埃德蒙·艾恩赛德（Edmund Ironsid）将军，因为事实证明，后者无法与友军合作行动，也无法理解对手。然而，人们忽略了英国在1940年5月的盟军惨败中应负的责任，让甘末林和法国最高司令部独自承担过错。与美国南北战争中联邦军队的乔治·B.麦克莱伦（George B. McClellan）将军一样，甘末林在建设和组织军队上相当高效，却难以带领军队进行一次成功的战役。

毫无疑问，甘末林于1940年3月采纳"戴尔－布雷达应急计划"，将盟军的30个师前移到比利时境内，使它们在不知不觉中落入了敌军之手，从而大大减少了对抗敌军奇袭的预备队。但甘末林对自己的中路并不过分担心，他预计德军通过阿登地区的行动将非常缓慢，可以有充足的时间应对——这也是一个严重的错误。不过，甘末林行动上的失误是基于菲利普·贝当元帅的误判，后者于1934年就任国防部部长，他坚持在战争中将部队推进到比利时，且极度轻视阿登战区的威胁。[27] 比利时人在破坏甘末林的行动计划中也起到了关键作用，在德军开始入侵之前，他们采取的都是自取灭亡的中立不合作态度。

在集团军、军和师的级别上，法国指挥官的表现各不相同，戴高乐、德拉特尔·德塔西尼、图雄（Touchon）和德莱斯特兰（Delestraint）等都是高效的军官，而格朗萨尔（Grandsard）、科拉普（Corap）和雷坎（Réquin）等人的表现就很平庸甚至低劣了。与从和平过渡到战争的任何军事组织一样，法国军队的许多军官擅长文书或者其他工作，但并不能胜任战场指挥。美国、英国和苏联军队中也有部分高级官员无法适应现代战场，在1941—1943年的作战中被德国国防军压倒；不同之处在于，1940年的法国没有时间从错误中吸取教训或者清除这些无用之辈。德军也有一部分无能的军官，例如在1942—1943年的斯大林格勒战役中遭到惨败的弗里德里希·保卢斯（Friedrich Paulus），1940年还是一名籍籍无名的参谋，两年之后却负责指挥第6集团军。而1940年5月任党卫军"阿道夫·希特勒警卫旗队"（LSSAH，当时为团规模）指挥官的党卫队全国副总指挥约瑟夫·"泽普"·迪特里希（Josef 'Sepp' Dietrich），后来陆军元帅格尔德·冯·伦德施泰特（Gerd von Rundstedt）给他的评价是"正派但愚蠢"，他甚至不知道如何查阅军事地图。[28] 四年后，迪特里希率领第 6 装甲集团军在阿登森林中战败。所以在军事无能方面，法国陆军并非独一无二。

最后，许多人鼓吹内部政治分歧和道德沦丧这两个相互关联的主题，从而产生了法国陆军的失败源于内部的想法。贝当元帅是第一个提出此类指控的人，他在 1940 年 5 月 17 日说道："我的国家已经被打败了，他们叫我回去求和，签署停战协议……这就是马克思主义 30 年的成果。"[29] 贝当是死硬的保守派，他指责法国社会主义激进分子和共产党人在两次世界大战期间败坏士气，尤其是 1936—1938 年的"人民阵线"。左翼工会领导人（如让·马特）确实在 20 世纪 30 年代鼓动武器生产的罢工，造成了某些工厂的混乱，而法国共产党领袖莫里斯·多列士（Maurice Thorez）也怂恿其追随者反对法国备战。[30] 虽然法国国内政治分歧明显，影响了征兵与预算等战前政策，但对 1940 年陆军的部署或运用影响甚微，因为这些工作几乎全部由军队领导层决定，而他们的看法都很保守。党派之争或许在假战期间影响了某些部队的士气，但 1940 年 5 月 10 日战役开始后，随时面临死亡或被俘的士兵们根本没有时间去思考这些抽象的概念。劳工问题确实影响了 1938—1940 年法国的军事工业，但还没有达到损害了法国自卫能力的地步。在与法国失败相关的所有论据中，政治分歧对战场的影响最为轻微。

同样，法国"道德沦丧"的主题也很流行——特别是在英国和德国——这也是与战场实际影响毫无联系的粗略概括。英国将法国缺乏"道德品质"作为反面教材，鼓励民众在战争中做出更大的牺牲，而对纳粹政权来说，这场速胜证明了第三帝国在士气上的优势。双方都将法国描述为"道德沦丧"的国家，以促进各自的战争努力。

研究了历史学家们用于解释 1940 年法国军事崩溃的标准因果关系后，我发现他们的结论都有一个共同的瑕疵——这些历史学家们没有对自己的主要论点进行验证，没有去探究如果这些因素不存在，法国是否仍会在六周内失败。例如，如果 1940 年的法国陆军有更好的高级将领，能够更好地预测德军的行动，适时做出反应，是不是就能显著地改变结果，还是仅仅将停战的日期延后几周？如果法国没有在马奇诺防线上投入 50 亿法郎，而是将钱花在组建更多的装甲师上，1940 年的战果会好些吗？我的方法是提出一个论点，然后进行验证。在这种背景下，必要条件指的是，导致一件事必然会发生的某个或某些因素。直接原因通常指的是，导致一件事发生并产生指定后果的一个或者多个因素。按照这些定义，我的论点是：

1. 导致法国在 1940 年失败的必要条件是：（a）缺乏对陆军的空中支援，（b）野战军战术层面的防御火力不足（例如，反坦克和防空火炮、地雷、迫击炮）。

2. 造成这些物资缺乏的直接原因是：法国军队和政治领导人太过执着于联合作战的概念，而没有采用仅将自身资源投入重大战役的计划。由于在未来的军事冲突初期，法国都过度依赖本土陆军和空军之外的其他部队，因此这两者的现代化工作直到 1938 年 9 月 "慕尼黑危机" 后才得到重视。由于法国工业没有做好大规模制造新武器的准备，军事领导人无法及时地训练士兵，也无法为他们配备新装备，因此在最后一刻重建本土陆军和空军的努力失败了。

3. 失败的另一个直接原因是：法国长期痴迷于维护大国形象，以幻想代替现实。因此，法国领导人从率领一众小盟国（比利时、波兰、捷克斯洛伐克）中得到安慰，却没有与这些盟国制订清晰的联合阻止德国入侵的军事计划。同样，凯比尔港（Mers-el-Kébir）海军基地和重建作战舰队等 "面子工程" 也是为了彰显法国广阔的海外领地，而忽略了这一帝国形象并不能加强法国安全的事实。

4. 盟军失利的最后一个直接原因是：英国无法在地面或者空中为法国提供全面的支援。英国投入的远征军规模很小且训练不足，还缺乏拥有火炮坦克的装甲师，无助于地面战的成功。而皇家空军战斗机部队拒绝在法国战役中投入 "喷火" 战斗机，使法国战斗机部队在数量上和质量上都无法与对手相比，故军因而在战场上夺取了空中优势。

因此，与通常的论述不同，我将远离军事思想—士气—领导层存在缺陷的论调（这通常是关于法军崩溃原因评估的核心），指出这支信奉贝当 "火力为王" 口号的军队之所以失败，正是因为它在地面战场上（或者上空）无法取得火力优势。而且,法军火力不足的原因是军政高层强调形象而非实质的结果,他们没有将阻止希特勒的责任扛在自己肩上,而是寄希望于模糊的联盟。英国对投入大陆战争的准备不足以及作为盟国的平庸表现,也在很大程度上导致了1940 年盟军的惨败。

注释

1. Eleanor M. Gates, End of the Affair: The Collapse of the Anglo-French Alliance, 1939 - 40 (Berkeley, CA: University of California Press, 1981), p. 57.
2. Philip Bell, "'Thank God for the French Army': Churchill, France and an Alternative to Appeasement in the 1930s" in Britain in Global Politics, Vol. 1: From Gladstone to Churchill ed. Christopher Baxter et al. (London: Palgrave Macmillan, 2013), p. 175.
3. Jeffrey Record, The Specter of Munich: Reconsidering the Lessons of Appeasing Hitler (Washington, DC: Potomac Books, Inc., 2006), p. 30.
4. William Manchester and Paul Reid, The Last Lion: Winston Spencer Churchill: Defender of the Realm, 1940 - 1965 (New York: Little, Brown & Co., 2012), p. 39.
5. Alan Brooke, War Diaries 1939 - 1945 (London: Phoenix Press, 2002), p. 13.
6. Ralph D. Paine Jr., 'France Collapsed From Internal Decay', Life, Vol. 9, No. 2, July 8, 1940, pp. 23, 75.
7. Julian Jackson, France: The Dark Years, 1940 - 1944 (Oxford: Oxford University Press, 2003), p. 185.
8. Marc Bloch, Strange Defeat (New York: W. W. Norton & Co., 1968), pp. 25 - 27, 93.
9. Daniel Barlone, A French Officer's Diary, 23 August 1939 - 1 October 1940 (Cambridge: Cambridge University Press, 2011), p. 19.
10. Paul Auphan and Jacques Mordal, The French Navy in World War II (Annapolis, MD: Naval Institute Press, 1959), p. 21.
11. Martin Windrow, Our Friends Beneath the Sands: The Foreign Legion in France's Colonial Conquests, 1870 - 1935 London: Phoenix, 2011), pp. 538, 550.
12. 1B, OKH, Heer/Feld und Ersatzheer Außerdem starbenlocated at http://ww2stats.com/noncombat_heer.jpg and Durch Gerichtsurteil Erschosseneat http://ww2stats.com/Court%20 Martials%201941_09.jpg.
13. Karl-Heinz Frieser, The Blitzkrieg Legend: The 1940 Campaign in the West (Annapolis: Naval Institute Press, 2005), pp. 54 - 59.
14. Robert A. Doughty, The Seeds of Disaster: The Development of French Army Doctrine 1919 - 1939 (Hamden, CT: Archon, 1985), pp. 84 - 86.
15. Robert A. Doughty, 'The French Armed Forces, 1918 - 40', in Military Effectiveness, Vol. 2, ed. Allan R. Millett and Williamson Murray (Cambridge: Cambridge University Press, 2010), p. 60.
16. Doughty, 'The French Armed Forces', p. 58.
17. Alistair Horne, To Lose a Battle: France 1940 (New York: Penguin Books, 1979), p. 151.
18. 同上，P.657.
19. Robert A. Doughty, 'French Anti-Tank Doctrine, 1940: The Antidote that Failed', Military

Review, Vol. LVI, No. 5 (May 1976), pp. 36‑48.

20. Eugenia C. Kiesling, Arming Against Hitler: France and the Limits of Military Planning (Lawrence, Kansas: University Press of Kansas, 1996), pp. 101‑102.

21. Horne, p. 63.

22. Barlone, p. 4.

23. William Allcorn, The Maginot Line 1928‑45 (Oxford: Osprey Publishing, 2003), p. 9.

24. Neil Short, Germany's West Wall: The Siegfried Line (Oxford: Osprey Publishing, 2004), pp. 12‑17.

25. Steven J. Zaloga, French Tanks of World War II: Infantry and Battle Tanks (Oxford: Osprey Publishing, 2014), pp. 7‑9.

26. Doughty, Seeds of Disaster, p. 172.

27. Guy Chapman, Why France Fell: The Defeat of the French Army in 1940 (New York: Holt, Rinehart and Winston, 1969), pp. 26‑27.

28. Christopher Chant (ed.), Warfare and the Third Reich: The Rise and Fall of Hitler's Armed Forces (New York: Smithmark Publishers, 1996).

29. Robert B. Bruce, Pétain: Verdun to Vichy (Washington, DC: Potomac Books, 2008), p. 105.

30. Eugen Weber, The Hollow Years: France in the 1930s (New York: W. W. Norton & Co., 1994), p. 23.

第1章
迈向灾难之路，1918—1939年

很好，法国将成为侵略者。

——1939年9月3日，德国外交部部长约阿希姆·冯·里宾特洛甫对法国"要么撤出波兰、要么面临战争"的最后通牒的回应。[1]

战略背景，1919年6月

1919年6月28日，《凡尔赛和约》签订，第一次世界大战正式结束。此时，法国拥有欧洲最大的野战军部队——100个师（大约160万人）以及装备3000多架飞机的空军部队。正如基斯林所说："未来，没有几支军队能像1918年的法国陆军那么自信。"[2] 即将踏入圣西尔军事学院的安德烈·博弗尔（André Beaufre）说，战争结束时，"取胜的法国享受着崇高的威望"[3]。为了迫使德国屈服，盟军占领了莱茵兰地区，法国在该地区部署了超过10万人的部队来守卫莱茵河上的桥头堡，这是20世纪法国军队声望的顶点。由于奥斯曼帝国瓦解，法国还控制了叙利亚，在中东得到了一个立足点和更大的威望。

但是，在胜利的光环下，法国政治与军事领导人意识到，法国已被战争大大削弱。法国在战争中损失了超过4%的人口，许多关键资源领域遭到破坏，340亿法郎（约合13亿英镑）的债务在参战国中名列第一，给经济带来了沉重的负担。除了现有的巨额债务外，修复被严重破坏的边境地区最终还需要投入1580亿法郎。[4] 停战前的两周，撤退的德国部队炸毁了隆维煤矿，并引水淹没了北方加莱海峡的采矿盆地（靠近莫伯日），从而让法国损失了煤储量的

47%。[5] 这至少需要一代甚至几代人的努力才能恢复。从人口学上说，法国的出生率螺旋式下跌，危及其未来部署大规模军队的能力。

德国的损失也很严重——人口损失大约为 3.5%，经济处于崩溃边缘——但其本土在战争中并没有遭到毁坏。为了让德国一直衰弱下去，法国外交官确保在后续的《凡尔赛和约》中加入了严苛条款，迫使德国向盟国支付数十亿赔款，并从东西两面夺取其领土。《凡尔赛和约》使德国付出了 12% 的人口、48% 的钢铁产量以及 1914 年国土的 13%。[6] 最重要的是，强制裁军显著削弱了德国的战争能力。战后的魏玛防卫军（Reichswehr）规模被限制在 10 个师、10 万人。总参谋部被裁撤，禁止拥有坦克、重型火炮和空军，都大大降低了德军的作战能力。[7,8] 由于德皇退位，德国在经济衰弱的基础上，又因内部政治混乱和革命而导致了社会动荡。新建立的魏玛共和国虚弱且低效——这正是法国总理乔治·克里孟梭（Georges Clemenceau）和费迪南·福煦元帅所希望的。

主要的敌人弱化后，法国开始了本国的遣散行动，将现役陆军兵力减少到了 49 个师、90 万人，保留了提供支援的大量坦克、重炮和飞机。尽管法国的军事优势巨大，但克里孟梭和福煦知道，德国的资源丰富，内部最终也会回归稳定。到那个时候，德国领导人很可能因为《凡尔赛和约》强加的苛刻条款而实施报复。福煦有句名言，和约只是"20 年的停战协定"，1919 年 4 月接受英国报纸采访时，他预测道："下一次德国人不会再犯任何错误。他们将突入法国北部，占领英吉利海峡的港口，将其作为打击英国的行动基地。"[9]

在英吉利海峡的另一边，英国领导层开始更快地遣散军队，将战后的英国陆军缩减到了 37 万人，皇家空军的兵员只剩下 3.5 万人。英国在一战中的阵亡和失踪者达到 74.4 万人，74 亿英镑的巨额国债削弱了其经济实力，该国民众都持反战观点。因此，英国政治领袖不愿意致力于提升军备或增加其开支，决定将预算优先投入社会项目。他们不依靠军队的力量，而是相信国际外交。与法国不同，英国人没有试图找他们的邻国复仇，他们的领导人奢侈地相信，有了新的国际联盟，就不太可能再发生一场欧洲大战。相反，英国战后残存的军队将进行调整，用于控制疆域广大的大英帝国。爱尔兰、伊拉克、印度、巴勒斯坦和索马里的骚乱都需要注意，因此到 1920 年，驻扎在莱茵河流域的英国陆军已经缩减到只有象征意义的程度了。仅仅几年，英国在欧洲大陆的军事力量实际上就消失了。

法国战时的主要伙伴（英国和美国）离去了，它们选择关注自己的问题，不愿意承担新的安全义务。由于人们普遍认为，战前的结盟导致了1914年战争的爆发，正式结盟的想法在伦敦和华盛顿都变得不受欢迎。英法战时同盟的基础《英法协约》逐渐衰亡，两国之间的军事合作也几乎消失了。美国和英国政治领导人都认为法国对战败的德国进行严苛的财政惩罚毫无必要，这种分歧造成了前盟国之间的不和。后来，由于魏玛共和国没有将煤炭当成战争赔偿的一部分交付，法国和比利时在1923年1月决定自行占领鲁尔工业区，巴黎政府的行为遭到了英美的严厉批评。此后，战时旧盟国间的关系明显停滞了。

防疫封锁线，1920—1936年

福煦对德国复仇思想的态度，给战后法国的军事思维定下了调子：为法国恢复实力争取时间，尽可能长地使未来冲突远离法国本土。两次世界大战期间，法国的军事策略主要由菲利普·贝当元帅、马里·德伯内上将（Marie Debeney）、马克西姆·魏刚上将、莫里斯·甘末林上将和路易斯·莫兰（Louis Maurin）上将5位高官指引，此外还有多位政治家的影响，包括爱德华·达拉第（Eduard Daladier，1936—1940年任国防部长）、乔治·莱格（Georges Leygues，1925—1930年、1932—1933年任海军部长）以及皮埃尔·科特（Pierre Cot，1933—1934年、1936—1938年任航空部长）。德伯内于1923—1930年任陆军参谋长，1930—1931年由魏刚接任，然后是1931—1940年在位的甘末林。贝当于1922—1931年任陆军总监，1931—1934年任防空总监，两次世界大战期间一直起着突出的作用。莫兰于1922—1934年任炮兵总监，1934—1936年任战争部长。军事政策在最高军事委员会（Conseil Supérieur de la Guerre，CSG）内部辩论并形成，该机构仅在名义上起到协调各军种的作用。法国航空兵部队在1933年8月之前仍由陆军控制，此后成为独立军种（Armée de l'air，AdA）。20世纪20年代，法国陆军是毫无争议的第一军种，但在20世纪30年代这一情况出现了变化，空军和海军都全力争取更多资源。

由于英美对法国的支持减弱，法国外交官开始寻求新的伙伴，协助其在德国周围建立一条"防疫封锁线"，以便牵制未来可能出现的任何复仇主义政策。一些法国人希望国联能够有助于降低再一次冲突的风险，但法国军队希望更实质性的帮助，不愿意浪费时间寻找新的军事合作伙伴。1917—1918 年，法国训练和武装了超过 6 万名波兰流亡者，组成了"蓝色军团"。在西线作战后，法国于 1919 年帮助这支军队越过战败的德国国境，使其成为后续苏波战争的决定性力量。包括魏刚在内的法国军事代表团在战争期间被派往华沙，法国还向波兰提供了急需的坦克、飞机、火炮和弹药。波兰取胜后，法国于 1921 年2 月与之签订了一项防御性的军事盟约，承诺在第三方发动进攻时保持军事合作。此外，法国还向波兰提供了 4 亿法郎的贷款以帮助其重整武备，而作为回报，波兰承诺从法国购买所有武器。[10] 从一开始，CSG 就打算建设波兰军队，想以此迫使咄咄逼人的德国陷入双线作战的境地。波兰没有其他盟国，而且同样担忧德国的报复，因此波兰领导人很高兴地接受了法国的军事援助。

法国还向比利时大献殷勤，后者仍在从德国为期四年的占领中恢复元气。尽管一战中与法国并肩作战，但比利时人并不倾向于在战后军事或经济上与法国保持紧密合作，更愿意走独立路线。即使在战争结束之前，比利时同样拒绝了法国提出的关税联盟建议，对军事合作也常常表现出抗拒的态度。[11] 但比利时于 1920 年 9 月和法国签订了一项军事协定，这一协定专门针对盟国占领莱茵兰地区的行动，比利时为此提供了 5 个师。[12] 法国人乐观地希望，可以在占领行动的合作基础上，与比利时人协调未来的防御计划，特别是建立边境的防御工事。福煦和贝当意识到，比利时很有可能是德国未来进犯的通道，他们希望将比利时军队打造成阻击力量，为法国军队的动员及部署争取时间。特别是，法国要成功地使比利时人同意保持防御阿登森林通道的军事力量。[13] 由于比利时工业毁于战争，法国向比利时初创公司提供了贷款和生产许可证，使其能够制造法国设计的飞机及武器。不过在这方面，比利时人的心态矛盾，将与法国的盟约视为短期需要。

1924 年 1 月，法国设法达成了与捷克斯洛伐克的军事结盟，其中包括在该国遭受外国侵略时维护领土完整的承诺。[14] 捷克刚刚独立时，法国就向其供应了过剩的 FT-17 坦克和"斯帕德"战斗机，并向其提供贷款和来自施奈德 – 克勒索武器公司的专业技术，协助斯柯达工厂实现现代化；到 20 世纪 30 年代中期，斯柯达开始为捷克陆军制造火炮、反坦克炮和轻型坦克。[15]

伦敦的外交官对法国的"防疫封锁线"感到不悦,担心它可能为未来的欧洲战争埋下隐患。因此,英国邀请魏玛德国参加1925年于瑞士洛迦诺举行的国际会议,参会的还有法国、意大利和比利时。魏玛政府在洛迦诺会议上承诺尊重与西欧的新边界,绝不对任何缔约国宣战,但东部边境的问题悬而未决。捷克和波兰对《洛迦诺和约》都不满意,担心法国可能不遵守对它们的承诺,法国为此重申了与两国的军事同盟。1927年波兰经济几乎崩溃,法国以贷款帮助其抵御了危机。1931年,法国又向波兰提供了以火炮为主的价值1.13亿法郎的装备。[16]

法国外交官于1926年6月与罗马尼亚、1927年11月与南斯拉夫也签署了条约。这些条约为法国在巴尔干地区的武器销售铺平了道路,但那并不是军事盟约,只是形成了法国"防疫封锁线"已得到扩张的假象。例如,与罗马尼亚的条约规定双方在出现危机时要进行战略磋商,但这并不是直接的军事合作。[17]事实证明,到了危机的紧要关头,罗马尼亚和南斯拉夫都不愿意站在法国一边。法国向捷克斯洛伐克及波兰做出的军事保证,也使其难以在20世纪30年代重新确立与英国的军事合作,因为英国外交官不愿意被拖入东欧由某些模糊问题引发的战争中。

从纸面上看,这种双边军事同盟似乎令人敬畏。捷克和波兰确实热心于投资其国防,20世纪30年代初,两国能够动员25~30个师、超过100万人的野战军。到希特勒1935年重新启动征兵制时,波兰和捷克已经拥有了一支使用法制武器的可靠军事力量。可是,尽管法国CSG从20世纪20年代起就致力于制订在德国入侵时将军队部署到比利时的应急计划,但与捷克斯洛伐克或者波兰协调其军事行动的现实计划却从未制订。[18]相反,CSG简单地认为,法国东欧盟友的存在将迫使德国把可观的军事力量部署在那个战场上,从而确保法国在西线的军事优势。换言之,法国仅满足于东欧盟国牵制德国力量,并不打算直接帮助它们守卫自己的领土。

阿道夫·希特勒于1933年掌权并表明其复仇哲学后,法国愿意与苏联达成某种安全协定,但并不是事实上的同盟。1935年5月,两国签署了互助条约,1936年该条约得到批准,但该条约同样只规定了战略磋商而非军事合作。法国领导人希望象征性的法苏合作能够阻止希特勒的冒险,然而结局并非如此。

通过大量外交与财政努力，到 1936 年，法国领导人相信，他们已经挫败了希特勒的企图。以盟友或者至少同情自己的力量包围德国，与后者仍然有限的军事力量相比，明显在数量上占有优势。遗憾的是，任何体系的强度都取决于其最弱的成分，事实证明，比利时是法国的盟国网络中最弱的。为了节约资源，比利时将其现役陆军削减到了 4 个师，并将应征士兵的服役期缩短到 10 个月。该国国防部长阿尔贝·德韦兹（Albert Deveze）没有实现野战军的现代化，他宁愿投资边防工事，特别是对保留下来的 8 个列日要塞实施现代化改造。他还在列日以东修筑了 4 个新的要塞，这些新要塞中最重要的是拱卫阿尔贝运河多个渡口的埃本－埃马尔（Eben-Emael）要塞（荷兰城市马斯特里赫特以南 5 公里处）。虽然法国支持比利时深沟高垒的思路，但认为德韦兹偏向阿尔贝特运河沿岸防御的想法十分愚蠢。比利时军队总参谋长埃米尔·加莱（Emile Galet）中将提出在安特卫普—那慕尔修筑工事，法国和比利时军队可以在那里联合防御。但他的建议被忽视了，德韦兹于 1932 年 4 月开始修建埃本－埃马尔要塞（Fort Eben-Emael）。[19] 1933 年，法军总参谋部注意到，比利时的防御计划与法国战略不一致，尤其是比利时人忽略了关键的阿登森林地区的防务，若这一地区没有任何边防工事，法国的风险将大大增加。此后不久，甘末林通知比利时人，法国准备在德国入侵时向比利时派出一支规模庞大的机动部队，他希望以这种安全保证鼓励比利时人履行确保阿登安全的义务。[20] 阿尔贝一世国王同意将阿登守卫部队的规模增加 2 倍，这支部队更名为"阿登猎兵"，但直到 1937 年才达到师级规模。

然而，1934 年 2 月利奥波德三世在布鲁塞尔登基后，法比军事合作关系进一步恶化。与波兰人或者捷克人不同，利奥波德三世对投资坦克或者野战炮等现代武器毫无兴趣，他天真地相信，裁减军备（而不是积累军事力量）才能带来安全。他相信中立而非结盟，更愿意修建一个"国家堡垒"，在发生战争时藏身其中。[21] 他即位两个月后，法国提出了一个交换条件：如果比利时同意加强阿登防务，法国陆军将保证在德国发动侵略时向比利时派出一支大军。利奥波德三世对阿登没有兴趣，所以他宁愿从英国而非法国得到安全保证。比利时空军决定不再依赖法国的飞机设计，开始从英国和其他国家购买飞机，这成了该国摒弃与法国军事同盟的又一个信号。比利时人对甘末林的答复是，他们希望法国在德国试图通过中立的荷兰入侵时，帮助其保卫北部边境。甘末林许诺派出 2 个师协助安特卫普防御，但比利时人要求更多兵力，这就是 1940 年灾难性的"布雷达变体"的成因。在利奥波德三世的主导下，比利时陆军的形势每况愈下，而比利时人却沾沾自喜，以为新建的要塞群能够保护他们。1935年，埃本－埃马尔要塞宣布投入使用，德韦兹宣称，这是欧洲最坚固的堡垒。比利时人决定信任混凝土，而不是法国陆军。

到 1936 年，利奥波德三世所做的就是寻找借口废除法比同盟，法国在莱茵兰危机中的不作为便成了他的理由。1936 年 10 月 14 日，利奥波德三世宣布，比利时将采取严格中立的政策。[22] 失去比利时这个盟友对法国战略的打击是沉重的，但法国并没有做出任何调整，甘末林认为比利时在德国威胁来临时就会回心转意，寻求军事援助。比利时不负责任的自杀行为不仅是瓦解法国安全战略的开端，而且在敦刻尔克撤退之前持续地对盟国决策产生不利影响。

德国公然开始重整武备时，法国敦促捷克斯洛伐克和波兰加强边防，提升自身的防御准备。1934 年，甘末林派出马奇诺防线设计委员会领导人、工程兵少将夏尔·贝拉格（Charles Belhague），为捷克构筑防线提供建议。[23] 从1935 年的一项应急建造计划入手，捷克人取得了令人惊叹的进展，到 1938 年年中已经部分完成了一条比马奇诺防线更坚固的工事带。而波兰军队则相反，他们对构建边防工事不感兴趣，于是选择先将军费用于加强炮兵、坦克及飞机，而不是混凝土。根据 1936 年 9 月的《朗布耶协定》，法国要在 5 年内向波兰提供 26 亿法郎的贷款，用于武器采购。波兰军队明智地将这些资金用于购买瑞典博福斯公司的许可证，建造现代化的 37 毫米反坦克炮和 40 毫米高射炮。[24]此外，法国同意向波兰提供 100 架 MS.406 战斗机和 2 个营的 R35 轻型坦克，但交付时间推迟到了 1939 年年中。

从甘末林的角度看，加强法国盟友的战略代价相对较低，既让人产生法国拥有军事合作伙伴的印象，同时又能得到军备销售市场。即便在希特勒公开违反《凡尔赛和约》，重启征兵制并组建德国空军时，甘末林仍相信，法国的军事和外交策略将对德国的所有复仇企图产生牵制作用。然而，两次世界大战期间法国将数十亿法郎投资给了盟友，而不是用于自己的军事现代化。而且，法国向盟国提供的一些技术援助未来将被用于对付自己。捷克斯洛伐克于 1938

年向德国割让苏台德地区时，德国人迅速检查了那里的边防工事；这些技术和知识被用于开发改进型炮弹和空心装药武器，1940 年，他们用这种武器攻打比利时以及法国的要塞。

帝国的代价，1920—1936年

人们往往忘记这样的一个事实：两次世界大战期间，代价沉重的殖民冲突和大量其他需要军事力量或者安全保障的情况显著地分散了法国和英国的注意力。1919 年，英国面对爱尔兰的革命和国内战争，在四年内就投入了 5 万名官兵。英国在地中海地区也投入了重兵，包括达达尼尔占领区。法国的北非殖民地麻烦不断，占据叙利亚也只能增加其海外行动的负担。1924 年，摩洛哥问题升级为"里夫战争"（Rif War），仅在第一年就花费了将近 10 亿法郎，并迫使法国陆军从本土抽调了 2 个军。[25]

"里夫战争"并不轻松，法国陆军面对的是一个强硬的对手。驻摩洛哥下级军官安德烈·博弗尔中尉写道："与我们交锋的是训练有素、机动灵活的战士。"[26] 最终，根据贝当的指示，法国投入了 20 多万名官兵——可调动野战军的将近一半——并动用了坦克及轰炸机，才在一场残酷的战役中粉碎了里夫人的军队。摩洛哥的扫荡行动持续了将近 10 年，直到 1934 年，法国还投入了 3.5 万名官兵和 100 架飞机，搜捕各地的叛乱组织。

法国对叙利亚的统治从一开始就十分不顺，1925 年 7 月，局势转变成了公开的反抗。莫里斯·甘末林上将指挥驻叙利亚法军，1925 年 10 月 18 日—20 日，他动用了炮兵和轰炸机，将起义军占领的大马士革部分地区炸成一片废墟，可能有多达 1500 名叙利亚人死亡。[27] 甘末林此时不像 1940 年 5 月那样犹豫不决，他以敏锐、无情的决断镇压了一场殖民地起义。对叙利亚起义的镇压又花费了 10 亿法郎。[28] 除了 1.5 万名军人阵亡外，摩洛哥和叙利亚发生的这两场殖民战争还消耗了数十亿法郎，这些钱本可用于法国本土的军事现代化。而且，即便主要军事行动结束了，法国军队仍不得不消耗更多资源，继续摩洛哥和叙利亚的平定行动，直到 1934 年。叙利亚的后续行动需要再耗资 40 亿法郎——接近马奇诺防线的造价。[29] 越南民族主义组织于 1930 年发动了"安沛兵变"，法国不得不在印度支那（中南半岛）也投入更多兵力。

这些殖民地冲突还增加了脑力成本，使许多正规军将注意力放在反叛乱行动上，而不是为又一场欧洲战争做准备。人们往往指责法国在两次世界大战期间准备重新打一场与一战类似的战争，但更准确地说，法国陆军在这一时期的焦点是准备镇压下一次起义。还有人提出，法国军队痴迷于线性作战，使他们对1940年的高速机动作战毫无心理准备，但摩洛哥和叙利亚的战役明显是非线性的。20世纪20年代，法国现役陆军扮演的是殖民地警察部队的角色，导致他们忽略了本土的预备役部队。

英国也在印度面临传统的低强度冲突，以及全球范围内的小规模局部作战。一战后，英国控制了伊拉克，并投入了可观的精力，试图将该国变成英国的附庸国，以便确保利用其石油资源。20世纪20年代末，皇家空军投入了8个中队驻守伊拉克，开始在该地区建设基地。同样，英国也持续投入资源，加强在埃及和巴勒斯坦的防务。1936年，巴勒斯坦发生的大规模起义迫使英国陆军投入了5万名官兵，以稳定该地区局势。尽管如此，镇压之后巴勒斯坦问题仍在持续发酵。驻印度的英国军队有4万人，而该国西北边境地区问题要求这些部队在1936—1939年积极作战。与法国陆军相同，英国陆军在两次世界大战期间很多时候关注的也是低强度冲突，而不是思考常规战争。

两次世界大战期间，英国和法国政治领袖的整体国策都受到了殖民势力范围的影响。英国越来越担心日本在亚洲的扩张，1926年，英国政府决定在新加坡建立一个大型海军基地，以确保澳大利亚和新西兰能够采取某些行动遏止日本。由于这两个英联邦伙伴国家更关心日本的扩张，而远非德国的复仇，从而使英国的部分军事资源远离了欧洲。接下来的十年里，英国在新加坡基地投资了6000万英镑，1938年2月，该基地宣布启用。[30] 英国在中国香港和上海也派驻了大量守卫部队，试图展现其阻止日本在中国扩张势力的决心。同样，为在埃及和巴勒斯坦建设一支小规模陆军，遏制意大利对中东的野心，英国也投入了不少军事资源。因此，英国军事预算需要应对三个不同的潜在对手——德国、意大利和日本——从而减少了本土军事现代化计划可以支配的资金。

而为了北非和远东的殖民利益，法国也抽调了大量本土防务资源，用于遏制意大利。法国海军几乎完全专注于与意大利海军抗衡。1935年，法国陆军的53万名官兵中有40%部署在海外（包括印度支那的2.9万人，撒哈拉以南地区的 2.6 万人和马达加斯加的 6000 人）[31]。随着对海外的巨大投资，本土陆军在训练新兵及预备役部队的时候没有了足够的军官和士官。尤其是，法国陆军和海军领导人执着于阻止意大利进攻突尼斯，这种执着的一个明显表现就是，1933 年，法国海军开始大力加强比塞大港的防御工事，包括修建两个非常昂贵的 340 毫米炮台。更糟的是，1935 年，法国陆军决定在突尼斯沙漠修建一条"迷你马奇诺防线"，以阻止意大利入侵。正当法国战争部声称缺乏资金、无法将马奇诺防线进一步延伸到整个边境时，法国陆军却投入 2000 万法郎，在荒漠中修建了一条 45 公里长的防御线。[32] 为防万一，法军在科西嘉岛的工事上又投入了 2700 万法郎。

但是，真正的"殖民地天坑"是 CSG 于 1934 年在摩洛哥奥兰附近的凯比尔港建立新海军基地的决定。[33] 海军提出，由于土伦的主要基地在意大利轰炸机的航程之内，故需要一个能够躲避空袭的新基地。这是极其空洞的理由，因为只要加强土伦的防空，就能使其变得更加安全，根本无须花费十年的时间从头建设一个新基地。法国海军希望在北非获得一个新基地，以便得到"地位的象征"，与附近英国的直布罗陀基地比肩，才是这个计划的真实目的。海军取得了胜利，1936 年，政府拨款 20 亿法郎启动了基地的建设。修建过程很缓慢，结果导致成本大大超支。到 1939 年，该基地只完成了不到三分之一，而仅为了完成在建工程，法国海军又要求再拨款 3 亿法郎。几十年来，历史学家们都为花在马奇诺防线上的钱惋惜，却忽略了浪费在北非面子工程上的数十亿法郎。

法国在北非殖民地投入大量防务资源没有任何经济上的理由。大英帝国的殖民地为本土提供了重要的进口物资（例如石油、矿石和粮食），而法国的海外帝国却没有为其带来多少经济上的好处。北非提供铅和锌，印度支那提供锡，但殖民地的进口物资远不能满足法国重整军备的工业需求，尤其是铁矿石。唯一拥有重要资源的殖民地是遥远的新喀里多尼亚，那里的铬和镍储量丰富。然而，法国的大部分关键进口物资——石油、铜和橡胶——实际上来自大英帝国的各个角落。[34] 法国维持其殖民帝国的主要好处并非原材料，而是国际威望以及招募殖民地步兵在其陆军中服役。到 20 世纪 30 年代中期，法国陆军的步兵中有五分之一来自殖民地。[35] 法国希望被看成与大英帝国势均力敌的国家，没有殖民势力范围就做不到这一点。但不管是英国还是法国，都因海外帝国而将注意力转移到了次要的安全考虑上，导致军事资源转向了非关键地区。殖民地作战从物质上和精神上都妨碍了英法的军事现代化，使它们的地面部队专注于小规模战术，无法精进其战役层面上的技巧。

法国的现代化努力，1920—1936年

全力打造盟友的同时，法国军队领导层也打算在财政允许的情况下，尽快实施武装力量的现代化。正如基斯林所言，20 世纪 20 年代伊始，法国陆军装备的是"最新式的火炮、坦克和飞机"，但许多此类装备实际上是匆忙生产的，在作战中变得陈旧不堪了。[36] 法国军事领导人渴望启动现代化进程，利用战争中吸取的教训发展新型武器。可是，法国陆军的年度预算从 1920 年的 60 亿法郎下降到了 1925 年的 39 亿法郎。由于仍有将近 20 万人的部队驻扎在莱茵兰和鲁尔等占领区，另有 20 万人的部队在殖民地，运行成本仍然很高，留于采购的资金少得可怜。四个主要兵种（步兵、炮兵、骑兵和航空兵）竞争现代化的资金。战后，坦克部队被步兵所吸收。

身为参谋长的德伯内上将努力倡导摩托化步兵和炮兵以及其他武器的现代化，但资金捉襟见肘，一次只能投资少量项目。确定的第一批计划是用现代化的轻量级反坦克炮代替 37 毫米 M1916 TRP；陆军需要一种武器，能够在 600 米距离上击穿倾斜度达 60 度的 20 毫米装甲。遗憾的是，由于缺乏资金，即便是优先的项目，研究工作也被搁置多年，更不用说投产了。霍奇基斯于 1926 年提交了一种新型反坦克炮的设计，但此后六年都在评估。负责法国坦克部队的让－巴蒂斯特·艾蒂安（Jean-Baptiste Estienne）少将也在努力争取新型坦克。战后的法国陆军有 27 个坦克营，配备约 3500 辆雷诺 FT-17 轻型坦克，但所有配备 75 毫米加农炮的"圣沙蒙"（Saint-Chamond）和"施奈德 CA1"坦克很快都报废了。法国工业界仍然致力于 70 吨的夏尔（Char）2C 突击坦克——计划中 1919 年攻势的残留物——但这是一个面子工程，到 1921 年只完成了 10 辆样车。作为替代，艾蒂安想得到一种具有突破敌军坚固防线的火力及机动性，在一天内能推进 80 公里的 15 吨级重型坦克。对于紧张的战后财政预算，他的理念过于宏伟，陆军只愿意在 20 年代为坦克项目拨款 410 万法郎，主要用于 FT-17 的小规模升级。

步兵部队决定不考虑坦克，而将其有限资金的大部分投入到步兵装备现代化上，首先是新型轻机枪和迫击炮。到 1924 年，这一政策的成果是推出了 7.5 毫米口径的 FM 24 轻机枪，该装备极大地增强了班一级单位的火力。两年以后推出的勃兰特 81 毫米迫击炮加强了营一级的火力。不过，普通步兵仍然配备 19 世纪 80 年代设计的手动栓式步枪，又过了十年才获得新型 MAS 36 步枪。法国陆军的主要自动武器——8 毫米的霍奇基斯 M1914 机枪没有更换，到 1940 年，它已经完全被德国的 MG34 机枪超越。

尽管艾蒂安最初未能为坦克研发争取到较多的资金，但步兵部队意识到未来的坦克在设计上应该很好地平衡火力、装甲防护及机动性。1924 年，艾蒂安得以对法国工业界提供的五种原型车辆进行测试。测试发现，没有一种原型车完全令人满意，因此陆军要求将各种车辆的最佳特性融进新设计中。研发工作推延数年，设计出了一种 20 吨级坦克，但直到 1927 年，军方才得到足够的资金订购三辆新原型车。这一项目的结果是夏尔 B 重型坦克的诞生。20 世纪 20 年代末，法国仍在生产的唯一坦克是 14 吨级的夏尔 D1，它是同时进行的 FT-17 现代化改造工作的产物。经过多年的修修补补，法军共从雷诺公司订购了 110 辆夏尔 D1 坦克，1933 年年底装备了 3 个坦克营。不幸的是，夏尔 D1 是一种脆弱、不可靠的车辆，但在 1936 年之前，它仍是法国陆军能用于训练的唯一现代化坦克。[37]

从组织层面上讲，由于法国战后经济脆弱，陆军不得不将步兵师从 1920 年的 41 个缩减到 1926 年的 20 个，职业军人仅剩 10.6 万人。随着国防预算缩减，CSG 决定取消 20 世纪 20 年代的一切预备役训练，即便法国战略严重依赖预备役部队。[38] 只有驻扎在莱茵兰地区和靠近德国边境的陆军师是满编的，法国其余地区团级部队的兵力都缩减到了 2 个营。为了节约经费，CSG 更加依赖预备役军人，却没有多少资金能用于训练或者武装他们。陆军为应对预算裁减而不断改组，使装备与战术现代化的工作变得更加复杂。

一战末期，法国在军事航空技术上领先甚多，但 20 世纪 20 年代这一优势被挥霍掉了。航空兵仍然是陆军的一部分，但只得到了军事预算的 2%—7%。法国航空工业也很快重组，开始面向民用制造，而一些公司干脆退出了这个领域。采购拨款只是为了以小订单维持少数公司的运行，而新型航空发动机的研发实际上已经停止。尽管如此，航空兵部队仍设法推出了几种新型飞机，包括布雷盖（Breguet）XIX 轻型轰炸机和波泰（Potez）25 战斗轰炸机——事实证明，这两种飞机都很适合各种任务，也适合批量生产。在陆军控制下，航空兵专注于符合陆军任务要求的飞机。为了与盟友分享技术进步，法国向比利时萨布卡（SABCA）公司和波兰 PWS 公司提供了制造这些飞机的许可证。

1926 年年中，由于经济比预期更迅速地好转，摩洛哥与叙利亚的殖民地战争逐渐平息，法国军队的前景略有好转。因此，1927 年的国防预算增加了将近 50%。[39] 短时间内，法国的预算实际上过剩了，CSG 不得不考虑如何更好地利用这笔意外之财。可用兵员的问题对各种选择的影响很大，因为随着出生率的下降，法国明显难以在 20 世纪 30 年代中期前动员一支庞大的陆军。因此，CSG 意识到，仅在武器上投入资金无助于法国陆军遏止或者击败德军的入侵。CSG 内部已经有了普遍的共识，法国需要加强边防工事，以保护其在边境地区的自然与工业资源，这些资源对一场长期战争中的军工生产至关重要。工事使法国陆军有可能在阿尔萨斯－洛林采取"节约兵力"的战略，同时集中野战军主力，阻止敌人经比利时入侵。如果没有工事，法国陆军的战线将拉长到各地，从而变得脆弱。唯一现实的问题是在哪里构筑工事，以及需要在这上面投入多少资金。1927 年 10 月，CSG 采纳了深受贝当防御工事思想影响的建议。[40] 一些场地的准备工作从 1928 年就开始了，但直到 1929 年项目的主要资金才得到批准，这就是最终的"马奇诺防线"项目。[41] 该项目很受欢迎，连法国议会中的社会主义者也认为它能提供成千上万的建筑工作岗位。虽然其投资并不算多，但确实将野战军的现代化推迟了数年。

魏刚于 1930 年 1 月接任参谋长，他的任内发生了两个关键事件：法国陆军最终从莱茵兰撤出了残存的最后一批部队，以及部分摩托化计划的启动。莱茵兰占领任务的结束减轻了法国陆军的负担，但莱茵河桥头堡的丧失也减少了法国在德国开始重整军备时先发制人的选择。

1930 年，法国国防预算增加到 159 亿法郎，陆军得到了其中的 101 亿，这意味着陆军有能力采购了。1930 年 7 月，法军从莱茵兰撤退后仅仅几天，CSG 就决定优先实施 5 个步兵师及 5 个现有骑兵师中各 1 个旅的摩托化计划。魏刚是摩托化的热心倡导者，但这一计划很昂贵——仅骑兵部队的摩托化就需要耗资 10 亿法郎。[42] 而且，即便是对法国陆军的一部分实施摩托化改造，缓慢的技术发展和工业制造也成了严重的障碍。首先需要采购大约 1 万辆机动车，并开发新的履带式支援车辆。雪铁龙从 1922 年开始研发半履带车，1928 年拥有了一个可行的设计，定名为 P17。虽然法国设计师成功地完善了第一型军用半履带车，但工业界组织生产的工作进展缓慢，法国陆军要在两年后才会收到订购的首批 100 辆 P16 半履带车。奇怪的是，法国陆军很快就对半履带车失去兴趣，决定以一系列全履带支援车辆替代。主要的候选车辆是雷诺的 UE "小战车"（UE Chenillette），1932 年开始交付摩托化步兵部队。

与此同时，作为摩托化计划的一部分，骑兵于 1931—1932 年提出了对三种新型轻装甲车（Automitrailleuse）的需求：用于远程侦察的 AMD、近距侦察的 AMR 和与敌军侦察车辆交战的 AMC 骑兵坦克。令人赞叹的是，不到两年，法国工业界就制造出了满足这三种要求的原型车辆。庞阿尔（Panhard）公司的 8 吨装甲车于 1934 年被骑兵采用，履行 AMD 的任务；庞阿尔 178（又称 AMD35）有效地结合了火力、装甲防护和机动性，是 1940 年在用装甲车中最好的。雷诺在 AMR 的竞争中胜出，法国陆军于 1933 年订购了 120 辆 AMR 33 轻型坦克，后又在 1936 年订购了 200 辆改进的 AMR35 坦克。这些 AMR 轻型坦克的作用是侦察和保护摩托化步兵部队，但不适合与敌方装甲车辆交战。AMC 骑兵坦克的要求更难达到，但索玛公司于 1935 年造出了 17 吨的原型车，1936 年 3 月获批生产，定名为 S35。由于政治原因，骑兵还被迫订购了 200 辆霍奇基斯 H35 坦克。

法国使用摩托化部队的思想受到了一战记忆的影响：1914 年 9 月 7 日夜间至 8 日凌晨，约瑟夫·加列尼上将征用了 1200 辆出租车，将 2 个团的步兵从巴黎送到前线参加马恩河反攻战。[43] 魏刚认为，摩托化的主要目的是建立少量快速反应部队，以便能迅速部署到比利时阻止德国入侵。法国摩托化步兵师（divisions d'infanterie motorisée，DIM）不是以作为机动部队参战来设计和训练的，而是在远距离运送之后徒步作战。确实，每个 DIM 只提供大约 1500 辆机动车，不足以一次性调动全部 3 个步兵团。相反，DIM 在调动时除尽可能使用自己的车辆外，还要依赖集团军级别的"人员运送部队"（Groupement de Transport de Personnel，GTP）提供的另外 200 辆卡车。本质上，法国摩托化步兵师分成多个部分实施"蛙跳",然后重新集结成1个步兵师,以传统方式作战。相形之下,1937年德军在开始组建自己的摩托化步兵师时,为其提供了超过3000辆机动车,整支部队可以利用自己的资源一次性调动。魏刚希望骑兵部队有足够的摩托化成分,能够有效地掩护部署于前线的摩托化步兵部队,但其用意并不是参加真正的战斗。因此,到20世纪30年代中期,法国陆军下发了对各种车辆的需求,包括侦察用的装甲车,向战场运送步兵、重武器和补给品的履带式车辆和卡车,以及提供机动火力支援的坦克。

1931年,甘末林接任陆军参谋长,魏刚改任陆军总监,但仍留任CSG。法国陆军需要一支能够迅速调动到比利时、阻止德国入侵法国北部工业区的部队,这推动了摩托化计划的实施。但是,到1932年5月,CSG严重怀疑比利时是否愿意恪守盟约,以及将最好的部队用于帮助该国中部防御是否明智。CSG内部发生了一场关键的战略辩论,甘末林和魏刚提倡沿法比边境构筑工事,甘末林还启动了有关在巴黎以北构筑防线、保护首都的研究。但是,贝当反对在混凝土工事上投资,其他CSG成员则担心新一轮工事构筑将导致新型坦克和反坦克炮的推出延迟,因此这个想法被搁置了。结果是,CSG确定在必要时将向比利时派出摩托化部队。[44]

雷诺夏尔D1坦克令人失望之后,步兵于1934年订购了改进型夏尔D2,其中50辆制造于1936—1937年。与此同时,法国陆军用五年时间测试了3辆夏尔B原型车,并不断推迟制造订单。20世纪30年代初,夏尔B已经发展为一种27吨级坦克,配备1门47毫米火炮和1门75毫米榴弹炮,这意味着它既能与敌军坦克交锋,又能在破袭战中支援步兵。这一时期,全世界坦克设计师都面临在坦克上安装高速还是低速武器的艰难决定,法国希望在夏尔B上结合这两种武器。法国陆军的意图是让夏尔B完美地融合火力和防护,因此不断调整设计,而不急于开始生产。

甘末林和魏刚声称,他们认识到有必要采用诸兵种联合作战的方法实现现代化,但实际上却因过多地关注坦克,而忽略或者推迟了步兵武器、野战炮、防空武器和通信设备的现代化。20世纪30年代停滞不前的法国炮兵拥有1.05万门火炮,其中53%是1897式75毫米炮,24%是施奈德1917式155毫米榴弹炮。[45]大部分法国火炮的射程为12公里或者更短,适合阵地战,但在机动作战中就不够了。即便到了 1939 年，80% 的法国炮兵团仍然使用马匹牵引火炮。[46] 法国炮兵最有效的武器是 155 毫米 GPF 野战炮，这种 14 吨重的巨炮也只能将 43 公斤的炮弹发射到 18 公里以外。美国陆军喜欢这种法国武器，购买许可证自行生产。甘末林意识到有必要实现炮兵现代化（开发射程更远、更具机动性的武器），但因为全球大萧条开始影响到法国经济，1930 年的挥霍仅是昙花一现，于是只能将该计划搁置。由于税收下降，法国政府被迫削减军事开支，而且做出了不惜一切代价保持法郎币值的愚蠢决定，这导致物价（包括武器）上涨了一两倍。[47]

预算缩减和法国工业无法大量制造坦克和支援车辆的现状，都危及摩托化计划。1930—1933 年的四年间，法国工业只制造了 40 辆坦克。[48]1932—1933 年，法国陆军进行了多次摩托化部队的试验，包括 1 个新型 D–1 坦克营。[49] 试验结果好坏参半，又过了两年，陆军才决定将 1 个骑兵师改编为轻装甲师（第 1 轻机械化师，法语 1ere Division Légere Mécanisée，简称 DLM），该师于 1935 年 7 月开始组建。1936 年 2 月，让·弗拉维尼少将接管第 1 轻机械化师时，该师仍然在等待相当一部分装备的到来，唯一可用的装甲作战车辆是少量 AMR 33 轻型坦克。而这段时间，德国正在组建 3 个装甲师。

其他兵种（如工程兵和通信兵）的现代化只分配到极少的资金。为了升级战术通信设备，1931 年步兵师收到了 ER17 电台，可以供团级指挥官和师属炮兵网络使用。ER17 的重量超过 45 公斤，只能在 15 公里以内通过莫尔斯电码通信，但很快就有了改进型号。1934 年，用于步兵师指挥网的 ER12 电台推出；1935 年，步兵营级单位使用、重量为 20 公斤的 ER40 单人携带电台于推出。根据 1930 年后的防御战略，工兵用反坦克及反步兵地雷的开发工作于 20 世纪 30 年代中期开始，但并非优先项目。尽管如此，1932 年的野外演习表明，以反坦克炮和地雷构筑坚固防线，使坦克攻击"注定失败"是可行的策略，这向甘末林等高级指挥员灌输了一种概念：利用合适的技术，德国坦克的威胁是可控的。[50] 当然，法国演习的评估是正确的，组织得当的纵深防御确实可以阻止装甲兵的攻击，这在 1942 年的阿拉曼战役和 1943 年的库尔斯克战役中都得到了证明。不过，法国陆军领导层似乎满足于臆想的结果，没有努力将其转变成现实。法国工兵的任务是在必要时摧毁桥梁，但除了摩托化部队外，工兵往往没有得到多少车辆。即便在 1940 年，大部分法国工兵部队仍然利用马匹和手推车运送装备，这意味着他们往往来迟一步，无法摧毁受到威胁的桥梁。

实际上，法国的所有现代化努力都只是针对现有武器的改进，战争部严格限制科研和开发项目的资金。但是，1934 年战争部确实为勒布尔歇机场拨了款，供其进行用雷达信号探测飞机的多次试验。试验成果喜人，法国科学家开始研究建立实用型雷达早期预警体系的多种方法。[51]

当航空兵部队于 1933 年 8 月成为独立军种，更名为法国空军（Armée de l'air, AdA）时，甘末林的现代化计划变得更加复杂。航空部已于 1928 年创立，该部门很快就开始要求为 AdA 增加更多预算。一旦独立，法国飞行员就要开始努力挣脱陆军协同任务的束缚，追求战略轰炸能力的发展。航空部长皮埃尔·科特是个激进的社会主义者，他努力地在法国国会宣扬其雄心勃勃的空军扩张计划（称为"1 号计划"），1934 年 7 月，该计划获得批准。科特的"1 号计划"要求在两年内制造 1000 架飞机。[52] 紧随其后的"2 号计划"又将上述数量增加到了 1500 架，其中 50% 是轰炸机，只有 29% 是战斗机。[53] 法国航空研发已沉寂多年，因此可用的设计都很平庸，但科特的部门希望用大订单复兴法国航空工业，为失业者提供工作。而且，航空部推出了一种被称作 BCR（轰炸—格斗—侦察）的多用途飞机，希望其能适用于各种任务，但事实证明，研究出来的飞机在所有方面都没能令人满意。科特的"1 号计划"的结果是花费数十亿法郎，制造出了布洛赫（Bloch）MB.210 轰炸机和德瓦蒂纳（Dewoitine）D.500 战斗机等性能平庸的飞机。这些飞机比德国空军最初的设计好一些，但几年后就过时了。由于将重点放在多用途设计上，法国航空工业在高性能的现代化战斗机设计上落后了。AdA 本应为陆军提供支援，但科特的"2 号计划"避开了这一要求，没有包含任何建造近距空中支援飞机的条款，这令甘末林十分恼火。[54]

但是，对国防资金最大的浪费是法国海军现代化耗费的巨资，这对遏止德国入侵几乎没有起到什么作用。1925—1935 年，法国海军获得了法国国防预算的 20%—25%。乔治·莱格把持的海军部决心打造一支现代化的法国作战舰队，在此期间完成了 2 艘"敦刻尔克"级战列巡洋舰、15 艘较小的巡洋舰、39 艘驱逐舰和 73 艘潜艇的建造。意大利海军或者德国新型"袖珍战列舰"的威胁不足以成为这种大规模海军现代化努力的理由，如此规模的海军建设也不符合法国总体防御的战略。但是，海军建设工作意味着港口城市的许多工作岗位，这得到了巴黎政治家们的支持。1932 年，莱格还从航空部手中夺取了法国海军航空兵（Aéronautique Navale，简称 AéroNavale）的控制权，1936 年，他说服 CSG 投资建造 2 艘新航空母舰。莱格确实提出，海军应该比陆军更优先得到现代化所需资金，但即便在他如此强势的领导下，法国海军也未能投资声呐等反潜战技术，或者开发改进型防空武器，这使得海军舰队在 1939 年参战时几乎无事可做。奇怪的是，CSG 竟然允许法国海军追逐自己的目标而没有提出强烈的抗议，结果是数十亿法郎花在了对法国安全毫无进益的战舰上。两次世界大战期间的法国海军成了累赘，耗光了法国的资金、钢铁和人力，其破坏力远超马奇诺防线。

由于数十亿法郎被浪费在过时的飞机和不必要的战舰上，陆军的经费在总预算中的占比降低，甘末林只得缩减陆军野战炮兵的现代化计划。有限的发展计划于 1935 年收获了少量现代化的施奈德 105 毫米火炮，但只够配备新建的摩托化师。甘末林最终意识到需要开发改进型反坦克和防空武器，他试图推进因为资金不足而延迟数年的发展计划。根据 1920 年的原始需求，霍奇基斯于 1932 年建造了一种出色的 25 毫米反坦克炮的原型，其钨芯穿甲曳光弹可以在 500 米距离内击穿 30 毫米厚的装甲板（倾斜角为 30 度）。这种武器可以挫败所有已知的坦克，于 1934 年开始服役，定名为 SA34。仅仅两年，霍奇基斯就生产了大约 2000 门此型火炮。不过，野战训练证明，这种武器比预期的更重，移动非常困难，因此陆军要求霍奇基斯设计一种更轻的武器。SA34 的减产状况一直持续到 1938 年改进型 25 毫米 SA37 反坦克炮准备就绪时，SA37 比原始型号轻了三分之一。另一方面，霍奇基斯在设计新型 25 毫米高射炮时不太成功，这种火炮的设计遭遇了许多技术问题。由于 1935 年德国空军成立前法国并不存在真正的敌方空中威胁，所以防空仍然是低优先级的项目。

甘末林提交给 CSG 的主要计划是用新型步兵坦克替换全部的 FT-17 坦克——一战遗留下来的，已经过时了。与昂贵的夏尔 B1 不同，他倡导一种廉价、易于大量制造的步兵坦克。按照甘末林获得批准的计划，法国陆军将在 1938 年增加 800 辆新型坦克，1940 年增加 2500 辆，共装备 46 个坦克营；这几乎是一个革命性的措施，意味着法军现役的每个师都有 1 个坦克营的支援，从而使得战斗力大大提升。经过长时间的竞标，雷诺的新型步兵坦克设计于 1935 年 4 月被采纳，订购数量为 300 辆。尽管霍奇基斯的设计遭到拒绝，但陆军怀疑雷诺是否有能力制造这么多坦克，于是在 7 个月后决定再订购 200 辆 H35 步兵坦克。

1934 年春季，就在甘末林和法国陆军缓慢地推进现代化时，夏尔·戴高乐出版了他的第三本著作《建立一支职业军队》(Vers l'armée de métier)。这本书在法国销量很差，给作者带来的声誉也不佳。戴高乐在书中提出，保卫法国的最佳方法就是建立一支 10 万人的常规机动突击部队，分成 6 个机械化师。因为他相信，以新兵和征召的预备役人员为基础的步兵师不可能在敌军入侵初期有很好的表现。这一思路很大程度上来自于艾蒂安 1920 年关于法国坦克部队未来的想法，戴高乐与 1933 年退休的艾蒂安相熟。尽管戴高乐对军事现代化有一些先见之明，但他提出的想法并不完全是独创的。而且，书中的一些内容有强烈的政治倾向，造成了争议并冒犯了上级。在第三共和国内部，一支仅由正规部队组成的精锐之师有"禁卫军"的意味，是令人厌恶的。因此，《建立一支职业军队》对陆军的现代化没有任何直接影响。

CSG 可以对戴高乐熟视无睹，但它很快就注意到了德国重整军备的工作。1931 年 11 月，法国军事情报机构"二局"(Deuxieme Bureau) 在情报工作上取得了一次重大进展，当时它招募了德国密码局的官员汉斯·蒂洛·施密特 (Hans Thilo Schmidt)。施密特不仅为法国情报人员提供了新型"恩尼格码"(Enigma) 密码机的使用手册，还提供了从他哥哥鲁道夫那里搜集来的有关德国重整军备计划的情报，鲁道夫是魏玛防卫军的后起之秀，将要成为一个装甲师的师长。[55] 有了二局的准确情报，魏刚于 1934 年 5 月起草了递交给内阁的正式备忘录，提及德国军事力量的增长，以及整备法国军事力量的急迫需求。一年以后，法国战争部长路易斯·莫兰说道："迄今为止，德国都被包围在一堵纸墙里，她在墙内成长，为自己积蓄了强大的军事力量。"[56] 不管法国领导阶层犯下了什么样的错误，他们都很快就意识到了希特勒的第三帝国带来的威胁。

尽管普遍意识到了威胁，但法国经济形势持续恶化，到 1935 年，法国政府几乎已经破产。甘末林的陆军预算被裁减到了 66 亿法郎，且通货膨胀进一步降低了这些资金的实际购买力。[57] 为了继续有限的现代化工作，法国陆军不得不进一步缩减训练、维护及战备开支，这使得现役部队实力进一步被削弱。此时，马奇诺防线的构筑工作宣告完成，最初陆军曾计划要增加防御纵深，并且可能将防线沿边境延伸，但这些后续计划都被搁置。在马奇诺防线上投资50亿法郎后，财政紧缩政策使这面"法国的盾牌"处于有限的准备状态。防线上的要塞对炮轰或者空袭都有着极强的防护能力，但火力却无法令人信服。防线面对德国的部分，只安装了39门135毫米榴弹炮和102门75毫米炮，这意味着任何一段防线的火力都不到一个标准步兵师的水平。[58] 最重的武器——135毫米口径的Mle 1932——射程只有5600米。[59] 与此同时，海军接收了更重、射程更远的武器，以保护其海军基地。资金短缺使马奇诺防线无法变得更坚固或者更长，法国政府只能依靠宣传，夸大这些边防工事的效能。

就在法国预算危机达到顶点的时候，希特勒决定利用法国军事准备的不足。尽管"二局"的德国间谍汉斯·蒂洛·施密特预先提出了警告，但当德国陆军于1936年3月7日发动"冬季穿越"（Unternehmen Winterübung）行动，将3个步兵营调动到莱茵兰地区时，甘末林仍然感到震惊。[60、61] 德国军队重新占领莱茵兰不仅是对《凡尔赛和约》和1925年《洛迦诺条约》的公然违反，而且暴露了甘末林对德国的"微侵略"毫无应急计划这一事实。虽然有35万人的现役部队，但法国陆军中在本土经过训练的部队只有不到20万人，没有任何一个师做好了准备能够迅速向莱茵兰进攻。[62] 甘末林通知阿尔贝-皮埃尔·萨罗（Albert-Pierre Sarraut）总理的内阁，法国的军事反应需要大规模动员预备役人员，以便补充陆军兵力，即使如此，至少在一个月内也不可能实施任何攻击行动。甘末林还明确要求，法国的战略需要捷克斯洛伐克和波兰进行动员，对德国施加更大压力。法国空军也没有做好为陆军提供空中掩护的准备。甘末林告知内阁动员可能每月需要10亿法郎的开支后，干预提案很快被撤销了。[63] 法国转向国联寻求支持，希特勒立刻知道，法国不会采取单边军事行动。[64]

负责通信的乔治·曼德尔①是萨罗内阁部长中唯一支持做出军事反应的，

---

① 译者注：时任法国邮政部部长。

但其余内阁成员在票数上胜过了他。[65] 曼德尔是出生于阿尔萨斯的犹太人，曾经做过记者，在一战期间成为乔治·克里孟梭的得意门生。在其他人愿意放任希特勒的所为时，曼德尔是少数早就意识到希特勒不会就此罢手的英法领导人之一。当法国决定不采取任何措施时，曼德尔警告道，希特勒将变得更加大胆，法国应该为最坏的情况做准备。由于军事行动不能确定，法国外交部部长皮埃尔·弗朗丹（Pierre Flandin）提出对德国实施严厉的经济制裁。考虑到德国严重依赖外国原材料，即便是减少部分进口商品数量，也将对其国防军的军事现代化计划造成很大影响。可是，当弗朗丹前往伦敦寻求对制裁的支持时，英国领导人拒绝合作，理由是担心希特勒对强制措施做出激烈反应。英国首相斯坦利·鲍德温（Stanley Baldwin）以绥靖主义者的腔调通知法国，他绝不会采用可能引发战争风险的政策，即便这种风险只有1%。弗朗丹在国联内部争取支持制裁的努力也同样失败了。对外交孤立的担心使法国放弃了实施制裁的想法。[66]

面对莱茵兰危机中德国的挑衅行为，法国在军事和外交上都显得软弱无力，这清楚地说明法国陆军和空军已经衰落，不再是国家政策的有效工具了。确实，甘末林和法国政治领袖们突然意识到希特勒渴望复仇，法国军队需要快速实现现代化，才能应对下一次危机。而且，"防疫封锁线"显然不可能遏止德国的侵略，也不能指望英国。英国枢密院大臣拉姆齐·麦克唐纳（Ramsay MacDonald）在内阁嘲笑法国的软弱无能，称他希望法国已经得到"惨痛的教训"[67]，这确实无助于英法的合作精神。而巴黎人知道，这不像是朋友说出的话。

莱茵兰危机之后，法国左翼政党"人民阵线"赢得大选，1936年9月17日，新政府出乎意料地决定批准将耗资140亿的重整军备计划。[68]爱德华·达拉第出任国防部长，他得到授权，重新武装法国军队，以对抗希特勒的国防军带来的显著威胁。为了与德国装甲师匹敌，国防部决定修订甘末林的坦克计划，制造3200辆新坦克。[69]不过，即便注入这么多的资金，达拉第和甘末林仍然意识到，上述计划需要数年才能真正取得进展。除了批准重整装备之外，人民阵线政府还于1936年10月决定，有选择地国有化法国军事工业的各个部分。法国海军采用了某种方法，避开了大部分国有化措施，但支持陆军和空军的许多工业企业都受到了影响。许多实业家（包括霍奇基斯、施奈德和勃兰特）将这一政策视为政府征用而积极抵制，导致法国军工业的混乱和恐慌。[70] 除此之外，空军也逼迫布洛赫、布雷盖和德瓦蒂纳等多家飞机制造公司将工厂迁往波尔多、巴约讷（Bayonne）和图卢兹（Toulouse）。疏散飞机工厂以减少敌军轰炸风险在战争年代有着战略意义，但在政府与苦苦挣扎的飞机制造公司之间又增添了一个冲突因素。

事实证明，法国空中力量的主要限制因素之一是增压式活塞发动机的供应。伊斯帕诺－西扎（Hispano-Suiza）公司 1932 年开始研发新型 V-12 活塞发动机 12Y，1934 年又研发出功率超过 930 马力的改进型号，但是，由于多种原因，这种引擎无法批量制造。法国飞机制造公司在用金属框架飞机代替木质框架飞机时也遇到了适应性上的问题，因为这需要更多的加工作业和熟练工人。为了避免对航空工业的进一步干扰，航空部决定完成科特"2 号计划"中批准的旧型号的生产，而不转向更新型号的制造。该部门继续将重点放在用于战略威慑的轰炸机的制造上，也推迟了先进单座战斗机的开发工作。从长远来看，国有化使 1939—1940 年的武器生产数量增加了，但在短期内打乱了新飞机的研发工作，实际上使设计停滞了数年。[71] 到 1936 年中期，法国开始重整武备，但其所剩的时间已经不多了。

两次世界大战期间，每个主要大国军队的现代化工作都受到了"全球大萧条"的影响，从总预算开支来看，法国实际上超过了其他任何一个国家。1936年开始重整军备之前，法国的国防开支在国民生产总值中的占比就超过了 4%。1919—1935 年，法国陆军共得到了 1138 亿法郎的拨款。但正如约翰·W.霍尔（John W. Hall）所说："法国……在两次世界大战期间保持着最高的国防开支，但当硝烟散尽，所见的效果却最小。"[72] 这一结果主要是因为大量资金都花在了运营、薪资和养老金上，每年只有不到 1% 的资金被用于采购新装备。更糟糕的是，由于新型坦克与飞机的测试推迟了数年，分配给这些计划的资金中相当一部分并没有花掉。

1920—1935 年间的法国军事现代化努力主要着眼于对尽可能好的武器技术的开发，批量生产往往因为财政考虑而受到限制或者被推迟。1936 年之前，时间并没有被当作关键因素，因此夏尔 B 重型坦克等计划被拖延了 10 多年。除了航空领域——法国在现代战斗机和轰炸机的研发上明显落后——法国实际上能够开发多种出色的武器,包括索玛 S35 中型坦克和 47 毫米反坦克炮。但是,法国工业对批量生产这些先进武器的准备不足,甚至在"人民阵线"为重整军备提供资金时,机床、熟练工人和管理人才也不足以超越德国军事工业。如果时间充裕,法国可以用现代化武器装备其军队,但士兵们是否能够在现代战场上有效地使用这些武器仍是一个问题。

英国的现代化努力,1920—1936 年

1918 年,英国陆军在法国部署了 62 个师,超过 100 万人。停战时,英国陆军共有兵员 380 万,皇家空军总兵力也在 30 万人以上。英国陆军在坦克上投入了巨资,J. F. C. 富勒上校是倡导机械化战争的先驱,他在 1919 年的计划中设想了一种新型机动战,即动用机械化部队和战术航空兵实现快速突破,打乱敌军的防御部署。但在一战取胜后,英国很快解散了大部分军事力量,一方面是出于经济考虑,另一方面也是认为外交能够更好地保证安全。按照 1919 年在战争部长温斯顿·丘吉尔游说下采纳的"十年规则",英国政府假定接下来的十年不会发生大战,并据此制订了战后的预算。结果是,英国国防开支在 1920 年之后急剧下降,到 1925 年,国防开支仅占 GDP 的 2.6%;情报方面的开支也同样大幅削减,1922 年,秘密情报处(SIS)的预算只剩下 9 万英镑了。[73]

到 1925 年,英国陆军削减到 20.9 万人,其中近三分之一驻守印度。驻扎在欧洲大陆的英国陆军仅相当于 2 个满编的步兵师,外加另外 3 个师的一部分。地方自卫队(TA)也大幅缩编,使正规军失去了严阵以待的预备队。与此同时,皇家空军的兵力也缩减到了 3.9 万人。[74] 英国很快就将莱茵兰占领军削减为象征性的力量,到 20 世纪 20 年代末,已经不再组织、训练或者准备将任何地面或者空中部队部署到欧洲大陆了。两次世界大战期间的大部分时间,英国陆军在获得现代化资金的优先级上都叨陪末席。相反,皇家海军却得到了优先待遇,大部分预算被用在建造保护贸易的巡洋舰和驱逐舰上。英国主要以帝国的需要为战略重点,进一步的陆上部署被视为不太可能发生的情况。

英国陆军的唯一亮点是在机械化部队的试验上继续处于领先地位。虽然坦克营的数量在一战后从 26 个减少到 4 个,但皇家坦克兵团成为英国陆军的固定组成部分,富勒也迫切地要求重视机械化。1924—1925 年,英国陆军力

争用维克斯（Vickers）公司制造的一系列新中型坦克替换一战时的老旧型号。12 吨级的维克斯 MK II 中型坦克在当时是出色的作战车辆，装备 47 毫米炮，行驶速度达到 25 公里 / 小时。改进后的 "伯奇式自行火炮"（Birch Gun）安装了 18 磅（83 毫米）炮，这是有史以来第一种履带式自行火炮。集合了超过 250 辆维克斯中型坦克及其改进型后，英国陆军于 1926 年做出了重大决定：组建被称为 "试验性机械化部队"（EMF）的混成旅。EMF 是革命性的发展，该部队包括装甲车、坦克、摩托化步兵、工兵和野战炮兵。令人惊讶的是，富勒拒绝出任 EMF 指挥官，从根本上回避了战争。在两年时间里，英国陆军都以 EMF 作为机械化战争的试验台，然后在 1929 年决定解散该部队。该部队的主要问题是预算极其紧张，且机械化部队非常昂贵。因此，英国陆军痴迷于超轻型坦克，这种装备价格低廉，可以大量采购，适合执行埃及和印度等殖民地的军事任务。1927—1935 年，英国陆军采购了 300 多辆卡登－劳埃德（Carden-Loyd）超轻型坦克（大部分用作武器运载车）以及 150 辆维克斯轻型坦克（MkI-IV）。

1934 年 4 月，英国陆军用剩余的维克斯重型坦克和一些新的轻型坦克组建了 1 个纯装甲旅，但这不再是多兵种混成部队了。超轻型坦克进化为 "通用运载车"，同年开始服役。一些步兵、炮兵和工程兵部队进行摩托化改造，但并没有采取下一个合乎逻辑的步骤——组建装甲师，而是犹豫了 5 年。除了机械化之外，英国陆军在 1925—1935 年几乎没有接收新装备。

20 世纪 20 年代，英国皇家空军裁减了 90% 的人员，空军司令、上将休·特伦查德爵士不得不进行多场政治斗争，以保住皇家空军独立军种的地位。特伦查德必须让国会相信皇家空军值得投资，为此，他就要证明这支部队在和平时期的使命不仅仅是训练。于是，特伦查德力争在索马里和伊拉克的殖民地冲突中动用皇家空军，以说明其军事适用性和成本效益。[75] 他取得了成功，皇家空军决定开发一系列价格低廉、适合于伊拉克等殖民地任务的多用途飞机。特伦查德也迷恋战略轰炸，认为皇家空军应该发展较大规模的重型轰炸机部队，以轰炸敌方首都来遏止对伦敦的袭击。由于法国是拥有轰炸机部队又距离英国最近的大国，许多年里，英国航空部在设计轰炸机时都以法国作为假想敌，这是一种大胆而又荒谬的举动。[76] 为了实施对巴黎的战略轰炸任务，航空部提出的要求是建立一支双发轰炸机部队,作战半径大约为650公里 ①,炸弹负载为1吨。到1924年,皇家空军共拥有3个中队的维克斯"弗吉尼亚"(Virginia)双翼重型轰炸机,1933年开始用韩德利·佩奇公司的"海福德"(Heyford)代替。英国政治领袖将最大的信任寄托在通过国际联盟实现"集体安全"上,而把皇家空军的重型轰炸机看成一张保险单,以便在外国领导人做出不理智举动时,动用武力威慑。

必须注意的是,英国人对重型轰炸机摧毁能力(以及相应的威慑效果)的信任基于一种观点,而非确定的事实。两次世界大战期间,皇家空军并没有实施真正的轰炸测试来确定轰炸机能实现的效果,也没有尝试开发夜间导航辅助装置,并且减少了夜间训练。政治家臆测空军的能力,而 RAF 领导人为了取得更多资金,也夸大了这种能力。20世纪30年代的各种估算表明,几百吨炸弹就能瘫痪一座大城市,这有助于宣扬一种观点:敌人将在战争开始时对首都发动"致命一击"。[77] 事实上,RAF 明显夸大了500磅通用炸弹的效能,轰炸机也缺乏在夜间打击点目标的能力。

与此同时,英国皇家空军对战斗机并不重视。20世纪20年代,特伦查德不相信战斗机(或者防空武器)能够有效地保护伦敦,他认为那些防御手段只是为了鼓舞士气。事实上,防空任务交给了地方自卫队,而该部队此时的资源不足。皇家空军也没有承担进攻性的防空任务,因为从未考虑将其部署在英伦三岛之外的地方,因此设计战斗机时重视速度和机动性,但没有过多考虑航程。1924—1937年间,RAF 的战斗机全是双翼机,只装备2挺机枪,最高速度为240~370公里/小时。[78] 这种设计理念一直延续到后来的"飓风"和"喷火"战斗机。根据1923年制订的"本土防空部队"(HDAF)计划,RAF 希望建立52个中队,但一再被推迟,现役部队通常只有大约25个作战中队。相反,RAF 全力在英国建造舒适的空军基地,这些基地拥有混凝土跑道、兵营和维护设施;到1934年,RAF 在本土已有52个固定基地。[79]

对于为陆军提供空中支援这一不明确的职责,皇家空军更没有放在心上。

---

① 译者注:原文为6500公里,显然是笔误。下文提到的弗吉尼亚和海福德轰炸机的航程均为1500公里左右,作战半径大约就是650公里级别。

虽然 20 世纪 20 年代，少数中队被指定为"陆军协同部队"，但它们装备的是阿姆斯特朗－惠特沃斯公司的"阿特拉斯"和霍克公司的"奥达克斯"飞机，机上仅配备 1 挺轻机枪和 500 磅的炸弹。即便在 1933 年航空部提出了对新的陆军协同轻型轰炸机 P27/32 的需求，最终也只是制造出了一种不合格的飞机：费尔雷公司的"战斗"（Battle）。该型飞机于 1937 年进入 RAF 服役，到 1940 年就已过时。"战斗"能够携带 4 枚 250 磅的炸弹，但仍然只装备 1 挺轻机枪。1934 年，航空部下发了两份需求清单，以满足支援陆军的要求。第一份需求说明书编号为 P4/34，明确要求设计一种俯冲轰炸机，但得到的霍克"亨利"式轰炸机从未起到这个作用。第二份需求说明书 A39/34 的成果是韦斯特兰公司的"莱桑德"，但这种飞机的主要用途是炮兵观测，而非近距空中支援。因此，英国陆军无法指望 RAF 提供充足的空中支援。

战略方面，在 1932 年 3 月日本入侵中国之前，英国政治领袖都从未放弃过"十年规则"。这清楚地说明了国联的虚弱，英国必须做出某种姿态，以加强在远东的军事力量。希特勒于 1933 年掌权后，帝国国防委员会（CID）决定，由于英国无法承受同时遏止德国和日本所需的国防开支，故选择以日本为重点，完成新加坡海军基地的建造工作。身为财政大臣的内维尔·张伯伦尤其反对出资重建英国陆军来应对欧洲大陆的紧急情况，而是建议为皇家空军建立更多的轰炸机中队。张伯伦担心，陆军规模过大，可能促使英国重新考虑在危机时向欧洲大陆派出军队。1933 年 11 月，CID 建立国防需求小组委员会（DRC），就军队内部的不足提出报告。[80]

拉姆齐·麦克唐纳（1929—1935 年任英国首相）并未将希特勒视为威胁，认为法国是"杞人忧天"。他甚至在 1933 年称，不会反对德国将和平时期的陆军增加到 30 万人，这令法国 CSG 难以置信。[81] 在看待 20 世纪 30 年代初的防御重点时，CID 认为远东防务是最应优先考虑的事项，而本土防御则名列最后。

然而，1934 年 3 月，在 DRC 确认德国是头号潜在敌人后，张伯伦的反应是向 RAF 拨款，再组建 3 个轰炸机中队。[82] 将德国当成潜在威胁后，航空部意识到双翼轰炸机中队航程太短，机型老旧，无法威胁柏林，于是只得将其目标升级为航程更远、载荷更大的四发轰炸机。可是，四发轰炸机的设计还需要几年才能完成，因此在 1934 年 7 月，航空部下发了需求说明书 B3/34，此举的结果是双发的"惠特利"

轰炸机的诞生，它至少可以威胁鲁尔区的目标。生产"惠特利"的目的是填补合格轰炸机诞生前的空白。皇家空军领导层执着于用轰炸机自行实施战略空战的思路，1935 年开发的动力旋转炮塔更加强了他们的这种幻觉。他们相信，将此种装置安装在下一代轰炸机之后，全副武装的轰炸机就可以在昼间袭击敌方领土时自保。毕竟，斯坦利·鲍德温有句名言："轰炸机总能达成使命。"轰炸机司令部开始相信这种信口开河的说法，而没有进行作战试验。

德国空军建立后，张伯伦和鲍德温开始对敌军轰炸机空袭英国的可能性而感到不安，于是催促航空部巩固本土防空。因此，航空部下发了配备 8 挺机枪的新型高速单翼战斗机的需求说明书，最终促成了"飓风"和"喷火"两型战斗机的诞生，它们都为拦截轰炸机（而不是敌方战斗机）而进行了优化。不过，这些战斗机需要几年的研发时间，在此期间，该部门订购了 RAF 的最后一批双翼战斗机——格洛斯特公司的"斗士"（Gladiator）。航空部对雷达测向（RDF）技术的研究印象深刻，1935 年 9 月批准投入 6 万英镑，建造 5 个"本土链"（Chain Home）雷达站。[83] 航空部认为，结合新型轰炸机和 RDF，能够可靠地抵御敌方轰炸机。和马奇诺防线一样，"本土链"和重型轰炸机给英国领导人带来了一种错觉：他们能够在一条坚固防线后相对安全的位置上作战。

尽管重点被放在皇家空军提供的威慑能力上，但 1934 年底，英国陆军仍然奉命制订应急计划，以便其能够将 5 个师和仅有的 1 个装甲旅部署到欧洲大陆；这些计划将在 5 年内实现，可是为实现该目标分配的资金很有限。由于地方自卫队资金和训练极度不足，甚至不如法国预备役部队，英国陆军现役部队难以组建如此规模的远征军。

1936 年 3 月莱茵兰危机爆发时，英国武装力量没有为投入欧洲大陆做好准备，现有的重型轰炸机部队因航程限制也不具备对德国关键目标形成严重威胁的能力。而且，英国 SIS 在收集德军重整军备计划情报的工作上很不得力，伦敦的政治家们只能依赖法国提供关于德军活动的情报。[84] 法国军事和政治领导人在两次世界大战期间犯下了很多错误，并在 1940 年为此付出了代价，而英国在 1934 年之前甚至完全没有考虑到又一场欧洲大战的可能性，这种思路与现实脱节的情况，也使希特勒得以更加轻松地实现初期的侵略行为。

德国的现代化努力，1920—1939年

与英法不同，战败的德国不用为殖民地问题分心，可以一心一意地恢复其军事实力。战后的魏玛防卫军没有大量过时武器库存的负担，也不会像战胜国那样自信地以为军事思想或战术都无须进行任何重大调整。德国人知道，他们之所以在战场上失败，是因为坦克和战术空军不足。根据《凡尔赛和约》，战后德国国防军兵力被限制在10万人，分成10个较小的师：7个步兵师和3个骑兵师。为了避免德国组建较大规模的预备役部队，盟国还坚持国防军招募的兵员最短服役年限为12年。德军的大部分重型武器（包括所有坦克）都被销毁，只剩下不到300门轻型火炮。[85]

但是，盟国对魏玛防卫军的严格限制，实际上使德国最终更加容易实现军事现代化。由于国防军规模较小，1920—1926年任陆军总司令的汉斯·冯·泽克特（Hans von Seeckt）上将可以确保军队中留下的都是最好的人员。尤其是，4000人的军官队伍是原帝国陆军的精英。因为疏忽，盟国没有对国防军的士官数量加以限制，泽克特充分利用了这一漏洞。到1926年，德国国防军有超过4.8万名士官，当军队扩张时机来临时，这些人提供了可靠的职业训练核心。应征国防军的门槛非常高，每个位置都有15名申请人参与竞争，这确保了部队的高素质。[86]回顾过去，法国其实应该意识到德国国防军的规模对组建精锐部队而言非常理想，这些部队将远胜于第三共和国短期服役的新兵，但《凡尔赛和约》的限制着眼于数量，而非质量。

泽克特在着手重建德国地面作战力量时集中研究了一战中的教训，得出的结论是：通过运动战发动攻势是战场上成功的关键。虽然盟国禁止德国建立总参谋部，但泽克特默许在陆军官僚机构中建立"隐形参谋部"，安插军队中最有才华的军官。此外，德国还建立了一个小型空军参谋部，以便研究航空技术。[87]20世纪20年代初，由于资金有限，魏玛防卫军主要关注训练和新作战思想的发展。1925—1932年，德国国防开支不到国民生产总值的2%（约7亿马克），大致只有法国和英国的三分之一。而且，盟国检查团的强制裁军使德国军事研究的工作变得更加复杂。

泽克特与苏联接触，帮助德国秘密开发了新武器。[88]两国政府都受到国际社会的排斥，因而能够互相帮助；德国拥有苏联红军需要的先进军事技术，而

苏联拥有魏玛防卫军需要的偏远训练设施。泽克特建立了一个被称为"R 特别小组"的秘密组织，以实施德苏军事合作，该组织中有他信任的费多尔·冯·博克（Fedor von Bock）中校和库尔特·冯·施莱歇（Kurt von Schleicher）少校等人。1922 年的《拉帕洛条约》实现苏德关系正常化后，泽克特开始迈向其目标——避开盟国检查员的目光，在苏联建立秘密试验设施。1926 年，利佩茨克飞行学校开办，德国使用 50 架荷兰制造的福克 D.XIII 战斗机进行飞行训练和对地攻击试验。[89]在德国未来使用战斗机和近距空中支援飞机的战术思想的形成上，利佩茨克的设施起到了关键作用。[90]三年后，卡玛坦克学校开办，德国开始在苏联测试试验型坦克。这些试验的结果是，魏玛防卫军了解了自己需要的坦克类型，并领悟了现代战术通信与近距空中支援的价值。

最初，泽克特强调对廉价防御性武器的需求，并于 1928 年得到了 75 毫米轻步兵炮。根据《凡尔赛和约》，德国工业被允许制造的新火炮最大口径为 75 毫米。但是，德国公司努力规避条约限制，利用在国外的子公司，实施无法在德国本土进行的秘密研究和设计工作。因此，1929 年，莱茵金属－伯西希公司（Rheinmetall–Borsig）获得了瑞士军火公司索洛图恩集团（Solothurn AG）的控股权，这为德国提供了开发新型自动武器家族的平台。莱茵金属公司的两名工程师弗里茨·赫尔拉施（Fritz Herlach）和特奥多尔·拉库拉（Theodor Rakula）开始在索洛图恩的机构里设计一种新的 20 毫米自动重型反坦克步枪，1930 年，他们研发出了其原型——ST-5，这种枪械既可以反坦克，也可以作为防空武器。向保加利亚和南美洲出口的所得被用于该成果的进一步改进，最终成功研发出了 Flak 30 型 20 毫米高射炮。莱茵金属公司将新型 37 毫米 Pak 反坦克炮的设计出售给苏联，收入则用于投资魏玛防卫军新型野战炮的开发。由于德国军火巨头克虏伯公司不能在鲁尔工厂里生产重型火炮，便收购了瑞典军火公司博福斯的股权，得以在德国以外展开设计工作。20 世纪 20 年代末，克虏伯与博福斯合作开发出了 Flak 18 型 88 毫米高射炮，但直到 1933 年才开始在德国制造。新武器的制造数量很有限，而且通常需要掩人耳目；德国军队在训练中使用木制模型，以骗过盟国检查员。此外，魏玛防卫军还投入了相当力量开发战术通信设备。[91]

德国制造新型军用飞机的最大障碍之一是原型机缺乏合适的发动机。一战后，德国航空制造工业缩小到只有 7 家公司，其中最大的是容克（Junkers）、亨克尔（Heinkel）和多尼尔（Dornier）公司。20 世纪 20 年代，盟国检查员严密监视这些公司，限制它们开发适用于军机的新型发动机——这是德国本不该拥有的装备。不过，德国公司获得许可证，生产两种外国星形发动机——普拉特 – 惠特尼公司的"大黄蜂"和布里斯托尔（Bristol）公司的"木星"。最终，英国向德国公司出售的增压器技术，使德国工程师了解到了最新的科技发展，得以实施秘密研究和开发计划。[92] 英法情报机构没有发现德国的这些秘密武器研究项目，堪称 20 世纪情报工作中最大的失败，其影响是灾难性的。

尽管 20 世纪 20 年代资金都非常有限，魏玛防卫军仍然出色地利用了所有资源。1927 年的实战演习中，它已经试验了摩托化步兵，并使用战术电台指挥部队调动。[93] 此时，德国每年在新武器上的花费为 7000 万马克（约合 1660 万美元），仅占国防预算的约 9%。[94] 当 1929 年政治环境允许时，魏玛防卫军计划将其兵力增加到原来的 3 倍（21 个师），并增加一支拥有 150 架飞机的航空兵部队。计划工作包括制订 15 吨级中型坦克（装备 75 毫米炮），草拟坦克营（Panzer–Abteilung）的编制结构。[95] 虽然魏玛防卫军还没有坦克，但他们使用模型照常进行训练。错误在所难免，尤其是在选择轮式车辆时。为了实现摩托化目标，许多不同的车辆被投入服役，而事实证明，其中很多都不适于越野或者泥泞路况。另一个严重错误暂时还不明显——德国海军为了面子而将大量资源投入到了"德意志"级巡洋舰的建造中；这些"袖珍战列舰"每艘造价超过 8000 万马克，高于陆军每年的新武器预算。

魏玛防卫军重建航空兵部队的准备工作是秘密进行的，但投入了大量精力。1926—1932 年，魏玛防卫军在航空现代化上花费了 1.7 亿马克（约 4000 万美元），其中多数为研发经费。得益于英美技术，戴姆勒 – 奔驰与容克公司率先开始开发新型活塞发动机，但在 1932 年之前尚未就绪。因此，大部分早期德国原型飞机使用的发动机是外国发动机的改良复制品。1929 年，多尼尔公司在利佩茨克测试轰炸机的原型，三年后，多尼尔 Do–11 轰炸机伪装成运输机服役。此外，魏玛防卫军还计划建立一支强大的防空部队，共拥有 55 个高射炮连。原则上，航空参谋部主要强调为机械化部队提供近距空中支援，后者预计将成为攻势作战的主力（Schwerpunkt）。[96] 魏玛防卫军参谋人员敏锐地意识到，机械化部队和近距空中支援"联姻"可以产生强大的协同作战能力，因此在空军和地面部队现代化工作中都以此作为指导方针。

法国陆军于 1930 年撤出莱茵兰地区后，魏玛防卫军更加无所顾忌地在本土秘密测试原型坦克和战斗机。奥斯瓦尔德·卢茨（Oswald Lutz）少将于1931 年 4 月负责陆军摩托化项目，确定了建造一型训练用履带式装甲车的需求。1932 年 7 月，克虏伯公司制造了一辆原型车，并得到批准生产。此时，这种5 吨级车辆（后发展成一号轻型坦克）的作战价值并不大，重要的是使克虏伯、亨舍尔和戴姆勒 – 奔驰等德国大公司为大规模军备项目进行了重组。同样，德国开始秘密重建空军，1932 年制造了 56 架军用飞机，1933 年产量为 55 架，包括第一批阿拉多 Ar–64 双翼战斗机。在秘密组建的航空参谋部，赫尔穆特·费尔米（Helmuth Felmy）中校草拟了一项计划：到 1938 年部署拥有 720 架飞机的空中力量。[97] 由于德国的飞机工业仍未取得长足发展，这些试验性的计划受到了影响。还有一点也很重要，魏玛防卫军时期，德国军事思想仍然以防御型为主，陆军的训练和结构都是针对与中等规模的国家作战，例如泽克特视为"天敌"的波兰。[98] 虽然魏玛防卫军为德国国防军有朝一日击败法国打下了思想和物质基础，但这支军队的构造只适合打一场针对中等规模敌人的短期机动战，而不是与庞大的联盟进行旷日持久的战争。

1932 年 6 月，原"R 特别小组"成员库尔特·冯·施莱歇成为新任国防部长，德国开始公开重整军备。施莱歇批准了"改造"（Umbau）计划，该计划将陆军扩大到 21 个师，但现役陆军只会增加到 14.7 万人，差额将由预备役部队补齐。[99] 施莱歇曾短暂地担任德国总理，虽然他为重整军备铺平了道路，但他不敢公然挑战英法。1933 年 1 月，希特勒成为总理，立即表明重整军备是当务之急。四个月后，在希特勒的亲密盟友赫尔曼·戈林的监督下，德国航空部（Reichsluftfahrtministerium，RLM）成立，该部表面上管理商用航空，实际上是为独立的空军和德国航空工业的起飞铺平道路。戈林向 RLM 下达指令，让其向航空工业投入巨资，一年内就使该行业的工人数量增加了 3 倍。[100]从政府这一慷慨之举得益的包括濒临破产的巴伐利亚飞机制造厂（BFW），以及该厂的天才工程师威利·梅赛施密特（Willy Messerschmitt）。1933 年 7 月，RLM 下发了对新型单座战斗机的需求，BFW 是竞争合同的公司之一。最终，梅赛施密特的原型机被选中，以 Bf–109 的编号入役。此外，在一战空军王牌飞行员恩斯特·乌德特（Ernst Udet）的怂恿下，RLM 启动了开发俯冲轰炸机的计划；首先问世的是 1935 年的 He-50，随后是亨舍尔公司的 Hs-123 和容克公司的 Ju-87。

1933 年，魏玛防卫军下发了新的野战手册"Truppenführung"（字面含义为"部队指挥"），为德国军事现代化打下了理论基础。新手册强调主动性、攻势作战、机动性和诸兵种联合作战——这都是国防军在未来的 1940—1942 年的特征。[101] 因此，德国人正确地吸取了一战中的教训，根据这些教训形成新的军事学说，并研发满足新思想需求的武器。德国在 20 世纪 30 年代的军事现代化努力，反映了军事学说与科技的结合，不像英法那样过分强调科技，而忽略了军事学说上的改进。

希特勒于 1933 年 6 月首次公开挑衅《凡尔赛和约》，宣布德国将不再偿付 190 亿马克的外债。与此同时，他的内阁批准在接下来的 8 年里每年为推进军备重整拨款 350 亿马克，这意味着将国防开支增加到了国民生产总值的近 10%。根据这一计划，在重整军备的第一阶段，航空部将于 1935 年前打造一支拥有 2000 架飞机的空军，陆军到 1937 年将扩大到 30 万人、21 个师。第二阶段，德国将发展攻击能力，并在 1941 年准备就绪。[102] 希特勒私下透露，重整军备的意图是"全面打垮法国"。

德国的军备重整工作于 1934 年初慢慢开始。2 月，克虏伯开始交付第一批预生产型的一号轻型坦克，这种型号还没有加入旋转炮塔或武备。尽管如此，卢茨手下的海因茨·古德里安上校（Heinz Guderian）就已开始组建试验性的小规模机械化战斗群了。从一开始，卢茨和古德里安就坚持组建纯坦克部队，偏爱联合作战编队。古德里安的试验团队包括 1 个一号轻型坦克排、2 个装甲车排、1 个用于侦察的摩托车排和 1 个装备 37 毫米反坦克炮的摩托化排。1934 年 4 月，古德里安向希特勒展示了他的机械化团队，后者惊呼道："这就是我要的！这就是我想拥有的！"[103] 在军事史上，很少有一个还处于原始状态的武器体系能够像这样得到政治领导人的无条件支持，当然也没有任何英法政治家对军事现代化有这样的兴趣和热情。

除了努力开发坦克外，德军摩托化计划还非常关注装甲车及摩托车，因为对于 20 世纪 30 年代初的德国工业来说，两者都相对容易批量制造。
SdKfz-231 装甲车于 1932 年开始服役，装备 1 门 20 毫米加农炮和 5~8 毫米厚
的防护装甲，能以 70 公里 / 小时的速度行进——这实际上优于一号坦克。魏
玛防卫军还热衷于购买宝马（BMW）公司的摩托车，如 R-4 和带边斗的 R-12。
装甲车和摩托车相结合，造就了第一批摩托化侦察营，这些部队兼具机动性和
火力。

兴登堡总统于 1934 年 8 月去世后，希特勒控制了德国，开始实施重整军
备计划。最初，希特勒试图避免与英法公开对抗，因此重整军备措施是隐蔽
的，他尤其希望在新坦克和飞机批量装备之前掩人耳目。虽然 He-51 双翼战
斗机已于 1934 年 7 月开始服役，但官方称其为教练机，第一个战斗机中队直
到 1935 年 4 月才开始运作。采用这种托词的部分原因是，德国重整军备计划
需要相当一部分外国技术的注入才能启动，一旦希特勒暴露其长期意图，这些
技术就无法得到了。德国航空部特别依赖外国输入的技术：他们不仅在 1933
年以 2.3 万美元购入了 2 架美国 F11C"苍鹰"俯冲轰炸机，容克公司还设法
以 20514 英镑购买了 10 台最新型的罗尔斯 - 罗伊斯"茶隼"发动机。[104] 这些
罗尔斯 - 罗伊斯发动机被用于 Ju-87 俯冲轰炸机和 Bf-109 战斗机的原型。

直到 1935 年 3 月 9 日，希特勒才公布了德国空军的存在。最初，德国空
军飞行部队有 1 万人，高射炮部队 7200 人。[105] 尽管戈林吹嘘自己拥有 2500
架飞机，实际上只有 1800 架，而且大部分是教练机或者侦察机。1935 年 3 月，
德国空军的一线作战部队拥有 674 架战机，包括 3 个中队的双翼战斗机（Ar-65
和 He-51）和 5 个中队的轰炸机（Do-11 和 Ju-52）。[106] 考虑到大部分轰炸机
都是由过时的 Ju-52 运输机改装而成的，这算不上是强大的力量，但给伦敦和
巴黎敲响了警钟。3 月 15 日，希特勒宣布重启征兵制，意在将陆军增加到 36
个师、50 万人。到 5 月，魏玛防卫军改名"国防军"（Wehrmacht），英法已经
清楚地看到，希特勒公然违反《凡尔赛和约》，致力于重整军备。但是，希特
勒继续混淆视听，以便争取时间。他于 1935 年 5 月 21 日称："德国重整军备
只是为了平等；除此之外，我们并不想威胁任何人。"[107]

1935 年 10 月，希特勒决定撕下伪装，宣布组建 3 个装甲师，共包含 12
个装甲营。此时，可用的一号坦克只有 300 辆左右，但编制表上规定每个师

应该有大约 500 辆轻型坦克。[108] 这些早期装甲师的真正摩托化核心是侦察营（Aufklarungs Abteilungen）和摩托车步兵营（Kradschützen- Bataillonen），配备的是装甲车、摩托车和轻型卡车。此外，这些部分组建完成的师缺乏支援单位，难以实施多兵种联合作战。例如，第 1 装甲师编制不完整，在 1938 年初之前都缺少支援与维护单位。[109] 不过，希特勒希望建立这些明显以攻击为导向的部队，能威慑和恐吓仍然只拥有第 1 轻机械化师的法国。和英法一样，希特勒也想诱使敌人认为德国在军事上非常强大，难以对抗。

与英法不同的是，在希特勒批准在国内生产秘密开发多年的武器后，德国人就在开发机动防空能力上投入了很大的努力。莱茵金属公司于 1934 年在杜塞尔多夫批量生产 Flak 30 高射炮。由于 20 毫米口径的 Flak 30 价格低廉，很容易大规模生产，国防军各兵种都得到了这种武器。88 毫米口径的 Flak 18 也进入批量生产，为军队提供了一种出色的中型高射炮。

虽然希特勒为国防开支开闸，但由于开发新武器一直存在许多技术问题，德国工业界大量建造这些武器的能力也有限，1934—1935 年德国军备重整工作的进展仍很缓慢。对陆军来说，炮兵项目（100 毫米 s.K18 加榴炮、105 毫米的 l.FH18 榴弹炮和 150 毫米的 s.FH18 重型榴弹炮）和步兵武器项目（80 毫米 Grw 34 迫击炮、7.92 毫米 MG34 和 7.92 毫米 Kar98K 步枪）都取得了成果，使德军的战斗火力开始改善。同样，20 毫米 Flak 30 高射炮和 S–Mine 反步兵地雷增强了德军的防御能力。不过，重型坦克计划遇到了问题，被拆分成两种新型坦克：为与敌军坦克交战而优化的三号坦克以及为对付敌军碉堡及步兵的四号坦克。作为补充一号坦克的权宜之计，陆军军械局决定开发另一种轻型坦克，定名为二号坦克。此外，国防军最高统帅部内部在创建独立装甲师上有一些阻力，保守的军官觉得这一措施将使步兵师失去装甲支援。最后，埃里希·冯·曼施泰因上校提出了"突击炮"的概念，建议在坦克底盘上安装火炮以支援步兵。这样，到 1935 年，德国试图开发三种新型坦克和一种突击炮，使本就规模很小的装甲车辆工业更加难以应付。

事实上，1935—1936 年的德国空军配备的也是双翼战斗机、动力不足的轰炸机以及战斗力有限的战术支援飞机。改进型战斗机和真正的轰炸机都还在开发中，但 1937 年中期前不可能准备就绪。RLM 短暂地醉心于重型轰炸机，投资多尼尔公司的 Do-19 轰炸机项目，但事实证明，这种机型的原型机难堪大用。于是，RLM 转而重视能够大量制造的战术飞机。1935 年，德国制造了3183 架军用飞机——大部分是辅助飞机，但数量比前一年增加了 370%。此外，RLM 在雷达和夜间导航系统上做了精明的投资，当德国格马（GEMA）公司取得技术突破，于 1935 年研发出第一种空腔谐振磁控管后，RLM 就于 1936年启动了一项计划——开发"弗雷娅"（Freya）早期预警雷达。RLM 还投入资金，将"洛伦茨"（Lorenz）民用无线电导航系统发展为一种军用夜间轰炸导航辅助装置——这是世界上第一种同类产品。[110] 然而，由于纳粹的宣传以及情报搜集工作上的不足，英法空军参谋人员对德国空军的真实技术能力一无所知，这导致他们无法精准地调整自己的现代化努力。

1935 年底，国防军的官僚机构开始修补希特勒的重整军备计划。1935 年12 月，总参谋长、炮兵上将路德维希·贝克（Ludwig Beck）决定在兵力结构中加入 48 个装甲营，这实际上将国防军预计在 1939 年拥有的装甲兵数量增加了 3 倍。但是，贝克的用意是将一些装甲兵用于直接步兵支援，这与卢茨建立大规模独立装甲部队的概念相悖。1936 年 6 月，德国陆军总司令部（OKH）高级规划人员弗里德里希·弗洛姆（Friedrich Fromm）少将草拟了一份备忘录，其中包括到 1940 年 10 月将建立一支 360 万人的野战军。弗洛姆的计划要求建立 102 个师（包括 3 个装甲师、3 个轻机械化师、4 个摩托化步兵师、68 个步兵师、21 个后备师和 4 个其他单位），装备 1800 辆坦克和 9 万辆机动车。这是一个庞大的计划，比希特勒的设想更大、更快，亚当·图兹（Adam Tooze）说："建立这样庞大的作战部队，将达到德国经济承受能力的极限。"[111]

实际上，德国军事现代化的"阿喀琉斯之踵"是没有充足的原材料，无法制造满足 1936 年野心勃勃的目标所需的装备和弹药。希特勒可以向德国公司投入资金以启动各种项目，但没有足够的原材料和熟练工人，生产就无法满足需求，尤其是德国从法国或者英联邦国家进口大量铜矿石、铁矿石、铬、钨和锰，都必须付外汇。然而，德国在 20 世纪 30 年代中期外汇储备极度不足，无法进口必要数量的原材料，又因在外债上违约，希特勒也不可能从外国债主那里借贷。因此，如果英国从瑞典大量购买铁矿石，以免铁矿石输入德国，并且英法协调一致对德国实施关键资源禁运的话，就可能严重危及希特勒的重整军备计划。确实，很难理解法国为何在莱茵兰危机之后还继续向德国出售铁矿石和铜矿石，但事实就是如此。其实未能实施制裁的原因很简单——英国和法国都担心制裁可能迫使希特勒变得更加激进，而它们对军事行动缺乏准备。

就这样，希特勒无视经济代价，在英法能做出反应之前全力推进其重整军备计划。1936 年 8 月，他亲自草拟了"四年计划"，该计划称，"我们的军事发展范围多大、步骤多快，都不为过……"[112]。从此，希特勒着手追求军事霸权，以推动德国在欧洲的复仇进程。特别显著的是，德国空军迅速从"影子空军"转变成了羽翼丰满的高空力量。新的国防军正在形成一种实实在在的攻击手段，而不像英法军队那样主要以威慑为目的。德国从严重受限的魏玛防卫军向新兴军事威胁的转变十分突然，令英法措手不及。即便有更好的战略情报，伦敦或巴黎的政治领袖也难以接受这样一个事实：德国领导人愿意在刚刚从经济大萧条中恢复的情况下，花费 GNP 的 10% 以上来重整军备。因此，希特勒无视经济事实的大胆举动形成了战略上的奇袭，使德国的重整军备行动超越了英法的现代化计划。

希特勒推动国防军扩张，达到了德国资源承载力的极限。消除了国内的政治反对派后，他的重整军备计划在德国大受欢迎，因为这些计划有助于减少失业人数，唯一的制约因素就是可用于购买铜、锰和橡胶等关键资源的外汇有限。尽管如此，仅仅六年，希特勒就打造了一支强大的军队，为短暂而猛烈的战役做好了准备。德国军事扩张如此迅猛，出乎所有人的意料，1938 年 9 月的慕尼黑危机时，原本只有 10 个师的德国陆军已经扩大了 7 倍，人数达到了75 万（45 个师）。德国空军的扩张更具戏剧性，1933 年还仅有少量训练用飞机，而到了 1938 年 9 月，它已经成为一支拥有 243 个中队、2928 架飞机的空中"无敌舰队"了。[113] 德国军事力量复兴的确史无前例，令英法军队难以望其项背。到慕尼黑危机时，希特勒拥有的陆军规模已经超过法国，空军则胜过了英国。

希特勒还批准建立武装党卫军，这支部队最终在物资和人员上都可与陆军匹敌。以 1933 年只有连级规模的党卫队"阿道夫·希特勒警卫旗队"（LSSAH）为基础，武装党卫军于 1936 年开始组建更大的团级单位——党卫队旗队（"德意志""日耳曼尼亚"），随后是 1938 年的党卫队"元首"旗队。党卫队帝国领袖海因里希·希姆莱要求为其部队提供最好的装备，因此这些部队全部都实现了摩托化，而且至少拥有反坦克武器和炮兵。到 1938 年，武装党卫军部队已相当于 1 个摩托化加强步兵师了，战争爆发后又组建了党卫军"骷髅"师。组建两个武装党卫军摩托化师，也就意味着德国陆军减少了 2 个摩托化步兵师。

迅速扩张并非没有代价。即使到了 1937 年，德国经济也仍然缺乏活力，无法建造足够的机动车辆来满足超过 10%~12% 的陆军部队实现摩托化的要求。因此，大部分新建的德国陆军师仍然依赖马匹运送火炮和补给，国防军一直无法摆脱对马匹的依赖，所以只有少数摩托化部队能够实施快速机动作战。另一个代价是精锐的魏玛防卫军中训练有素的军官和军士被稀释了。德国陆军分多个波次（Wellen）组建其步兵师，第 1 波次组建了 36 个师。在组建新的师时，原魏玛防卫军的 10 个师被拆分成了多个子单位，混合了作为骨干的职业军人和新兵。后续波次中组建的步兵师由较老的预备役军人和后备军人组成，其中包括了一战时的老兵。在整个部队结构中保持质量是不可能的，因此国防军演变成了层次化的组织结构：精锐师数量较少，状况相对良好的师略多一些，而其他部队只适合防御。1938 年 3 月"德奥合并"后，奥地利并入德意志帝国，来自奥地利联邦陆军的 10 万名现役及预备役军人被吸收进国防军，其中许多人是职业军官和军士。事实证明，此举带来了许多好处。训练有素的奥地利骨干的加入，使德国陆军在 1938 年中期组建了 8 个新的师，包括 3 个山地师。奥地利轻装甲部队"快速"师重组为第 4 轻装师（4. Leichte–Division）。

迅速扩张造成的又一个长期弱点是，德国工业无法为预备役和后备军部队供应充足的现代化武器、战术电台和许多其他装备，这些部队不得不使用98 式步枪、MG08 机枪和 105 毫米 FH16 榴弹炮等老旧武器。德国兼并奥地利和捷克斯洛伐克时，来自这两国的装备——尤其是火炮和机动车——很好地填补了第 2 波次和第 3 波次各师的装备缺口，正是这些装备使新的师做好了战斗准备。但是，国内生产的不足迫使国防军继续用缴获的装备补充库存，从而无法实现装备的标准化，使后勤工作变得更加复杂。在机动车方面，这一问题尤为严重，到 1939 年中期，国防军有 114 种不同型号的卡车在服役，包括奥地利制造的"斯泰尔"（Steyr）和捷克制造的"斯柯达"。军方努力解决这一问题，首先是 1937 年的"统一柴油卡车"，随后是 1939 年 3 月的"谢尔计划"，但对于国防军来说，装备标准化仍是一个可望而不可即的目标。[114] 在短暂的战役中，此类弱点不足为道，但在更长期的战役（如北非和苏联战场）中，不能实现装备标准化将削弱野战军后勤的可持续性。

虽然 1935 年组建了首批的 3 个装甲师，但德国陆军直到 1938 年才得到装上火炮的中型坦克——首批预制型的三号坦克和四号坦克开始服役。早期型号问题很多，特别是三号坦克的传动装置有缺陷，因此批量生产拖到 1938 年年底才开始。德国坦克工业能够大规模生产一号和二号轻型坦克，但在三号和四号中型坦克的批量制造上遇到了很多问题，这一点与法国工厂生产夏尔 B1 和索玛 S35 的情况类似。三号和四号坦克的设计互补，前一种为反装甲作战而优化，配备 37 毫米 KwK 36 L/45 高速火炮，而后者则设计为火力支援车辆，装备 75 毫米 KwK 37 L/24 低速火炮。然而，由于这两种中型坦克的数量太少，1941 年之前，德国装甲作战力量中大部分仍是轻型坦克。与法国中型及重型坦克相比，德国中型坦克的火力及装甲防护均较弱，但机动性和发动机的可靠性更好。

如果不是 1939 年 3 月捷克斯洛伐克被迫加入德意志帝国而使后者得到装备，德国陆军在 1940 年的装甲能力将更加不如对手。德国人得到了一些设计优良的捷克坦克，包括 200 多辆 LT vz.35 和 10 辆 LT vz.38，德国部队接收了这些坦克后，改名为 Pz 35（t）和 Pz 38（t）。在 1938 年，Pz.38（t）是一种优秀的设计，非常符合德军的需求，斯柯达工厂因此得以继续运作，开始大批量生产这一型号。最终，从捷克得到的坦克使德国陆军又组建了 3 个装甲师。

其他重要的陆军装备项目（火炮、反坦克炮和轻型武器），大部分到 1938 年都实现了批量生产，至少可以为现役部队提供充足的数量。影响战备最严重的缺陷是生产新武器所需的钢铁和制造弹药所需的铜不足。德国于 1937 年 2 月被迫开始定量供应钢铁，陆军的项目只得到了实现希特勒重整军备计划所需钢铁的 72%。1938 年初，德国外汇储备已经消耗殆尽，无法进一步采购国外原材料。然而，奥地利的加入暂时缓解了这种局面，因为德国可以挪用奥地利的外汇储备，作为最后的疯狂对外采购的资金。[115] 到 1939 年，德国积累了足够 7 个月生产的铜和 18 个月生产的锰，但其他原材料的库存只够 6~10 个月的生产。[116] 希特勒希望通过在国内生产合成油和合成橡胶，实现经济自给，但在 1942 年前，这些计划都无法完全替代进口。

尽管在慕尼黑危机中取得了外交上的成功，但由于物资缺乏，德国被迫于1939年初缩小了重整军备计划中多个项目的规模。MG34机枪的生产减少了近80%，野战炮缩减45%，坦克制造也减少了50%。弹药制造受创最重，计划完成的库存被推迟到了1942年，国防军在1939年参战时只有足够两个星期激战的弹药。[117] 不过，虽然前4个机械化师尚不完整，但德国陆军仍然继续组建了2个装甲师和3个轻装师。

除了装备短缺造成的困窘局面，希特勒还带来了更多的麻烦。1938年5月，他决定加速修筑"西墙"工事，这项工作在1936年德军重占莱茵兰后就已经开始了。西墙防御工事需要大量资源，特别是钢铁——也是制造弹药和坦克的必需物资。但是，希特勒越来越担心国防军没有为双线作战做好准备，希望有一些保险措施，以便在德国全神贯注地与东线的捷克斯洛伐克或者波兰作战时，对抗英法可能采取的军事行动。将资源转移到西墙项目，投入机动部队的资源数量就会减少，这正如马奇诺防线对法国陆军的影响。希勒特带来的第二个麻烦是决定给德国海军更大的优先权，而在重整军备的早期阶段，该军种相对被忽视。最初，希特勒希望避免重蹈原德意志帝国因建设大型水面舰队而激怒英国的覆辙，但全面战争的可能性增大后，他改变了心意。1938年底，德国海军开始建造首艘航空母舰，1939年3月，希特勒批准了"Z-计划"，该计划设想打造一支能与英国皇家海军面对面交锋的舰队。更多的钢铁和熟练工人被转移到新战舰的建造，而非陆军或者空军设备的生产上。如果希特勒认真地考虑了国防军对全面战争的准备，就应该确保装甲师配备合适的中型坦克、履带式支援车辆和机动炮兵，而不是用各式各样的车辆填补缺口。

就在陆军各师苦于作战准备时，德国空军却以史无前例的速度在扩张。尤其是Bf-109战斗机迅速开始成批生产，在1936—1938年就制造了超过1000架。虽然早期型号有显著缺陷，但到1938年底，做了很大改进的Bf-109E投产，每月有大约110架下线。Bf-109远优于所有法国战斗机，真正能与之对抗的盟国战斗机只有英国的"喷火"，而该型战机在数量上也较少。不过，需要注意的是，Bf-109的意图是攻势防空——肃清敌方空域——而不是保卫德国空域。戈林根据攻击任务构建德国空军，但也允许实施了多个防御性项目，例如"轰炸机杀手"Bf-110和"弗雷娅"早期预警雷达。此外，德国空军建立了规模很大的防空部队，可以灵活地保卫德国城市，或者与野战军协同行动。

　　一旦 Bf-109 确保了局部空中优势，德国中型轰炸机就可对敌方机场、铁路场站和预备队集合点等关键目标实施纵深攻击。戈林保证，他将拥有一支双发轰炸机部队，主要以 He-111H 和 Do-17Z 为基础。这两种飞机的设计算不上优秀，但也还不错，到 1938 年已经可以批量生产了。德国空军未来的主力将是 Ju-88 轰炸机，该型号到 1939 年中期才刚刚投产。与法国不同，德国空军没有忽视近距支援任务，Ju-87B 俯冲轰炸机的推出是重大的进展。虽然 Ju-87 本身设计并不特别引人注目，但接收该型飞机的单位只有一个真正的职能——支援陆军先锋部队。德国空军并不关注战略轰炸任务，也没有过多地考虑空防，而是将重点放在攻击作战，以及最适合支援多兵种联合作战的战术能力上。

　　德国空军不仅得到了大量优质飞机，还于 1936—1939 年得到机会，在西班牙的实战条件下测试其飞机和飞行员。"秃鹰军团"于 1936 年 8 月抵达西班牙，最初他们使用 He-51 双翼战斗机和 Ju-52 轰炸机 / 运输机支援西班牙国民军，但在苏联向西班牙共和军提供现代化战机后，德国空军决定派出最好的战机。第 88 战斗机联队（JG 88）于 1937 年 3 月接收了 Bf-109B 战斗机，飞行员们很快就在对抗苏联及共和军飞行员时取得了引人注目的战绩。西班牙内战中，26 名"秃鹰军团"飞行员获得了"王牌"称号，其中包括维尔纳·莫尔德斯（Werner Mölders）中尉和京特·吕佐夫（Günther Lützow）中尉。这些王牌飞行员回到德国后提出了"四指编队"（Vierfingerschwarm）的方法，帮助改进了德国的战斗机战术。德国轰炸机和 Ju-87"斯图卡"也在西班牙内战中改善了战术。在 1937 年 4 月进行的一场令人难忘的战斗中，"秃鹰军团"对毕尔巴鄂附近的共和军阵地实施大规模攻击，两分钟内投下了 60 吨炸弹，瓦解了敌军的抵抗。[118] 在 1939—1940 年的波兰和西线，德国空军就重复使用了这种先实施空中扫荡、然后最大限度出动轰炸机支援地面攻势的战术。对西班牙的干预作战证明了德国空军飞机、飞行员和战术的效能。

　　到 1939 年初，希特勒拥有了一支数量优于英法且经历过战斗考验的空军，他的陆军也能够发动大规模攻势。由于物资短缺造成的延迟，德国国防军至少要到 1941 年才能全部投入战斗。然而，我们能够看出，希特勒为何急于恶化与波兰的关系——此举的目标是,在英法的重整军备计划弥补其力量不足之前,消灭法国在东欧的最后一个盟友。虽然希特勒开始对波兰采取侵略行动时并不想寻求一场欧洲大战,但当他相信了自己的实力后,他愿意铤而走险了。

最后时刻的混乱,1937—1939年

莱茵兰危机之后,英法都开始认真看待重整军备工作了,但两国还没有协调行动。伦敦和巴黎的政治家们对希特勒的挑衅行为感到担忧,而军事领导人尚未做好分享应急计划或敏感技术的准备。对希特勒来说,他已经在重整军备计划上先行一步,抢在英法联合起来反对其外交政策前取得了军事上的优势。成功实现莱茵兰的绝妙一击,且没有引起外界的强烈反应,使希特勒变得更加大胆。三个国家的军队都将重点从技术开发转向了大规模生产,想要批量部署最好的飞机、坦克和其他武器。在这种军备竞赛中,时间是主要因素,每一方都被迫做出艰难的选择,而事后回顾,会发现其中一些选择是错误的。

由于法国工业难以突然转入大批量制造,1936—1937年的进展很缓慢。法国陆军在坦克上做出了一些很好的技术选择,如支持全焊接结构及倾斜装甲以增强防弹能力,但对于工业界来说,这种革命性的改变需要新的制造技术、高质量机床和熟练工人。负责设计和建造大部分新坦克炮塔的国营皮托工厂(APX)遇到的困难尤其严重,无法满足需求。到1936年,法国公司开始生产坦克车身,但炮塔往往几个月都无法供货。雪上加霜的是,法国陆军订购了6种不同型号的坦克,每种坦克都使用独特的发动机,而不像德国中型坦克那样共用同一种发动机,这意味着部件几乎做不到标准化。法国工业界没有在一个工厂里建造完整的坦克,而是在多个场地制造子部件,又造成了许多延迟。尽管1936年和1937年法国工业界都制造了400辆以上的坦克,但真正被军队接收的数量很少,这妨碍了军队的训练和更大部队的组建。

第一辆夏尔B1坦克于1935年12月交付,但直到1938年1月才凑齐了组建1个营所需的数量。1937年2月,经过大量改进的夏尔B1 bis坦克开始下线,但第一个坦克营直到1938年9月才得以组建。到1939年夏季,夏尔B1 bis坦克的月产量仍然只有四五辆,因此大约需要7个月,才能生产组建1个坦克营所需的数量。到1939年9月,法国陆军只组建了3个装备夏尔B1 bis 的坦克营。CSG 坚持等待足够数量的夏尔 B 坦克，也妨碍了组建一个装甲师的努力。在此期间，一个法军训练集群于 1938 年 2 月在南锡建立，该集群使用了 3 个坦克营（D1、D2 和 B1 坦克各 1 个营）和 3 个炮兵大队的临时编制。南锡训练集群只实施了有限的测试，而不是大规模机动，且没有加入步兵或者支援部队。直到 1938 年 12 月"慕尼黑危机"后，CSG 才批准于 1940 年前组建 2 个装甲师（divisions cuirass é es，简称 DCR）。[119] 从组织上看，DCR 拥有大量坦克——共 4 个营、160 辆（70 辆夏尔 B1 bis 和 90 辆 H39）。可是，DCR 只有 1 个摩托化步兵营、2 个炮兵营、极少数侦察和支援部队，没有任何防空力量。因此，一旦夏尔 B1 bis 坦克生产延误，法国人就会发现，DCR 的组织结构本身远不如德国装甲师。

　　骑兵在轻机械化师方面取得了较大成功，但在 1937—1939 年的大部分时间里也同样受到了装备不足的困扰。出色的索玛 S35 骑兵坦克和庞阿尔 178 装甲车都于 1937 年 2 月开始服役，但 S35 的前几种型号仍然缺乏零件，到 1938 年才具备完整的战斗力。法国工业界常常交付不完整状态的武器，是 1940 年惨败的重要原因之一，因为这对训练产生了负面影响，使高级指挥官对部队效能产生了错觉。交付的车辆足够之后，CSG 同意再建立 1 个机械化师，因此第 5 装甲师于 1937 年 7 月被改编为第 2 轻机械化师（2e DLM）。然而，由于索玛 S35 和霍奇基斯 H35 骑兵坦克数量都不够，这 2 个轻机械化师直到 1938 年中期才得到全部装备。尽管不是坦克师，这些 DLM 仍是强大的部队，每个师有 2 个侦察营、4 个装甲营、3 个摩托化步兵营、3 个炮兵营和 1 个工兵营，是可靠的多兵种联合作战部队。DLM 组织中唯一真正的弱点是支援单位不足。这 2 个轻机械化师在 1937—1939 年进行了大规模训练，被打造成了法国陆军中最好、最现代化的 2 个师。

　　人们常常指责 1940 年的法国陆军将装甲兵拆分成虚弱的"零钱包"——将大量坦克部署在独立作战的营中。但时间将会证明，由坦克承担步兵支援任务是合理的，后来的其他主要参战国陆军也成功地使用了这一战术（例如，德军建立突击炮营以支援步兵，美国陆军将坦克营配属到步兵师）。真正的问题不是将坦克转移到步兵支援任务上，而是这些步兵坦克缺乏成功实施其他任务所需的火力或者机动性。到 1937 年，法国建造的雷诺 R35 和霍奇基斯 H35

步兵坦克，已经足以开始组建营级单位了。不幸的是，R35 令人失望，不仅火力和机动性较弱，其装甲防护也不足。1937 年 6 月的战场测试说明，霍奇基斯的 25 毫米反坦克炮可以轻松击穿 R35 的装甲，而霍奇基斯 H35 步兵坦克问题更大。到 1937 年中期，法国陆军意识到，若根据甘末林的坦克计划，则还要订购近 2000 辆此类劣质车辆，因此，法国陆军要求工厂在后续批次中交付武备更好的改进型号，这一决定的结果是略好一点的 R40 和 H39 步兵坦克的诞生，它们于 1939—1940 年服役。为了对冲风险，CSG 还决定从地中海冶金造船厂（FCM）订购 100 辆步兵坦克，柴油动力的 FCM36 步兵坦克采用了一种有趣的设计：当时的大部分坦克都只是简单地将装甲板铆接起来，而FCM36 步兵坦克以全焊接构造和倾斜装甲为傲，不过其作战能力并没有真正提高。

到 1940 年，法国陆军已有 25 个独立坦克营（每个营 45 辆坦克）配备了上述的 3 种新型坦克，这使法国每个集团军有 3~5 个可用于支援单独的步兵师的营。从纸面上看，法军的每个集团军拥有 100~200 辆坦克，它们既可作为强大的集中机动预备队实施反攻，也可以分散以加强每个师的防区。但事实上，没有一种步兵坦克能以足够快的速度移动，对敌军的突破做出反应，即使它们经过努力能直面敌军坦克，也缺乏与之交锋的能力。为了节约资金，3 种法国新型步兵坦克装备的都是 37 毫米 SA18 低速火炮——与它们替换的 FT–17 相同。装备 SA18 的本意是打击步兵或者小型建筑物，而不是与敌军坦克交火。发现这一弱点后，CSG 批准用新型高速武器升级步兵坦克火力，这种武器就是 37 毫米 SA38 高速火炮。1939—1940 年，只有少数步兵坦克改装了新型火炮，大部分升级的 H39 坦克都被部署到装甲师。在新一代步兵坦克上保留旧式 SA18 火炮的权宜之计是严重的错误，因为这削弱了装甲部队支援前线步兵的火力。

按照 1936 年的国防拨款计划，法国步兵得到了 24 亿法郎，而炮兵得到 20 亿，另有 13 亿法郎被用于炮兵弹药的生产。虽然一些步兵部队已经开始改装 MAS 36 新型步枪，但 1936—1940 年该型号只制造了 25 万支，甚至不足以装备整个现役陆军。法国步兵也没有得到能与德国 MG34 相匹敌的机枪，他们不得不以从 1916 年起就沿用的霍奇基斯重机枪勉强应付。尽管 1939—1940

年法国仍在努力推出半自动步枪和冲锋枪，但参加二战时，法国步兵使用的武器仅略好于1918年的前辈们。炮兵接收了300门新型105毫米炮，不过1939年绝大多数法国火炮都已过时。

在反坦克防御方面，法国步兵只能着重依靠霍奇基斯25毫米反坦克炮（SA34和SA–L37）和新的47毫米（SA37）反坦克炮。虽然25毫米炮足以应付现有的德国坦克，但CSG担心德国可能会研发装甲更厚的重型坦克，因此他们制订了生产更大口径反坦克炮的计划。霍奇基斯很快就开发了一种47毫米炮，1937年收到了1214门的订单。这两种法国反坦克武器都很出色，能够在500~1000米距离内击毁德国坦克，甘末林对此很满意。不过，1936年霍奇基斯公司的国有化影响了两个反坦克炮项目。即使在霍奇基斯已经能够每月生产60门25毫米反坦克炮的情况下，战争部仍然命令其将生产转移到APX工厂，而后者已经在新型夏尔B1和索玛S35坦克炮塔的制造上落后了。这一决定在关键时刻降低了反坦克炮的制造速度。在产业规划错误的基础上，法国陆军领导层将47毫米炮视为某种"秘密武器"，试图对其信息保密，避免德国人发现并升级坦克的装甲防护。不幸的是，过度的保密意味着法国官兵无法在战前训练演习中使用47毫米炮，致使大部分军官不了解其性能。

法国防空部队（Défense Contra Avions，DCA）在整个20世纪30年代都遭到忽视，低空防御仍然主要依靠13.5毫米重机枪，中高空则依靠改良的75毫米高射炮。一些原1897式75毫米野战炮经过大规模改良，于1934年作为高射炮使用（75mm CA Mle 32），这种型号的炮管更长，并且有用于打击飞机的瞄准系统。但不幸的是，保留下来的炮管在一战中磨损严重。从1923年起，DCA就拥有5个防空团（regiment d'artillerie de DCA，RADCA），每个团装备32门75毫米炮。由于DCA中大部分是预备役人员，而1938年之前进行的预备役训练有限，因此DCA没有真正训练有素的骨干人员。DCA没有能够攻击高空飞机的武器，但法国海军有，1932年，海军购买了35门90毫米高射炮。到1937年，武器过时、人员训练不足，都让DCA的情况变得很糟糕。作为重整军备计划的一部分，DCA于1937—1939年得到了4亿多法郎的拨款，但除组建了2个新的防空团外，几乎没有再采取什么措施。该兵种花费了很多精力，试图让霍奇基斯新型25毫米高射炮入役，但到1940年还是只有大约300门。

DCA 还象征性地订购了一些施奈德 37 毫米和博福斯 40 毫米高射炮，但数量太少，起不了什么作用。

在 1936 年的国防开支中，陆军部分的大约三分之二归属野战军，剩下的 45 亿法郎则花在了许多领域，从工业动员到马匹的护理，不一而足。工程兵部队在四年中得到了 3.08 亿法郎的拨款，但明显没有购买多少装备。战争开始时，法国陆军只有 4 万枚可以使用的地雷。[120] 尽管马奇诺防线已经完工，但 1937—1939 年陆军又在工事上花费了 11 亿法郎，而这笔可观的费用并没有起到很大的作用。

研发工作也得到了一些资金，说明 20 世纪 30 年代的法国军队在新技术和战术上并不像人们常说的那么保守。1937 年 4 月，法国空军决定组建第一批空降部队——第 601 和 602 空中步兵营（Groupes d'Infanterie de l'Air，GIA），一个驻扎在兰斯，另一个则在阿尔及利亚。每个营包含一个 207 人的伞降步兵连，其意图是伞降到敌后。GIA 部队最可能被用于北非，去对抗意大利人或者当地叛乱者。决定组建空降部队之后两个月，法国战争部拨款 6 万法郎在兰斯附近设立了 12 个雷达站。与英国对 RDF 技术保密不同，法国将雷达站放在一个主要训练区域的附近，实际上在 1938 年的夏季演习中就加入了飞机探测任务。除了被称作 Z 网的固定雷达站之外，法国科学家还研发了 20 套机动式电磁探测仪（DEM），这种装置可用于支援野战军。[121] 但是，法国人没有将新兴的雷达网与保密通信系统联系起来，通信依然依赖民用电话系统。

虽然法国陆军本身有一定缺陷，但真正的问题出在法国空军上，而且这一问题无法简单地用钱解决。1936 年年底"开闸"之后，法国空军预算增加了 1 倍，后又增加到原来的 3 倍，但航空部没有能够迅速批量生产的新设计。1934 年，该部门提出了对新型单发战斗机和双发重型战斗机的需求。莫拉纳－索尼埃（Morane–Saulnier）公司在单座战斗机项目竞标中胜出，布洛赫公司名列第二。MS.405 战斗机的原型机于 1935 年首飞，但航空部觉得这种设计不成熟，希望得到改善。与此同时，波泰公司在重型战斗机的竞争中获胜，布雷盖公司名列第二。波泰于 1936 年制造出了原型机，1937 年 5 月批量投产。重型战斗机此时十分流行，德国空军也致力于 Bf–110 的研发和生产。重要的是，1937 年法国航空部仍在采购过时的飞机，包括按照"2 号计划"订购的双翼战斗机和轰炸机，同时，更新的型号却一再推迟。由于这是一个技术迅速变化的时代，航空部意识到自己做出了错误选择，便通过订购相同需求的竞争设计来规避风险。

几经迟疑，法国航空部于 1938 年 3 月 15 日颁布了"5 号计划"，预计到 1940 年 4 月制造超过 3000 架新型飞机；这一计划的本意是用现代化飞机装备空军，使其能够与德国空军对抗。[122] "5 号计划"强调战斗机的作用，与之前的计划有着很大的不同。该计划的核心是订购 1082 架 MS.406 战斗机和 532 架 MB.151 战斗机；这些战斗机性能不错，但设计时法国人尚不了解德国的 Bf-109。"5 号计划"的另一个重要组成部分是订购 1123 架 Potez-630 的各种改进型，包括夜间战斗机、侦察机和轻型轰炸机。此举的意图是迅速加强法国空军实力，但法国工业无法将生产能力从每月 30~40 架突然提升到每月 100 架。莫拉纳 – 索尼埃公司根本无法按照"5 号计划"要求的速度生产，因此，航空部部长居伊·拉·尚布尔（Guy la Chambre）派代表前往美国购买飞机和发动机。1938 年 5 月，法国购买了 100 架寇蒂斯 P-36 战斗机，改名为"鹰"式 H75A1 战斗机，于 1939 年 7 月加入法国空军。1939 年，法国又订购了 100 架"鹰"式战斗机，法国采购代表对更先进的寇蒂斯 P-40 战斗机也很感兴趣，最终购买的型号被命名为 H81A。

"5 号计划"颁布后 5 个月，赫尔曼·戈林邀请法国空军参谋长约瑟夫·维耶曼（Joseph Vuillemin）上将访问德国。维耶曼不仅参观了属于德国第 2 战斗机联队（JG2）的全新 Bf-109C 战斗机，还看到了 He-100 战斗机原型，德国人告诉他，这种飞机将要进入批量生产。戈林的邀请是有意地向法国人提供虚假信息，这一点他做得很成功。维耶曼垂头丧气地回到法国后说道："如果战争爆发……两周之内法国就连一架飞机都没有了。"[123] 维耶曼知道，MS.409 和 MB.151 战斗机与 Bf-109 不在一个档次上，它们在 1939 年初服役时就已经成了二流战机。同样，事实证明，波泰 630 作为侦察机速度太慢，承担重型战斗机或者轻型轰炸机时武备又不足。因此，在"5 号计划"订购的第一批飞机下线之前，法国航空部就已经知道，他们订购的飞机无法与德国空军抗衡了。

1938 年年底，法国飞机产量逐步增加，D.520 等几种改进型号已准备就绪，可在 1939 年投产，但即便制造出了足够数量的现代飞机，法国空军也会因为一些内在因素的影响而难以成为有效的作战力量。首先，相对于 2000 架飞机，法国训练有素的飞行员数量不足。1938—1940 年，法国空军最多只有 600~700 名经过训练的飞行员，这一情况在 1941 年之前不太可能有明显的改善。飞行员训练在 20 世纪 30 年代没有成为优先考虑的问题，因此"5 号计划"建造的飞机超出了现有机组所能驾驶的数量。实际上，1938 年法国空军的飞行小时数只有英国皇家空军的六十分之一。[124] 其次，法国制造的许多飞机实际上并不完整，常常缺少螺旋桨或者其他关键部件，许多不完整的飞机被保存在仓库里，这意味着完整的新飞机送抵现役中队的时间会大大延迟。最后，地勤人员的数量也不足，而且没有进行有关新型号飞机的训练，因此战备出勤率极低——往往只有大约 30%。1937—1940 年，整个法国军队的装备不够标准化，成了削弱战斗力的一个因素；同时，服役的坦克和飞机型号过多，使维护和训练更加复杂化。

虽然大部分法国轰炸机都已经过时，但出现了改善的迹象。1938 年 11 月，航空部订购了 224 架布雷盖 691 轻型轰炸机。与此前的法国轰炸机不同，布雷盖 691 为对地攻击任务进行了优化，配备了 1 门 20 毫米航炮，飞行员也得到了装甲板的防护。尽管法国人对俯冲轰炸并不热衷，但他们从 1937 年起就试验了低空战术，布雷盖轰炸机的用途就是使用炸弹和航炮进行超低空攻击。和许多法国设计一样，布雷盖 691 的发动机出现了很多问题，不过它最终还是成了一种优秀的对地攻击机。1939 年初，法国还从美国订购了 100 架道格拉斯公司的 DB-7 轻型轰炸机，这种轰炸机的速度快于大部分法国飞机。

1938 年 9 月"慕尼黑危机"爆发时，达拉第总理希望遵守与捷克的盟约，9 月 24 日，他的内阁发布了局部动员令。此时，甘末林没有任何借口了，不能再像莱茵兰危机时那样以缺乏预备役部队为由而无所作为。但是，维耶曼断言法国空军远不及德国空军，需要再过 18 个月才能实现"5 号计划"的目标，这削弱了达拉第动用武力的意愿。[125] 维耶曼称，法国空军只有 340 架作战飞机，其中许多都是过时的 D.510。实际上，德国空军此时也只有 440 架作战飞机，且相当一部分仍是双翼飞机，但德国的宣传成功地制造了他们的战机远多于此的假象。结果是，法国空军的弱点为英法后续的外交惨败埋下了祸根。[126] 达拉第还明显地感觉到，张伯伦努力地避免为一个与英国没有直接利害冲突的问题开战。争取苏联支持对抗希特勒的努力也彻底失败了，因为斯大林意识到，英法并不准备为捷克斯洛伐克流血。最终，希特勒取得了外交胜利，捷克斯洛伐克遭到肢解，失去了苏台德地区，从而丢掉了新修建的边防工事。一枪未发，法国就失去了东面的一个宝贵盟友，战略性的"防疫封锁线"也遭到了损害。

与张伯伦不同，达拉第并没有被这一结果蒙住双眼，他认为希特勒下一步将对付波兰。达拉第相信，与德国的战争已迫在眉睫，唯一的问题是什么时候爆发。而且，法国军队熟知德国军事学说，知道即将到来的是什么。在1937年9月14日—22日举行的实战演习中，4.5万名法国官兵试验了阻止德国风格的多兵种联合攻击的战术。演习期间，法国伞兵对一个师部实施了突袭，说明法国人并没有固守"按部就班地作战"的原则，他们也能够即兴发挥。法军部队难以阻止装甲兵的进攻，但皮埃尔·埃林（Pierre Héring）上将重申，纵深部署的反坦克防御应该能够阻止德国装甲兵的进攻。埃林也注意到了法国部队在防空方面的缺陷，这使他们容易遭到德国空军擅长的低空袭击。7个月后，甘末林继续强调了改善防空的必要性，并采取了伪装和分散等消极防御措施。[127] 法国政治与军事领袖知道需要做什么——他们都是完全能够分析问题、解决问题的专家——但他们没有时间了。如果战争能推迟到法国的重整军备计划使其地面及空中部队实现现代化时，法国就有机会阻止德国的猛攻。

法国努力在又一场欧洲大战爆发前复兴军事力量，而英国继续专注于威慑和本土防御。莱茵兰危机后仅两个月，即1936年5月，英国皇家空军组建了轰炸机司令部和战斗机司令部。最初，轰炸机司令部下辖12个双翼轰炸机中队、1个中型轰炸机中队和8个轻型轰炸机中队，任务是对军事或者工业目标实施战略轰炸，斯坦利·鲍德温首相及其内阁认为，大规模战略轰炸是成本效益很高的威慑。理论上，韩德利·佩奇公司的"海福德"（Heyford）——轰炸机司令部的主要轰炸机——可以携带1吨炸弹飞到鲁尔区；第4大队全力出击，可以对一个目标投下约150吨炸弹。1936年，这种炸弹载荷似乎令人生畏，但仅过几年就变得微不足道了。

1937年3月，轰炸机司令部开始用双发的"惠特利"轰炸机取代双翼轰炸机，这是皇家空军的第一种现代化单翼重型轰炸机。英国重整军备计划一经启动，皇家空军就得到了优先待遇，获得的经费超过了国防开支的40%。与法国不同，英国航空部设计了多种现代化飞机，大量英国工厂能够迅速成批生产。英国工业界还有多种设计好的先进发动机已做好了生产准备，尤其是罗尔斯－罗伊斯公司的"灰背隼"（Merlin）。因此，仅仅在 1937—1938 年这段不长的时期内，皇家空军就推出了 5 种新型轰炸机（惠特利、布伦海姆、战斗、汉普登和威灵顿）和 3 种新型战斗机（斗士、飓风和喷火）。现役和预备役航空兵中队也迅速增加。仅两年，皇家空军就从一支小型双翼机部队变成了一支装备最新型单翼战机的中等规模的空军。到 1939 年 9 月，轰炸机司令部已拥有 24 个中队、400 架现代化轰炸机，理论上可在一次大规模袭击中投放 500 吨以上的炸弹。柏林此时已在从英国起飞的皇家空军轰炸机航程之内，张伯伦希望，这足以威慑希特勒。

虽然轰炸机被视为主要的威慑力量，但当战争的可能性真正存在时，敌方轰炸的威胁就造成了当务之急的暂时改变。轰炸机司令部过多地向英国政治领袖吹嘘其战略轰炸的能力，造成了后者对敌方空军对伦敦发动"决定性"的大规模空袭的担忧。确实，后来负责轰炸机司令部的空军上校亚瑟·哈里斯（Arthur Harris）于 1936 年撰写了一份备忘录，其中估计出敌方空袭时只需投下 375 吨炸弹，就能使伦敦遭到严重破坏。[128] 尽管来自柏林使馆参赞们的情报并不支持这种说法，但英国航空部声称德国空军致力于战略轰炸，更加强了这种臆测；按照情报界的说法，这是"镜子思维"的一个例子——我们想对敌人做什么，就会认为他们肯定也力图对我们做同样的事。[129]

内维尔·张伯伦于 1937 年 5 月接替鲍德温出任首相，他对战略威慑深信不疑，但也担心这种"致命一击"。时任国防协调大臣的托马斯·英斯基普（Thomas Inskip）爵士建议装备更多战斗机，重视本土防空。由于"飓风"和"喷火"战斗机仍在研发中，航空部奉命尽快加强伦敦的战斗机防御。为此，英国最后一种双翼战斗机——格洛斯特公司的"斗士"——开始服役，到 1937 年中期，战斗机司令部的 8 个中队改装了该型战机。1937 年 12 月，第一批"飓风"战斗机进入皇家空军服役，但战斗机司令部经过两年才改装好能够比肩德国 Bf-109 的现代化战机。装备"灰背隼"发动机的"喷火"似乎是战斗机司令部迈出的一大步，但超级马林（Supermarine）公司在批量生产时遇到了困难，导致这一型号在 1938 年 8 月才做好服役准备。英国战斗机产量逐步提高，从 1938 年年底的每月 26 架"飓风"和 13 架"喷火"上升到 1939 年 9 月的 44

架"飓风"和 32 架"喷火"，但许多双翼战斗机到 1940 年仍在一线部队服役。与法军不同，皇家空军还为训练预备役飞行员、准备战时迅速扩张做出了很大努力。

在张伯伦的内阁中，出任战争大臣的是犹太裔保守党人莱斯利·霍尔－贝利沙（Leslie Hore-Belisha）。霍尔－贝利沙偏爱皇家空军，而与英国陆军高级领导人相处得不好，尤其是帝国总参谋长（CIGS）、陆军元帅西里尔·德弗雷尔（Cyril Deverell）。在从非传统渠道听取军事建议的努力中，霍尔－贝利沙经人介绍认识了巴兹尔·利德尔·哈特（Basil Liddell Hart），后者是一名 42 岁的退役中尉，改行担任记者后有幸写了一本令张伯伦喜爱的书。哈特曾与英斯基普合作过，由于擅长迎合别人的喜好，又被引荐给霍尔－贝利沙。他认为，皇家空军应该在未来的战争中起到主要作用，这一观点已被张伯伦接受；而且，英国应该依赖盟友在欧洲大陆上实施军事行动。英国陆军的唯一任务——哈特杜撰了"有限责任"一词——是保护广袤的帝国，偶尔实施远征。哈特的观点很大程度上受到他在一战中倒霉经历的影响，他认为不应该将大量地面或空中力量投入欧洲大战。哈特的影响不可低估，这是将英国政策推向直接投入（和代价）最低的"对峙"战争的许多声音之一。此类思想绝不是 20 世纪 30 年代所特有的，即便到了 21 世纪，它在民主国家的政治家之间仍很流行，这些人希望民众看到他们为某个外交危机"做了什么"，实际上却"无所作为"。

就在皇家空军准备保卫英国本土时，英国陆军仍不确定自己在未来的欧洲冲突中的作用。陆军元帅德弗雷尔想要让陆军做好在欧洲大陆部署野战军的准备，但霍尔－贝利沙和哈特反对这一想法。陆军无法确定其部队将如何使用、在哪里使用，故难以决定需要使用哪种类型的武器和军事思想。尽管资金有限，英国陆军仍设法在 1937 年得到了一些新武器：博伊斯反坦克步枪、25 磅榴弹炮、3.7 英寸高射炮和 Mk I 步兵坦克。霍尔－贝利沙支持裁撤皇家坦克兵团以节约预算，但在哈特的劝说下，最终于 1937 年 11 月批准建立了一支大规模装甲部队，定名为"机动师"。可是，指挥这支部队的是炮兵出身的艾伦·布鲁克（Alan Brooke）少将，而不是来自皇家坦克兵团（RTC）的军官，如珀西·霍巴特（Percy Hobart）准将。布鲁克对创新毫无兴趣，与德国装甲师甚至法国DLM 不同，机动师是一支很不灵活的部队，下辖 6 个配备轻型坦克的机械化骑兵团和3个中型坦克团,但只有1个摩托化步兵营和1个野战炮兵团。霍尔 – 贝利沙和哈特并没有组建一支合适的机械化多兵种联合部队,而是简单地将所有可用的坦克、超轻型坦克和运输车堆积成一支过大、无能的部队,以便消除 RTC 对英国陆军机械化已经很有限的影响。[130] 组建机动师后,霍尔 – 贝利沙解除了德弗雷尔的职务,由约翰·维里克(John Vereker,即戈特勋爵)上将替代。

机动师是一条弯路,它使英国陆军采用了两种不同类型的坦克:作为师属支援部队、部署在独立营中的步兵坦克,以及速度较快、用于骑兵扩大战果的巡洋坦克。1936 年,英国陆军打算更换机动师中过时的维克斯 MK II 中型坦克。英国军事观察员目睹了苏联 BT 系列骑兵坦克(基于美国设计的克里斯蒂悬挂系统)的机动性后,英国陆军倾向于快速、轻装甲的巡洋坦克,而不是又一种缓慢的中型坦克。从克里斯蒂公司购买了悬挂系统许可证后,1936 年年底之前,第一种巡洋坦克 Mk I(A–9)做好了评估准备。1939 年,Mk I 巡洋坦克投入生产,Mk II(A–10)也已在开发中。不过,这两种早期设计都没有使用克里斯蒂的悬挂系统,因此只比装甲略厚的步兵坦克稍快一点,且受限于各种机械缺陷。因此,直到使用克里斯蒂悬挂系统的 Mk III(A–13)巡洋坦克于 1939 年开始服役,机动师才得到了真正用于机动作战的巡洋坦克。采用克里斯蒂悬挂系统是英国人迈出的重要一步,但英国坦克没有结合法国坦克的有效火力或者装甲防护,因此升级仍是不完整的。开发巡洋坦克时,英国陆军忽略了西班牙内战的关键教训——现代反坦克炮(如德国的 37 毫米 PaK)可以轻松地摧毁装甲防护能力不足的坦克。

霍尔 – 贝利沙上任时,Mk II(玛蒂尔达)步兵坦克和巡洋坦克均已在开发之中。他更偏爱价格低廉的 Mk VI 轻型坦克,于是极力限制更大坦克的生产。1938 年 1 月,霍尔 – 贝利沙开始宣传"新陆军政策",该政策通过强调本土防御任务,将他对陆军欧洲作战任务的厌恶编成法典。在这个误入歧途的政策中,装甲车的预算被裁减了 710 万英镑,新型步兵坦克的订单将减少 25%。戈特勋爵反对霍尔 – 贝利沙的做法,提出陆军必须为在欧洲大战中起到积极作用做好准备,而不是像哈特建议的那样,只是留在英国防御。他还质疑霍尔 – 贝利沙,为何一名退役上尉的影响力大于总参谋部。但结果是,霍尔 – 贝利沙完全无视了戈特勋爵和陆军。[131] 在1938年余下的时间里，常备陆军继续接收新型装备，包括布伦轻机枪（基于捷克的一种设计）、2磅反坦克炮和4.5英寸（114毫米）中型野战炮。总的来说，这些新武器显著加强了英国步兵的火力，少数常备师在战争爆发前得以重整装备。

但是，霍尔－贝利沙确保了这些新装备都不能供应地方自卫队（TA），后者被局限在训练任务上，只能使用1918年遗留下的武器。张伯伦和霍尔－贝利沙反对重新装备TA，担心预备役部队过大可能促使1916年索姆河上的"兄弟营"杀戮事件重演。与大力扩大航空制造业不同，战争部让生产陆军装备的工厂保持和平时期的步调，即便是李－恩菲尔德（Lee-Enfield）步枪这样的基本装备也只是小批量生产。因此，就连常备陆军也没有多余的现代装备可用于补充战斗损失。

而且，常备陆军无法发展对抗德国国防军等敌手的联合作战思想。1937年下发的新版英国步兵战术手册几乎没有提到坦克与步兵在战场上的协同。英国常备军士兵熟练地使用营级武器，但战前的训练并不真实，无法帮助士兵或者指挥员准备大规模作战。[132]

到1938年9月的慕尼黑危机时，英国皇家空军的机型仍处在从双翼机到现代化轰炸机和战斗机的过渡之中。在战机总数上，皇家空军大约以1:2落后于德国空军，希特勒一点也没有受到"威慑"。英国陆军完全不为欧洲大战做准备，这一事实使法国人感到惊恐，担心他们只能独自对抗希特勒。内维尔·张伯伦发现自己在军事上没有任何现实的选择，只能以牺牲捷克斯洛伐克作为外交解决方案。

1936年莱茵兰危机后，英法开始会谈，但这些讨论主要集中在广泛的政治问题上，避开了军事上的细节。在慕尼黑危机说明希特勒只听从武力之前，两军总参谋部都有意避免制订真正的计划和合作。1939年2月，张伯伦内阁最终同意两军总参谋部展开军事会谈。第一次会议于3月29日—4月4日举行，讨论了德国对波兰进攻的可能结果。英国军事代表的结论是："如果德国在东线发动总攻，它毫无疑问能够占领罗马尼亚、波兰的西里西亚地区和波兰走廊。假设它继续对波兰展开攻势，那么后者被排除在战争之外只是时间问题。"[133]法国军官同意这一看法。英国和法国军事人员达成一致，假如德国入侵波兰，短期内两国没有太多措施，因为他们没有任何计划和能力立即从西线向德国发动进攻。会谈的另一个成果是，法国最终知道，英国只打算在动员令下达后的33天内，向欧洲大陆派出一支象征性的部队：4个常规师和皇家空军的大约200架飞机。对于英国不打算大规模协助法国的西线作战，法国 CSG 感到震惊。

与此同时，英国外交部与波兰代表举行了有关安全问题的会谈。由于英国一直以来对东欧领土问题都漠不关心，这一外交倡议相当古怪。张伯伦政府可能想给希特勒划一道红线，而波兰是个方便的地区。1939 年 4 月 6 日，英波协定签订，明确表示"如果德国进攻波兰，英国政府将立刻援助波兰"[134]。英国多年来一直努力回避向欧洲大陆投入军队，此时却不顾总参谋部的建议做出承诺，并敦促法国也这么做。一周以后，法国确定了与波兰的军事同盟，做出了与英国类似的安全保证。

张伯伦内阁决定与波兰签订军事盟约，表明其阻止希特勒进一步侵略的姿态。接着，英国内阁建议制订和平时期的征兵计划，TA 将在一年内从 17.3 万人增加到 40 万人。可是，这种只是召集合格的男性进行为期 6 个月的"民兵训练"，然后便将其投放到预备役中的征兵显然是徒劳的。与此同时，张伯伦内阁决定，在 1941 年 9 月前组建 32 个师（6 个常备军师和 26 个地方自卫队师）。内阁坚持只派 4 个常备师前去援助法国，但通知后者，这支初期的英国远征军（BEF）最终会补充 2 个装甲师和 6~7 个地方自卫队师。英国总参谋部预计，BEF 至少在动员令下达后一年才能组建完毕，因为地方自卫队将从零开始，既没有经过训练，也没有现代化装备。

法国也准备做出某种姿态。1939 年 5 月 19 日，甘末林在巴黎与波兰战争部部长塔德乌什·卡斯普日茨基（Tadeusz Kasprzycki）少将签订了一项军事协定。甘末林承诺，如果德国进攻波兰，法国陆军将在动员令下达后 15 天内向德国发动大规模进攻。[135] 维耶曼也承诺，如果战争爆发，他将派遣 60 架轰炸机，从波兰空军基地展开行动。[136] 尽管捷克斯洛伐克被抛弃令波兰人感到失望，但他们仍相信了甘末林和维耶曼，因为法国从 1920 年的苏波战争开始就是可靠的盟友。7 月，法国向波兰交付了 1 个 R35 坦克营；8 月，路易斯·福里（Louis Faury）上将奉命前往华沙协调与波兰的军事行动。不过，甘末林在发动对德反攻方面没有任何具体的计划。

夏季的危机爆发时，英法加速了重整军备计划，但达拉第和甘末林相信，法国至少还需要一年的准备时间。然而，英国皇家空军的现代化改造进展神速，张伯伦大受鼓舞，相信军事力量对抗的天平已经倒向英国一方。轰炸机司令部大大加强，已能够威胁柏林，而战斗机司令部已经部署了以"本土链"雷达站为基础、用于防御的地面控制拦截（GCI）系统。张伯伦认为，皇家空军已经可以对敌人实施有力打击，同时阻挡一切轰炸伦敦的企图了，这使他有信心在1939年坚定不移地反对德国的侵略。可是，虽然取得了许多进展，皇家空军仍然没有做好任何防御波兰或者向法国盟友提供实际援助的准备。英国看上去似乎准备独自作战，而不是成为联盟的一部分。

对于张伯伦对波兰的保证，希特勒无动于衷，与苏联签订《莫洛托夫－里宾特洛甫协定》后，他于1939年9月1日按照计划入侵波兰。英法发出的最后通牒无人理会，9月3日，英国便对德宣战了，6小时后法国也跟随英国的脚步对德宣战。达拉第没有遵守第三共和国宪法的规定，未经立法机构投票即宣战了。从1919年开始，法国就知道可能会再度与德国发生战争，却宁愿回避这一事件，也要等待对己有利的时机。然而，法国的安全遭到了无法遵守的外交协定和一个堂吉诃德式的盟国的破坏，后者将法国拖入战争，然后又建议法国尽可能地不采取行动。

注释

1. David Drake, Paris at War 1939 – 1944 (Cambridge, MA: Belknap Press of Harvard University Press, 2015), p. 21.

2. Eugenia Kiesling, 'France Prepares for War, 1918 – 1939' in History of the Military Art since 1914 ed. Steve Waddell (Boston: Pearson Custom Publishing, 2005), p. 115.

3. André Beaufre, 1940: The Fall of France (New York: Alfred. A. Knopf, 1968), p. 16.

4. Denise Artaud, 'Reparations and War Debts' in French Foreign and Defence Policy, 1918 – 1940: The Decline and Fall of a Great Power ed. Robert Boyce (New York: Routledge, 1998), p. 90.

5. The Canadian Mining Journal, Vol. 40, Part 2 (September 3, 1919), pp. 661.

6. Martin Gilbert, The Routledge Atlas of the First World War (London: Routledge, 1994), p. 144.

7. James S. Corum, The Roots of Blitzkrieg: Hans von Seeckt and German Military Reform (Lawrence, KS: University Press of Kansas, 1992), p. 34.

8. David Stevenson, 'France at the Paris Peace Conference: addressing the dilemmas' in Boyce (ed.), p. 18.

9. Elizabeth Greenhalgh, Foch in Command: The Forging of a First World War General (Cambridge: Cambridge University Press, 2011), p. 505.

10. John Grenville and Bernard Wasserstein, The Major International Treaties of the Twentieth Century: A History and Guide with Texts (New York: Routledge, 2013), p. 157.

11. Eric Bussiere, 'Economics and Franco–Belgian Relations in the Interwar Period' in Boyce (ed.), p. 72.

12. Jonathan Helmreich, 'The Negotiation of the Franco–Belgian Military Accord of 1920', French Historical Studies, Vol. 3, No. 3 (Spring, 1964), pp. 360 – 378.

13. Jonathan A. Epstein, Belgium's Dilemma: The Formation of the Belgian Defense Policy, 1932 – 1940 (Leiden: Brill Academic Publishers, 2014), p. 59.

14. Grenville and Wasserstein, pp. 157 – 58.

15. Nicole Jordan, The Popular Front and Central Europe: The Dilemmas of French Impotence 1918 – 1940 (Cambridge: Cambridge University Press, 1992), p. 132.

16. Piotr Stefan Wandycz, The Twilight of French Eastern Alliances, 1926 – 1936: French–echoslovak–Polish Relations from Locarno to the Remilitarization of the Rhineland (Princeton, NJ: Princeton University Press, 1988), p. 185.

17. 同上, p. 63.

18. Eugenia C. Kiesling, 'Resting Uncomfortably on its Laurels: The Army of Interwar France', in The Challenge of Change: Military Institutions and New Realities, 1918 – 1941 ed. Harold R. Winton and David R. Mets (Lincoln, NE: University of Nebraska Press, 2000), pp. 12 – 13.

19. Epstein, pp. 74 - 75, 81.

20. Jeffrey A. Gunsburg, Divided and Conquered: The French High Command and the Defeat of the West, 1940 (Westport, CT: Greenwood Press, 1979), pp. 21 - 22.

21. Epstein, pp. 56 - 57.

22. Rudolph Binion, 'Repeat Performance: A Psychohistorical Study of Leopold III and Belgian Neutrality', History and Theory, Vol. 8, No. 2 (1969), p. 214.

23. J. E. Kaufmann and R. M. Jurga, Fortress Europe: European Fortifications of World War II (Conshohocken, PA: Combined Publishing, 1999), p. 242.

24. Steven Zaloga and Victor Madej, The Polish Campaign 1939 (New York: Hippocrene Books, Inc., 1991), pp. 12 - 13.

25. Martin Thomas, Empires of Intelligence: Security Services and Colonial Disorder After 1914 (Berkeley, CA: University of California Press, 2008), p. 155.

26. Beaufre, pp. 22 - 23.

27. Philip Shukry Khoury, Syria and the French Mandate: The Politics of Arab Nationalism, 1920 - 1945 (Princeton, NJ: Princeton University Press, 1987), p. 177.

28. 同上, p. 85.

29. 同上, p. 50.

30. Colin Smith, Singapore Burning: Heroism and Surrender in World War II (London: Penguin Books, 2006), p. 20.

31. General René Tournes, 'The French Army, 1936', Foreign Affairs, April 1936, pp. 487 - 498.

32. J. E. Kaufmann and H. W. Kaufmann, Fortress France: The Maginot Line and French Defenses in WWII (Mechanichsburg, PA: Stackpole Books, 2007), pp. 92, 102 - 108.

33. Auphan and Mordal, p. 15.

34. Paul Kennedy, The Rise and Fall of the Great Powers (New York: Vintage Books), p. 314.

35. Tournes, p. 488.

36. Kiesling, 'Resting Uncomfortably on its Laurels', p. 5.

37. Zaloga, French Tanks of World War II: Infantry and Battle Tanks, pp. 8 - 9, 31 - 33.

38. Kiesling, Arming Against Hitler, p. 86.

39. Robert Boyce, 'Business as Usual: The Limits of French Economic Diplomacy, 1926 - 1933' in Boyce (ed.), p. 108.

40. Doughty, The Seeds of Disaster, p. 58.

41. Kaufmann and Kaufmann, pp. 21 - 22.

42. Kiesling, 'Resting Uncomfortably on its Laurels', p. 13.

43. Holger H. Herwig, The Marne, 1914: The Opening of World War 1 and the Battle that Changed the World (New York: Random House, 2009), p. 262.

44. Gunsburg, p. 21.

45. Maurice Gamelin, Servir, tome 1: Les Armées francaises de 1940 (Paris: Plon, 1946), pp.

160 – 162.

46. Doughty, Seeds of Disaster, p. 100.

47. Weber, pp. 49 – 50.

48. Zaloga, French Tanks of World War II: Infantry and Battle Tanks, p. 45.

49. Doughty, Seeds of Disaster, p. 150.

50. 同上, p. 150.

51. Raymond C. Watson, Jr., Radar Origins Worldwide: History of Its Evolution in 13 Nations through World War II (Victoria, BC: Trafford Publishing, 2009), p. 346.

52. Robin Higham, Two Roads to War: The French and British Air Arms from Versailles to Dunkirk (Annapolis, MD: Naval Institute Press, 2012), p. 129.

53. Patrick Facon, 'Aux origins du réarmament aérien Français, Le Plan I 1933 – 1937', Aviation Magazine International, No. 747 (1 February 1979), p. 66.

54. Martin S. Alexander, The Republic in Danger: General Maurice Gamelin and the Politics of French Defence, 1933 – 1940 (Cambridge: Cambridge University Press, 1992), p. 164.

55. Hugh Sebag-Montefiore, Enigma: The Battle for the Code (Hoboken, NJ: John Wiley & Sons, Inc., 2000), pp. 1 – 20.

56. Martin S. Alexander and William J. Philpott (eds), Anglo-French Defence Relations between the Wars (New York: Palgrave Macmillan, 2002), pp. 2 – 4.

57. Robert Frankenstein, Le prix du réarmement français 1935 – 1939 (Paris: Publications de la Sorbonne, 1982), p. 303.

58. Allcorn, p. 22.

59. Kaufmann and Kaufmann, p. 36.

60. Klaus-Jürgen Müller, Das Heer und Hitler: Armee und nationalsozialistisches Regime 1933 – 1940 (Stuttgart: Deutsche Verlags-Anstalt, 1969), p. 214.

61. Douglas Porch, The French Secret Services: A History of French Intelligence from the Dreyfus Affair to the Gulf War (Farrar, Straus and Giroux, 2003), p. 139.

62. Doughty, Seeds of Disaster, pp. 23 – 24.

63. Stephen A. Schuker, 'France and the Remilitarization of the Rhineland, 1936', French Historical Studies, Vol. 14, No. 3 (Spring, 1986), p. 330.

64. Richard Davis, Anglo-French Relations Before the Second World War: Appeasement and Crisis (New York: Palgrave Macmillan, 2001), p. 159.

65. J. T. Emmerson, The Rhineland Crisis 7 March 1936 A Study in Multilateral Diplomacy (Ames, Iowa: Iowa State University Press, 1977), pp. 104 – 108.

66. Emmerson, p. 184 – 190.

67. David Stevenson, 'France at the Paris Peace Conference: addressing the dilemmas' in Boyce (ed.), p. 10.

68. Alexander, The Republic in Danger, p. 406.

69. Julian Jackson, The Fall of France: The Nazi Invasion of 1940 (Oxford: Oxford University Press, 2003), p. 13.

70. Jeffrey C. Clarke, 'The Nationalization of War Industries in France, 1936 – 1937: A Case Study', The Journal of Modern History, Vol. 49, No. 3 (September 1977), pp. 423 – 424.

71. Higham, Two Roads to War, pp. 158 – 180.

72. John W. Hall, 'To Starve an Army: How Great Power Armies Respond to Austerity' in Sustainable Security: Rethinking American National Security Strategy ed. Jeremi Suri and Benjamin Valentino (Oxford: Oxford University Press, 2016), p. 9.

73. F. H. Hinsley et al., British Intelligence in the Second World War, Vol. 1 (London: Her Majesty's Stationery Office, 1979), p. 50.

74. Emily Goldman, Power in Uncertain Times: Strategy in the Fog of Peace (Stanford, CA: Stanford University Press, 2011), pp. 89 – 91.

75. David E. Omissi, Air Power and Colonial Control: The Royal Air Force, 1919 – 1939 (Manchester: Manchester University Press, 1990), pp. 18 – 39.

76. Colin Sinnott, The RAF and Aircraft Design, 1923 – 1939 (London: Frank Cass Publishers, 2001), pp. 76, 134.

77. 同上, p. 12.

78. Enzo Angelucci, The Rand McNally Encyclopedia of Military Aircraft, 1914 – 1980 (New York: The Military Press, 1983), p. 128 – 129.

79. Higham, Two Roads to War, p. 230.

80. Hinsley p. 49.

81. Alexander and Philpott, p. 5.

82. CAB, 16/109, DRC 14, 28 February 1934.

83. Louis Brown, A Radar History of World War II (New York: Taylor & Francis Group, 1979), p. 53.

84. Hinsley, p. 51.

85. Corum, The Roots of Blitzkrieg, p. 97.

86. 同上, pp. 34, 47, 70.

87. James S. Corum, The Luftwaffe: Creating the Operational Air War, 1918 – 1940 (Lawrence, KS: University Press of Kansas, 1997), pp. 86 – 87.

88. Corum, The Roots of Blitzkrieg, p. 98.

89. 同上, pp. 160 – 161.

90. Corum, The Luftwaffe, p. 117.

91. Corum, The Roots of Blitzkrieg, p. 108.

92. Ferenc A. Vajda and Peter Dancey, German Aircraft Industry and Production, 1933 – 1945 (Warrendale, PA: SAE International, 1998), p. 10.

93. Corum, The Roots of Blitzkrieg, pp. 88 – 89.

94. Wilhelm Deist, The Wehrmacht and German Rearmament (London: Macmillan Press,

1981), p. 10.

95. Thomas L. Jentz, Panzertruppen, Vol. 1 (Atglen, PA: Schiffer Publishing Ltd., 1996), p. 9.

96. Corum, The Luftwaffe, pp. 121 - 123, 138 - 139.

97. Vajda and Dancey, p. 9.

98. Corum, The Roots of Blitzkrieg, p. 171.

99. Adam Tooze, The Wages of Destruction: The Making and Breaking of the Nazi Economy (New York: Penguin Books, 2006), p. 26.

100. Vajda and Dancey, p. 11.

101. Robert M. Citino, The Path to Blitzkrieg: Doctrine and Training in the German Army, 1920 - 39 (Mechanicsburg, PA: Stackpole Books, 2008), pp. 223 - 227.

102. Tooze, pp. 53 - 57.

103. Douglas Orgill, German Armour (New York: Random House, 1974), p. 21.

104. Peter C. Smith, Dive Bomber!: Aircraft, Technology, and Tactics in World War II (Mechanicsburg, PA: Stackpole Books, 2008), p. 117. Also, Erfurth, Helmut, Junkers Ju 87 (Bonn, Germany: Bernard & Graefe Verlag, 2004), p. 27.

105. Corum, The Luftwaffe, p. 180.

106. Hanfried Schliephake, Birth of the Luftwaffe (Chicago: Henry Regnery Co., 1972), p. 32.

107. Milan Hauner, Hitler: A Chronology of his Life and Time (New York: Palgrave Macmillan, 2008), p. 109.

108. Jentz, p. 14.

109. Horst Reibenstahl, The 1st Panzer Division, 1935 - 1945 (West Cester, PA: Schiffer Military History, 1990), p. 20.

110. Corum, The Luftwaffe, pp. 172 - 174.

111. Tooze, pp. 208, 211 - 213.

112. Richard J. Overy, The Dictators: Hitler's Germany and Stalin's Russia (New York: W. W. Norton & Co., 2004), p. 441.

113. Richard Overy, German Air Strength, 1933 - 1939: A Note, The Historical Journal, Vol. 27, Issue 2 (June 1984), pp. 465 - 471.

114. Reinhard Frank, Trucks of the Wehrmacht (Atglen, PA: Schiffer Military History, 1994), pp. 25, 63.

115. Tooze, p. 246.

116. Wesley K. Wark, The Ultimate Enemy: British Intelligence and Nazi Germany, 1933 - 1939 (Ithaca, NY: Cornell University Press, 1985), p. 182.

117. Tooze, pp. 302 - 303.

118. Corum, The Luftwaffe, pp. 195 - 196.

119. Charles de Gaulle, The Complete War Memoirs of Charles de Gaulle (New York: Carroll & Graf Publishers, Inc., 1998), pp. 30.

120. Gamelin, Servir, t. 1, pp. 185‐186.

121. Watson, pp. 349‐351 and Brown, pp. 90.

122. Erik Goldstein and Igor Lukes (eds), The Munich Crisis, 1938: Prelude to World War II (London: Frank Cass, 1999), pp. 141‐142.

123. John Gooch (ed.), Military Deception and Strategic Surprise! (New York: Frank Cass & Co. Ltd, 1982), pp. 26‐27.

124. E. R. Hooten, Phoenix Triumphant: The Rise and Rise of the Luftwaffe (London: Arms & Armour Press, 1994).

125. Goldstein, p. 141.

126. Gerhard L. Weinberg, Hitler's Foreign Policy 1933‐1939: The Road to World War II (New York: Enigma Books, 2005), p. 588.

127. Gunsburg, pp. 55‐56.

128. Sinnott, p. 12.

129. Wark, p. 55.

130. J. P. Harris, Men, Ideas, and Tanks: British Military Thought and Armoured Forces, 1903‐1939 (Manchester: Manchester University Press, 1995), pp. 285‐290.

131. Harris, pp. 293‐294.

132. Timothy Harrison Place, Military Training in the British Army, 1940‐1944 (London: Frank Cass, 2000), pp. 9‐10.

133. Anita J. Prazmowska, Britain, Poland and the Eastern Front, 1939 (Cambridge: Cambridge University Press, 1987), pp. 80‐82.

134. 同上, p. 193.

135. Donald Cameron Watt, How War Came: The Immediate Origins of the Second World War, 1938‐1939 (New York: Pantheon Books, 1989), p. 331.

136. Jordan, p. 294.

第2章
疑云

首轮战事，1939年9月

为了迅速结束战斗，希特勒在入侵波兰的"白色方案"（Fall Weiß）中投入了国防军的大部分师。参加战斗的 51 个师被分成了为 5 个集团军，这些师中包括 6 个装甲师、4 个轻装师和 4 个摩托化步兵师。仍在组建中的另外 3 个装甲师留作预备队。德国空军在入侵作战中投入了两支航空队（Luftflotten），包括全部可用飞机的 60%。从一开始，德国国防军对波兰军队就享有数量优势，特别是在坦克、火炮和飞机方面。由于英法请求波兰避免挑衅希特勒，所以后者直到最后一刻才实施全国总动员，这进一步削弱了波兰的防御。

国防军虽然在西班牙获得了一定的作战经验，又于 1937—1938 年进行了多兵种联合实战演习，但仍在学习如何更有效率地协调机械化部队和空中支援。德国空军试图将波兰空军摧毁于地面，但入侵开始之前，所有波兰飞机实际上就已经分散到备用机场，并竭尽全力参加了超过一周的战斗。因此，德国空军在 1939 年 9 月 1 日轰炸的是空无一物的机场。Bf-109E 战斗机在波兰东部取得了局部空中优势，但波兰的老式战斗机仍然在努力保卫华沙空域，并击落了一些德军轰炸机。波兰防空炮火十分有效，第一天便击落 14 架德国飞机。最初，德国空军专注于 Ju-87 俯冲轰炸机执行的破坏波兰交通设施、完成战场阻断的任务，唯一用于近距离支援陆军地面部队的飞机是过时的 Hs-123 双翼机。[1]

德国军队于 1939 年 9 月 1 日拂晓前越过了波兰边界。两个集团军群分别从南面和北面发动向心突击，格尔德·冯·伦德施泰特大将率领的南方集团军群从西里西亚发起主攻。德军并没有将全部机械化部队集中在一个主攻方向上，实际上，几个快速师被分散在多个步兵军里，这说明国防军的机动战思想仍然在步兵支援和独立突击力量之间寻找平衡点。仅有的大型机械化编制是北线由装甲兵上将海因茨·古德里安率领的第 19 军（下辖第 3 装甲师和 2 个摩托化步兵师），以及南线由骑兵上将埃里希·赫普纳（Erich Hoepner）率领的第 14 摩托化军（下辖第 1 和第 2 装甲师）。古德里安和伦德施泰特的部队都在英法宣战之前便突破了波兰边境防线。此后，德国机械化部队迅速推进，使波军战线不断拉长，最终陷于混乱。

虽然德国装甲师很强大，但它们装备的仍然主要是轻型坦克，这些坦克并非不可战胜。北线的"肯普夫"装甲师愚蠢而轻率地突击波军在姆瓦瓦（Mlawa）的防御工事，结果被击退，损失了 72 辆坦克。赫普纳的先头部队于 1939 年 9 月 7 日抵达华沙外围，但当第 4 装甲师试图突入城郊时，遭遇了波兰炮兵及反坦克兵的猛烈打击。波兰炮兵使用法国制造的 75 毫米炮击退了第 4 装甲师的进攻，摧毁坦克 30 辆，并击伤了另外 33 辆。[2] 在这两次行动中，德国陆军了解到，装甲师并不适合打击防御工事或者城区，这一教训影响了该兵种后来与法军对阵的方式。波兰人还设法于 9 月 9 日—12 日在布楚拉河（Bzura）上发动了一次反攻，他们集结了 3 个步兵师，击溃了德国第 30 步兵师，抓获俘虏 1500 名。这只是一次暂时的成功，因为德军立刻做出反应，消灭了参战的波兰部队，但此类行动引发了某些德国指挥官对暴露侧翼的担忧。9 月 15 日，华沙陷入重围。

与此同时，德军最高统帅部（OKW）命令威廉·利特尔·冯·李布（Wilhelm Ritter von Leeb）的 C 集团军群守卫德国西部边境，以应对法国的一切军事行动。李布手下有 3 个集团军（第 1、第 5 和第 7 集团军），沿着"西墙"部署，共辖 33 个步兵师，其中 12 个来自第一波。OKW 还有 12 个由预备役军人组建的步兵师（第五波次），可用于增援李布。虽然 C 集团军群没有任何坦克部队，但李布有足够的兵力，可以在"西墙"建立可靠的防线。而且，德国空军留在西线支援 C 集团军群的兵力相当可观，其中有一些是"秃鹰军团"的老兵，如 JG 53 中的维尔纳·莫尔德斯上尉。德国第 2 和第 3 航空队有近 1300 架飞机，包括 490 架 Bf-109 战斗机、500 架 He-111 轰炸机和 40 架 Ju-87 "斯图卡"

俯冲轰炸机，在数量和质量上均优于法国空军。[3]

甘末林于 8 月 21 日开始召回预备役军人，到 9 月 2 日，总动员达到高潮。这场战争的爆发没有像 1914 年那样引起人们的热情，但大部分人都前来报到了。预备役军人丹尼尔·巴洛内上尉被招入现役的第 2 北非步兵师（2e DINA）。他说："服装、武器、弹药、工具和车辆都不完整，但 1914—1918 年比这更糟，我们也挺过来了。"[4] 共产党领导人莫里斯·多列士是少数例外之一，他在被征召后开了小差，逃到了莫斯科，在那里度过了余下的战争岁月。动员令要求每个法国现役步兵师分成三个部分，以组建 3 个新的步兵师：1 个由预备役军人补充而成的新现役师、1 个 A 级预备役师和 1 个 B 级预备役师。前两类师可以得到合格的装备和人员，但 B 级预备役师发人员、装备甚至制服都不足。除了现役部队，大部分师只有 50~60 门反坦克炮，电台、马匹和机动车辆尤其缺乏。这些问题需要几个月才能解决。

当法国宣战时，甘末林将法国西北部的部队指挥权交给了陆军上将阿方斯·乔治（Alphonse Georges），他自己只保留了对法国南部和海外部队的控制权。他希望专注于"大战略"，所以将日常作战事务交给了其他人，这对一位总司令来说并不奇怪。乔治下辖负责保卫比利时边境的第 1 集团军群（GA 1），以及沿马奇诺防线保卫法德边境的第 2 集团军群【GA 2，由安德烈·普雷特拉（André Prételat）上将指挥】。配属 GA 2 的第 3、第 4、第 5 集团军掩护部队最靠近萨尔区，但可以立即动用的只有少量摩托化步兵师和骑兵师。而且，和平时期的法国陆军分散在整个法国本土，预备役军人集合完毕后，部队必须乘车前往部署地区，这需要花费时间。三周之内，法国陆军在本土集结了 65 个师，其中 10 个被部署在南部对抗意大利。此时，法国的装甲部队包括第 2 轻机械化师、40 个独立坦克营和 2 个装甲旅，后者正在改建为装甲师 (DCR)。维耶曼的法国空军（AdA）对战争毫无准备——飞行员数量不足，超过半数的飞机由地勤人员驾驶。AdA 共有 1374 架飞机，其中包括 439 架可用的单发战斗机和 359 架轰炸机。[5]

为了履行对波兰的承诺，在动员令下达后 15 天内采取行动，甘末林于 1939 年 7 月准备了一份对萨尔区发动限定进攻的应急计划。尽管调动的师战备情况不佳，他仍试图按计划进行。宣战之前，乔治就已经提醒普雷特拉，让他的第 2 集团军群尽快开始对萨尔区的攻势。65 岁的普雷特拉不是领导盟军发动首攻的上佳人选，因为他以敷衍的态度对待这项任务。1939 年 9 月 7 日，第 3 和第 4 集团军各部就已经开始沿德国边境实施试探性进攻了，但真正开始对萨尔区发动攻势是在两天后。此时，爱德华·雷坎上将（Éduard Réquin）的第 4 集团军以 5 个师（第 11、第 21、第 23 步兵师，第 9 摩托化步兵师和第 4 北非步兵师）和 4 个坦克营的兵力向萨尔格米讷（Saareguemines）附近的德国第 1 集团军发动进攻。令人惊讶的是，作为现役师，法国第 21 步兵师的步兵仍然装备过时的勒贝尔步枪，直到战争动员时才收到了 25 毫米反坦克炮。德国第 6 步兵师已沿边境设置战斗哨所，摧毁了萨尔河上的桥梁。当法国第 21 步兵师于 9 月 9 日早晨发动进攻时，行动先因河上的浓雾而迟滞，然后又意外地遭遇了相当多的敌军反坦克和反步兵地雷，第 20 战斗坦克营（BCC）的 4 辆坦克瘫痪。坦克排排长马夏尔·鲁索少尉成了二战中首位阵亡的法国坦克手。由于法国坦克部队没有配备工兵，步兵又没有受过探查或者引爆地雷的训练（这是战前训练的一大缺陷），这些法国坦克完全被地雷挡住了去路。

由于缺乏充足的工兵支援，法国第 4 集团军刚开始跨越萨尔河就遇到了困难，但最终还是成功地搭建了一些浮桥，向德国境内推进了 8 公里。德国第 6 和第 15 步兵师并没有直面数量上占据优势的法军，而是后退到“西墙”的工事中。不过，就在快接近“西墙”和萨尔布吕肯（Saarbrucken）的时候，法军的推进停止了。甘末林建议对“西墙”发动试探性进攻，但普雷特拉的部队满足于占领几座废弃的德国边境小村，在那里实施了小规模洗劫。尽管在法国炮兵射程之内，萨尔布吕肯的德国兵工厂仍继续正常运作。甘末林声称法军有 12 个师加入了萨尔攻击战（其中 5 个是殖民地部队），但只有 4 个师与 2 个德国师发生了较大规模的交火。宣示了与波兰的团结后，甘末林于 9 月 16 日结束了行动，此时他已经清楚地知道，波兰很快就会被征服。法国陆军从萨尔攻击战中学到了一些东西——地雷是有效的低成本防御武器，德国步兵部队装备了更好的机枪和自动手枪。[6] 萨尔攻击战期间，德国第 1 集团军大约有 400 人伤亡，包括近 200 人死亡及失踪。法军共有 3500 人伤亡，仅第 21 步兵师就有 80 人阵亡或失踪，249 人受伤。萨尔攻击战敷衍了事，既没有给德军带来真正的困扰，对波兰的军事行动也毫无影响，但法国陆军在战争开始时能做的也就这么多了。

法国空军实施侦察飞行，并派出战斗机越过德国边境进行扫荡，支援普雷特拉的攻势，这导致了与德国空军的首次交锋。三天内，德国 Bf-109 战斗机击落了 6 架法国侦察机，自己则无一损失。[7] 双方战斗机在 9 月底发生了多次空中格斗，事实证明，美制 H75A1 战斗机在理想条件下能够战胜 Bf-109D，但 MS.406 明显逊于德国对手。法国战斗机飞行员并不缺乏勇气，加斯东·拉孔布（Gaston Lacombe）中尉就大出风头。他未经批准，率领第 3 战斗机大队第 1 中队（GC I/3）[①] 的 3 架 MS.406 战斗机扫射萨尔布吕肯附近的德国空军机场，为此还遭到了申斥。[8] 9 月，法国空军在德国边境损失了 10 架战斗机和 19 架侦察机，但仅摧毁了 6 架敌军飞机。萨尔前线最初的空中作战揭示了两个重要的战术事实：首先，如果没有强大的战斗机护航，法国侦察机无法完成任务；其次，法国现有的战斗机无法与 Bf-109E 匹敌。最终，法国空军减少了在友军战线之外的侦察任务，这当然也是敌军希望的。没有了准确的空中情报，法国地面部队指挥官也就无从得知战场局势了。

另一方面，OKH 从预备队中抽调了更多的师增援西线，以防法军对"西墙"施加压力。齐格弗里德·克纳佩（Siegfried Knappe）少尉是德国第 24 步兵师的一名年轻炮兵军官，该师于 9 月 5 日抵达卢森堡边境附近，便开始掘壕据守。正如克纳佩所写，令他所在部队官兵宽慰的是，他们不会立刻遭到法军攻击，还有时间训练并改善各种物资上的缺陷。[9]

9 月 17 日，作为《莫洛托夫 - 里宾特洛甫协定》秘密条款的一部分，苏联红军入侵波兰东部。这一情况发生后，甘末林立刻知道，波兰的命运已经注定。英国选择无视苏联的行为，并劝法国不要对德国提出正式谴责。[10] 内维尔·张伯伦的外交政策变得前后矛盾，他愿意因德国入侵波兰而向其宣战，却不愿意为相同的理由对苏联宣战。英国外交大臣哈利法克斯勋爵宣布，英国对波兰的安全保证只在它遭到"欧洲大国"侵略的时候有效。将苏联排除在外，这令人大惑不解。[11] 英国再一次对波兰的命运采取了传统的漠视态度。两个月

---

① 译者注：法国空军编制与英美不同，分为大队—联队—中队三级，其联队编制与英美中队编制相近，为便于读者理解，避免与其他国家空军编制混淆，本书将其联队编制翻译为中队。

以后，当斯大林进攻中立国芬兰时，张伯伦再次改变了主意，而这个国家没有得到任何安全保证，绥靖政策的对象从希特勒变成了斯大林。此时，夹在德苏之间的波兰已经无力抵抗，华沙于 9 月 27 日投降。法国将军洛里设法逃离了华沙，抵达了中立国罗马尼亚，并在那里建立了一条通道，帮助逃脱的波兰官兵经巴尔干半岛前往法国。波兰流亡军事人员最初很少，但很快就达到数万人。这些人不仅包括作战部队官兵和飞行员，还包括波兰陆军密码局，他们带走了两部"恩尼格码"编码机。[12] 9 月 30 日，波兰流亡政府在巴黎成立，瓦迪斯瓦夫·西科尔斯基（Władysław Sikorski）将军出任首相和军队总司令。西科尔斯基立即开始组织抵达的波兰军事人员，意欲建立新的陆军和空军。

甘末林曾希望波兰人能够抵抗 4~6 个月，让法国陆军在希特勒转向西进之前，可以有更多时间为战争做准备。他的意见与英国帝国总参谋长艾恩赛德（Ironside）上将不谋而合，后者说："波兰不太可能在几周内被德国打垮。"[13] "不太可能"的事情发生后，甘末林又希望波兰战役能让德国国防军遭受严重物资损失，从而德军战斗效能在一段时间内降低。但德国装甲兵在波兰战役中损失的 236 辆坦克，只有 45 辆是中型坦克。[14] 远比此严重的是损失了 1480 辆卡车，以及维修战损车辆所消耗的稀缺零件。德国工业无法为车辆制造足够的零件，最短缺的零件之一是履带板，这限制了装甲部队的机动性。同样，德国空军在波兰的损失也没有使其元气大伤：共有 285 架飞机被摧毁，其中包括 67 架 Bf-109 战斗机、78 架轰炸机和 31 架俯冲轰炸机。[15] 不过，德国空军在短暂的波兰战役中花费了炸弹库存的 60%，由于钢铁短缺，这在几个月内将无法补足。作为临时替代产品，德国工业界开始制造混凝土外壳的炸弹。[16]

回到巴黎后，洛里上将的军事代表团向二局提供了大量关于德军在波兰所用战术及武器的情报。甘末林完全了解了德军的"重点突破"战术，并且评估了应对的方法——纵深反坦克防御及有力的防空。[17] 根据这一情报，甘末林派遣步兵总监朱利安·迪菲厄上将（Julien Dufieux）检查所有法国前线部队，确保他们的反坦克和防空能力达到标准。甘末林的职业直觉很强，但将这种关键任务交给一位已经 66 岁、退休超过一年的军官是个错误。

甘末林还将英国人纳入了计划中。战争开始时，英国陆军就启动了 W4 计划，按照该计划，英国将部署 2 个军（各由 2 个常规步兵师组成）到法国。戈特勋爵负责指挥英国远征军（BEF），这支部队将赴法国西北部作战，归入乔治麾下。埃德蒙·艾恩赛德上将取代戈特出任帝国总参谋长（CIGS）。到 1939 年 9 月，BEF 已将 15.2 万名官兵、21424 辆各型车辆调到法国。虽然大部分官兵都是常备军成员，但正如 BEF 第 2 军军长艾伦·布鲁克中将所言，他们对战时的任务没有准备，需要重新训练。[18] 从纸面上看，BEF 各师是完全摩托化的，但实际上超过一半的卡车是不适合战场使用的民用车辆。甘末林吃惊地看到，首批英军部队只有 4 个步兵师，装甲支援部队也极少，只有 1 个拥有 50 辆 Mk I 步兵坦克的坦克营（皇家坦克团 4 营）和 2 个轻骑兵团（116 辆轻型坦克）。更令法国人愕然的是，英国陆军派往法国的坦克都没有配备火炮，这让他们认为 BEF 的坦克"没什么用处"。BEF 关注的重点是在阿拉斯附近的部署区域安顿下来，并开始建造两个主要支援基地：一个在雷恩（Rennes），另一个在圣纳泽尔（St Nazaire），以便长期作战。数千名官兵被派往交通线执勤。BEF 抵达法国后不久，爱德华·斯皮尔斯爵士以文职人员身份返回法国，帮助 BEF 融入法国指挥体系，他曾在一战中担任高级联络官，与法国陆军合作，现已成为国会议员。斯皮尔斯精通两国语言，这正是戈特缺乏的，因此他能缓和初期的摩擦。但斯皮尔斯在这一时期的详细叙述中提到，令法国人失望的是，许多英国军官流连于巴黎，没有和他们的部队一起留在比利时边境。

张伯伦的战时内阁包括霍尔－贝利沙（战争大臣）、丘吉尔（海军大臣）和艾恩赛德，他们声称暂时打算在海外部署最多 32 个师，但能在 1940 年 10 月之前准备就绪的不超过 16 个。[19] 尽管英国及英联邦盟国有丰富的人力，但就连步兵武器这样的基本军需物品产能也很低，需要很久才能提高。由于常备陆军的大部分已被派往法国，留在英国训练新兵的职业军官和军士很少。令人吃惊的是，在英国刚刚与德国开战、战前人数很少的陆军试图训练大批地方自卫队人员的时候，张伯伦的内阁似乎更专注于阿富汗的部落骚乱以及与土耳其的潜在军事同盟，并向这两个国家提供了武器和顾问。[20] 丘吉尔建议从印度召回常备部队，以训练英国的地方自卫队，但这些人员返乡需要花费 6 个月的时间。鉴于无法立即训练英国的大批新兵，霍尔－贝利沙选择尽快将地方自卫队派往法国，与常备军一起训练。事实证明，他的决定大错特错，因为这意味着 1940 年的英国实际上没有任何经过训练和装备的预备队。

对德宣战后，英国皇家空军开始将两个集群的飞机调往法国。第一个集群是 BEF 联合司令部航空兵部队（Air Component），包括 4 个中队的"飓风"战斗机和 5 个中队的"莱桑德"侦察机。出于本土防空优先原则，战斗机司令部只将 31 个现役中队中的 4 个派往法国，而且没有派出 300 架"喷火"战斗机中的任何一架。[21] 空军上将休·道丁（Hugh Dowding）及其副手空军中将道格拉斯·埃维尔（Douglas Evill）都反对将更多战斗机调往法国。而派往法国的皇家空军飞行员很快就抱怨进驻的机场设施落后，缺少英国本土所拥有的高质量混凝土跑道和军官食堂。法国飞行员则因英国战斗机司令部不愿意派出最好的飞机支持盟国而感到苦恼。第二个集群是先遣空中打击部队（AASF），包括来自皇家空军轰炸机司令部 10 个中队的费尔雷"战斗"轰炸机和 2 个中队的布里斯托尔"布伦海姆"轰炸机。这两种飞机的航程不足以从英国打击德国的目标，因此都被部署在兰斯周围的机场。不久以后，AASF 开始在德国边境附近实施侦察任务，但很快就遭受了惨重的损失。9 月 30 日，德国空军击落了来自 AASF 的 5 架费尔雷"战斗"轰炸机，向英国表明了没有护航的轰炸机在白天靠近他们的领土是愚蠢之举。

在尽一切努力打造了被视为英国主要攻击手段的轰炸机司令部，并对其实施了现代化之后，张伯伦的战时内阁却武断地制订了局限性极大的交火规则，几乎使这支部队失效。虽然法国人建议对靠近边境的德国军事目标发动联合空袭，但张伯伦否决了这一提议，内阁会议记录写道："最好是采取措施，防止法国在这一事项（轰炸）上鲁莽行事。"[22] 张伯伦特别担心法军的轰炸会让德国空军空袭盟国领土（也就是英国），因此强硬反对实施任何危及平民的轰炸。所以，轰炸机司令部的 24 个中型轰炸机中队只能对沿岸的德国海军战舰发动致命攻击。刚参战的时候，轰炸机司令部认为他们的中型轰炸机配备新型动力旋转炮塔，能够在昼间空袭中保护自己。但是，英国情报机关没有注意到德国空军已经开发了自己的早期预警雷达系统，可引导 Bf-109 战斗机打击来袭的皇家空军飞机。英国人的昼间轰炸遭遇惨败，在 9 月 29 日的一次空袭中，11 架"汉普登"轰炸机被击落。轰炸机司令部不肯承认轰炸机无法于白天在德国空域展开行动，再次尝试发动空袭，结果是 12 月 18 日出动的 22 架"威灵顿"轰炸机又损失了 12 架。到 1939 年年底，轰炸机司令部被迫承认"自卫轰炸机"

的概念不切实际，昼间轰炸的代价过高。可是，他们在大规模夜袭上又没有经过充分的训练，因此几乎没有能力为盟军的作战做出任何贡献。作为替代，轰炸机司令部满足于在夜间对鲁尔区和其他德国城市发动"传单空袭"，1940 年 3 月之前，他们没有在德国本土投下过一枚炸弹。[23]

从 9 月 12 日在阿布维尔（Abbeville）举行第一次英法最高军事会议时起，关于盟军战略的试验性讨论持续了整个秋季。由于轰炸机司令部三缄其口，张伯伦实际上没有任何真正的军事战略，只是乐观地相信盟国的封锁最终能使德国经济不堪重负。张伯伦提出的"消灭希特勒主义"这一目标非常模糊，无法作为可衡量的战争目标。[24] 戈特勋爵称，地方自卫队各师需要进行大约一年的训练，BEF 才能实现全部战斗力，因此他不愿意将他的 4 个师派往前线驻防，而宁愿将 BEF 作为预备队，以便专注于训练。相反，法国的战略没有那么被动，也不是那么毫无头绪，却遇到了更实际的局限。达拉第倡导"保持东部战线"以牵制德国，这意味着法国要在巴尔干寻找一个盟友。[25] 甘末林的思路是在法国本土打造强大的空中—地面防御以阻挡德军，同时寻找机会在其他地方赢得适度的军事胜利，以积累经验。他认为墨索里尼迟早会加入希特勒的行列，法国军队可以在北非或者巴尔干花费较小代价取得对意作战的胜利。为了以防万一，退休的魏刚被召回并被派往叙利亚，指挥可能在地中海东部组织的远征军。从长期看，甘末林相信英法的制造能力胜过德国，预计可以在 1941 年或者 1942 年取得决定性的物资优势。一旦打败了德国空军，盟军就可以通过比利时发动地面攻势，直捣鲁尔区。

萨尔地区的短暂战事平息后，西线陷入了长时间的平静，这段时期被称为"假战"。10 月初，甘末林命令普雷特拉的部队向马奇诺防线撤退，因为他不希望这些部队遭到德军的突然反攻。德国第 24 步兵师的克纳佩中尉在萨尔攻势结束后注意到，德国部队离开边境的阵地，退入当地的村庄，可以更舒适地"住在农舍和谷仓里，而不是住碉堡"[26]。除了 10 月中旬德国第 1 集团军为了清除法军在德国本土的最后一批立足点而发动的一次小反攻行动外，随后的地面行动都只不过是巡逻。11 月，BEF 请求向马奇诺防线派出一些部队，以便增加"前线"经验。12 月 4 日起，英军一次派出 1 个旅前往萨尔战区，每个旅在这里轮值 2 周，但此时的前线毫无动静，得不到任何经验。[27] 12 月 9 日夜间，托马斯·普莱迪（Thomas Priday）下士率领一支巡逻队越过"接触线"时迷了路，误入了一片雷区。被爆炸惊动的友军以为他们是德军巡逻队而向他们开火，普莱迪下士阵亡，另外 3 名巡逻队员受伤；战争开始后 3 个月，BEF首次有人在战斗中死亡。

1939 年 10—12 月，法国东北部和萨尔地区仍持续发生零星的空战。战争的前 4 个月共发生了 19 次大规模空中战斗，法国空军至少损失了 19 架战斗机和 41 架侦察机，而德国空军损失了 21 架战斗机和 24 架侦察机。双方都吸取了宝贵的战术教训，法国空军发现了最大限度地利用手头的战斗机的方法。11月 6 日，法军在战斗中取得了罕见的战术性胜利，第 5 战斗机大队第 2 中队（GCII/5）的 9 架 H75A 战斗机在与来自德国第 102 战斗机联队（JG 102）的 27 架Bf-109D 缠斗时，击落了 4 架德国战斗机，而己方仅损失了 1 架。[28] Bf-109D安装的 Jumo-210 发动机，与 Bf-109E 装备的更高级的戴姆勒 – 奔驰 601 发动机（1085 马力）相比，功率较小，因此速度明显慢于 H75A。德国空军飞行员也在假战期间更好地了解了对手，得以继续改进其战术。

与此同时，驻扎在法国的 4 个皇家空军战斗机中队因出战次数有限，仅击落了几架德国侦察机。维耶曼不断请求皇家空军再派 10 个战斗机中队（包括"喷火"战斗机）到法国，以便抗衡德国的 Bf-109E。可是，战斗机司令部仍坚持先保证英伦三岛的防空力量，以对抗德军可能发起的大规模空袭。道丁最终做出了小小的让步，于 11 月又派出了 2 个战斗机中队（第 607、615 中队）前往法国，但这 2 个中队装备的是过时的格洛斯特"斗士"双翼机。道丁派遣过时飞机的决定只会被法国空军视为奇耻大辱，认为皇家空军根本不重视法国防务。虽然作为一个痴迷于大不列颠防空的男人，道丁保留最好的飞机、避免在欧陆投入大量部队的决定似乎是合理的，但此举也使英国战斗机飞行员无法获得与德国空军对抗的宝贵经验。结果是，皇家空军战斗机司令部将战前的笨拙战术一直保持到 1940 年秋季。在 12 月 22 日敌军毫发无损地击落了第 73 中队的 2 架"飓风"战斗机之前，英国战斗机一直没有遇到过 Bf-109。

计划下一步行动，1939 年 10 月—1940 年 4 月

在设于巴黎文森城堡的总部，甘末林正专注地制订迎击德军大规模攻势的

应急计划，这次攻势预计将通过比利时发动。按照战前对比利时人的承诺，甘末林通知戈特勋爵，他打算在合适的时候将法国第 1 集团军部署到比利时境内，希望 BEF 也加入这一努力中。戈特对这一提议毫无热情，他宁愿将 BEF 留在法国，逐步增强其实力。负责整个东北战线的乔治上将也反对将部队调入比利时，他更希望避免与德国主攻部队发生会战。但是，甘末林在这一问题上向乔治施加压力，并最终说服戈特勋爵同意"有序"地将军队部署到比利时。根据甘末林 11 月 14 日发布的计划，法国第 1 集团军和 BEF 将在德国部队侵犯比利时中立地位的情况下进入比利时，沿埃斯科河建立防线。[29]法国第 1 集团军司令、陆军上将加斯东·比约特（Gaston Billotte）通知甘末林，抵达埃斯科河后，他需要大约 8 天的时间加固阵地。甘末林希望比利时人在德国入侵之前向英法求助，但即便他们没有这么做，他也相信在一周内，比利时陆军能够抵挡住德国的入侵——这是相当大胆的假设。尽管在 1940 年 5 月的惨败后遭到了很多批评，但甘末林向比利时进军的计划很有战略意义，此举可以使战斗尽量远离法国北部边境，并将比利时的 22 个师加入到盟军的战斗序列中。按照原先的设想，"埃斯科计划"所冒的风险可以接受，因为只有法国的 10 个师和英国的 5 个师向比利时境内移动 60 公里，而法国仍然留有大量预备队。比利时人初期拒绝与英法讨论他们的军事干预企图，严格保持中立。

占领波兰后，希特勒希望尽快对付法国，遂将国防军的大部分战斗部队调往西线。但是，调动 50 个师需要时间，装甲师也需要相当长的维护期来维修车辆。例如，第 1、第 3 和第 4 装甲师实际上直到 1939 年 11 月底才真正转移到靠近德国西部边境的集结区。[30]另外 3 个装甲师（第 2、第 5 和第 10 装甲师）直到 12 月底才抵达德国西部边境。4 个轻装师从 10 月开始被改编成了羽翼丰满的装甲师（第 6、第 7、第 8 和第 9 装甲师），但直到次年 1 月才能参加战斗。就连步兵师西调的速度也很慢，到 11 月中旬只有一半重新部署完成。德国 B 集团军群司令费多尔·冯·博克大将注意到，从波兰调来的许多部队没有达到编制人数，且补充的步兵"质量低下"。[31]

但希特勒急迫地想要进攻法国，无视了陆军在波兰战役后的休整需求，以及秋季恶劣气候对德国空军作战行动的影响。他希望在盟国的经济战伤害德国士气之前迅速与英法交战。因此，他于 10 月 9 日下达了第 6 号元首令，概述了西线攻势的主要目标，这次行动被命名为"黄色方案"（Fall Gelb）。元首令有如下内容：

> 这次攻势的目的是击败尽可能多的法国陆军及其盟国部队，同时尽可能多地夺取荷兰、比利时和法国北部的领土，然后将它们作为对英国成功实施海空战的基地，并为经济上至关重要的鲁尔区提供广阔的保护区。[32]

希特勒责成陆军总司令瓦尔特·冯·布劳希奇大将及陆军总参谋长、炮兵上将弗朗茨·哈尔德准备实际作战计划。希特勒在指令中表明，侵犯比利时和荷兰的中立国地位是计划不可分割的一部分，执行的日期定在 11 月中旬。很明显，"黄色方案"并不是一举击败法国的决定性行动，但它为德国后续的一项或多项行动打下了基础。

关于哈尔德积极参与反对纳粹政权的活动，布劳希奇和陆军司令部的其他成员知道这一反政府图谋的事实，希特勒并不清楚。在哈尔德的参谋部内，赫尔穆特·格罗斯库特（Helmuth Groscurth）中校、爱德华·瓦格纳（Eduard Wagner）上校、埃里希·费尔吉贝尔（Erich Fellgiebel）少将和外交官哈索·冯·埃茨多夫（Hasso von Etzdorf）都参与策划了一场旨在推翻希特勒的政变。[33] 其他德国军官也反对"黄色方案"，部分原因是对入侵中立国的疑虑，另一部分原因是担心希特勒会将国防军带入一场军事灾难中，故其中一些人开始将计划的有关信息泄露给中立国荷兰。[34] 哈尔德只有十天时间来为这场大规模攻势制订计划，他撰写了"黄色方案"的基本大纲，实际上就是将大部分德国战斗部队集中到费多尔·冯·博克大将的 B 集团军群。这支部队面向比利时中部，可以寻找机会以猛烈的进攻占领该国。行动目标是取道布鲁塞尔直抵比利时海岸。究竟是哈尔德有意撰写一份糟糕的行动命令，意图迫使希特勒重新考虑启动"黄色方案"是否明智，还是他真的缺乏制订更好计划的专业能力，目前尚不明确。根据哈尔德后来的表现，两个因素似乎兼而有之。在日记中，哈尔德对"黄色方案"明褒实贬："即便我们没能取得决定性胜利，也有机会取得进展。"[35] 尽管陆军司令部消极怠工，希特勒仍然乐观地告诉哈尔德和布劳希奇，他相信国防军的指挥和训练更胜一筹，对阵因失败主义思想猖獗而士气不振的法军定能大获全胜。希特勒的感觉并没有可靠的情报依据，仅仅是基于 1936—1938 年法国在危机中的无所作为得出的主观印象。陆军司令部高层对希特勒愿意实施如此没有想象力的作战计划、将毫无准备的部队投入恶劣的气候环境中感到震惊，他们采取了史无前例的措施，以书面形式反对这次行动。施蒂尔普纳格尔草拟了备忘录，于 11 月 5 日由布劳希奇在帝国总理府面呈希特勒。根据这份备忘录，OKH 的评估是：因为陆军物资严重缺乏，例如炮弹库存不足（这是实情），不可能立刻启动"黄色方案"。布劳希奇还犯了个错误，他指出了部队中的士气问题。希特勒大发雷霆，指责 OKH 企图破坏他的目标（事实的确如此），并解除了布劳希奇的职务。从此时起，希特勒不再信任 OKH 的判断，且强烈怀疑其计划和指挥"黄色方案"的能力。

尽管 OKH 反对，希特勒仍然决心推进"黄色方案"，但在波兰经受了战斗考验的各师重新部署的速度很慢——可能是 OKH 有意为之——使 11 月初的攻击无法实现。而且，暴雨天气使德国空军越来越难以提供空中支援。由于西线缺乏攻击力量，希特勒被迫将"黄色方案"推迟到两周后的 11 月 25 日执行。但波兰各师的行动依然迟缓，方案不得不再次推迟到 12 月，面对严寒的冬季，1939 年年底前明显不可能再发动任何大规模进攻了。最终，希特勒勉强同意继续推迟攻势，但他在第 9 号元首令中指明："必须保持高度戒备状态，以便在接到通知后即刻发动攻势。只有这样，才能随时利用有利的气候。"[36] 在此期间，希特勒开始亲自修改"黄色方案"的计划，将古德里安所属军（包含 2 个装甲师）调入伦德施泰特的 A 集团军群。根据这一修订方案，古德里安将越过阿登山区向色当发动一次辅助性攻击，但他没有得到能纵深突破敌军战线的预备队。

1940 年 1 月 10 日发生了著名的"梅赫伦事件"，破坏了 OKH 原"黄色方案"中对比利时的行动计划，此时比利时人已经确定，希特勒打算侵犯他们及荷兰的中立地位。利奥波德三世国王同意，与甘末林和戈特共享缴获的德国文件，但拒绝了进一步的军事合作。比利时人也没有披露这一信息的来源，使其真实性存疑。[37] 此刻，甘末林希望比利时人幡然醒悟，在德国入侵之前邀请英法军队踏上他们的国土，但利奥波德三世顽固地坚持中立国的幻想。"梅赫伦事件"对未来有两个主要影响：首先，这次泄密为希特勒提供了一个正当的理由，让他可以放弃哈尔德对"黄色方案"的原有思路；其次，使甘末林更加确定，德国人将通过比利时和荷兰发动主攻。

虽然德国陆军司令部的许多人仍然反对实施"黄色方案"，但其他军官，如埃里希·冯·曼施泰因（Erich von Manstein，A集团军群参谋长）中将、库尔特·施图登特（Kurt Student，德国空军伞兵部队第7航空师师长）中将、装甲兵上将海因茨·古德里安（第19军军长）和埃尔温·隆美尔（Erwin Rommel，元首大本营司令）少将，都摩拳擦掌地等待着西线的行动。伦德施泰特所辖A集团军群的一些参谋对哈尔德版本的"黄色方案"感到失望，因为这一计划仅让他们的部队承担支援任务，而且他们认为这个计划无法达成奇袭效果。就连平庸的德国情报机构也推测出，甘末林打算将部队调入比利时，阻止德国入侵，因此哈尔德的计划只会导致与英美最强部队的大会战。德军总参谋部军官的任务不应该只是规划简单的正面攻击。在伦德施泰特的支持下，曼施泰因开始草拟多份备忘录，提出新的作战建议。结合古德里安的意见，曼施泰因建议A集团军群穿越阿登林区实施大规模装甲突击，然后在色当强渡默兹河。建立桥头堡后，古德里安的装甲兵将向西直逼英吉利海峡，隔断进入比利时的英法部队。按照曼施泰因的设想，博克的B集团军群将集中进攻比利时和荷兰，以吸引盟军的注意，使其忽视阿登方向的威胁。

哈尔德被曼施泰因修改"黄色方案"的行为激怒了，1940年1月，他将后者调到了一支不为人知的部队，阻止其备忘录的传播。但是，伦德施泰特的其他参谋人员将曼施泰因的提议传达给了希特勒的侍从。希特勒已经决定无视OKH对"黄色方案"的计划，乐于接受新思路，而曼施泰因是总参谋部训练出的一名很有才能的军官，这一点人所共知。2月17日，希特勒会见了曼施泰因，立刻被曼施泰因对"黄色方案"的大胆想法所打动，他意识到这一版本的计划有可能带来一次战役级别的大规模奇袭。希特勒毫不犹豫地命令OKH修订计划，将A集团军群的主攻方向放在阿登，这就是"镰刀收割"（Sichelschnitt）计划的由来。

1939年10月到1940年4月，战争双方都在组建部队，为预计将于1940年春季开始的战斗做准备。德国方面的主要工作是根据波兰战场的经验微调装甲兵战术。装甲师已经到位，但因缺乏中型坦克而无法形成标准的组织结构。

德国工业在 8 个月的假战期间甚至都无法建造 500 辆坦克，但夺取的捷克斯柯达工厂已经开始批量生产 Pz 38（t）型坦克了。尽管德军可用的坦克数量几乎没有变化，但配备火炮的坦克比例从 1939 年的 17% 跃升到 1940 年 5 月的 30%。3 个新建装甲师（第 6、第 7 和第 8 装甲师）主要配备捷克生产的坦克，第 9 装甲师只有 2 个装甲营。1940 年春季，每个装甲师平均拥有 250~300 辆坦克，一号轻型坦克的数量减少。性能超群的 SdKfz 251（SPW）半履带车进入装甲师摩托化步兵（德语"Schützen"）团服役，但只能为每个师的一个连实现机械化。

德国在假战期间制造了大约 8000 辆军用卡车，但陆军车辆仍然奇缺，除了现有的 4 个摩托化步兵师（第 2、第 13、第 20 和第 29）之外，只能实现"大德意志"步兵团的摩托化和建立第 11 摩托化步兵旅；这些非师属部队各有 4 个摩托化步兵营和自己的炮兵部队，因此可以随装甲师行动。3 个摩托化师重新配置，每个师从 3 个团减少为 2 个团，多余的几个营被调往装甲师，以加强其坚守阵地的能力。这意味着陆军的摩托化步兵师只有 6 个步兵营，而不是标准步兵师的 9 个。出于政治原因，陆军还必须向武装党卫军提供 3000 多辆卡车，让其能够实现一些部队的摩托化。10 月，以党卫队集中营卫兵为基础，党卫军"骷髅师"成立。次年 4 月，曾在波兰作战的党卫军团级单位"阿道夫·希特勒警卫旗队"（LSSAH）与其他 3 团级单位合并，组成了党卫军特别机动师（SS–VT）。①德国陆军拥有训练有素、战斗经验丰富的第 1 波次各师，是摩托化的更好候选，将 3 个月的卡车产量挥霍在党卫军这样的新部队上是对资源的浪费。

1939 年建立的 2 个德国空军高射炮军也消耗了可观的资源。战争即将开始时，德国推出了 3 种新的防空武器：20 毫米口径的 Flak 38、37 毫米口径的 Flak 36 和 88 毫米口径的 Flak 36/Flak 37。第一种武器的射速 2 倍于其前身，专门用于抗击敌方的低空高速战机；37 毫米高炮能更好地抵御中空威胁；88 毫米炮经过升级，改良了多用途的能力，可用于防空或者反坦克。到 1940 年 5 月，德国空军拥有 6000 多门 20 毫米高炮、400 门 37 毫米高炮和 3000 门 88

① 原文如此，但事实是，LSSAH 不属于党卫军特别机动部队。

毫米高炮。2个德国空军高射炮军得到了超过3500辆的卡车，实现了摩托化，这些车辆足以装备3个陆军摩托化步兵师，而且意味着主攻部队能够很好地抵御敌军空袭。

与此同时，德国陆军的126个师，大部分仍由徒步步兵组成。预备役军人和新兵组成了另外39个步兵师（第6—9波次），但只有少数部队参加了1940年的战斗——15个师被派往波兰和捷克斯洛伐克执行守备任务，或者在德国充当训练部队。1939年12月招募的第7波次各师是个例外，由于希特勒不希望调动已经分配给"黄色方案"的部队，故来自该波次的5个师被紧急用于入侵丹麦和挪威的战斗。希特勒打算在西线战役投入114个师（陆军兵力的69%），所以仅留下了装备低劣的三线部队以防不测。

为了实现希特勒"黄色方案"的目标，实施对阿登林区的决定性战役级突破，OKH开始在艾费尔地区集结装甲部队。3月，以骑兵上将埃瓦尔德·冯·克莱斯特（Ewald von Kleist）为领导人的装甲集群成立，下辖3个摩托化军：古德里安的第19（摩托化）军（辖第1、第2和第10装甲师），汉斯–格奥尔格·赖因哈特（Hans–Georg Reinhardt）中将的第41（摩托化）军（辖第6、第8装甲师和1个摩托化步兵师）和第14（摩托化）军（辖2个摩托化师）。超过半数的国防军机械化战斗部队聚集在克莱斯特麾下，这是战争史上的一次革命性发展，将装甲攻击的震慑效果从战术行动扩大为可能影响整个战场的行动。为了对抗德军建立的装甲师，法国也组建了自己的轻机械化师和装甲师，但他们没有注意到，德国国防军加大了赌注，将装甲部队组合成了一个坦克集团军的雏形。

假战期间，德军开始部署多种新型装甲部队。根据埃里希·冯·曼施泰因战前提出的建议，陆军开始发展突击炮部队，为步兵攻击部队提供直接火力支援。第一批此类装甲车辆是三号突击炮A型（StuG–III Ausf A），就是将1门短炮管的75毫米榴弹炮装在三号坦克底盘上。4月，前3个突击炮连（第640连、第659连和第660连）组建完毕，每个连拥有6辆三号突击炮。同时组建的6个连则将150毫米sIG33步兵炮装在一号坦克底盘上；虽然有些头重脚轻，但这种武器在近距离内能够提供毁灭性的火力。为了提供对抗夏尔B1bis等重型坦克的火力，德军还开始装备了第一种自行反坦克武器——一号坦克歼击车，这种车辆是将1门捷克制造的47毫米炮装在一号坦克底盘上。

第521装甲歼击营及时为"黄色方案"做好了准备。这种新武器几乎全部被克莱斯特装甲战斗群接收了。

德国工业在假战期间生产了超过2400架作战飞机,其中轰炸机约占60%。Ju–88新型轰炸机在波兰出战次数不多,但在"黄色方案"中可以被大量使用。尽管战斗机生产数量减少,但到1940年5月,德国空军仍然拥有1700多架飞机,包括1000架以上的Bf–109E和数百架Bf–110。Ju–87"斯图卡"的数量也很大——10个联队,超过400架。德国空军认为自己在"黄色方案"开始阶段的主要任务是攻击敌方空军基地以夺取制空权和完成战场遮断,近距空中支援仅排在第三位。经过西班牙内战、波兰战役和法德边境几个月的空中对峙后,德国空军已经做好了攻击准备。

法国陆军在假战期间共组建了10个新的师,其中最重要的是3个装甲师(DCR)和第3轻机械化师(3e DLM)。法国工业也制造了900多辆坦克,是德国的2倍。1940年5月,法国的坦克数量与德国相当——超过3400辆——其中91%装备了火炮,为法国陆军提供了很大的技术优势。第1装甲师和第2装甲师于1940年1月开始组建,2月开始在兰斯以东的叙普(Suippes)演习区训练。结冰的路面和电台的缺乏阻碍了训练,但美国武官注意到,部队士气高昂,充满团队精神。第3装甲师于3月开始组建,到5月,前2个装甲师已经有了相当不错的装备,但第3装甲师在德军入侵时仍不完整。这些装甲师下辖4个坦克营,共有160辆坦克,另有1个摩托化步兵营和2个炮兵营,它们都是以坦克为主的编制。尽管有人企图批判法军关于大装甲部队的理论,但鉴于法国的防御性战略,强调将装甲师用于反攻或者协助突破敌军战线也是合理的。由于法国坦克携带重炮且装甲防护厚重,训练和组织得当的DCR应该有很多机会重创主要装备轻型坦克的德国装甲师。但法国装甲师必备的支援部队数量确实有限,这意味着它们不适合独立作战,必须与其他部队协调作战以取得更多支援。第3轻机械化师于2月建立,这支部队在索米尔附近训练,4月被派往前线。2个A类预备役师(第6、第7北非步兵师)于北非组建并被派往法国,但这2个师的物资都严重不足。

为了加强边境沿线(特别是阿登地区)掩护部队的机动性,3个法国骑兵师从2月开始被改编为混编轻骑兵师(divisions légères de cavalerie,DLC),

将一些马匹更换成了装甲车、轻型坦克、反坦克炮和 1 个营的摩托化步兵。此外，还组建了 2 个新的轻型骑兵师（4e DLC、5e DLC）。甘末林打算在索玛 S35 坦克产量允许的时候立刻将 5 个 DLC 全部改编成 DLM，但这不太可能在 1940 年年底前实现。建立 5 个 DLC 和 3 个军属摩托化侦察大队（Groupe de Reconnaissance de Corps d'Armée，GRCA）对甘末林来说似乎很合理，但与 DLM 不同，这些部队很弱小，无法真正地迟滞哪怕一个德国装甲师的行动。更好的办法也许是集中这些部队中的 7 个摩托化步兵营、7 个新型 105 毫米炮营和 500 辆轻装甲车，组建 3 个装甲骑兵加强团，而不需要马上的骑兵。

在西科尔斯基将军刚从波兰抵达法国时，法国陆军在布列塔尼为他的新波兰陆军提供了训练设施和训练人员。数万名老兵来自"巴尔干走廊"，新兵则从法国和其他西方国家的波兰后裔中招募。抵达法国的还有波兰空军的大部分人员（约 9000 人），其中有将近 1000 名飞行员。人们可能会认为，训练有素的老兵和飞行员在法国将大受欢迎，但实际上法军最高统帅部（GQG）对重建波兰陆军并不重视。尽管如此，西科尔斯基依然在 1939 年年底前组建了第一支部队——5000 人的独立高地旅，这支部队在 4 月被迅速部署到了挪威。然后，他还组建了 2 个步兵师——第 1 掷弹兵师【也称为第 1 波兰步兵师（1ere Division d'Infanterie Polonaise，1eDIP）】和第 2 步枪师（2e DIP）——德军开始发动攻势时，每个师有 1.6 万多人。这些部队的指挥官和许多士兵一样，都是波兰战役的老兵。但法国人提供的物资不足。最初，波兰部队没有得到反坦克炮、机动车或者马匹，因此他们没有现代化装备可供训练，只能被派去驻防马奇诺防线上的平静区域。斯坦尼斯瓦夫·毛采克（Stanisław Maczek）准将曾在波兰战役中任第 10 机械化旅旅长，他试图在法国将他的部队改编为第 10 装甲骑兵旅，但他只得到了几辆破旧的 FT–17 坦克。

波兰空军人员开始在里昂重组部队，飞行员们在 MS.406 战斗机上训练。但法国人并没有组建完整的波兰中队，而是在 1940 年 3 月决定将波兰人驾驶的战斗机以 3 架一组，加入到现有的 6 个战斗机大队中。尽管法国极度缺乏经过训练的飞行员，但到 1940 年 5 月，有大约 130 名波兰飞行员加入法国空军。在航空部和法国空军人员之间，法国的飞行员训练计划是一场彻头彻尾的灾难，它以一种"从容"的步骤推进，导致假战期间的现役各中队无法大量接收新飞行员。参加训练的法国新飞行员超过 1000 人，但直到 1940 年年底也没有任何人做好战斗准备。1940 年 1 月，英国皇家空军开始为波兰人提供训练，此时许多波兰机组人员都为法国的训练拖延而感到失望，决定改投英国。1940 年春季，皇家空军战斗机司令部中的战斗机飞行员数量是法国空军的 4 倍。[38]

法国在假战期间制造的飞机数量少于德国，但生产的飞机类型显著加强了空军的实力。他们优先考虑战斗机，制造了大量 MS.406 和 MB.152 单发战斗机以及波泰 63 双发重型战斗机。到 5 月，法军在本土集结了 714 架战斗机，其中 71% 具备作战能力。这些战斗机都无法与 Bf-109E 媲美，不过刚刚入役的新 D.520 战斗机拥有更好的性能。但遗憾的是，这种现代化战斗机饱受小缺陷的困扰，服役时间被推迟，故 5 月中旬只有 GC I/3 的 36 架飞机做好了战斗准备。基于 H75A 在假战期间取得的成功，法国人决定订购 140 架美制 P-40 战斗机，首批定于 1940 年夏季到货。3 月份推出的 MB.174 远程高速侦察机大大提升了法国侦察机部队的能力，这支部队在假战期间损失了许多老式飞机。冬季，法国轰炸机部队进行了长时间的复训和改装，三分之一的中队归属东南轰炸机训练司令部（GIABSE）。法国人还利用了北非殖民地更适合飞行的气候，让多支部队在那里进行冬训。5 月初，近半数的法国轰炸机采用了现代化设计，但部署在法国东北部的现代化轰炸机部队只有第 6 大队，它的 2 个中队——第 12 轰炸机大队第 1 和第 2 中队（GB I/12、GB II/12）——装备了 28 架 LeO-451 重型轰炸机。而法国东北部的其他轰炸机部队仍然装备阿米奥 143 和 MB.210 等老式战机。新组建的 6 个中队使用美制轻型轰炸机，其中 3 个装备格伦-马丁 167F，另外 3 个使用 DB-7，但它们都还不具备战斗能力。这三种新型轰炸机都比前一代法国轰炸机快得多，Bf-109E 难以拦截 DB-7。法国空军还组建了 3 个对地攻击机中队，装备布雷盖 693 战机，此外还有 2 个中队在训练。从纸面上看，1940 年 5 月，法国拥有 379 架轰炸机，但可以立即使用的不到三分之一。

冬季，法国海军航空兵（AéroNavale）开始组建 4 个俯冲轰炸机中队。虽然法国空军拒绝接受俯冲轰炸机的思路，法国海军却从 20 世纪 30 年代起就为原型机开发提供了资金，1939 年，卢瓦尔-纽波特的 LN401 已经开始批量生产。海航的 2 个中队装备这种法制俯冲轰炸机，另 2 个中队则装备美制沃特（Vought）

156F 俯冲轰炸机（在美国海军航空兵服役的型号被称为 SB2U"辩护者"）。5 月，海军航空兵拥有了 50 架俯冲轰炸机。

可是，即便从美国进口了飞机，法国航空工业在数量和质量上仍然无法赶上德国，事实证明，其真正的"阿喀琉斯之踵"是航空发动机。就在大战爆发之前，英国已经向法国工业界出售了足够的组件，可供他们自行制造 291 套性能优越的罗尔斯 - 罗伊斯"灰背隼"发动机。如果这些组件于 1938 年提供，情况可能完全不同，在德军攻势开始之前，法国只组装了少量"灰背隼"发动机，且没有一台送抵前线。[39]

法国抽调了全部人力，在 9 月底组成了一支 240 万人的野战军部队，并于假战期间继续增加兵力，但许多应征士兵的体格无法令人满意。"全民皆兵"思想的前提只能是数量而非质量。德国国防军可以选择最合适的人员到前线参战，而将其余人员放在非战区，例如守卫已经占领的波兰，而法国从战争一开始就被迫耗尽了人力资源。法军在训练或者改善部队效能方面花费的精力相对较少，进一步加剧了人员质量不平衡的状态。战争前六周的时间实际上都花在动员、将部队调动到部署区域和建立局部防御措施上了。许多部队被抽调去参加当地的收割活动，其他的则被分配到建筑工地加固边防工事或者建造营房了。1939 年 10 月部队安顿下来后，暴雨来袭，并一直持续到了 11 月。现役部队和 A 类预备役部队可以进行一些单独的训练，而 B 类预备役师中职业军官及军士太少，无法进行充足的训练。一些部队的人数仍然未达编制标准，只能以外籍新兵补足差额。例如，当第 102 要塞步兵师（102e DIF）将一些预备役人员送回工厂时，补充了 400 名来自马达加斯加的新兵。

许多部队因为缺乏装备而造成专业兵种训练（尤其是反坦克炮手和工兵）不足。一个法国步兵师本应拥有 60 门反坦克炮（52 门 25 毫米和 8 门 47 毫米炮），这意味着法国野战军共需要大约 3800 门 25 毫米炮和 600 门 47 毫米反坦克炮，才能满足全部装备要求。纸面上，战争开始时已经制造了 3000 门 25 毫米炮和 339 门 47 毫米炮，但法军许多师的反坦克炮仍然奇缺，训练难以进行。甘末林于 1939 年 9 月底开始走访前线各师，发现第 2 集团军的 6 个师所拥有的 25 毫米反坦克炮不到核准数量的三分之一；第 9 集团军也发现了类似缺陷。甘末林记下了这个问题及建议的改正措施，但没有采取任何直接行动。法国国会也派出代表团访问前线部队，1939 年 12 月，他们在第 3 集团军也发现了类似的问题；规定的反坦克武器数量为 650 件，实际拥有的只有 350 件。[40] 5 个月以后，第 3 集团军的 A 类预备役部队第 8 步兵师仍然只有 5 门 25 毫米反坦克炮。[41] 但大部分现役师在冬季接收了更多的反坦克炮，使训练得以在 3 月开始。第 2 北非步兵师的巴洛内上尉注意到，他所在部队于 3 月底在马伊勒康（Mailly-le-Camp）进行了新型 47 毫米反坦克炮的训练，炮手们在移动靶射击中表现良好。[42] 与此同时，法国陆军在马伊勒康测试了一种新型坦克歼击车，这种车辆是在一辆拉夫利（Laffly）W15 卡车上安装了 47 毫米炮，5 月服役时的型号被定为 W15 TCC "坦克猎手"。

为何法国陆军不能给所有部队装备规定数量的反坦克炮？影响反坦克炮下发的因素之一是，至少有四分之一的此类火炮被转做他用了。当 BEF 抵达法国时，他们拥有的 2 磅反坦克炮很少，于是法国人牺牲了自己的部队，向他们提供了 300 门 25 毫米炮以填补这一空缺。其他一些 25 毫米炮被安装到了马奇诺防线上的碉堡中，或者用来装备 "庞阿尔" 装甲车了。假战期间，英法试图诱使土耳其加入盟国，便向其提供了一些装备，其中包括大约 250 门 25 毫米 SA34 火炮。尽管如此，到 1940 年 5 月，法国陆军也应该拥有足以装备所有部队的反坦克炮，但事实并非如此，研究人员菲利普·加罗（Philippe Garraud）将此称为 "奇怪的现象"。根据法国军队这一段时期部署新装备的方式，可能的解释是反坦克炮的生产数量并不等于服役的数量；许多武器可能不完整，还放在仓库中等待零件。[43] 从工厂到前线部队的整个体系中，存在某个不为甘末林所知的瓶颈。

整个冬季，驻扎在萨尔前线的部队都被迫将士兵留在了暴露的前沿阵地上，有些阵地离敌人只有 1.5 公里。每过几周，前线部队就要进行轮换，他们偶尔会听到炮声或者机枪声，士兵们可以学习一点巡逻技巧，但除此之外也没有什么可学的了。甘末林命令德国边境的陆军指挥官在冬季注意保持士气，而不是训练。1940 年 2 月，当其他部队都在享受冬季休假时，积极的法国伞兵们却寻求着在萨尔前线执勤的机会。4 个中队规模的小组部署在两个集团军之间的无人区，实施多种伏击/巡逻任务；一个月里，他们杀死了大约 30 名德国士兵，而己方付出的代价是 2 人死亡、3 人失踪。但是，某些人显然觉得这种行动过于激进，这些伞兵被撤回到了巴黎以南的一个空军基地。

直到 1940 年 3 月冬雪消融时，法国陆军才开始认真地制订集团军各单位的训练计划。在任何一个集团军中，都有某些部队在刻苦训练，这些刻苦的部队大部分都完成了必要的训练任务，而另一些部队则无法达到最低标准。皮埃尔·拉丰（Pierre La Font）中将是最为优秀的指挥官之一，他是索米尔骑兵学校的负责人，通过春季出色的工作，他在短短 4 个月内就将第 3 轻机械化师转变成了一支高效的作战部队。巴洛内所在的第 2 北非步兵师则属于中等水平，该师在 3 月底进行了多次团级夜间训练，但似乎没有持续的训练周期。表现较差的如 B 类预备役部队、驻扎在色当的第 55 步兵师，他们只进行了极少量的训练，重点都放在建造默兹河沿岸的防御工事上了。[44] 甘末林根据自己的检查得知第 55 步兵师特别薄弱，但他觉得将这种部队部署在"安静"地区的风险可以接受，因为那样他才能集结最好的部队防御比利时。

假战期间（1939年9月—1940年4月）的武器生产情况

国别	坦克	飞机
德国	24 辆二号坦克 167 辆 Pz.38(t) 350 辆三号坦克 107 辆四号坦克 共计 648 辆	360 架单发战斗机 120 架重型战斗机 300 架侦察机 1500 架轰炸机 150 架俯冲轰炸机 共计 2430 架
法国	325 辆 R35/R40 318 辆 H39 29 辆 D2 171 辆 夏尔 BI bis 126 辆 S 35 共计 969 辆	800 架单发战斗机 280 架重型战斗机 57 架侦察机 300 架轰炸机 120 架攻击机 共计 1557 架
英国	260 辆轻型坦克 142 辆巡洋坦克 130 辆步兵坦克 共计 532 辆	1020 架单发战斗机 160 架重型战斗机 1437 架轰炸机 共计 2617 架

英国远征军的训练情况更糟糕，因为他们在法国当地没有任何训练区域或者训练场，不得不从头开始建设。许多英国高级军官在多年的和平后身体变弱，很容易生病，其中包括英国第 3 步兵师师长伯纳德·蒙哥马利（Bernard

Montgomery）少将。指挥官们还要为许多非关键细节分心，包括改善所在地区防御和接待重要人物来访等。戈特勋爵坚持一项计划，意欲加强法比边境上的一条薄弱防线，很快，这条防线就被人们称作"戈特防线"了。BEF进行训练的时候，常常因缺乏有经验的教官而导致灾难。1939年12月16日发生的一次事故中，一名皇家工兵部队成员向一群英国下级军官演示新型反坦克地雷，结果该装置爆炸，造成了6名军官死亡。[45]12月中旬冰雪来临后，大部分野战训练都明显缩减了。而在敌人那一边，很多官兵得到了一周的圣诞假期。

新年伊始，大部分参与"黄色方案"的德国师就抵达了集结区域，开始了认真的训练。德军进行了多次冬季训练演习，为"黄色方案"做准备，但他们发现自己的装备不适合在冰雪覆盖的路面上行动。在1940年1月13日的一次事故中，第5装甲师的60辆坦克在长途行军中掉队，这证明装甲作战最好在良好的气候下进行。[46]冬季，德国空军设法进行了实战训练，特别是新的"斯图卡"俯冲轰炸机部队。例如，第77俯冲轰炸机联队第1大队（I./StG77）的一个Ju-87"斯图卡"中队于12月进行了7次演习，1月进行了5次演习，2月进行了3次演习，其中包括多次轰炸练习。[47]到春季，德国空军部队已经为自己的使命做好了充分准备。

由于梅赫伦事件，BEF和法国第1集团军在1月份多次进入全面戒备状态，进一步限制了野战训练，许多部队训练被代之以图上作业。不过，盟军的演练只涵盖了自身进入比利时的行动，而没有制订德军可能采取行动时的应对措施。在散落于艾费尔地区的旅馆中，德军参谋们也进行了图上作业和兵棋推演，以验证其行动计划——结果似乎充满希望。

1940年的前几个月，BEF的规模扩大了1倍多。一个常备军单位（第5师）和第一批5个地方自卫队师（第42师、第44师、第48师、第50师和第51师）抵达法国。这些地方自卫队只经过了部分训练，许多兼职军官还因能力不足而被解职，但英国战争部急于向法国表明，英国正在全力以赴。4月，又有3个地方自卫队师（第12师、第23师和第46师）未经训练和装备就被派往法国充当劳工队伍。[48]由于BEF的兵力扩大到了10个师，因此建立了第三个军部。BEF的总人数增加到了3.94万，但超过三分之一是后方支援人员。[49]虽然因为政治需要，投入法国的官兵人数增加了，但多数类型的装备（包括基础装备）缺乏，使大部分 BEF 官兵无法做好战斗准备。假战期间英国陆军装备的生产完全无法满足 BEF 或者本土组建地方自卫部队的要求，更不用说战争储备了。假战期间英国只生产了 187 门 25 磅炮和 4.55 万支步枪，严重影响了地方自卫队的训练。到 1940 年 5 月，地方自卫队第 70 步兵旅中 20% 的士兵仍然从未开过枪。[50] 这一期间英国生产了 532 辆坦克（260 辆 MK VI、142 辆巡洋坦克和 130 辆步兵坦克），但其中被送往法国的寥寥无几。[51] 到 5 月，BEF 只得到了 22 辆改进型 MK II 步兵坦克（"玛蒂尔达"），后来又运来 7 辆作为补充。

尽管 BEF 极度缺乏现代化战争所需的武器，但伦敦的内阁确保向其提供的却是其最不需要的武器。在丘吉尔的坚持下，3 月底，3 个超重炮连加入 BEF，共装备 4 门过时的 9.2 英寸（244 毫米）榴弹炮和 2 门 12 英寸（305 毫米）榴弹炮。此外，英国还向法国运送了大量化学炮弹，贮存在勒阿弗尔附近费康的秘密仓库里。[52] 尽管英国于 1930 年签署了《日内瓦公约》，但皇家工兵部队还是建立了第 1 化学战大队，以应对这种紧急情况。配备缺乏机动性的大型火炮和芥子气弹，说明英国领导人考虑的仍是阵地战，而不是机动战。

虽然 1937 年创立的机动师表明英国陆军向组建装甲师迈出了一步，但事实证明，很难让这支部队为真正的战斗做好准备。该师应该拥有 6 个坦克团、超过 300 辆坦克，并有一个包括 2 个炮兵团、2 个摩托化步兵营的支援集群。尽管该师到 1939 年战争爆发时拥有 MK VI 轻型坦克，但很多都缺乏武备。假战期间，"女王海湾"团在训练时被迫用胶合板遮盖 Mk VI 坦克上空空荡荡的机枪支座。该师直到冬季才开始接收第一批巡洋坦克——Mk I（A-9）和 Mk II（A-10），1940 年 4 月仍有一些团在接收该型坦克。改进型 Mk III（A-13）巡洋坦克的交付直到 1940 年春季才开始，且只能小批次送抵。A-13 采用克里斯蒂悬挂系统，比起过渡的 A-9/A-10 有了可观的改进，速度达到 30mph（48 公里 / 小时），但它的装甲很薄弱（6-14 毫米），即便在重机枪火力下也容易受损。与法国一样，英国也常常交付不完整的坦克，许多巡洋坦克送抵时没有瞄准器等关键部件和备件。假战期间，第 1 装甲师被视为资源库，而不是准备部署的战斗部队。首先，炮兵团奉命加入了 BEF 的炮队，接着步兵也被充作挪威战役的预备队。失去支援兵种的第 1 装甲师无法以联合作战团队的形式进行训练。考虑到英国是一战中最先采用坦克的国家，而它的陆军在二战第一年无力组建有效的坦克师，说明欧洲大陆作战对英国来说仍然不是当务之急。"黄色方案"启动前一周，不完整的第1装甲师接到命令要去法国部署，便打算在鲁昂（Rouen）以南训练。[53]

假战过程中，英国政府专注于扩大航空制造，到1940年4月终于在飞机产量上超过了德国。战争前8个月，英国生产了超过1000架的战斗机，包括大约370架"喷火"。道丁的战斗机司令部扩大到了45个中队，但无论维耶曼如何请求，他都不愿意在法国同时部署6个以上的中队，也不愿在法国使用"喷火"。皇家空军轰炸机司令部坚持实施空中进攻战略，但战争内阁在德国空军发动对西方城市的轰炸之前没有批准对鲁尔区实施空袭。BEF和法军都试图说服轰炸机司令部的领导人，在德国发动对比利时的地面攻势时实施战场遮断攻击，但轰炸机司令部反对这一想法。结果是，皇家空军的扩张对盟国战争没有多大好处。

3月初，盟军举行了第一次师级演习。布鲁克在日记中写道，他的第2军在3月进行了野战和武器训练，结果好坏参半。他表示，蒙哥马利的第3步兵师进行了一次很好的演习，但第4步兵师的情况无法令人满意，而新来的第51步兵师在射击场上"表现非常糟糕"[54]。尽管布鲁克提及了步兵和坦克的训练，但蒙哥马利在他的回忆录中称，他的师在假战期间没有使用坦克进行过训练。[55]法国部队也开始实施一些野战训练，特别是被安排进军比利时的部队。皮埃尔·格朗萨尔中将的第10军（10e CA）于4月进行了一次图上作业，以研究敌军装甲师从其防区渡过默兹河时的应对措施。[56]德国部队也进行了春训，古德里安的第19摩托化军实施了渡河演习，还练习了对碉堡的攻击。该军将成为阿登林区破袭战的先锋。为了让坦克能够快速召唤"斯图卡"中队来消灭敌军据点，古德里安还和德国空军一起加强了近距支援的训练。[57]博克对准备工作的评价较为消极，他认为B集团军群各部队的野战演习说明，下级军官缺乏主动性。他将此归咎于波兰战役后为了补充伤亡而快速提升了许多军士。他还批评了新建武装党卫军部队的战术训练水平和军事表现。德国战斗工兵部队进行了多次架桥演练，并测试了新型电子探雷器。[58]

甘末林仍预计德国的入侵主要是通过比利时中部，但不排除通过阿登实施助攻的可能。由于Bf-109E显著降低了飞越其领空的法国昼间侦察机的存活能力，法军缺少可靠的空中侦察，因此，法国的情报来源只能是各式各样的人工情报、外交官报告和偶然截获的电台信息，情报评估质量受到影响。"二局"高估了沿荷兰边境部署的德军数量，又低估了在卢森堡边境部署的德军数量。[59]而法国在情报方面最严重的失误是，他们不知道德军已在3月5日组建了克莱斯特装甲集群，这个集群本质上是一个坦克集团军，规模远大于进攻波兰时动用的装甲部队。甘末林预计德国将使用装甲师，但没有料到仅一个战区德军就集结了如此多的装甲部队。德军还发动了一次欺骗行动使法国人相信，攻击可能通过瑞士发动，这令甘末林对瑞士边境心存疑虑。4月，德国C集团军群的部队在瑞士边境举行了一次高调的演习，引起了外国记者和法国情报机构的注意。虽然甘末林认为德国不太可能通过瑞士发动进攻，但仍留了几个师监视瑞士边境，以防万一。

春季来临，空中活动也明显增加了。1940年3月到4月，至少发生了31次大规模的空中战斗，法国空军至少损失了15架战斗机和11架侦察机，德国空军则损失了16架战斗机和15架侦察机。皇家空军终于更加积极地发挥作用，但也因此付出了9架"飓风"战斗机被毁的代价。在此期间，第73中队年轻的新西兰"飓风"飞行员埃德加·"伙伴"·凯恩（Edgar 'Cobber' Kain）中尉成为二战中皇家空军的首位王牌飞行员，英国报刊争相报道。盟国飞行员知道德国空军并非不可战胜，但这个时候，每次空战中参加的飞机数量都不多。这本是盟军对早期预警系统进行实战测试、改善对来袭敌方战斗机编队探测能力的绝佳机会，可是他们没有抓住。到5月初，德军将在不久后采取进一步行动已经昭然若揭——侦察活动显著增加。法国侦察机甚至发现了在比利时边境集结的一些德国装甲兵，这提供了对敌军即将发动攻势的早期预警。

4月，德国入侵挪威的行动令盟国分心，尤其是英国。英国陆军最终在挪威战役中投入了11个步兵营（6个是常备军，5个是地方自卫队），法国投入了8个营，波兰军队也派出了4个营。盟军在挪威第一次体验了德军的快节奏战术，后者依靠空军的空中优势，保持地面的进攻势头。挪威是张伯伦和达拉第败局的开始，他们低下的战争指挥能力日益遭到指摘。达拉第首先下台，在信任投票结果不佳后，他于3月20日辞去了总理职务，[60]由保罗·雷诺取而代之。此时，法国政治局势变得更加复杂，开始冲击该国的备战进程。雷诺是战时领袖的上佳人选，但他缺乏足够的政治支持，不得不留下达拉第和甘末林，并由前者出任国防部部长。他想要摆脱这两个人，但在地位稳固之前他不能这么做。

4月26日，英国战时内阁投票决定将英军部队撤出挪威，这是一次失败的远征，也决定了张伯伦的政治命运。如果张伯伦批准轰炸机司令部空袭鲁尔工厂，他也许可以取得一些成功，但在战争爆发8个月后，他明显已经没有能力再领导国家走向胜利。

尽管法国从英国得到的直接军事援助很少，但它在5月采取的两个措施却给1940年夏季的皇家空军带来了很大帮助。3月，1架德国Bf-109E战斗机意外降落在法国，5月4日，该机飞往英国进行技术评估。[61]到7月不列颠之战开始时，皇家空军飞行员已经驾驶过这架缴获的Bf-109E，了解了它的操纵特性。法国科学家莫里斯·蓬特（Maurice Ponte）在巴黎刚刚开发了使用氧化物阴极的新型空腔磁控管，就得知英国科学家在这方面遇到了问题——缺乏足够的功率、很容易损耗——蓬特决定于5月9日携带自己的新型磁控管前往伦敦。法国提供的技术促成了E1189空腔磁控管的问世，大大推进了英国RDF计划的实施。[62]如果没有法国人的帮助，英国的"本土链"在"不列颠之战"中的效能就会大减，皇家空军对敌方主要战斗机的了解也会更少。

"黄色方案"一经启动，就证明了甘末林在假战期间犯下的两个错误是灾难性的。首先，他将盟军的作战计划押在比利时国王的心血来潮上，而没有确保法国得到任何有用的回报。甘末林和达拉第应该根据比利时的合作意愿适时改变计划，而不是无条件地承诺大规模干预。一旦利奥波德三世表明不愿意在德国入侵开始前与盟国进行军事合作，就应该明确通知他，盟国将不会加以干预。甘末林应该制订更灵活的计划，使其有更多的选择（如仅在比利时投入阻击部队，迟滞德军的推进），而不是在不可预测的情况下匆忙选择守卫戴尔河。

甘末林的第二个严重失误是专注于指导法国陆军的各项改进措施，将监督的责任交给了他人，但又没能确保这些缺陷真正得到改善。军事上有一条古老的格言：部队只会改正受到检查的事项，如果没有人检查，问题就不会解决。比起指派年老的高级军官检查关键缺陷，任命更年轻、更有活力的军官监督具体项目，由一名"战备沙皇"定期向GQC（最高司令部）报告进展更有意义。故应该责成各军军长和集团军司令负责弥补缺陷，并在缺乏完成战时使命的资源时通知甘末林。但事实正好相反，当法国国会代表团于假战期间访问色当并注意到了各种缺陷时，甘末林和下属赶忙为这些发现辩护。他和其他法国高级领导人似乎认定，大部分缺陷都已经更正；当有确凿证据证明事实并非如此时，他们又选择了回避。

时间停止的一刻，1940年5月9日—10日

5月初，西北欧似乎大致保持着军事平衡，双方都不完全知晓对手的准确实力。但显而易见的是，一旦比利时和荷兰陆军加入，英法地面部队与德国国防军在数量上就大致相等了——双方各有约135个师。法国陆军从其盟国那里得到了最低限度的帮助，拥有的坦克和火炮数量超过了德国国防军，且在多个方面还有质量优势。由于马奇诺防线的存在，法国陆军还可以在阿尔萨斯—洛林实行"节约兵力"措施，将最好的部队部署在法比边境沿线上。到1940年夏，一旦新型美制轰炸机推出，有充足的夏尔B1 bis坦克组建4个完整的装甲师，法军实力还将大大增强。

5月初，加斯东·比约特上将的第1集团军群（GA1），包括第1集团军【乔治·布兰查德（Georges Blanchard）上将】、第2集团军【夏尔·安齐热（Charles Huntziger）上将】、第7集团军【亨利·吉罗（Henri Giraud）上将】、第9集团军【安德烈·科拉普（André Corap）上将】及BEF，守卫着法比边境上从敦刻尔克到蒙泰梅（Monthermé）宽度为300公里的防区。比约特手下共有30个法国师和12个英国师，他的集团军群已经做了充分的准备，一旦乔治和甘末林下令，就可以迅速进入比利时。吉罗的第7集团军镇守左路，将派出第1轻机械化师和2个摩托化步兵师（第9和第25摩托化步兵师）全速行进160公里，在布雷达附近与荷兰军队会合；中路是布兰查德的第1集团军9个师和戈特的BEF，他们将推进65~70公里，占据戴尔河沿岸的防御阵地；勒内·普里乌（René Prioux）上将的骑兵军下辖第2和第3轻机械化师，将阻挡预计进入比利时的敌军，避免他们干扰布兰查德的部署；比约特的右路部队是科拉普率领的第9集团军8个师，将占据比利时境内默兹河沿岸的防御阵地。如果一切正常，比约特的GA1在48小时内就能占据一条比原阵地宽度短30%的新防线，比利时部队的加入和战线的缩短将一举增加盟军的防御密度。装甲兵方面，第1、第7和第9集团军共有约1270辆坦克，分属于3个轻机械化师、2个轻骑兵师和9个独立坦克营（BCC）。BEF另有308辆坦克（208辆Mk VI轻型坦克、77辆

Mk1 和 23 辆 Mk II 步兵坦克），其中只有 Mk II "玛蒂尔达"装备了火炮。

法国陆军的其他部队将留在原地。安齐热的第 2 集团军据守比约特防区的最右端，将在色当周围的默兹河防区掩护盟军进军比利时的行动。他得到了 2 个轻骑兵师和 1 个单独的骑兵旅，这些部队装备大约 100 辆轻型坦克及装甲车，任务是阻击所有经过阿登林区的德军部队。安齐热可用于守卫默兹河防区的兵力有 5 个步兵师：2 个现役师（第 1 殖民地步兵师、第 3 北非步兵师）、1 个 A 类预备役师（第 41 步兵师）和 2 个 B 类预备役师（第 55、第 71 步兵师）。装甲支援方面，安齐热共有 3 个独立坦克营、135 辆步兵坦克。在他的右侧，普雷特拉的第 2 集团军群以 29 个师（包括英国第 51 步兵师）的兵力守卫马奇诺防线，这些部队来自第 3、第 4 和第 5 集团军。虽然普雷特拉没有大型装甲编队，但拥有 18 个独立坦克营、700 多辆轻型坦克。安东尼·贝松（Antonine Besson）上将的第 3 集团军群以第 8 集团军的 10 个步兵师和 4 个坦克营（200 辆轻型坦克），守卫莱茵河沿岸及瑞士边境的南方防区。甘末林的 GQG 预备队包括拥有近 500 辆坦克的 3 个装甲师（第 1、第 2 和第 3 装甲师），多个独立坦克营和 13 个步兵师——但这些部队很多尚在组建中。盟军为对抗德军而部署的坦克超过 3000 辆，其中大约半数进入了比利时。

法国现役师和 A 类预备役师以及 BEF 的 5 个常备师状态良好，但需要更多训练才能发挥最好的效果。法国 B 类预备役师和英国地方自卫队各师素质平平，而且装备不完整。地雷、反坦克炮和高射炮都供应不足，虽然这已经被确认为关键缺陷，但并没有得到改善。[63] 5 月 10 日，这些部队总共只有 237 门 1939 型 20 毫米防空炮，只有 GQG 预备队中的 7 个摩托化步兵师和 8 个现役步兵师得到了由 12 门 20 毫米高射炮组成的标准防空连。法国陆军不像德军那样需要那么多战术用电台，而且燃油和弹药已供应充足。戈特的 BEF 已经发展成了一支相当高效、拥有 10 个师兵力的野战军，装备了很好的火炮、反坦克炮和防空武器，但在第 1 装甲师抵达之前，严重缺乏必要的装甲支援。

5 月 10 日早上，法国空军只在面对德国空军的"北部空中作战区"（ZOAN）和"东部空中作战区"（ZOAE）部署了 369 架单发战斗机。另有 140 架战斗机在法国南部（包括第一个 D.520 战斗机大队）。法国空军的对地攻击力量更薄弱，ZOAN 和 ZOAE 一共只有 72 架可参战的轰炸机和 23 架攻击机。另有 100 架轰炸机在法国南部训练，大部分美国制造的新型轰炸机都在摩洛哥。尽管有 8 个月的准备时间，但因经过训练的维护人员有限，法国空军仍受困于设备的低完好率。更糟的是，法国空军只有 348 名受过训练的飞行员，许多抵达前线基地的新飞机只能停在地面。这与原定由法国空军先集中为盟军进入比利时的行动提供空中掩护，然后转向战场遮断攻击、阻碍德军入侵比利时的计划相去甚远。

皇家空军在法国有 6 个"飓风 I"型战斗机中队（共 96 战斗机架），另有 6 个布伦海姆 IV 轻型轰炸机中队和 8 个"战斗"轻型轰炸机中队。"飓风"是盟军在法国西北部最好的战斗机，但数量太少。同样地，布伦海姆 IV 的打击力量强于大多数法国轰炸机，数量也不足。英国战斗机司令部在德军攻势开始时又向法国部署了 4 个"飓风"中队（第 3、第 79、第 501 和第 504 中队），但仍然远不能满足法国的要求。

荷兰虽是中立国，但 1939 年 8 月 28 日也开始调动军队，准备防御边境。到 1940 年 5 月，荷兰已经动员了 28 万名官兵，但他们训练情况不佳，且使用的仍是 1895 年老旧的栓式步枪。几个世纪以来，荷兰都依靠其数量众多的水上屏障抵御侵略者，1940 年也不例外，但空军的出现使这种防御的效能降低了。荷兰的基本作战思路是以掩护部队阻击入侵者，同时集中主力部队防御主要的人口中心——阿姆斯特丹、海牙和鹿特丹，寄望于"荷兰要塞"能够依靠水上防线坚守到英法军队前来援助。为了阻断通往阿姆斯特丹的直接通道，荷兰陆军在艾瑟尔河沿线部署了一支薄弱的屏护部队，并在后面的格雷贝（Grebbe）防线上部署了 4 个步兵师。但格雷贝防线的工事并不坚固，正面的水上屏障对现代军队也构不成威胁。荷兰人在本国南部部署了 3 个师以守卫皮尔（Peel）防线，意图阻止侵略者绕到格雷贝防线背后，并方便自身与法国人会合。来自荷兰第 1 军的 2 个师（包括大部分战前常备军人）负责防御主要人口中心。荷兰陆军已经购买了少量现代化高射炮，但没有现代化的野战炮，装甲车也很少；荷兰空军规模相当小，130 架飞机中只有 51 架战斗机和 15 架轰炸机做好了战斗准备。

中立的比利时也于 1939 年 8 月开始动员军队，1940 年 5 月，他们的边境已经有 22 个师、65 万名官兵驻守了。与荷兰一样，在援军抵达前，比利时极度依赖阿尔贝特运河的水上屏障。比利时陆军在步兵武器和野战炮兵上都很薄弱，但他们有数量充足的 47 毫米反坦克炮，其中一些被装在了履带式车辆的

底盘上。比利时军队还拥有一些轻型坦克和装甲车以及现代化工事（如埃本－
埃马尔要塞和列日附近的要塞群）。空中支援方面，比利时军队有超过230架
飞机，其中有50架战斗机和110架轻型轰炸机。除了一个中队的英制"飓风"
战斗机外，大部分比利时作战飞机都是过时的双翼机。从表面上看，比利时军
队有充足的人员和装备——都是一战时的老型号，不过可以顽强坚守到英法军
队抵达。梅赫伦事件后，比利时人虽然仍回避正式的军事接触，但已低调地与
英法展开讨论，并得知了甘末林的"戴尔计划"。为了向法军提供准备充足的
阵地，比利时人承诺将在让布卢缺口（Gembloux Gap）一带设置6000个反坦
克障碍，并建立野战工事。[64]

不幸的是，比利时的防御工作从一开始就被错误的防御计划破坏了，计
划的执行情况也很糟糕。比利时人没有将最好的部队集中在阿尔贝运河的东
端（埃本－埃马尔和列日要塞之间），只动用了18个步兵师中的4个去封锁敌
军可能的进军路线。由7个师守卫阿尔贝运河延伸至安特卫普的北段，还有
几个师守卫布鲁塞尔周围地区。如果阿尔贝运河一线被突破，比利时人就会
后撤到戴尔河沿岸，他们将那里称作K–W防线。尽管比利时人在假战期间沿
这条防线构建了一些碉堡和障碍物，但阵地并不是非常稳固，他们也没有在让
布卢缺口构筑工事。莫里斯·凯亚尔茨（Maurice Keyaerts）上将率领的K集
群将第1阿登猎兵师和第1骑兵师部署在阿登地区，以阻击穿越该地区的德军，
但比利时人只打算在该战区投入最低限度的精力。结果就是，比利时军队想要
防守的地盘太多，兵力分散，很容易在细节上出错——正如1939年的波兰
军队。而且，利奥波德三世和他的军事顾问对英法并不真诚，这也削弱了后者
所供援助的价值。

在对手一方，德国国防军终于为"黄色方案"做好了准备，但物资仍然
严重短缺。费多尔·冯·博克大将的B集团军群负责入侵荷兰及比利时的行动。
他的主攻部队是瓦尔特·冯·赖歇瑙（Walter von Reichenau）大将的第6集团
军，共辖19个师，包括第3和第4装甲师（共计655辆坦克）及1个摩托化
步兵师。赖歇瑙将夺取荷兰城市马斯特里赫特（Maastricht），然后在夺取渡口
的空降兵的帮助下，突袭比利时军队在阿尔贝运河沿岸的防线。第6集团军
中有一些非常优秀的部队，但它所辖17个步兵师中有7个是由预备役人员和

后备军人组成的。炮兵上将格奥尔格·冯·屈希勒尔（Georg von Küchler）的第 18 集团军得到命令，仅用 9 个师的总兵力入侵荷兰，先锋为第 9 装甲师（153 辆坦克）——国防军中最小的装甲师。屈希勒尔的集团军是一个大杂烩，其中包括国防军最后 1 个马上骑兵部队——第 1 骑兵师——及 2 个武装党卫军单位【党卫军特别机动师（SS–VT）和团级的阿道夫·希特勒警卫旗队（LSSAH）】，与兵力超过 10 个师的荷兰陆军相比没有太大优势。屈希勒尔辖下的陆军步兵师均由战争开始时征召的年龄较大的预备役人员和后备军人组成。博克的 2 个集团军的任务都很艰巨，尤其是敌方很容易预测到他们的进攻路线。空军上将阿尔贝特·凯塞林（Albert Kesselring）的第 2 航空队奉命支援博克的地面攻势，共有 1218 架作战飞机，并下辖德国第 2 高射炮军。

德军曾在挪威和丹麦进行过一些连级规模的空降行动，但此类作战经验仍然有限。库尔特·施图登特中将的第 7 航空师仍不完整，不过他可以动用 5 个伞降步兵营和 1 个特种滑翔机突击工兵营——"科赫突击队"。一旦施图登特的伞兵夺取荷兰机场，中将汉斯·冯·施波内克伯爵（Graf Hans von Sponeck）率领的第 22 空运师中的增援部队就会飞往那里。施波内克的师属于第一波次，波兰战役后就开始了空降任务的训练，可以为施图登特的伞兵提供 9 个步兵营和 1 个工兵营的增援。为了运输这支部队，德国空军集结了 400 辆 Ju–52 运输机和 42 架滑翔机，编成 3 个运输集群，这也是盟军情报机构失误的证明。德军还打算动用"勃兰登堡"营（正式名称为第 800 特种任务建筑训练营）的特种部队，该部队经常身着敌军制服，帮助占领关键的桥梁。

可是，在修订的"黄色方案"计划中，博克的攻势只是支援性的。德军的主攻将由格尔德·冯·伦德施泰特大将的 A 集团军群承担，其先头部队是克莱斯特装甲集群的 5 个装甲师，它们将迅速穿越阿登向色当推进。克莱斯特的装甲兵将得到西格蒙德·李斯特（Sigmund List）大将麾下第 12 集团军 10 个步兵师的直接支援。京特·冯·克卢格（Günther von Kluge）大将的第 4 集团军有 13 个师，包括 2 个装甲师，将在克莱斯特的右翼行动；步兵上将恩斯特·布施（Ernst Busch）的第 16 集团军拥有 13 个步兵师，将肃清卢森堡南部，支援德军阿登地区突袭部队的左翼。伦德施泰特的集团军群共将投入 1774 辆坦克实施阿登攻势。空军上将胡戈·施佩勒（Hugo Sperrle）的第 3 航空队将动用 1191 架作战飞机支援 A 集团军群。

威廉·里特尔·冯·李布的 C 集团军群下辖第 1 集团军和第 7 集团军的 25 个步兵师，将在必要时对马奇诺防线发动牵制性进攻。德国陆军总司令部（OKH）保留了一定数量的步兵师作为预备队，但所有装甲兵和摩托化部队都将投入前线。对 1940 年 5 月军事平衡的大多数分析强调，德军在飞机上有 2 比 1 的数量优势，而坦克却以 1 比 1.2 落后。这类宏观分析容易忽略地形和部署等实际因素。实际上，在最为重要的飞机类型（单发战斗机）上，德国空军的 2 个航空队总体上只有 1.4 倍的数量优势，但这些飞机没有被分散使用，而是在合适的时间和空间里集结起来，实现了 3 比 1 甚至更大的局部优势。在战斗机的性能上，可与 Bf-109E 一较高下的只有皇家空军的"飓风"，因此，德国空军实现局部空中优势的能力是压倒性的。坦克方面，夏尔 B1 bis 和 S35 确实优于大部分德国坦克，但德军决定采用一种特殊的作战方式，保证在他们选择的主攻方向上总能享有巨大的局部优势。克莱斯特装甲集群的建立，使德国装甲部队在协同作战和统一指挥上有了巨大的提升，以独立编队作战的法国装甲部队根本望尘莫及。

从 11 月起，在经过了 28 次推迟后，希特勒终于在 5 月 8 日决定，于 5 月 10 日清晨 5 时 35 分启动"黄色方案"。[65] 这一次，气候条件完美，不能再接受更多的延迟了。劝阻希特勒失败后，OKH 中的密谋者们陷入了沉默。希特勒乘坐专列离开柏林，在 5 月 10 日黎明前抵达了波恩西南方 40 公里的"岩巢"（Felsennest）指挥部。与此同时，伦敦和巴黎在攻击开始前的最后一刻发生了戏剧性的变化。在与对挪威惨败的尖锐政治批评斗争了数周后，内维尔·张伯伦在 5 月 9 日下午终于意识到，他的首相之位保不住了。他将于次日 18 时左右辞职。[66] 温斯顿·丘吉尔将接替他，但需要时间来组建新内阁；丘吉尔以首相身份与战争内阁进行的第一次会议要在 5 月 11 日 12 时 30 分后才能举行。[67] 在巴黎，保罗·雷诺终于觉得他的政治地位足够稳固了，便试图在 5 月 9 日早晨的内阁会议上解除甘末林的职务。不出所料，达拉第努力为甘末林辩护，但甘末林无论如何都将出局。[68] 因此，5 月 10 日 5 时 1 分，太阳升起之时，英法领导层都处于不稳定状态，而希特勒满怀狂热，决心摧垮所有敌人，无论他们在国外还是第三帝国内部。

注释

1. Cajus Bekker, The Luftwaffe War Diaries (Cambridge, MA: Da Capo Press, 1994), pp. 28‑35.

2. Jentz, pp. 92‑96.

3. Alfred Price, The Luftwaffe Data Book (London: Greenhill Books, 1997), pp. 20‑29.

4. Barlone, p. 8.

5. Christopher Shores, Fledgling Eagles (London: Grub Street, 1991), p. 11.

6. Gunsburg, p. 102.

7. Shores, Fledgling Eagles, pp. 54‑59.

8. 同上，p. 58.

9. Siegfried Knappe, Soldat: Reflections of a German Soldier, 1936‑1949 (New York: Dell Publishing, 1992), pp. 151‑154.

10. John Hiden and Thomas Lane (eds), The Baltic and the Outbreak of the Second World War (Cambridge: Cambridge University Press, 1992), p. 148.

11. War Cabinet Meeting, W. M. (39) 18th Conclusions, 17 September 1939, pp. 141‑142.

12. Sebag‑Montefiore, p. 52.

13. War Cabinet Meeting, W. M. (39) 2nd Conclusions, 4 September 1939, p. 13.

14. Jentz, p. 104.

15. Bekker, p. 364.

16. Vajda and Dancey, p. 51.

17. Alexander, The Republic in Danger, p. 340.

18. Brooke, p. 20.

19. War Cabinet Meeting, W. M. (39) 6th Conclusions, 6 September 1939, p. 37.

20. War Cabinet Meeting, W. M. (39) 12th Conclusions, 11 September 1939, p. 85, p.89.

21. Lionel F. Ellis, The War in France and Flanders (Uckfield, UK: The Naval & Military Press, Ltd., 2004), p.19, pp. 372‑373.

22. War Cabinet Meeting, W. M. (39) 1st Conclusions, 3 September 1939, p. 3.

23. Martin Middlebrook and Chris Everitt, The Bomber Command War Diaries (Leicester: Midland Publishing, 1996), pp. 20‑30.

24. War Cabinet Meeting, W. M. (39) 14th Conclusions, 13 September 1939, p. 101.

25. War Cabinet Meeting, W. M. (39) 23rd Conclusions, 22 September 1939, p. 181.

26. Knappe, p. 156.

27. Edward Smalley, The British Expeditionary Force, 1939‑1940 (New York: Palgrave Macmillan, 2015).

28. Shores, Fledgling Eagles, p. 102.

29. Horne, pp. 158‑159.

30. Veterans of the 3rd Panzer Division, Armoured Bears: The German 3rd Panzer Division in World War II, Vol. I (Mechanicsburg, PA: Stackpole Books, 2012), p. 54.

31. Fedor von Bock (ed. Klaus Gerbet), Fedor von Bock: The War Diary, 1939 - 1945 (Atglen, PA: Schiffer Military History, 1996), p. 78.

32. Hugh Trevor-Roper, Hitler' s War Directives 1939 - 1945 (Edinburgh: Birlinn Ltd., 2004), p. 50.

33. Barry Leach, German General Staff (New York: Ballantine Books, 1973), pp. 83 - 86.

34. Frieser, p. 57.

35. Charles Burdick (ed.), The Halder War Diary 1939 - 1942 (Novato, CA: Presidio Press, 1988), p. 71.

36. Trevor-Roper, p. 53.

37. Porch, pp. 168 - 169.

38. Robin Higham, Unflinching Zeal: The Air Battles Over France and Britain, May - October 1940 (Annapolis, MD: Naval Institute Press, 2012).

39. Higham, Two Roads to War, pp. 169 - 170.

40. Alexander, The Republic in Danger, pp. 365 - 366, 374 - 376.

41. George F. Nafziger, French Order of Battle in World War II 1939 - 1945 (Self-published, 1995), p. 25.

42. Barlone, pp. 36 - 37.

43. Philippe Garraud, 'La politique française de ré armement de 1936 a 1940: une production tardive mais massive' Guerres mondiales et conflits contemporains, No. 220 (April 2005).

44. Doughty, The Breaking Point, p. 133.

45. Brooke, p. 25.

46. Ia, Kriegstagebuch Nr. 1, 5. Panzer-Division, October 1, 1939 - May 8, 1940, NAM (National Archives Microfilm), series T-315, Roll 256.

47. Peter C. Smith, Stuka Squadron: Stukagruppe 77 - the Luftwaffe' s Fire Brigade (Wellingborough, UK: Patrick Stephens Ltd., 1990), p. 45.

48. Basil Karslake, 1940 The Last Act: The Story of the British Forces in France After Dunkirk (London: Archon Books, 1979), pp. 46 - 48.

49. Ellis, pp. 19 - 21.

50. Tim Lynch, Dunkirk 1940: Whereabouts Unknown: How Untrained Troops of the Labour Division Were Sacrificed to Save an Army (Stroud, UK: The History Press, 2015), p. 73.

51. Michael M. Postan, British War Production, History of the Second World War (London: HMSO, 1952), p. 103, p.109.

52. Karslake, p. 57, p.134.

53. Richard Doherty, British Armoured Divisions and their Commanders, 1939 - 1945 (Barnsley, UK: Pen & Sword, 2013), pp. 19 - 25.

54. Brooke, p. 47.

55. Bernard Montgomery, The Memoirs of Field Marshal Montgomery (Barnsley, UK: Pen & Sword Books Ltd., 2005), p. 46.

56. Pierre-Paul Grandsard, Le 10 è me Corps d' Arm é e dans la Bataille, 1939 (Paris: Berger-Levrault, 1949), p. 134.

57. la, Anlagenheft z. Ktb. 2, 1 May 1940, Generalkommano XIX Armeekorps, Studie zum Korpsbefehl Nr. 1: Besondere Anordnungen under die Unterst ü tzung des XIX Armeekorps am A-Tag durch den Nahkampff ü hrer II, NAM (National Archives Microfilm), Series T-314, Roll 615, Frames 388 – 390.

58. Bock, pp. 123, 126, 129.

59. Porch, p. 171.

60. Jackson, The Fall of France, p. 124.

61. Shores, Fledgling Eagles, pp. 209 – 210.

62. Watson, pp. 349 – 351.

63. Doughty, Seeds of Disaster, p. 138.

64. Dominique Lormier, La bataille de France jour apr è s jour, Mai – juin 1940 (Paris: le Cherche-Midi, 2010), p. 93.

65. Hans-Adolf Jacobsen, Fall Gelb: Der Kampf um den deutschen Operationsplan zur Westoffensive 1940 (Wiesbaden: Franz Steiner Verlag, 1957).

66. Robert Self, Neville Chamberlain: A Biography (Burlington, VT: Ashgate Publishing Co., 2006), pp. 424 – 429.

67. War Cabinet Meeting, W. M. (40) 119A Conclusions, 11 May 1940.

68. Jackson, The Fall of France, pp. 128 – 129.

第3章
中路无法守住

命运向强者和暴力微笑。

——斯特凡·茨威格,《命运攸关的时刻》(1940年)

前90个小时,1940年5月10日—13日

5月9日下午和晚上,德国陆军总司令部发出了暗号"但泽",意味着"黄色方案"的攻击(Angriffs-Tag)将从次日早晨开始。此后,德国 A 集团军群和 B 集团军群的部队从集结区域开往攻击阵地。黎明之前,数百架德国空军轰炸机开始从德军基地起飞。与在波兰时一样,德国空军决定以将敌方空军摧毁在地面作为攻势的开端。日出后大约 20 分钟,德军第一轮的 500 架轰炸机(来自凯塞林的第 2 航空队和施佩勒的第 3 航空队)打击了荷兰、比利时和法国的 72 个机场。第一轮攻击后 90 分钟,第二轮的 500 架轰炸机又攻击了其他目标。这些攻击取得了显著的成功,规模较小的比利时和荷兰空军在前几个小时内就损失了大约一半的作战飞机。不过,对法国和英国机场的袭击取得的战果就小得多了,盟军战斗机升空后,没有护航的德国轰炸机遭受了很大损失。

就在第一轮轰炸进行时,科赫突击队对阿尔贝特运河沿线的比利时防御工事发动了一次大胆的滑翔机机降攻击。科赫投入了 4 个突击工兵分队,每个分队的规模大约为 1 个连;3 个分队降落在横跨运河的桥梁附近,另一个分队则于 5 时 24 分降落在埃本 – 埃马尔要塞的屋顶。比利时守军被德军这种无畏的攻击方式惊呆了,他们躲在地下室里,而德国伞兵用威力巨大的聚能炸药摧

毁了要塞的炮塔和观察塔。科赫的另一个分队也取得了出其不意的效果，夺取了3座桥梁中完好的2座。比利时人唯一成功摧毁的桥梁在距离埃本－埃马尔最近的坎内。到早上6时，德国伞兵已经夺取了阿尔贝特运河上的2座桥梁，埃本－埃马尔要塞实际上已经不起作用了。比利时军队在阿尔贝特运河上的防御——他们的主要防线——在不到一个小时的攻击后就被瓦解了。令人讶异的是，守卫这一关键区域的比利时第7步兵师一整天按兵不动，眼睁睁看着4个德国小型伞兵分队巩固了他们的目标。比军的几次小规模反攻都被击退，德国伞兵不仅给敌军造成了121人的伤亡，还俘虏了大约700名当地守军。比军没有对被围的埃本－埃马尔守军实施任何援助。德国空军的空中支援不断捣毁比利时军队的阵地，使其无力继续反攻。比军最高统帅部也没有出动预备队应对阿尔贝特运河防线的战术突破。

在更北的地方，多个波次的德国Ju–52运输机于6时35分开始空降荷兰，施图登特的一个伞兵营在海牙附近的3个机场降落，另一个伞兵营则占领了荷兰南部穆尔代克的数座重要桥梁。夺取了3个荷兰机场后，下一波次的Ju–52运输机将运送施波内克所部第22空运师的2个营增援这些据点。10多架德国水上飞机发动了更为大胆的攻击，它们降落在鹿特丹中部的新马斯河上，机上的大约70名官兵占领了两座重要桥梁。荷军一时被这些激进的进攻打蒙了，但他们很快恢复过来，荷兰第1军各部开始对仅有轻武器的德国伞兵发动反攻。许多荷兰官兵是预备役人员，不过他们拥有德军缺乏的炮兵支援。幸存的少量荷兰战斗机和高射炮也给后续的德国运输机造成了沉重损失，德国空军在第一天损失了他们手头将近一半的Ju–52。到中午，施波内克散落在海牙附近的部队被荷军的反攻各个击破，失去了全部3个机场的控制权。施波内克本人率领残部躲进了林区。施图登特的伞兵努力守住了穆尔代克的桥梁，但承受了很大压力。日终时，德军在空降行动中投入了大约7000人，而荷军已经俘虏了其中的1745人。[1] 尽管空降作战成了一场代价高昂的惨败，但荷兰人守住"荷兰要塞"的期望也因穆尔代克桥梁的失守而破灭了。

为了解救重压之下的空降部队，炮兵上将格奥尔格·冯·屈希勒尔的第18集团军以第9装甲师和党卫军特别机动师为前锋入侵荷兰。荷兰守军在德国坦克抵达前摧毁了马斯河（即默兹河）上8座桥梁中的7座，但"勃兰登堡"营的一支特遣队在亨讷普（Gennep）夺取了完好无损的桥梁。德军迅速扩大这次奇袭的战果，一个步兵团渡过了这座桥梁。当天晚上，当地荷兰指挥官就决定放弃皮尔防线，撤退到南威廉斯（Zuid-Willemsvaart）运河之后。但事实上，德国第9装甲师直到次日早晨才开始渡过马斯河，而第10军前锋缓慢地突破艾瑟尔河上的掩护阵地，在第一天里甚至没有到达格雷贝防线。与比利时和荷兰的德军行动不同，第18集团军进入荷兰的节奏不像"闪电战"，显得更有条不紊。

赖歇瑙第6集团军最初的任务是占领荷兰控制的马斯特里赫特城，然后与科赫突击队在阿尔贝特运河会合。德国第5军以第4装甲师为先头部队，在2个步兵师支援下于5时30分越过边境，直取马斯特里赫特。赖歇瑙留下了相当一部分部队（包括第3装甲师）充当预备队，直到控制阿尔贝特运河渡口为止。"勃兰登堡"部队企图穿着荷兰军服夺取马斯特里赫特的马斯河桥梁，但遭到了失败，荷兰守军成功地炸毁了全部的3座桥梁。第4装甲师的任务是夺取马斯特里赫特，虽然该师遭遇了重大伤亡，但荷兰守军于11时投降了。接着，第4军开始维修损坏的桥梁，同时派出步兵渡过马斯河与守卫阿尔贝特运河上两座桥梁的伞兵会合，22时30分，3支特遣队都得到了援兵。由于马斯河上和坎内的桥梁受损，第4装甲师仍然留在马斯特里赫特。5月10日晚上，第4装甲师才设法将一些摩托车步兵送过运河，进攻比利时第7步兵师的侧翼，制造恐慌。

奇怪的是，现存的关于"黄色方案"的重要历史记录中都没有讨论接下来发生的情况。尽管没有一辆德国坦克渡过阿尔贝特运河，与比利时第7步兵师交战的只是几个步兵营，比利时第1军的斗志还是很快就消散了。在5月11日早上德国第6集团军的部队成功与埃本-埃马尔要塞的滑翔机机降部队会合之前，比利时第1军就开始撤离阿尔贝特运河，向戴尔河退却了。此时，守卫列日的是比利时第3军的2个师。20世纪30年代，比利时在列日要塞（Position Fortifiée de Liège，PFL）投入了巨资，这个要塞包括PFL 1的3个外围堡垒以及内层8个经过翻新的堡垒（称为PFL 2）。PFL 1的新堡垒在火力和防护上与马奇诺防线相当。可是，当第1军开始退却后，第3军尚未与德军接触便决定撤出列日。列日要塞群守军（可能有6000~8000人）被抛弃了，只能孤军奋战，得不到要塞间部队的支援。尽管所有堡垒都继续抵抗，用火炮打击敌人，但赖歇瑙的第6集团军仍然将大部分守军隔开，并绕过了这些要塞。他将充当预备队的多个步兵师用于围困外围堡垒，并辅以一些305毫米榴弹炮。比军在5月11日放弃列日时，实际就已经失去了一切有效延迟德军渡过阿尔贝特运河推进的机会，这是一个灾难性的失误。

列日东南方大约90公里处，古德里安的第19摩托化军于5月10日5时35分开始渡过乌尔河，进入卢森堡。德军没有遇到任何抵抗，还得到了勃兰登堡分遣队的帮助。担任前锋的第1装甲师摩托化步兵营快速通过卢森堡，在两小时内抵达了比利时边境的马特朗日（Martelange）。古德里安首日的目标是讷沙托（Neufchâteau）的重要路口，距离出发点大约65公里。在他的左翼，第10装甲师向阿尔隆（Arlon）推进，而右翼的第2装甲师则计划从讷沙托正北通过。德国人将赌注押在克莱斯特装甲集群的4万多辆车能迅速通过阿登地区上，有一种潜在风险。密林地形易守难攻，如果遭遇空袭，拥挤的德军队列将成为极好的目标。与此同时，法国第2集团军在7时后派遣第2轻骑兵师和第5轻骑兵师进入比利时，前者开往阿尔隆，后者则开往讷沙托。第3轻骑兵师进入卢森堡南部，意外遭遇了乘坐轻型飞机抵达的德国第34步兵师阻击分队。[2] 法国第9集团军派遣第1轻骑兵师和第4轻骑兵师保护阿登地区北部的道路。这些法国骑兵部队有两个使命：确认敌军通过阿登发动攻击的主要方向并阻击之。法国骑兵得到许可，如果遭到重压，可以撤往瑟穆瓦河（Semois），那里驻扎着加强关键渡口的多个防务步兵营。双方都赶往阿登地区会战，但法国人认为应对的只是敌军的助攻部队，而非主攻部队。

由于地形适合防御，多个连级规模的阿登猎兵分遣队在博当日（Bodange）阻击了德国第1装甲师6个多小时，但阿登地区的其他殿后部队无心恋战。K集群拥有炮兵和反坦克炮，却没有用其掩护路障，任由德军工兵在未受攻击的情况下清除了障碍物。比军破坏路面、炸毁桥梁，然后便离开该地区，他们也没有和抵达的法国骑兵部队协调破坏工作，导致后者往往突然发现道路阻塞。考虑到各连队在博当日和沙布雷（Chabrehez）取得的战果，如果K集群保护其障碍物，紧密地与法军合作，克莱斯特装甲集群穿越阿登地区的行动就很可能被推迟整整一天。阿登的地形对伏击极其有利，即便是小股部队在撤退到下一个阵地前也能造成很大损失。在此类地形中，喜欢身先士卒的德国指挥官有特别大的危险。在第一批德军伤亡人员中就有第34步兵师师长炮兵上将汉斯·贝伦多夫（Hans Behlendorff），他因在卢森堡西南部遇到了一支法国骑兵巡逻队而身负重伤。[3]

当德国第10装甲师先头部队在埃塔勒（Etalle）遭遇法国第2轻骑兵师时，双方均遭受了重大伤亡。阿登的大部分战术行动都是德国摩托车步兵和摩托化步兵与法国骑兵部队的交火；从火力上看，德军营级部队的机枪数量比敌方多出大约50%。德军的一个营通常有15门迫击炮，法国骑兵部队只有2~7门，而且，法军没有类似于德国75毫米轻型步兵炮的武器。人数与火力均处下风的法国第2轻骑兵师无法阻挡德国第10装甲师，被迫撤出了阿尔隆。但是，法国骑兵痛击了入侵者；在几次遭遇战中，德国第10装甲师损失了1名团长和1名营长。突破阿登猎兵的防线后，德国第1装甲师在深夜进入了讷沙托的打击范围。这一天，法国第5轻骑兵师在该镇周围建立了屏护阵地，以1个营的75毫米炮提供支援，但敌军从东面来袭，而法军错误地将防御方向放在了东北。

在古德里安先锋部队正北面，步兵上将赫尔曼·霍特（Hermann Hoth）的第15（摩托化）军担任克卢格第4集团军的先锋，以第5和第7装甲师通过阿登北部。埃尔温·隆美尔的第7装甲师通过圣维特，但因为障碍物和与比利时猎兵在沙布雷长时间的小规模战斗而放慢了脚步。不过，K集群在得知了埃本–埃马尔要塞的惨败后，命令阿登猎兵迅速向那慕尔撤退，德军发动攻势的第二天，阿登地区就只剩下法国骑兵孤军作战了。法国第4轻骑兵师的H39坦克在马尔什（Marche）伏击了德国第5装甲师的先头部队，至少有1辆四号坦克被彻底摧毁。[4]5月11日早上，德国第1装甲师向讷沙托附近的法国第5轻骑兵师掩护部队发动猛攻，从侧翼将其包围。中午过后，所有法国骑兵部队脱离战斗后撤，第5轻骑兵师撤向瑟穆瓦河，第1和第4轻骑兵师则退往默兹河上的迪南（Dinant）。这些轻骑兵师缺乏重型武器，无法长时间抵挡德国装甲师，他们在阿登的掩护任务彻底失败了。但是，甘末林并不知道阿登地区有德国坦克和摩托化步兵，骑兵提供的情报也无法确认这就是德国的主要攻击方向。

比利时直到德国入侵开始两小时后才正式请求英法支援。5月10日6时

45 分，甘末林命令比约特的第 1 集团军群进入比利时，在戴尔河建立防线。普里乌的骑兵军大约在 8 时 30 分越过边境，第 2 和第 3 轻机械化师迅速移动，于第 1 天黄昏前抵达了所谓的让布卢缺口。令普里乌恼怒的是，比利时人曾承诺在这个关键区域布设宽泰（Cointet）反坦克障碍，但他们并没有加固那里的防御工事。相反，比军只是在 10 公里之外随意堆放障碍材料，从未认真完成这一项目。吉罗的第 7 集团军派出第 1 轻机械化师和第 25 摩托化步兵师向安特卫普急进，少数侦察部队在午夜之前抵达了荷兰边境，行程超过 200 公里。布兰查德的第 1 集团军让几个侦察小组提前出发，但大部分法国师排成长长的队列，缓慢地越过边境。右翼，由于多个部队参加演练，科拉普的第 9 集团军接近中午才开始行动，因此夜色降临时只有掩护部队（第 1 轻骑兵师、第 4 轻骑兵师和第 3 斯帕希骑兵旅）抵达默兹河，徒步步兵预计还需要 5 天才能抵达。BEF 的行动更加迟缓，第一批英国部队（第 12 枪骑兵团）13 时才进入比利时。蒙哥马利的第 3 步兵师更是直到 14 时 30 分才开始调动。比利时边防部队最初试图阻止 BEF 进入，而在布鲁塞尔附近，比利时部队又因德军空降袭击的消息而大为恐慌，将看到的第一批英国官兵（米德尔赛克斯团 2 营）误认成德军，愚蠢地向其开火。BEF 本应占据瓦夫尔（Wavre）附近区域，但直到 5 月 10 日晚上，还只有侦察部队抵达戴尔河边。

即便过了最初的 24 个小时，战术的变化仍在影响着作战进程。此时，双方都只有少数几个师直接卷入激战。德军的大胆战术在埃本 – 埃马尔等场合取得了成功，但在海牙周围却惨遭失败。总体来说，德军在火力占优或者拥有其他一些战术优势的情况下取得了胜利，只是施波内克的轻装步兵被拥有炮兵支援的荷兰预备役部队重创。在阿登地区，克莱斯特的装甲兵受困于恶劣地形，可是一旦交战，他们就能轻松地击败火力远不及己的步兵和骑兵部队。双方在第一天里都没有实现自己的目标，主要是因为战争中的冲突因素。盟军方面将德军突破阿尔贝特运河视为最严重的状况，因为这意味着敌军装甲兵很快就会逼近布鲁塞尔，而建立戴尔河防线需要花费数日。盟国空军和普里乌的骑兵军必须阻滞敌军的进攻。

"黄色方案"的第一天，德国空军损失很大，21 架战斗机、126 架轰炸机和 9 架俯冲轰炸机损坏或被摧毁——战损率超过 6%。[5] 尽管德国空军在荷兰和比利时取得了局部空中优势，但并没有重创英国皇家空军和法国空军。3 个法国战斗机中队——GC III/3、GC II/4 和 GC II/8——在地面遭到德军空袭，12架战斗机被摧毁、12 架受损。盟军战斗机快速升空，给撤退的德国轰炸机造成了严重损失，使他们尝到了无护航轰炸机在昼间遭遇战斗机打击的苦果。然而，RAF 和 AdA 都犯了一个错误：将轰炸机留在后方，由于担心平民伤亡而不愿冒险攻击德国摩托化纵队。5 月 10 日法国轰炸机的唯一一次出击是派遣 6架 LeO45，前往摧毁阿尔贝特运河上的桥梁；虽然法军出动了强大的战斗机护航，德国战斗机仍然成功地阻止了这一任务的实施。皇家空军战斗机司令部又向法国派出了 4 个"飓风"中队（第 3、第 79、第 501 和第 504），增援已在那里的 6 个中队。

5 月 11 日太阳升起时，德国空军又向海牙周围的空降部队提供了一些增援，同时，Ju–87"斯图卡"俯冲轰炸机猛烈袭击荷军阵地，阻止荷军发起进一步的反攻。施图登特加强了鹿特丹外围的阵地，荷军失去了消灭敌人孤立部队的机会。南面，荷兰第 3 军向南威廉斯运河撤退的行动混乱不堪，德军前锋于 5 月 11 日 13 时夺取了一个渡口，晚上，荷军在这一区域的防御瓦解。吉罗第 7 集团军下辖法国第 25 摩托化步兵师中的 2 个摩托化步兵营和 1 个装甲车团抵达布雷达后，却发现荷兰第 3 军放弃了这一地区，往马斯河以北撤退了。德国空军发现这些法国部队抵达，便以 Ju–87"斯图卡"发动袭击，造成了 200 人伤亡。[6] 法荷军事合作短暂且缺乏效率。另一方面，英国皇家海军耗费了很大的精力，将荷兰黄金储备及大量钻石运往英国。

荷兰中部，德国第 10 军的党卫队"元首"旗队于 5 月 11 日早上对格雷贝防线的各个哨所进行了试探性攻击，但为了消灭几个连的兵力而花费了将近一天。尽管第 207 步兵师抵达，武装党卫军的这 3 个营在 5 月 12 日—13 日还是继续担当对格雷贝南端攻击的先头部队。德军突破格雷贝防线的行动兵力严重不足，只有最低限度的炮兵支援，这导致战斗拖延了 65 个小时。荷兰守军十分顽强，但缺乏想象力，没能抓住机会消灭鲁莽地闯入防线缺口的党卫军部队。5 月 13 日下午，武装党卫军在"斯图卡"大规模攻击的支援下，最终突破格雷贝防线时，这条防线已经不重要了，因为荷军整个边境的抵抗都在瓦解中。[7] 荷兰南部，德国第 9 装甲师于 5 月 11 日在蒂尔堡（Tilburg）遭遇法国侦察部队，遭受了一些伤亡。法国第 1 轻机械化师和第 25 摩托化步兵师以摩托化步兵、装甲车、1 个 H35 坦克连和 2 个炮兵营，在蒂尔堡周围建立了一道很薄弱的屏障，但荷兰第 3 军的崩溃使吉罗的先头部队处于孤立无援的境地。甘末林命令吉罗向布雷达撤退，并努力帮助荷军重夺穆尔代克的桥梁。

德国第 9 装甲师对法国第 1 轻机械化师穷追不舍，在占领蒂尔堡后兵分两路，一个战斗群向东北与施图登特的伞兵会合，另一个战斗群则直取布雷达。此时，吉罗已经不愿意为退却的荷军出头了，他放弃了重夺桥梁的想法，一心想以第 25 摩托化步兵师在布雷达建立一个强有力的阻击阵地。甘末林看到其他战区出现的问题，已经顾不上荷兰人了，于是命令吉罗向安特卫普退却以保存他的部队。德国第 9 装甲师没有遇到吉罗所部的阻碍，得以在 5 月 12 日 18 时 25 分与穆尔代克的伞兵会合。次日，第 9 装甲师的坦克渡过这些桥梁，打败了多德雷赫特的大部分荷兰守军，但大约有 15 辆坦克在城区被反坦克炮击毁。此后，第 9 装甲师与施图登特在鹿特丹城外的部队取得了联系。5 月 13 日日终时分，荷军的抵抗已经瓦解：第 3 军被打散，第 2 和第 4 军正从格雷贝防线撤退，德国坦克和炮兵已经抵达鹿特丹外围。

5 月 11 日早上，比利时空军派出最后 15 架可以作战的飞机，不顾一切地试图摧毁阿尔贝特运河上被占领的桥梁。英国皇家空军和法国空军也各自对桥梁发动了空袭，但损失了 5 架轰炸机却无一命中。守住桥头堡后，赖歇瑙没有浪费时间，立即派遣第 3 和第 4 装甲师渡过阿尔贝特运河。几座完好桥梁上发生的交通拥挤减慢了部署速度，因此只有第 4 装甲师全部通过。中午过后，可怜的埃本 – 埃马尔守军已经投降，比利时第 1 军撤退，德军轻而易举地扩大了桥头堡。第 16 摩托化军负责人骑兵上将埃里希·霍普纳接掌了 2 个装甲师和第 20 摩托化步兵师的指挥权，向布鲁塞尔挺进。比利时第 1 军后退后，第 3 军也放弃了列日，5 月 11 日夜间到 12 日凌晨，大部分比利时野战军都向想象中较为安全的戴尔河撤退。此时，布鲁克的英国第 2 军刚刚抵达瓦夫尔附近的戴尔河畔，普里乌的 2 个轻机械化师守卫让布卢缺口，但 BEF 和布兰查德第 1 集团军大部仍在向戴尔河行进。换言之，在英法军队进入阻挡德军向布鲁塞尔进攻的阵地之前，比军防线已经全面崩溃。

比利时人指望 11 个列日堡垒的守军能够减慢德军的追击速度，但博克已命令赖歇瑙的第 6 集团军派出预备队中的几个步兵师，将这些阵地孤立起来了。20 世纪 30 年代，比利时还在那慕尔筑垒地域（FPN）投建了 7 个现代化的堡垒，此时，他们希望这个阵地能够稳住戴尔防线的南端。到 5 月 11 日，法国第 12 摩托化步兵师与比军在那慕尔附近的 2 个师会合，这是防线上少数几处看上去比较坚固的地方之一。普里乌将 2 个机械化步兵师部署在让布卢东北方 30 公里的阿尼（Hannut）镇周围。德国第 4 装甲师没有等待第 3 装甲师便向让布卢推进了 25 公里，直到遇上法国第 3 轻机械化师的装甲车。霍普纳命令停止前进，等待该师的其他部队跟上来，这让普里乌得到机会布置步兵和反坦克炮。尽管 BEF 在戴尔河以东部署了一些装甲侦察部队（如第 12 枪骑兵团），但缺乏有力的掩护部队，无法有效地阻击德军进攻。因此，普里乌所部只能独自对抗德军前锋，得不到英国或者比利时军队的任何帮助。

5 月 12 日，德国第 4 装甲师向阿尼发起进攻并夺取该镇，但法国第 3 轻机械化师的索玛 S35 坦克出现，击毁了一些德军坦克，这是令德国人人不快的意外。油料短缺迫使第 4 装甲师在几个小时的小规模战斗后脱离战场，重新补给。霍普纳确知，法军掩护部队得到了许多装甲兵和炮兵的支援，因此选择了深思熟虑的战法。直到 5 月 13 日 11 时他才向普里乌的骑兵屏护部队发动全力进攻，此时他的 2 个装甲师都已抵达前线，并且得到了德国空军的有力支持。普里乌的屏护部队在德军坦克与步兵的重压下慢慢后撤，但必须记住一点，法军的任务是以空间换时间。到 5 月 13 日 18 时，普里乌知道自己已经完成了使命，因为法军 5 个师和英军 3 个师已大批抵达戴尔河，他那 2 个遭受重创的轻机械化师开始退却。法军坦克手首次与德国装甲师遭遇，他们的表现远优于 1941 年明斯克的苏军坦克手、1942 年加查拉的英军坦克手以及 1943 年凯塞林隘口的美军坦克手；2 个轻机械化师给敌军造成了同等的损失，而且又坚持战斗了一天。

盟军对比利时人没有努力加强戴尔河防线感到不满，法国第 4 军开始在让布卢正面布设反坦克地雷。乔治派出第 1 装甲师，为布兰查德提供让布卢缺口的装甲反攻力量。有趣的是，5 月 13 日，BEF 的相当一部分（包括整个第 3 军）仍在法国，尚未进入比利时。因此，实际上只有英军的 3 个师（第 1、第 2 和第 3 师）占据戴尔河阵地，另 2 个师提供支援。[8]

当布兰查德的法国第 1 集团军在戴尔河沿线及让布卢建立防御阵地时，

科拉普的第9集团军继续前进，移动了60公里进入比利时，去占领默兹河沿岸从那慕尔以南到色当正西宽度为90公里的区域。科拉普的集团军中只有1个全摩托化师（第5摩托化步兵师），其余大部分部队必须徒步行军到默兹河。GQG预计，科拉普的部队需要5天才能抵达默兹河掘壕据守。但5月11日晚上，科拉普手下各师的一部分已经抵达默兹河，只是许多部队仍在调动中，尤其是由马匹牵引的炮兵、反坦克及支援单位。

法国第18步兵师是一个A类预备役师，该师被派去掩护默兹河上胡尔（Houx）和迪南之间20公里宽的区域，但到5月12日晚上，该师的9个步兵营中只有5个就位，炮兵也只有三分之二赶到。而且，第18步兵师装备的支援武器很差，没有师属反坦克连，也没有按要求配备60毫米迫击炮，每个步兵团只有3门25毫米反坦克炮。

到这个时候，霍特的德国第15（摩托化）军正在肃清阿登地区，并向默兹河逼近，他的任务是夺取迪南附近的渡口。科拉普的掩护部队——法国第1和第4轻骑兵师——未能真正阻碍霍特的推进，于5月12日渡过默兹河退却了。法军的空中侦察发现，霍特的纵队逼近了朱利安·马丁（Julien Martin）中将所部第11军在默兹河上的防区，并将这一情况报告给了科拉普。由于第18步兵师各部很晚才抵达，迪南防区仍然相对空虚，因此科拉普命令法国第5摩托化步兵师派出1个摩托化步兵营（第39步兵团2营，II/39e RI）在第18步兵师全部就位前掩护这一缺口。不幸的是，5月12日23时左右，德国第5装甲师的一支侦察队发现了胡尔岛一个1米宽的拦河坝上有无人守卫的渡口，便迅速派遣几名士兵下车过河，这是第一批渡过默兹河的德军士兵。当II/39e RI抵达，占据叙兰沃森林（Bois de Surinvaux）中的阵地后，很快就发现了德军的桥头堡并召唤第18步兵师的炮兵支援。法军士兵还用机枪向这个拦河坝上的渡口猛烈射击。不过，法军的兵力或者火力不足以立刻发动反攻。5月13日早上，德国第5装甲师派出了3个摩托化步兵营增援这个小型桥头堡。[9]与此同时，隆美尔的第7装甲师于5月13日5时30分左右在迪南试图用橡皮艇运载连级部队渡河突击，但法国第18步兵师66团向渡口倾泻炮兵和机枪火力，挫败了德军最初的企图。隆美尔并没有被吓住，他动用炮兵和坦克，以直瞄火力压制住法军的机枪，然后再次尝试。这一次他取得了成功，夺得了一个稳固的立足点。最终,德国第5装甲师的摩托化步兵将寡不敌众的 II/39e RI 赶出了叙兰沃森林,开始向北面和东面扩大战果。

科拉普的第9集团军有一整个下午的时间,本可以在德军装甲兵渡过默兹河之前消灭霍特的两个桥头堡,但不完整的第18步兵师只能守住拉得过长的战线,最后4个步兵营傍晚才抵达前线。兵力不足的法军步兵试图用空军和炮兵阻碍德军渡河,AdA 对渡口进行了一次轰炸,但几乎没有效果,德军工兵很快开始修筑浮桥了。由于通信问题,科拉普本人甚至到中午才得到德军渡河的消息,马丁的法国第11军无法协调一支多兵种反攻部队。德军"斯图卡"轰炸机适时地发动攻击,干扰了法军的一次反攻,直到5月13日晚上,第9集团军才以一个 R35 步兵坦克中队发动了小规模反攻,而且没有得到步兵或者炮兵的支援。一些德军官兵投降,但法国坦克手没有能够围捕他们的步兵,所以只带回了7名俘虏。科拉普和马丁决定将下一次行动推迟到次日早上——事实证明这是致命的错误。

令科拉普更加狼狈的是,赖因哈特的德国第41(摩托化)军在5月12日夜间到13日凌晨抵达迪南以南45公里蒙泰梅的默兹河河畔。守卫这一地区的是法国第41军,法国第102要塞步兵师(102e DIF,B类预备役师)的1个营(II/DBMC)占据蒙泰梅镇。这支法国预备役部队中职业军官和军士的比例奇高,还装备了大量机枪。蒙泰梅位于一个半岛上,许多碉堡加强了该镇的防御,法军也有时间布设一些地雷。5月13日早上,维尔纳·肯普夫(Werner Kempf)少将的德国第6装甲师中,1个步兵营在450架次的德国空军战术飞机的支援下,企图徒步渡过默兹河,但前两次尝试都被击退了。第三次尝试最终取得成功,德军在午后渡河,很快,守卫蒙泰梅的保罗·巴巴斯特(Paul Barbaste)中尉所在连就被打垮了。27岁的巴巴斯特并没有退却,而是抓起一挺 FM 24/29 轻机枪,率领最后2个班的战士发动了一次绝望的反攻,并不幸在战斗中阵亡。16时,德军向半岛南端挺进,但法军的这个营得到了炮兵的有力支援,阻挡了德军的进攻。赖因哈特在蒙泰梅的桥头堡暂时受到了遏制。可是,法国第9集团军此时要面对默兹河上的2个敌军桥头堡。

5月11日—12日,RAF 和 AdA 继续优先在比利时上空行动,最终开始动用轰炸机打击推进的德军队列。德国空军成功地阻止了法国侦察机观察阿登上空的情况，但盟军知道，敌军装甲兵正在通过这一区域。5 月 11 日，AASF 投入 8 架"战斗"，对德军在阿登的交通线进行攻击，但被德军战斗机和高射炮击落了 7 架。[10] 第 23 战斗机集群的 100 架法国战斗机本应掩护第 2 集团军的战线，此时也被用来支援比利时的盟军部队。

法国第 5 轻骑兵师于 5 月 11 日下午撤退到瑟穆瓦河后，安齐热的第 2 集团军仍然希望继续在默兹河前沿进行一天左右的掩护行动。不幸的是，奥利维耶·马克（Olivier Marc）的第 3 斯帕希骑兵旅本应守卫科拉普第 9 集团军和安齐热第 2 集团军之间的空隙，此时却不在原定地点，这使德国第 1 装甲师的一个战斗群得以在 5 月 11 日夜间到 12 日凌晨占领了无人防守的穆宰夫（Mouzaive）渡口。[11] 东南方向 10 公里处，法国第 55 步兵师的 1 个步兵营占据着布永的绝佳防御阵地，但这支部队在遭到轰炸后惊慌失措，未得到命令便放弃了阵地。次日早上，冒着色当法军 155 毫米火炮的猛烈轰击，德国第 1 装甲师从布永渡过了水不太深的瑟穆瓦河。这两个渡口的失守使德国第 1 装甲师得以成批渡河，逼迫法国第 5 轻骑兵师后撤至色当附近的法比边境。法军已经在边境构筑了一排防御工事，每处都配备了反坦克炮，以保护可能通往色当的道路。第 5 轻骑兵师在这条防线上短暂地重新集结，但德军迅速扩大了渡过瑟穆瓦河的战果。古德里安努力让第 1、第 2 和第 10 装甲师各部渡过瑟穆瓦河，一起向南挺进。到 11 时，古德里安的先锋部队已在三处越过边境进入法国，并遭遇到第一批防御工事。法国第 147 要塞步兵团官兵们据守于此，打了一场漂亮的阻击战，将德军先锋挡住了几个小时。随着工事和守军逐一被消灭，法国第 5 轻骑兵师于 5 月 12 日 18 时渡过默兹河撤退。4 个小时以后，德国第 10 装甲师前锋进入色当。克莱斯特装甲集群仅用 65 个小时便抵达了默兹河。

古德里安对如此之快抵达色当大喜过望，计划于次日渡河攻击，但他的上级克莱斯特却有不同看法。A 集团军群的各个部队彻底堵在阿登地区，比利时许多桥梁被毁，公路上布满坑洞，给德军交通线造成了很大影响。一些部队（如第 8 装甲师）在后方无法动弹。古德里安的第 19 摩托化军抵达默兹河时实际上没有任何后勤支援，第 5 装甲师等部队不得不向德国空军请求空投补给燃油。第 19 军的炮兵部队拥有的弹药，仅够实施一次有限的炮火打击。如果战斗持续时间超过预期，古德里安的燃油和弹药都可能耗尽。对伦德施泰特和克莱斯特这样保守的高级军官来说，以如此缺乏组织的方式渡过默兹河风险太大，因此他们全力制止古德里安的行动。伦德施泰特甚至支持解散克莱斯特装甲集群，将装甲师归入第 12 集团军管辖。不过，古德里安是一位顽固的下属，他选择无视他认为错误的命令，继续准备于 5 月 13 日 16 时渡过默兹河发动的突袭。

山的另一边，GQG 已经对克莱斯特装甲集群抵达默兹河做出了反应。比约特命令法国空军将重点从比利时转向支援安齐热的第 2 集团军。乔治下令调动 GQG 预备队中的第 3 装甲师和第 3 摩托化步兵师，如果古德里安渡过默兹河，就由让·弗拉维尼中将组织这 2 个师发动反攻。作为机械化的最早倡导者之一，弗拉维尼似乎是个极好的选择。安齐热相信，格朗萨尔的第 10 军（下辖第 55、第 71 步兵师，第 3 北非步兵师和第 147 要塞兵团）能够守住色当。除了傍水而筑的堡垒外，格朗萨尔还得到了 100 多门火炮的支援，他的预备队中还有两个坦克营、90 辆 FCM 36 轻型坦克。不幸的是，色当战区的反坦克炮很少，许多碉堡也不完整。在第 10 军宽度为 70 公里的整条战线上，只布设了大约 2000 枚反坦克地雷，而色当地区可能只有几百枚。格朗萨尔还允许前线部队轮换，导致了荒唐的混编现象，这意味着前线的各营和各团全部都被打乱，指挥和控制愈加困难。

比约特让法国空军将资源用于支援第 2 集团军的命令，造成 5 月 13 日法国战斗机在整个默兹河地区上空出动了 250 架次，这意味着盟军空中力量分散，而德国空军的大部分力量集中于两点。盟军的战斗机不足以支援比利时的作战，也不足以帮助默兹河的防务。乔治、甘末林和维耶曼继续向英国施压，要求派出更多皇家空军战斗机，甚至戈特勋爵也请求 RAF 做出更大努力，但皇家空军参谋长、空军上将西里尔·纽沃尔（Cyril Newall）爵士和道丁固执己见，反对将更多战斗机中队调往法国。丘吉尔倾向于 RAF 的观点，但不排除在情况需要时进一步调整。

5 月 13 日早上，德国空军开始对法国第 55 步兵师和第 147 要塞步兵团在色当的阵地进行小规模骚扰，这些空袭压制了守军，古德里安的部队同时沿默兹河东侧部署。12 时许，德国空军开始猛烈轰炸，首先使用"斯图卡"，然后是水平轰炸，接着是更多的"斯图卡"，轰炸机共计出动了 580 架次。这次轰炸中，德国空军将从 1937 年西班牙内战中吸取的近距空中支援的经验发挥到了极致，压制了大部分法国炮兵。盟军战斗机完全没有干扰此次轰炸，只有 1 架"斯图卡"被防空火力击落。15 时 10 分，古德里安的炮兵开始了 50 分钟的炮火攻击。在持续轰炸了数小时后，法军前线部队彻底陷入了恐慌，但他们的炮兵和自动武器仍在开火。

16 时，古德里安开始了他的渡河突袭行动。在色当的东侧，德国第 10 装甲师企图从瓦德林库尔（Wadelincourt）渡河，但法军炮火十分密集，就在该师的攻击眼看就要失败的时候，瓦尔特·鲁巴特（Walter Rubarth）中士设法率领他的工兵班渡过默兹河，并成功摧毁了 7 座法军碉堡，使更多的德军士兵得以渡河，但立足点仍很脆弱。而在色当西侧，德国第 2 装甲师的渡河企图在法军炮火的打击下彻底失败。古德里安的攻击部队中，只有中路的第 1 装甲师和"大德意志"团取得了成功。格莱尔村前的默兹河只有 60~70 米宽，第 1 装甲师在对岸的狭窄正面上集结了 2 个摩托化步兵营，在第一批突击艇出发之前，德军炮兵和四号坦克的直瞄火力已经压制了对岸。古德里安确保了用最新型武器支援这次攻击，包括三号突击炮、150 毫米 sIG 33 自行火炮和 100 毫米火箭发射器。这是一场不公平的决斗，法军碉堡大部分遭到压制。到第 1 装甲师和"大德意志团"渡过默兹河时，法国炮兵和自动武器的火力不再那么密集了。大约 90 分钟，德军就在法军防线外围撕开了一个洞，这里的法国守军（包括第 55 步兵师的 1 个营和第 147 要塞步兵团的 1 个营）被打垮了。在好斗的赫尔曼·巴尔克（Hermann Balck）中校率领下，德国第 1 摩托化步兵团（SR1）的 2 个营（没有乘车）和"大德意志"团的 1 个营开始沿着河岸，逐个清除法国守军的碉堡。德国步兵携带极其适合近战的手榴弹和冲锋枪，而法国预备役部队没有这两种武器。随着德国步兵向南猛冲，小型武器的声音越来越近，驻扎在制高点玛菲高地的法国炮兵惊慌不已，以为德国坦克已经渡过默兹河，许多人因此开始放弃阵地。德军开始渡河后的两小时内，法国第 55 步兵师就开始瓦解，成群逃窜的支援部队将恐慌情绪传播到了南面。第 55 步兵师师长亨利·拉方丹（Henri Lafontaine）准将匆忙决定转移指挥部，更加剧了这种混乱。失去炮兵支援，第 55 步兵师的其余阵地很快失守，巴尔克的先头部队如潮水一般席卷了法军第二道抵抗线，在夜色将临时夺取了玛菲高地的各个部分。结果是，古德里安第 19 摩托化军的 5 个营占领了一块狭窄的区域，但还没有任何坦克或重武器渡过默兹河。古德里安下令工兵开始构筑浮桥，但他的桥头堡仍很容易遭到反攻。

鉴于攻方可以选择主攻方向和时机，一支强大的部队成功实施渡河突袭的情况并不鲜见。第55步兵师可能是法国陆军中实力最弱的部队，遭到了德国陆军最好部队之一（而且得益于强大的空中支援）的进攻，所以在几个小时内即被打垮不足为奇。德军将主攻方向放在色当，确保以最好的部队、指挥官和武器打击实力差距巨大的法军部队，这些法军部队从数量和武器上都不及对手。战争中，一方不可能在各方面都强大，敌军在5公里宽的正面上取得突破，一般可以通过迅速投入预备队封堵缺口来遏制其攻势。但色当并没有发生这种情况，因此这一战术失败转变成了具有战略影响的惨败。法军在这个特定战场上的失败有多种原因，包括训练不足、指挥失当、物资短缺和士气低落，但并不是因为错误的军事思想。

由于烟雾和通信问题，当地法军指挥官对前线情况一无所知。导致第55步兵师师长错误地迁移师部，而第10军的炮兵则向乔治发出了战线崩溃的不实报告。乔治和参谋部的其他人员感到震惊，似乎无法做出决定。当5月13日色当的第一批报告送抵时，安德烈·博弗尔少校身在GQG，他注意到"法国陆军几乎未受损伤，但最高统帅部的士气遭到了破坏，而且再未恢复"[12]。GQG参谋长约瑟夫·杜芒上将显然是唯一保持清醒的高级军官，他向乔治和比约特建议，立即投入全部的3个法国装甲师，以抵消德军的局部胜利。未经真正的讨论或者任务分析，乔治和比约特就同意了这一建议。结果是，法国最好的装甲预备队以危险的方式投入了战斗——这恰恰与"按部就班作战"的思想背道而驰。

突破之战，1940年5月14日—15日

到5月14日早上，法国第55步兵师和第147要塞步兵团残部——只有区区几百人——努力在古德里安的桥头堡对面建立了一条薄弱的防线，但如无援兵，防线根本不可能持续下去。5月13日晚上到14日凌晨，只有零星的援兵抵达。凌晨1时许，德军工兵完成了默兹河上的第一座16吨级浮桥的建设，但还需要6个小时，其强度才足以支撑坦克通过。一切都取决于格朗萨尔上将

的法国第 10 军尽其所能发动的直接反攻。格朗萨尔有充足的预备队——2 个团的步兵（第 205、213 步兵团）和 2 个坦克营（第 4、第 7 战斗坦克营）——他于 5 月 13 日下午派遣这些部队支援拉方丹的第 55 步兵师。事实证明，拉方丹对如何使用这些预备队完全没有决断，浪费了 5 月 13 日夜间到 14 日凌晨的时间。次日早上 6 时 45 分法军开始反攻，此时德军首批装甲兵已经开始渡过默兹河。即便在此次延误之后，拉方丹也只动用了第 205 步兵团的 3 个营和第 7 战斗坦克营的 39 辆 FCM 36 坦克，在 1 个营 12 门 75 毫米炮的支援下反攻。尽管如此，这仍然是一次教科书式的反攻，3 个步兵营各由 1 个坦克连作为先导。大约 8 时 30 分，法军仅仅前进了 2~3 公里，就在比尔松（Bulson）周围遇上了德国第 1 装甲师的第一批坦克。最初，法军的少数 25 毫米反坦克炮表现优异，击毁了领头的德军装甲连中的大部分坦克，而德军的 37 毫米反坦克炮很难击穿 FCM 坦克厚重的斜面装甲。不过，随着第 1 装甲师渡过默兹河，他们投入了越来越多的装甲兵，最终压垮了法军反攻部队。法国第 205 步兵团实际上被全歼了，团长被俘，提供支援的坦克损失了 29 辆。第二个法国步兵团和另一个坦克营抵达时，正好目睹了第一批部队的溃败，于是没有发动进攻便退却了。战斗持续了几个小时，但法军的反攻已经失败，第 55 步兵师全军覆没。德国第 1 装甲师继续向南进入真空地带，占领了谢姆里（Chémery），将默兹河战线的突破深度扩大到了 12 公里。

　　乔治和比约特意识到了色当的危险，便协调 AdA 和 RAF，试图在敌军因地面反攻而退却的时候打击其浮桥。正午时分，AdA 共出动 25 架轰炸机，损失了 6 架却无一命中。AdA 在色当上空首次投入了最新式的 D.520 战斗机，第 3 大队第 1 中队（GC I/3）在该战区可能摧毁了两架敌军轰炸机和一架 Bf-110。15 时，RAF 的 AASF 投入了剩余的大部分轰炸机，但撞上了敌军战斗机和高射炮组成的火墙，71 架轰炸机中有 40 架被摧毁。29 架"布伦海姆"轰炸机发动的一次夜袭中又有 8 架损毁。[13] 尽管护航的 RAF"飓风"战斗机在色当附近取得成功，击落了一些 Bf-109E，但他们很快耗尽了驻扎在法国的轰炸机。即便盟军轰炸机能够击中浮桥也无济于事，因为浮桥采用的是模块式设计，受损的部分可以很快被替换。此时，轰炸已经不可能阻止古德里安的渡河行动了，盟军需要的是法国军属炮兵剩余的 155 毫米火炮能够在引导下开火，但德军已肃清了俯瞰渡口的高地上的前沿观察哨。

当盟军轰炸机徒劳地攻击色当的桥梁时，古德里安的部队只有一部分渡过了默兹河，但他仍迅速行动以扩大战果。安齐热的第2集团军试图以第71步兵师、第2和第5轻骑兵师阻击古德里安，弗拉维尼则同时派出了第3装甲师和第3摩托化步兵师。克莱斯特和伦德施泰特继续敦促古德里安保持谨慎，但古德里安无视他们的建议，命令第1和第2装甲师转向西面，攻击科拉普第9集团军的侧翼。他还命令第10装甲师和"大德意志"团向南面和东面扩大桥头堡，并应对法军的进一步反攻。古德里安正确地判断出，色当以西两个法国集团军之间的分界线很可能防御薄弱。第2集团军在色当以西没有任何部队，第9集团军也只有第3斯帕希骑兵旅和1个B类预备役部队——第53步兵师，后者仍在逐步抵达默兹河。5月14日晚上，德国第1装甲师已经深入科拉普集团军暴露的侧翼，而在此之前，这支法国部队已经面临霍特在胡尔和迪南、赖因哈特在蒙泰梅的桥头堡所造成的压力。

5月13日夜间到14日凌晨，赖因哈特的第15军全力以赴地在默兹河上搭建浮桥，第7装甲师的一些坦克渡过了河。隆美尔立即发动进攻，粉碎了面前的法国第18步兵师残部，到晚上已向西推进了12公里，科拉普的战线崩溃了。德国第5装甲师于下午发动进攻，其装甲兵肃清了法军阻击部队，然后向西北挺进。黄昏时分，赖因哈特已实现突破，德国步兵赶到，加强了桥头堡。在蒙泰梅，只有德国第6装甲师的几个营下车参加战斗，并沿着霍特桥头堡所在的狭窄半岛向前推进了1公里。法国第102要塞步兵师只是1支B类预备役部队，但他们仍在坚守，阻止霍特突破。法国第41军只有极少数炮兵能对抗赖因哈特，于是只将第61步兵师的几个营派到了蒙泰梅。科拉普的集团军开始瓦解，乔治和比约特尽可能地向他派去援军，包括第1装甲师和第4北非步兵师。5月14日早上，罗贝尔－奥古斯特·图雄（Robert-Auguste Touchon）上将奉命向勒讷维尔（Renneville）移动，前去负责第2集团军和第9集团军缝隙的增援，他的手里只有一个从GQG预备队中抽调的总部分遣队；图雄的任务是填补这个缺口，从而限制德军的突破。除了第2装甲师，他还得到了征调4个步兵师的承诺。[14] 5月15日，他的分遣队改名为第6集团军，但所辖部队非常有限。图雄是出色的危机应对者。与1940年的许多法国高级指挥官不同，图雄在一战期间的山地步兵中有丰富的前线作战经验，曾四次负伤。20世纪30年代，他管理多兵种联合作战学校，因此对坦克有一定的认识。但是，他面对的是最为不利的局面，不得不以一支由残兵败将和逐步抵达的新部队拼凑起来的杂牌军，阻止敌军的主攻。

法军的所谓"封堵"（Colmatage）战术在战后关于1940年战役的文献中饱受批评，但任何军事专家在对抗敌军突破时都会采用相同的策略——出动预备队封堵缺口。二战中的其他主要参战国陆军都使用类似的战法应对突破，法军的封堵战术绝对称不上过时或者轻率。1940年5月的问题是部队调动时间过长，以至于在它们抵达之前，前线的形势已出现变化。调动问题主要是挤满难民的道路、敌军轰炸和通信故障所致。法国摩托化步兵师没有足以调动整支部队的卡车，只能按梯次移动。同样，GQG偏向于通过铁路运送装甲师的重型坦克，该师其余部队则乘坐自己的车辆，但这种方法在瞬息万变的战场上非常危险。法军摩托化/机械化师缓慢、零散地抵达战场，并不是因为错误的军事思想，而是因为机动性上的先天不足，机动车辆短缺、依赖行程有限且机械可靠性低下的重型坦克都是诱因。战争后期，当德军建立了装备虎式坦克的重型坦克营时，这些部队也遭遇了与法军夏尔B1 bis部队相同的机动性问题。

巴黎和伦敦的高级领导人慢慢得知，德军在默兹河取得了大规模胜利。甘末林特别擅长对雷诺隐瞒坏消息，戈特勋爵则远离主要事件，对细节不甚了解。雷诺间接地知道了色当的失败后，于5月14日19时45分向丘吉尔发去一封电报，电文中写道：

> 德国陆军已突破我军在色当以南的防线，失败的原因是我们无法抵抗重型坦克和轰炸机中队的联合攻击。为了及时阻止德军长驱直入，保证反攻取得胜利，必须切断德军坦克与支援轰炸机的联系，只有庞大的战斗机部队才能做到这一点。在承诺的数量之外，您又派来了4个中队，我们万分感激，但如果想要赢得这次可能决定整场战争的战役，必须再派出10个中队（可能的话最好是今天）。没有这样的支援，我们没有把握阻止德军从色当推进到巴黎。[15]

英国空军上将西里尔·纽沃尔爵士仍然反对调动更多中队。经过一番讨论，战争内阁达成一致："形势太过复杂，不能立即做出决策。"丘吉尔和他的内阁成员认为，雷诺打算以夸张的表演，为法国从皇家空军战斗机司令部争取更多飞机，实际上事态并没有那么紧急，可以等一等再做决定。

与此同时，德国 B 集团军群轰炸鹿特丹，在 5 月 14 日下午戏剧性地结束了对荷兰的入侵，814 名荷兰平民死亡，大火燃烧了整整三天。由于无法摧毁新马斯河上被夺取的桥梁，荷兰陆军不能阻断德军从南方进入"荷兰堡垒"的路径，所以荷兰领导人决定停止抵抗。鹿特丹遭到轰炸后三个小时，该城的 1 万名守军就同意投降了。其余荷兰军队于 5 月 15 日 10 时投降。投降之前，荷兰人设法将 1350 名德国战俘转运到了英国。荷兰动员的 28 万人中，有 2232 人死亡、约 7000 人受伤——伤亡率为 3.3%。屈希勒尔的第 18 集团军和德国空军在 5 天的荷兰战役中有约 2000 人阵亡。荷兰投降后，屈希勒尔派遣第 9 装甲师耀武扬威地穿越荷兰主要城市，威吓当地平民。党卫军特别机动师和 3 个步兵师向南缓慢行进，追击从布雷达撤出的法国第 7 集团军各部。5 月 14 日，党卫队"日耳曼尼亚"旗队于安特卫普附近向法国第 25 摩托化步兵师发动进攻，遭到了法军 2 个 R35 坦克营的迎头痛击。在这场战役中，法军十分罕见地在战场上集结了如此之多的装甲兵，武装党卫军的 37 毫米反坦克炮对法国坦克的厚重装甲没有太大效果，"日耳曼尼亚"旗队不得不撤退。尽管战术上取得了胜利，但第 25 摩托化步兵师还是要继续南撤。

到 5 月 14 日早上，戴尔河防线北端由 8 个比利时步兵师守卫，而 BEF 以 3 个步兵师拱卫中路，法国第 1 集团军则以 6 个步兵师驻守南端。那慕尔筑垒地域位于防线南端。在阿尼追击普里乌的骑兵后，赖歇瑙的第 6 集团军选择攻击戴尔河防线的南端。霍普纳的第 14 军前推，直抵让布卢附近的法军主防线，这条防线得到了炮兵、反坦克炮和地雷的有力支援。德国装甲兵部队尤其忌惮法军的 47 毫米反坦克炮——多辆坦克已被其击毁。霍普纳重新集合部队，出动炮兵，并精心策划了一次由第 3 和第 4 装甲师在让布卢以南 3.5 公里的埃尔纳热（Ernage）向法国第 1 摩洛哥步兵师（1ere DM）发动的进攻。5 月 15 日 8 时，霍普纳的炮兵开始了一次效率很低的炮火打击，接下来的"斯图卡"袭击也错失了目标。然后，2 个德国装甲师在埃尔纳热周围 2 公里宽的狭窄区域里发动进攻。法军以炮兵和自动武器火力惩罚了德军,给德军造成了惨重伤亡,摩洛哥步兵则为保卫这个村庄而顽强作战。德国第 36 装甲团团长海因里希·埃贝巴赫（Heinrich Eberbach）中校后来写道 :"敌军火炮数量远多于我们。他们的炮火密集程度甚至不比一战时差……所有四号坦克都被直接命中。总是身先士卒的旅长（赫尔曼·布赖特上校）负伤了。" [16]

经过 6 个小时的战斗,霍普纳所部成功地在法军主抵抗线上建立了一个 2~3 公里深的突出部,但由于损失太大,他命令装甲兵后撤重组。埃伯巴赫的第 35 装甲团只有 24 人伤亡,但仍能作战的坦克不到一半。只有这一次,法军展现出了战术上的敏捷性,利用德军的暂歇,以摩洛哥步兵和第 35 战斗坦克营的 R35 坦克发动反攻,收复了一些阵地。戴尔河防线是法军能够按照训练过的方式,很好地实施防御的少数几个地方之一。因为缺乏充足的炮兵火力和有效的空中支援,2 个德国装甲师无法突破坚固的敌军防线。博克和赖歇瑙发现,攻击防御工事的任务最好留给步兵师。

在攻击法军时,赖歇瑙的第 6 集团军实际上没有理睬比利时军队,只对瓦夫尔和勒芬（Louvain）附近的 BEF 发动了试探性进攻,但都被击退了。BEF 并未对右侧承受重压的法国部队提供多少帮助,而是将更多时间花在了与比利时陆军的争吵上。5 月 15 日,布鲁克已经计划将他的部队向西撤退 25 公里,放弃布鲁塞尔了。[17] 比利时人本可以将第 8 步兵师留下来支援那慕尔筑垒地域,帮助法军防御,但他们却撤走了这个师,让堡垒内的部队孤军死守——跟列日的情况一样。布兰查德夹在霍普纳装甲兵的重压和那慕尔防线削弱的一端之间,他觉得,于 5 月 15 日夜间到 16 日凌晨在右边建立垂直侧翼^①是明智之举。

5 月 15 日,法军竭力试图实施杜芒的计划,以全部 3 个装甲师发动反攻,但许多"战争中的冲突因素"交错在一起,破坏了这一努力。马里·布吕诺(Marie Bruneau)准将的第 1 装甲师已经从让布卢战区转向南进,支援科拉普的第 9 集团军,并在迪南附近向霍特的桥头堡发动反攻,但由于道路上挤满难民,第一批部队直到 5 月 14 日夜间至 15 日凌晨才抵达弗拉维恩（Flavion）。次日早

---

① 译者注:"垂直侧翼"是一个军事术语,意思是重新组织部队,形成一个角度（通常与敌军通近方向成 45 度角）,阻止敌军绕过防线。

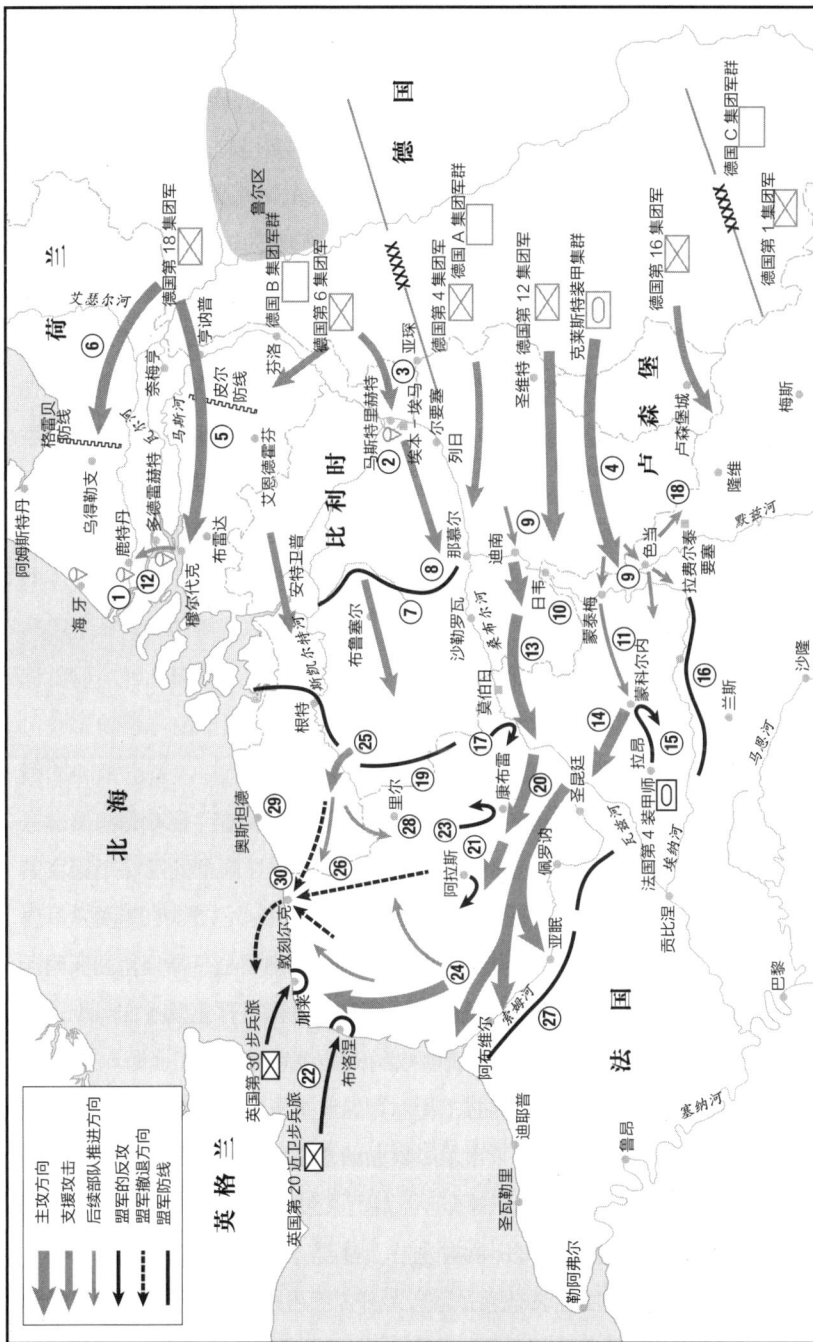

黄色方案之夏，1940年5月10日—6月4日

图例注记

① 5月10日，德国空降兵率先入侵荷兰。

② 5月10日，德国滑翔机机降部队夺取埃本－埃马尔要塞，打乱比军边境防御。

③ 5月10日，德国第6集团军夺取马斯特里赫特，很快与埃本－埃马尔的滑翔机机降部队会合。

④ 5月10日—12日，尽管法比军队派出掩护了部队，但德国A集团军群仍通过了阿登地区。

⑤ 5月12日，德国第9装甲师与穆尔代克桥梁的空降部队会合。

⑥ 5月13日，德国第18集团军突破格雷贝防线。

⑦ 5月12日—13日，盟军在戴尔河后建立防线。

⑧ 5月12日—13日，让布卢缺口之战，第一次大规模坦克战。

⑨ 5月13日，德军于迪南和色当渡过默兹河，建立桥头堡。

⑩ 5月14日—15日，法国第9集团军在德军的两翼夹击下崩溃。

⑪ 5月15日，德国第6装甲师从蒙泰梅向蒙科尔内推进。

⑫ 5月15日，荷兰在鹿特丹遭到轰炸后投降。

⑬ 5月16日/17日，隆美尔的第7装甲师占领朗德勒西的桑布尔河渡口。

⑭ 5月16日—17日，古德里安挥师西进，占领瓦兹河渡口。

⑮ 5月17日，戴高乐的第4装甲师于蒙科尔内发动反攻。

⑯ 5月17日—18日，法国第6集团军开始在埃纳河建立新战线。

⑰ 5月18日，法军在莫伯日的反攻无法阻止霍特的装甲兵。

⑱ 5月18日，德国第16集团军进攻拉费尔泰要塞。

⑲ 5月18日/19日，盟军撤退到埃斯科河之后。

⑳ 5月20日，古德里安的装甲兵夺取亚眠和阿布维尔，孤立佛兰德斯的法国第1集团军群大部。英国地方自卫队各部被击溃。

㉑ 5月21日，英军装甲兵在阿拉斯发动的反攻未能阻止霍特的装甲兵。

㉒ 5月22日，英军在布洛涅和加莱登陆。

㉓ 5月22日，法军向康布雷发动的反攻失败。

㉔ 5月23日—26日，古德里安的装甲兵占领布洛涅和加莱。

㉕ 5月23日—24日，德国第6集团军渡过利斯河，比军士气受挫。

㉖ 5月26日，盟军部队撤向敦刻尔克，大撤退开始。

㉗ 5月26日，法国第7集团军开始在索姆河建立新战线。

㉘ 5月27日—6月4日，里尔包围战。

㉙ 5月28日，比利时投降。

㉚ 6月4日，德军进入敦刻尔克。

上，该师各部仍在陆续抵达，大部分法国坦克燃料已经不足。最后抵达的是运载燃油的 UE"小战车"，因此加油工作到 5 月 15 日 5 时才开始。布吕诺发现，第 9 集团军并没有增援迪南附近的第 11 军，而是开始从默兹河退却，科拉普希望他发动一次反攻阻滞德军的追击；这种阻击任务由摩托化步兵师执行比由非装甲师执行更合适，但布吕诺只得勉力而为。不幸的是，在布吕诺组织其筋疲力尽的部队之前，隆美尔第 7 装甲师的先头部队已于 9 时许抵达。法国第 1 装甲师措手不及，半数的坦克因为缺乏燃油而瘫痪。法国重型坦克的出现令隆美尔大吃一惊，可他并没有意识到遭遇的是 1 个法国装甲师，于是选择绕过第 1 装甲师直奔其目标——菲利普维尔（Philippeville）。紧随其后的德国第 5 装甲师很快与布吕诺所交上了火，战斗持续了几个小时。阻碍法国坦克作战的不仅是加油工作，炮兵或步兵的缺乏也是不利因素。相比之下，德国第 5 装甲师则以多兵种联合的方式作战，迫使法国第 1 装甲师撤退。布吕诺有 58 辆坦克被摧毁、42 辆被丢弃，整个师只剩下 17 辆能够使用的 H39 轻型坦克。而德国第 5 装甲师大约有 60 辆坦克受损，但该师仍在战场上，且许多车辆可以回收维修。[18] 法国第 1 装甲师在弗拉维恩进行实力悬殊的战斗时，隆美尔占领了菲利普维尔，击溃了前往增援科拉普的法国第 4 北非步兵师。

阿尔贝·布吕什（Albert Bruche）准将的法国第 2 装甲师本应增援科拉普崩溃中的右翼，但上级朝令夕改，使该师履带车辆与轮式车辆分离，部队也在调动期间被打散了。装甲部队总监路易斯·凯勒（Louis Keller）少将干预第 2 装甲师的部署，实际上使这支部队在几天内丧失了战斗力。乔治·布罗卡尔准将（Georges Brocard）的第 3 装甲师已于 5 月 14 日同安齐热的第 2 集团军会合，编入了弗拉维尼的第 21 军，但 63 辆夏尔 B1 bis 重型坦克中有 10 辆在途中损坏。弗拉维尼没有立刻动用第3装甲师和第3摩托化步兵师向色当发起反攻，而是命令这些部队占据阻击阵地，包括色当以南16公里的斯通尼（Stonne）村。5月15日5时许，德国第10装甲师和"大德意志"团开始南进攻击斯通尼。由于法国第55和第71步兵师中的预备役人员表现拙劣，这一战区的德军对法军有些轻蔑，未做充分侦察便逼近了斯通尼。驻守村中的法国第3步兵师已经部署了1门25毫米反坦克炮，操炮的是名有经验的中士，他负责掩护道路，立刻便击毁了靠近村庄的前3辆德军四号坦克。当天余下的时间里，斯通尼发生持续激战，阵地7次易手。法军只在这一次战斗中发动了坦克、步兵和炮兵的联合攻击，给德军第10装甲师和"大德意志"团造成了严重损失。当德军步兵吃惊地看到，他们的37毫米反坦克炮很难击穿夏尔B1 bis坦克的厚重装甲时，他们被迫亲身体验了"坦克恐惧症"。[19]尽管如此，法军多次重夺斯通尼并非重点，因为法国第3装甲师和第3摩托化步兵师的兵力被浪费在战术行动上了，没有实现干扰古德里安交通线的主要目标。弗拉维尼对这一目标视而不见。

安齐热误读了古德里安最有可能的行动方案，令弗拉维尼的错误雪上加霜。他认为，对斯通尼的攻击表明，德军试图从侧翼攻击马奇诺防线，而不是迂回到第9集团军侧面。安齐热仍然控制着很长一段的默兹河，法国第18军中3个出色的常备师（第3北非步兵师、第1和第3殖民地步兵师）守卫色当以东区域，包括穆万（Mouvain）要塞。第18军没有承受重压，仍然可以从阵地使用远程火炮骚扰色当的德军桥头堡。安齐热担心侧翼遭到攻击，决定向东后撤15公里，退到他感觉安全的马奇诺防线最西端阵地——拉费尔泰工事群（Ouvrage La Ferté）里。德国第7军的3个步兵师和第14（摩托化）军的2个摩托化步兵师立刻涌入这一真空地带。弗拉维尼没能粉碎色当桥头堡，而安齐热实际上还帮助扩大了它。

5月14日夜间到15日凌晨，比约特解除了科拉普的职务，命令第7集团军的吉罗代替他。如果图雄和吉罗能在"黄色方案"开始时就位，情况可能有所不同，但此时德军已经在默兹河上建立了多个桥头堡，法国第9集团军也已分崩离析，一切为时已晚。法国人还在继续请求皇家空军提供更多帮助。保罗·雷诺告诉丘吉尔："如果我们想要赢得这次可能决定整场战争的战役，必须再派出10个中队（可能的话最好是今天）。"[20]纽沃尔和道丁继续反对这一做法，因此没有做出任何决策。随着坏消息不断传来，5月15日，雷诺直接打电话给丘吉尔，大叫道："我们被打败了！我们输掉了这场战役！色当附近的防线崩溃了。德国人的坦克正在涌入。"[21]雷诺再次催促丘吉尔派出更多飞机。丘吉尔承诺飞往巴黎会商，但称进一步的战斗机增援仍在讨论中。他告诉雷诺，英国内阁决定动用皇家空军轰炸机部队轰炸鲁尔，但这对古德里安或者霍特的装甲兵毫无影响。

即便法国装甲兵展开了反攻，德军仍于5月15日早上开始从默兹河向西推进。如上所述，霍特的第5和第7装甲师击溃了法国第11军残部，突入了科拉普的左翼。古德里安从色当桥头堡出发，以第1装甲师和第2装甲师西进攻击科拉普右翼。为了给法国第2装甲师和组织第6集团军的图雄争取时间，奥利维耶·马克上校的第3斯帕希骑兵旅和第33战斗坦克营一个FT–17坦克连得到命令，尽可能地阻挡古德里安的装甲兵。任何职业军人都知道，这是九死一生的任务。尽管如此，马克的骑兵还是迅速以2门25毫米反坦克炮、4门迫击炮和11挺霍奇基斯机枪加强了拉奥尔涅（La Horgne）村的防御。9时，弗里德里希·基希纳中将（Friedrich Kirchner）的德国第1装甲师先头部队抵达，很快便包围了马克的骑兵旅，但顽强的阿尔及利亚和摩洛哥骑兵抵抗了整整10个小时，迫使基希纳投入了炮兵和坦克才将其消灭。少数骑兵逃脱，马克上校被俘，他手下的2位团长均阵亡。拉奥尔涅的正南方，德拉特尔·德塔西尼将军的第14步兵师（一类常备军部队）先锋营抵达布韦勒蒙（Bouvellemont）村，与第5轻骑兵师幸存者会合。巴尔克中校的第1摩托化步兵营和几辆坦克于18时攻击了这个村庄，但法国反坦克炮很快击毁了5辆装甲车。随后，这里的战斗持续了4个小时，直到法军撤出。在拉奥尔涅和布韦勒蒙，法军的表现不可谓不英勇。

对科拉普第9集团军的致命一击是赖因哈特的第41摩托化军在蒙泰梅发动的。尽管法国第102要塞步兵师在两天的防御战中表现卓越，肯普夫的德国第6装甲师最终仍有1个坦克连渡过了默兹河，此时法军已经没有任何可用的反坦克武器了。德军坦克和步兵于5月15日早上实现了最后的突破，法国第102要塞步兵师试图后撤，但一旦放弃固定武器，这支部队就会变得很无助，而且他们也缺乏逃脱所需的机动性。赖因哈特此时得以让第8装甲师渡过默兹河，用它追击并消灭退却的法国第 102 要塞步兵师和第 41 军其余部队。
打扫战场后，肯普夫的第 6 装甲师组建了由该师下辖第 6 摩托化步兵旅旅长
汉斯 – 卡尔·冯·埃泽贝克男爵（Hans–Karl Freiherr von Esebeck，军衔上校）
率领的追击战斗群。埃泽贝克是一位普鲁士贵族，与该师人事官员克劳斯·申
克·冯·施陶芬贝格伯爵（Claus Schenk Graf von Stauffenberg，军衔上尉）是
好朋友，这两位军官后来都全身心地投入了刺杀希特勒的密谋中。不过，此时
的埃泽贝克率领一支 2000 人的特遣队率先杀入法国，他们配备了大约 60 辆
坦克和 350 辆机动车。奇怪的是，埃泽贝克的坦克中半数都是捷克造 Pz 35(t)。
由于面前已没有任何法军大部队，埃泽贝克在 5 小时内向西推进了 55 公里，
于 5 月 15 日 20 时占领了蒙科尔内镇。此举完全撕裂了法国第 9 集团军的右翼，
实际上，图雄的第 6 集团军已经不可能用残余部队建立一条连续的战线了。

对法国军事和政治领导人来说，德军突然挺进蒙科尔内彻底改变了局面，
毫无疑问，如果不立即采取措施，重大失败就将来临。身在 GQG 的甘末林和
乔治仍然一筹莫展，无法果断地指挥作战。比约特和杜芒试图采取行动，但戴
尔河计划明显已经泡汤，他们没有任何可行的应急计划。尽管对德国又一次发
动进攻的可能性讨论了 20 年，但法国最高统帅部并没有认真考虑过敌军意外
取得突破的可能性。法军中路的崩溃清楚地说明，驻守比利时的盟军部队已非
常危险，必须撤退——但撤退到哪里？即便比利时的部队得救，此后该怎么办？
GQG 中没有一个人知道答案。

5 月 15 日入夜后，皇家空军轰炸机司令部对鲁尔区发动了第一次袭击，
共派出 99 架轰炸机，但只炸死了 1 名德国农夫。[22] 轰炸机司令部对自己能够
展示对德国工业实施战略轰炸的能力而感到高兴，但忽略了一个事实：它的行
动与正在法国进行的战役没有联系。而且，RAF 对法国战役的支援迅速减少。
轰炸机司令部的 AASF 已损失了半数的轻型轰炸机，成为强弩之末的他们无法
为战役做出太多贡献。驻守法国的 10 个战斗机中队在第一周的战斗中损失了
60% 的"飓风"战斗机，只能依靠新的飞机和飞行员支撑下去。AdA 也损失
了相当一部分战斗机，5 月 15 日，每天出动的战斗机都不超过 150 架次。随
着盟军地面作战形势越来越严峻，德国空军对战场上空的控制也与日俱增。

注释

1. E. H. Brongers, The Battle for the Hague 1940 (Soesterberg, NE: Aspekt, 2004), pp. 168 – 169.
2. Jean Paul Pallud, Blitzkrieg in the West: Then and Now (Harlow, UK: After the Battle, 1991), pp. 91 – 93.
3. Lormie, La Batailler, p. 91.
4. Pallud, p. 194.
5. Robin Higham, Unflinching Zeal, see Table 12.
6. Chapman, p. 97.
7. Herman Amersfoort and Piet Kamphuis (eds), Mei 1940 — De strijd op Nederlands grondgebied【May 1940 – The Battle on Dutch Territory】(Meppel: Boom Publishers, 2012), pp. 294 – 308 and Peter Brongers, Grebbelinie 1940 (Soesterburg: Aspekt B.V., 2002), p. 242.
8. Ellis, p. 39.
9. Frieser, pp. 227 – 229.
10. Dennis Richards, Royal Air Force 1939 – 1945, Vol. 1, The Fight at Odds (London: Her Majesty's Stationary Office, 1953), p. 115.
11. Doughty, The Breaking Point, pp. 89 – 93.
12. Beaufre, p. 185.
13. Richards, pp. 120 – 121.
14. Gunsburg, p. 202.
15. War Cabinet Meeting, W. M. (40) 122nd Conclusions, 14 May 1940, p. 125.
16. Hans Schäufler, Knights Cross Panzers: The German 35th Tank Regiment in World War II (Mechanicsburg, PA: Stackpole Books, 2010), p. 43.
17. Brooke, p. 64.
18. Dominique Lormier, Comme des lions: le sacrifice héroïque de l'armée Française (Paris: Calmann-Lévy, 2005), pp. 87 – 88.
19. Frieser, p. 209.
20. Ellis, p. 57.
21. William M. Shirer, The Collapse of the Third Republic: An Inquiry into the Fall of France in 1940 (New York: Da Capo Press, 1994), pp. 679 – 680.
22. Middlebrook and Everitt, p. 43.

第4章
走向大海

大海！大海！

——公元前401年，希腊士兵看到黑海时的惊呼，出自色诺芬的《远征》

德军向英吉利海峡挺进，5月16日—25日

几个小时的犹豫不决后，法军最高统帅部最终于5月16日发布了让布兰查德的第1集团军和BEF放弃戴尔河阵地，撤到埃斯科河的命令。如果能将克莱斯特阻挡在桑布尔河以东，莫伯日筑垒地域将成为新防线的关键。比约特将3个强大的常备师（第1轻机械化师、第1北非步兵师、第9摩托化步兵师）调到右翼，GQG同时开始从马奇诺防线上的平静区域调动3个师增援图雄，后者正在埃纳河以南重组部队。吉罗刚刚接替科拉普指挥第9集团军，就被迫将无人防守的指挥部迁移到圣昆廷，以避古德里安所部装甲兵的锋芒。根据吉罗的部下描述，情况"一片混乱"，已经没有明确的前线了。15时左右，法国第2军军长让·布费（Jean Bouffet）中将在"斯图卡"对其指挥部的轰炸中阵亡，进一步破坏了桑布尔河以东的指挥和控制。吉罗是法国陆军中最有才能的指挥官之一，但他无事可做，也几乎无法联系到所在战区的任何一支部队。最初，他认为可以动用第1和第2装甲师在瓦兹河和桑布尔河以东实施阻击行动，然而他很快就发现，利用这些分散的部队完成此类任务是不切实际的。他转而命令夏尔·德莱斯特兰（Charles Delestraint）准将负责指挥在圣昆廷附近集结的第2装甲师各部，派他们前去守卫瓦兹河上的桥梁，充当"瓶塞"（Bouchons）；

这意味着，法国在第 9 摩托化步兵师从比利时赶到之前，50 公里宽的区域中只部署了 7 个连的坦克和 1 个连的摩托化步兵。德莱斯特兰是法国陆军中最有经验的装甲兵军官之一，他深知这一决定完全违反了军事原则，但附近没有其他部队能够守住这些渡口。瓦兹河能再守住哪怕一天，也能为援兵争取时间。

此时，法国陆军仍然有大量坦克，但其中大部分都已投入战斗。甘末林命令夏尔·戴高乐上校在拉昂组建第 4 个装甲师，拉昂恰好就在德军突破区域的正南方。戴高乐抵达那里后就开始积极地拼凑一支部队，但第 4 装甲师一直都只是临时编制。由于缺乏阻滞克莱斯特装甲集群的地面作战力量，法国空军奉命对蒙科尔内附近的德军纵队发动集中低空轰炸。不幸的是，由于德军的推进，AdA 已经被迫开始放弃一些空军基地，只能出动 44 架次的轰炸机攻击古德里安的先头部队。[1]

对于这一段戏剧性的时期，历史故事几乎都聚焦于双方坦克的作为。而值得注意的是，在突破区域附近，双方参战的步兵都很少——德国方面只有几个摩托化步兵营，法军则只有几个摩托化连。没有步兵就不可能建立正常的防线，而失去步兵支援，坦克也无法守住阵地。推进中的德军战斗群被迫留下一些部队保护交通线，以致最前线的部队兵力越来越少。本质上，双方战术都因为关键战区可用步兵的短缺而大受影响。而双方缺少充足的工兵部队也对战斗产生了无形的影响。如果瓦兹河的法军有工兵，他们可以简单地炸掉所有桥梁，但由马匹运送的第 9 装甲师工兵部队在撤退时失散了，导致德军装甲部队前锋很快就绕了过去。这就证明，法国战前没有为更多工兵部队实施摩托化改造的决策是严重的失误。同样，德军舟桥工兵部队远远落后于前线部队，如果遇到被炸毁的桥梁，进攻就可能停滞。古德里安的前锋部队没能像"跳过"默兹河一样"跳过"瓦兹河。

到 5 月 16 日下午，德国方面共有 6 个装甲师通过 40 公里宽的突破通道西进，几乎没有遇到抵抗。即便是修改后的"黄色方案"，也从未阐明克莱斯特装甲集群渡过默兹河以后应该怎么做，伦德施泰特和克莱斯特都对前线指挥官未请示上级便做出决定而恼怒。克莱斯特的先锋部队与跟进的步兵之间出现了一个很大的空隙，克卢格的第 4 集团军和李斯特的第 12 集团军已经落后

100~120公里。这一缺口令布劳希奇和伦德施泰特极度紧张，因为他们知道，德军步兵师抵达之前，突破走廊两侧毫无掩护，很容易遭到盟军反攻。尽管甘末林的部队似乎乱作一团，许多德国军官仍然记得，1914年法国陆军是如何在马恩河重整旗鼓的。他们都担心历史可能重演。德国装甲师还面临身体与机械疲劳的问题，官兵与车辆都已经连续作战一周了。就连古德里安也提到了前线部队的明显疲劳，但他不愿意以任何理由停止扩大战果。[2] 克莱斯特试图约束古德里安，命令他不得在部分步兵赶上来之前继续挺进瓦兹河，但这一命令遭到无视。布劳希奇也加入了这一行列，称装甲部队在下一阶段的行动前需要一段时间休息，可是他的意见也无人理睬。[3] 尽管有人认为，法军将领都是些不理解现代战争的老古董，但很明显，克莱斯特向英吉利海峡挺进期间，德国高级军事领导人也很难适应快节奏的非线性机械化战争。

5月16日下午，丘吉尔飞往巴黎与雷纳德和甘末林会谈。甘末林似乎认为，德军的突破是不可逆转的灾难，而丘吉尔并不认同。他希望发动反击，但人们熟知的一幕是：当他问甘末林"你的机动预备队在哪里"时，据说甘末林的回答是："根本没有！"至少，丘吉尔的回忆录中对那场戏剧性的会晤就是如此描述的。[4] 甘末林的最高统帅部确实没有大量预备队，但他仍有从第2集团军群和第3集团军群抽调的5个步兵师，法国也还有未投入战斗的步兵部队。而且，BEF在里尔和阿拉斯之间有3个尚未参战的步兵师，甘末林忽略了这些部队。如果几个英国旅和装甲骑兵团迅速从阿拉斯转移到瓦兹河渡口，可能有助于迟滞德军的进攻，帮助吉罗在河上坚守。然而，甘末林和比约特并没有请求投入BEF部队以应对德军突破，戈特勋爵也没有任何派出部队的意愿。不过，按照丘吉尔的建议，英国内阁同意立即向法国派出相当于4个中队的"飓风"战斗机：这不是完整的建制，而是执行临时任务的多个八机编队。[5] 鉴于此前"飓风"战斗机的损失，这一行动只能填补空缺，并不能逆转盟军和德军战斗机数量上的不平衡状态。仅5月15日这一天，皇家空军就损失了15架"飓风"。[6]

虽然德军装甲前锋西面的法军阵地陷入了混乱，但图雄的第6集团军成功地沿埃纳河建立了连续的防线。从布韦勒蒙撤退后，德拉特尔·德塔西尼的第14步兵师奉命于勒泰勒（Rethel）守卫埃纳河北侧的一个桥头堡，因为图雄已经考虑了向北攻击德军交通线的问题。德拉特尔在勒泰勒桥头堡部署了1

个团（第 152 步兵团），而该师其余部队负责守卫埃纳河前线一个 26 公里宽的区域。他是一位坚强、训练有素的老将，曾参加过凡尔登之战和里夫战争，共六次负伤。德拉特尔还拥有丰富的资源，得到了原计划用于第 2 装甲师的 3 辆新型夏尔 B1 bis 坦克，他将这支特遣队派去增援桥头堡。虽然德军装甲兵继续向西推进，但李斯特的第 12 集团军获准占据埃纳河上的桥头堡，为 "红色方案" 做准备。德国第 23 步兵师先头部队于 5 月 17 日向勒泰勒的法国第 152 步兵团发动进攻，但被击退。德拉特尔激进地使用他的 3 辆夏尔 B1 bis 坦克发动局部反攻，令德军猝不及防。

希特勒越来越神经质，即便看到的只是法军最小规模的反攻，他也会向陆军总司令部（OKH）下达命令，催促步兵师尽快前推，在埃纳河上建立一条战线。为了减少古德里安的暴露侧翼遭受盟军反攻的危险，OKH 从赖歇瑙第 6 集团军征调了第 20 摩托化步兵师，以增援赖因哈特的第 41 摩托化军，并将第 29（摩托化）步兵师归入古德里安帐下。OKH 还决定投入唯一的机动预备队——从 "黄色方案" 开始就留在后方的党卫军 "骷髅" 师。5 月 16 日，"骷髅" 师被派往比利时与霍特的部队会合。这些精力相对充沛的摩托化部队的加入，不仅可以帮助克莱斯特装甲集群守住夺取的地盘，还可以避免这些部队因疲劳而失去前进的势头。

伦德施泰特努力约束古德里安，但后者的装甲兵在 5 月 16 日继续推进了 30~40 公里。第 6 装甲师的埃泽贝克战斗群和拉文施泰因战斗群于傍晚抵达瓦兹河，没有给吉罗退却中的部队留下任何喘息之机。德国第 1 和第 2 装甲师先头部队也抵达了瓦兹河，并于 5 月 16 日夜间到 17 日凌晨夺取了 3 座桥梁。在没有任何步兵或炮兵支援的情况下，法国第 2 装甲师 3 团第 27 战斗坦克营 1 个 H38 坦克连奋力坚守这些渡口。最终，法军坦克被击溃，2 个德国装甲师转向北进，逼退了守军的其他连队。法国第 2 装甲师各排被逐一击破。

隆美尔的第 7 装甲师担任霍特的先锋，于 5 月 16 日下午发动了一次壮观的装甲突击，攻破了克莱尔费特（Clairfayts）附近属于莫伯日筑垒地域外围防御工事的一排混凝土炮台。隆美尔错误地声称已 "突破马奇诺防线"，其实那只是一些不完整的碉堡，由法军第 101 要塞步兵师的预备役人员守卫。暮色中，他继续挥军向前，遭遇了停在公路两侧过夜的法国第 1 装甲师和第 5 摩托化步兵师。法军被隆美尔的 Pz 38(t) 轻型坦克打得措手不及，后者沿着开往阿韦讷（Avesnes）的公路驶来，向法军卡车和其他轮式车辆开火。德军缴获了法国第1装甲师的全部火炮，法国第5摩托化步兵师也被打散。隆美尔没有停下脚步，在午夜时进入了阿韦讷。镇中有17辆法国第1装甲师第25战斗坦克营的H39坦克，它们与隆美尔的坦克激战了4个小时。阿韦讷战事逐渐平息后，隆美尔鲁莽地决定再向前疾驰18公里，直扑朗德勒西（Landrecies）的桑布尔河渡口。但是，隆美尔的先头部队实际上耗尽了燃油和弹药，脱离了霍特的其余部队，整条进攻路线上都是被绕过的法国部队。他对阿韦讷的突袭成了个人战法的模板，在接下来的四年中被一再使用；他敢于接受风险，以近乎蛮干的大胆行动瘫痪敌军。这一招在法国奏效了，不过以后的情况就不是这样了。

5月17日4时15分，戴高乐向蒙科尔内发动反攻，他出动了2个坦克营（共约90辆坦克）和乘坐汽车的1个摩托化步兵营——第4机械化猎兵营（4eBCP），由1个105毫米榴弹炮团提供支援。戴高乐对蒙科尔内的德军只有模糊的认识，他的部下此前也从未共同作战过；他没有用于协调部队的电台，也没有空中支援，甚至没有侦察部队，只是盲目地去捅这个"马蜂窝"。可是，戴高乐的第4装甲师远比另3个组织更好的法国装甲师幸运，而运气在战斗中起到了重要作用。第46战斗坦克营的一些夏尔B1 bis坦克陷在沼泽地中的一条堤道上，造成了延迟，但戴高乐的坦克突破了通往蒙科尔内道路上的一条德军前哨线，消灭了一队德国炮兵。德军的1个37毫米反坦克炮排痛苦地看着自己的穿甲弹从法国重型坦克的装甲上弹起。法军的坦克缓慢地向蒙科尔内推进，德国第1装甲师首席参谋（Ia）瓦尔特·温克（Walther Wenck）少校意外地被一辆法国坦克的子弹所伤。

古德里安并不知道戴高乐的行动，他将第19摩托化军军部设在蒙科尔内以东4公里的苏瓦斯（Soize），蒙科尔内镇内的德军只有1个工兵连和1个空军高射炮连（4门88毫米高射炮）。7时，克莱斯特乘坐一架"斯托尔赫"飞机在蒙科尔内降落，怒斥了古德里安违抗上级命令越过蒙科尔内的行为。古德里安暂时遭到解职，就在这几个小时里，德国人听到坦克的炮声越来越近。德国第1装甲师师长基希纳也恰好在蒙科尔内。上天给了法国人一个稍纵即逝的机会，他们本可以迅速突入蒙科尔内实施"斩首行动"，消灭克莱斯特装甲集群的重要领导人。然而不幸的是，第 46 战斗坦克营的夏尔 B1 bis 坦克在进入蒙科尔内前耗尽了燃油，从民用卡车上加注燃油耗费了 4 个小时，德军因此得到了在进入该镇的道路上埋设地雷并修复 6 辆瘫痪坦克的机会。失望至极的戴高乐最后催促第 24 战斗坦克营的 R35 坦克向蒙科尔内逼近，但他的 2 个连得不到任何支援；这些坦克的设计明显不是用于独自作战，而是与支援步兵协同作战的。等到法国重型坦克完成加油工作，于 15 时左右恢复进攻时，德军已经在蒙科尔内镇外部署了 88 毫米高射炮，2 辆 D–2 和 3 辆夏尔 B1 bis 坦克被摧毁。阵亡的法国坦克手包括第 46 战斗坦克营营长。不久，"斯图卡"轰炸机发动的一次攻击进一步重创戴高乐的坦克，德国第 10 装甲师各部开始出现在蒙科尔内东南方，此时法军只能停止行动了。

戴高乐声称，他的部队抓获了 130 名俘虏，这也许是准确的数字。但他损失了 23 辆坦克（9 辆夏尔 B1bis、2 辆 D–2 和 12 辆 R35）——大部分无法回收，只能丢弃在战场上。将戴高乐在蒙科尔内的反攻，描述成一次突袭是最贴切的，不过，与隆美尔对阿韦讷的突袭不同，这次行动的影响是局部的。[7] 当天晚些时候，戴高乐得到了更多援兵，包括 1 个索玛 S35 坦克团、一些装甲车和 1 个摩托化步兵营。法军在蒙科尔内的失败不是因为军事思想或者指挥不当，而是源于有限的资源和重型坦克的机械缺陷。如果有一些空中支援和更快速的中型坦克（如索玛 S35），戴高乐可能已经在蒙科尔内抓获了克莱斯特、古德里安和基希纳。但结果是，法军的反攻使克莱斯特和伦德施泰特回到现实中——古德里安复职，获准对瓦兹河以东实施一次"大规模侦察"。他还派出第 10 装甲师对抗戴高乐的第 4 装甲师。

在古德里安的部队夺取瓦兹河和桑布尔河桥头堡时，布兰查德的法国第 1 集团军大部和 BEF 慢慢地撤向了埃斯科河。法国第 7 集团军解散，安特卫普附近的第 60 和第 68 步兵师余部归比利时军队指挥。尽管 4 艘法国驱逐舰提供了舰炮火力支援，瓦尔赫伦岛上 6000 人的法国远征部队（共有 5 个步兵营和 1 个炮兵营）仍被德军隔断击溃。 第 60 步兵师师长马塞尔－埃米尔·德洛朗（Marcel–Emile Deslaurens）准将在指挥断后行动时阵亡，但他三分之一的部队得以乘坐海军舰船撤出。德洛朗是一位坚强的殖民地军官，他总是身先士卒。

乔治和比约特继续发布模糊的命令，希望被突破区域以南的法国军队能组成新的连续战线，但没有指示具体的做法。为了保卫巴黎，奥贝尔·弗雷尔（Aubert Frere）中将奉命开始在佩罗讷周围的索姆河沿线组建新的第 7 集团军。他得到承诺，第 2 和第 3 集团军群的 4 个步兵师正在赶来的途中，不过一开始，他能用来保卫渡口的只有第 23 步兵师和第 3 轻步兵师（3e DLI）各部。由于意外得到的情报——审问一名被俘德国军官的结果——GQG 现在明确地知道，敌人的目标是直接到英吉利海峡去隔断第 1 集团军群，而不是向巴黎推进。对敌人的这一行动路线，显然应该尽快调动比利时的更多部队，在突破区域南面建立一条新的抵抗线。可是，比利时人不愿意放弃更多领土（虽然他们为防御这些土地所做甚少），从而拖了盟军的后腿。雪上加霜的是，比利时铁路工人决定罢工，这影响了盟军对铁路的使用。但法国领导层不愿意就此罢手，他们对英法联合行动能够阻止德军越过瓦兹河和桑布尔河，或者令其改变方向，仍然抱有微弱的信心。然而，一些英国高层领导人已经开始思考如何撤出 BEF 了。

5 月 18 日，由于古德里安的进攻受到约束，而且德军的补给遇到困难，限制了其先锋部队得到的燃油和弹药，让法军得到了短暂的喘息之机。不过，法国第 2 装甲师建立的"瓶塞"逐步被摧毁，德国第 2 装甲师汹涌向前，夺占了圣昆廷。大批德军渡过瓦兹河后，英法两军在战场上的合作就变得至关重要，但法国人不愿意共享信息，阻碍了这种合作。值得注意的是，第一次联合参谋部会谈在战争开始时才举行，由于假战期间的静止状态，法军最高统帅部与下属各集团军没有多少机会共享即时信息。现有的规程依赖于联络官例行的信息交换，在快速变化的战场上，这完全不足以形成对形势的共识。即便甘末林、乔治和比约特对戈特勋爵更加坦诚，他们自己对当前战场形势的理解也远称不上完美。他们传递给戈特勋爵的信息是，德军正在西进，法军很难阻止他们。乔治要求 BEF 提供一些部队，帮助守卫阿拉斯和亚眠之间地区，戈特勋爵派出的是能力最差的部队——参加交通线维护任务的 3 个 TA 师（第 12、第 23 和第 46 步兵师）。第 12 步兵师将下辖的第 35 旅派往阿布维尔、第 36 旅派往杜朗（Dullens）、第 37 旅派往亚眠，而第 23 步兵师则将 2 个旅都部署在阿拉斯周围。这些 TA 部队没有炮兵，也没有牵引式反坦克炮，而且被告知只会遇到敌军的侦察部队。但不幸的是，自卫队官兵们恰好位于克莱斯特装甲集群开往英吉利海峡的直接通路上。

作为进一步的预防措施，英军还决定保卫索姆河以南的后勤基地。代理准将阿奇博尔德·B.博曼（Archibald B. Beauman）负责鲁昂周围各仓库守卫部队，他奉命组建一个机动预备队，以应付可能靠近后方的敌军部队。博曼在一战中曾是一名出色的营长，但在 1938 年因与霍尔－贝利沙发生冲突而过早退役。他在战争开始时被召回，但没有担任作战指挥官，而是承担平凡的后勤任务。现在，BEF 交通线突然受到明显的威胁，博曼以娴熟的手法迅速行动，以各支援部队和补充部队为基础，建立了 2 个临时战术集群：博部队（Beauforce）和维克部队（Vicforce）。这些集群最初只有轻武器，但博曼开始从整个法国为他们搜寻重武器。

布兰查德重新部署法国第 1 轻机械化师，对霍特手下正在穿越莫伯日以南莫马尔（Momal）森林的装甲兵实施破坏性进攻，这是在桑布尔河上建立防线、保护法国第 1 集团军右翼的措施之一。对法国野战部队来说，第 101 要塞步兵师守卫的莫伯日筑垒地域是非常关键，霍特的推进威胁到了它的侧翼。第 1 轻机械化师的反攻于 5 月 18 日 18 时 30 分打响，暂时给德国第 7 装甲师造成了一些麻烦，但这次反攻力度太小且为时已晚，无法消除德军对法国第 1 集团军右翼的威胁。德国第 1 高射炮军部署了"戈林将军"高射炮团的 88 毫米炮，在森林中摧毁了 18 辆法国坦克。法国第 1 轻机械化师还在若利梅茨（Jolimetz）部署了一支阻击部队，包括 12 辆索玛 S35 坦克和 1 个连的摩洛哥猎兵，他们将德国第 5 装甲师拖住了将近一天。德军最终包围并进攻了这个小镇，击溃了法军，但为此损失了 26 辆坦克。除了霍特的装甲兵外，布兰查德的第 1 集团军还受到赖歇瑙第 6 集团军的重压，后者于 5 月 17 日进入布鲁塞尔，次日进入安特卫普。布兰查德的部队遭到德军钳形攻势两端的挤压，没有足够的兵力同时应付双重威胁。随着隆美尔在朗德勒西渡过桑布尔河和霍特的其余部队从南方逼近莫伯日，布兰查德的阵地已无法坚守。当法国第 1 集团军缓慢地撤向埃斯科河时，莫伯日要塞中第 101 要塞步兵师的 5 个营只能孤军作战。克卢格的德国第 4 集团军从第 8 军征调了 2 个师围攻这些堡垒，所有法国守军都于 5 月 21 日到 23 日之间投降。

5 月 18 日，AASF 和联合司令部航空兵开始将损失最大的中队撤回英国，空战的天平继续向德军倾斜。"布伦海姆"轰炸机撤退后，BEF 已经没有轰炸机的支援了，留在法国的皇家空军部队被迫迁移以躲避德军前锋，进一步减少了每日的飞行架次。"飓风"战斗机损失也很严重，撤出机场时，英军不得不摧毁许多损坏的飞机。因此，RAF 剩余的资源甚至不足以支援 BEF 的地面行动，更遑论帮助法军作战了。RAF 还失去了在法国上空执行侦察任务的能力，戈特勋爵因而无法知晓德军前锋部队的位置。由于盟军战斗机的反击能力下降，德国空军恢复了对盟军机场的袭击并取得了一些成功；对巴黎以北佩尔桑－博蒙机场的一次空袭摧毁了 14 架 LeO 451 轰炸机中的 10 架。德国空军还迅速开始迁入占领的盟军空军基地，扩大了作战范围。

由于战局迅速失去控制，雷诺最终解除了达拉第的国防部长和甘末林的总司令职务。贝当走马上任，成为此时的名义首领。魏刚从叙利亚被召回，于 5 月 19 日早上取代甘末林的位置。雷诺不喜欢魏刚，但他深知，必须撤换效率低下的甘末林。魏刚从 1918 年起就享有杰出作战规划者的荣誉。[8] 虽然用 73 岁的魏刚代替 67 岁的甘末林被称作"孤注一掷之举"，但确实有意义。魏刚的身体和精神都很健康，在叙利亚时也并没有"与世隔绝"，而是与甘末林保持着密切联系，共商应急计划。他是一名精力充沛、意志坚强的军官，对法国陆军的能力非常了解。可是，到魏刚掌舵时，法国陆军已不再拥有主动权，只能被动应对敌军行动。更糟糕的是，就在他接掌指挥权的时候，伦德施泰特取消了对古德里安的限制，允许后者的装甲兵西进英吉利海峡。

5 月 19 日，古德里安一路狂奔，摧毁了可能进一步阻击德军的最后一批法军防御阵地。法国第 9 集团军总部被攻陷，吉罗被俘。撤退或者向前线调动的法军队列遭到轰炸，被无情地消灭。霍特的装甲兵占领了康布雷，巴波姆亦告失守。在索姆河以北建立连续战线的牵强理由已不复存在。布兰查德的第 1 集团军和 BEF 都被迫将部队调往西南方的阿拉斯，以免遭到德军包抄。能够阻止德军装甲兵切断盟军南逃路线的，只有 2 个装备不佳的英国地方自卫队步兵旅。在挺进英吉利海峡的最后阶段，德军装甲兵成扇形展开：古德里安的第 19 摩托化军的目标是阿布维尔—亚眠战区，霍特的第 15 摩托化军攻击阿拉斯，而赖因哈特的第 41 摩托化军开往加莱。布兰查德继续反击，法国第 1 轻机械化师和第 1 北非步兵师在莫伯日西南方的莫马尔森林攻击了霍特的装甲兵，又在朗德勒西攻击了隆美尔的桥头堡。法国第 2 装甲师 2 辆幸存的夏尔 B1 bis

坦克成功地冲进朗德勒西，并摧毁了50辆车后安全撤离。如果有空中支援的话，布兰查德可能取得更大战果，但事与愿违。由于 AdA 能够作战的轰炸机所剩无几，法国海军航空兵第2和第4俯冲轰炸机中队（AB 2、AB 4）奉命出动20架 LN411 俯冲轰炸机支援布兰查德的反攻。这些飞机在贝尔莱蒙附近袭击霍特的装甲纵队，结果遇上了真正的高射炮"火墙"，其中9架被击落，另有7架受损。

BEF 必须抢在交通线被切断之前向南转移。5月20日早上，艾恩赛德上将抵达戈特的指挥部，命令他立即大举向南进攻，但戈特声称，由于燃油和弹药储备有限，此举并不可行。实际上，与甘末林和比约特一样，戈特勋爵被迅速变化的事态惊呆了，不愿意完全打破一致同意的作战计划。利奥波德三世国王不停地抱怨说，如果 BEF 不能全力守住埃斯科河防线，比利时军队将很快崩溃。此举令戈特勋爵分心，不能冷静地投入部队发动反攻。事实上，比利时军队以11个师的兵力守卫65公里宽的河段，并保留着6个师的预备队，而BEF 却被迫将9个师中的7个用于守卫40公里宽的河段。比利时军队不愿意做出更大努力，使 BEF 不可能为反攻集中更多的预备队。戈特勋爵命令第5和第50步兵师以及第1陆军坦克旅集结在阿拉斯周围准备反攻，但难民和空袭使其不能快速调动。第1坦克旅一天只能行进39公里，还因为机械故障而损失了12%的坦克。[9] 布兰查德希望法国第1集团军至少将普里乌所辖骑兵军的一部分投入反攻，但这些部队已经完全陷入了阻滞德国第6集团军的行动中。

在德军突破区域南侧，戴高乐的第4装甲师得到增援后又发动了一次反攻，这次的方向是正北的塞尔河畔克雷西（Crécy-sur-Serre）。戴高乐的第二次反攻首先以3个坦克营打击德军前哨，但德国第10装甲师已在克雷西筑起深沟高垒，由步兵、坦克和反坦克炮组成防线，并在通往桥梁的道路上埋设了地雷。戴高乐的临时多兵种联合部队规模太小，不足以对抗满编的德国装甲师，也无法实施渡河作战。德军还用"斯图卡"骚扰没有任何空中支援的法国第4装甲师。法军坦克确实突入了克雷西，但大部分被近距火力击毁。戴高乐只得尽可能长时间地袭扰敌军，然后在夜色降临时撤退。第4装甲师共损失了28辆坦克，但和其他法国装甲师不同，戴高乐的部队没有被击溃，仍有很高的战斗效能。GQG 认识到在此期间不可能取得突破，遂准许戴高乐撤往埃纳河，以便重组部队。虽然戴高乐的反攻没能给克莱斯特装甲集群造成重大物资损失，但确实进一步加重了德军最高统帅部对古德里安脆弱侧翼的担忧。

德拉特尔所部第 14 步兵师在勒泰勒的防御战是法军少数几个亮点之一。德军于 5 月 19 日动用步兵和炮兵发动大规模进攻，迫使德拉特尔撤出了埃纳河以北的桥头堡。从北岸撤退之前，他的 3 辆夏尔 B1 bis 成功地击毁了敌军的 20 辆坦克、9 辆装甲车和 26 辆其他车辆。当德军次日早上开始渡过埃纳河时，又遭遇法军的凶猛反攻。德拉特尔从各种来源又得到了 11 辆夏尔 B1 bis 坦克，在德军重武器渡河之前，他利用装甲兵和第 152 步兵团的 2 个营打垮了德军的步兵。德拉特尔的部队俘虏了 800 名德国官兵——这是法国战役中俘敌最多的一次。

古德里安无视法军的局部反攻，已经开始展望战役的下一阶段了，他催促疲劳不堪的部队，在新组建的法国第 7 集团军建立起连续战线前夺占索姆河渡口。尽管弗雷尔派出了法国第 97 步兵师师属侦察大队的外籍军团骑兵保护佩罗讷桥梁的安全，内德维希战斗群（第 2 装甲团和第 1 摩托化步兵团 1 营）还是赶在法军抵达前夺取了无人防守的桥梁。

OKH 授权德国第 16 集团军包抄马奇诺防线左翼，并不是"黄色方案"的一部分，很明显，这是为了分散法军注意力，以便古德里安能肆无忌惮地向大海狂奔。安齐热的法国第 2 集团军从色当退却，暴露了马奇诺防线最左端的阵地——拉费尔泰要塞，李斯特的第 16 集团军决定在那里发动进攻。德国第 71 步兵师试图突破法军的两个前哨阵地，但遭到法国现役第 3 殖民地步兵师的顽强抵抗，激战持续了两天。拉费尔泰要塞包括两个主要碉堡，守军是法国第 155 要塞步兵师的 107 名官兵，由莫里斯·布吉尼翁中尉指挥，但炮兵支援非常有限。5 月 18 日晚上，德军先使用 210 毫米榴弹炮和其他重炮轰击，然后对要塞发起全力突击，成功地夺取了要塞中的所有阵地。但是，要塞中燃起的大火使德军无法进入，全部守军都因窒息而死亡。法军两次试图在坦克支援下为守军解围，均被德军炮火击退。虽然丢失了这一要塞，但法国第 2 集团军在与第 3 集团军相邻的区域保住了一条连续的战线，德军在这里投入更多资源已无意义。普雷特拉的第 2 集团军群有 28 个师，尽管甘末林已调动其中的 7 个师去增援第 1 集团军群，但驻防马奇诺防线的法国部队还是太多了。原归第 3

集团军指挥的英国第 51（高地）师于 5 月 20 日撤出前线，准备调回 BEF。

被解职之前，甘末林曾建议对克莱斯特装甲集群发动一次反攻，但魏刚接任后，并没有发布任何具体命令。他只是在 5 月 20 日早上要求比约特"像野兽一般"进攻，打破德军包围，向南与从索姆河北进的部队会合。魏刚了解到最新的形势后，为甘末林隐瞒了大部分最糟糕的报告而感到震惊。与下属部队的沟通如此不顺也令他感到惊讶，有关事件的报告往往自相矛盾，这极大地影响了他左右战局的能力。

安托万·贝松（Antoine Besson）上将奉命负责索姆河上的部队，他此前曾率第 3 集团军群总部监视瑞士边境。不幸的是，索姆河上几乎没有盟军部队。[10]一切都太迟了，魏刚接掌指挥权的第一天，法国海军航空兵轰炸了横渡瓦兹河的德军摩托化纵队，这一徒劳之举也是当日盟军仅有的攻击行动。由于没有战斗机护航，AB 1 的 11 架美制沃特 156F 俯冲轰炸机中，有 5 架被 Bf-109E 战斗机击落，不过其余 10 架 LN 411 俯冲轰炸机只损失了 1 架。RAF 派出的 47 架"布伦海姆"轰炸机，在从英国飞来的战斗机的护航下成功轰炸了阿拉斯以南的德军装甲兵，且没有受到损失。[11]然而，这些攻击规模太小，难以阻止古德里安的进攻洪流，德军猛烈打击了如一串珍珠般部署在阿拉斯到亚眠之间、试图封堵道路的几个英国步兵旅。早上，德国第 8 装甲师击溃了英军在阿拉斯以南的 1 个营，而第 1 装甲师在亚眠以东击溃了另 1 个营。下午，德国第 6 装甲师在杜朗重创了乔治·鲁佩尔（George Roupell）准将的第 36 旅；鲁佩尔的部队极度缺乏反坦克武器，但他们依然顽强奋战，直至 2 个营均被摧垮。一战中曾获维多利亚十字勋章的鲁佩尔设法逃出生天，在法国的被占领土上躲藏了两年。

令人惊奇的是，亚眠的法国部队很少。得到了 10 辆旧式 FT-17 坦克和几门 75 毫米炮增援的预备役部队第 28 地方团，在进入该城的所有主要道路上设置了路障。一支工兵部队负责在敌军逼近时摧毁桥梁，但炸药尚未装好。为了阻止盟军向亚眠调集援兵，德国空军于 5 月 18 日和 19 日猛烈轰炸该市。英国第 7 皇家萨塞克斯营在火车站遭遇了这场袭击，伤亡超过 100 人，其中包括他们的指挥官。此后，由于铁轨受损，这个营只好下车，等待永远不会到来的命令。阿布维尔也在 5 月 20 日早上遭到轰炸，主要的桥梁和电话中心被摧毁，使英国第35旅无法掌握敌军动向。弗雷尔的第7集团军中只有7个师正受他的指挥——大部分仍在通过公路和铁路抵达的过程中——最近的正规部队在亚眠以南约20公里处。布兰查德试图经公路和铁路调动第1集团军驻比利时的第21步兵师一部援助弗雷尔，但只有马里·萨莱斯－拉韦涅（Marie Salesse-Lavergne）上尉率领的师属侦察部队（27e GRDI）2个中队先于德军抵达阿布维尔。到达后，这2个中队转移到河流南岸的集结地点，等待所在大队的其他人员，但由马匹运送的部队因难民队伍而延迟，仍留在比利时。在交通手段不足和敌军空袭及难民干扰的情况下，法军仍然通过公路，将79名比利时通敌者，包括莱昂·德格雷尔（Leon Degrelle），转移到了阿布维尔。

5月20日8时30分左右，来自德国第1装甲师巴尔克战斗群（第1步枪团2营和第1装甲团2营）的第一批摩托车侦察兵出现在阿尔贝特—亚眠的公路上。[12] 封锁这条道路的法军有15名士兵、1挺机枪和2辆FT-17坦克（各配备1挺机枪）。当德军师属侦察营（第4装甲侦察营）抵达时，以至少一辆坦克、多辆装甲车和摩托车的部队发动进攻。激战中，2辆FT-17均被德军坦克摧毁，法军阵地被攻陷。德军第1摩托车步枪营的士兵越过燃烧中的法军路障进入亚眠城，9时30分左右到达了一座法国工兵来不及摧毁的主要桥梁。[13] 一发现德军就在背后，剩下的大部分法国地方部队官兵就放弃了路障。当地的一名法国指挥官武装了要塞里的一些囚犯，抵抗了7个小时，但为时已晚，只给德军造成了很小的麻烦。运气不佳的第7皇家萨塞克斯营待在城南，根本不知道发生了什么，也没有做防御的部署。当巴尔克的部队在14时左右发现这支部队时，立刻以坦克发起进攻，打垮了这支迷茫中的队伍。事后，这支德国部队因为夺取亚眠而得到了奖赏——缴获的英国巧克力和咖啡。[14]

鲁道夫·法伊尔（Rudolf Veiel）中将的德国第2装甲师极度缺乏燃油，但仍设法在一天内前进了90公里，于18时抵达阿布维尔外围，并发现了英国第35旅仍在索姆河以北封锁着道路。遭到奇袭的3个英国步兵营企图渡河逃跑，但很快就被包围，只有少数幸存者渡过了索姆河。到20时30分，阿布维尔已落入德军之手。就在该城陷落之前，法国宪兵经过努力，将被法军拘押的比利时亲纳粹分子莱昂·德格雷尔带走了。德格雷尔险些被热情过度的宪兵立即处决，但后来被德军释放，在东线成了一名引人注目的武装党卫军军官。古德里

安的装甲兵不仅占领了索姆河上的多处渡口和一座主要城市，还消灭了 BEF
的第 12 和第 23 步兵师各部。德军的 1 个摩托化步兵营继续开向阿布维尔西北
12 公里的努瓦耶勒村（Noyelles），占领了南北向的沿海主要铁路，为这一天
的大胜画上了句号。这一行动将法军的 16 个师和英军的 9 个师隔断在比利时
和法国西北角。

　　到 5 月 20 日日终，RAF 联合司令部航空兵部队已将剩余的"飓风"战斗
机撤回英国。AASF 仍在法国留有 3 个"飓风"战斗机中队（第 17、第 73 和
第 501）和 6 个轰炸机中队，基地在巴黎东南方。法国的大部分战斗机同样撤
到了巴黎周围的基地，但只有 155 架尚能作战。此时，比利时的盟军部队不仅
被隔断，而且失去了残存的空中掩护力量。RAF 战斗机司令部许诺从英格兰
南部出动一些飞机，但与德国空军剩余的 500 架战斗机相比只是九牛一毛。在
比利时的盟军部队仍未屈服，可是，德军由机械化部队火力和压倒性空中支援
形成的优势已经难以撼动。

　　经过两天的犹豫不决和缓慢部署，BEF 最终于 5 月 21 日下午对霍特的第
15 军发动了一次有限的反攻，但规模比原先设想的小得多。实施反攻的不是
英军的 2 个师和 1 个坦克旅，而是称为"弗兰克部队"的临时集群，这个临
时集群仅包括 2 个坦克营（皇家坦克团 4 营和 7 营）共 88 辆坦克（58 辆 Mk
I、16 辆 Mk II "玛蒂尔达"和 14 辆 Mk VIB）、2 个步兵营、1 个侦察营和拥
有 24 门 25 磅炮的野战炮兵团。英国第 5 和第 50 步兵师的其他几个旅承担防
御任务，守卫斯卡尔普河一线。普里乌骑兵军大部仍在与德国第 6 集团军交战，
但法国第 1 集团军提供了第 3 轻机械化师的一支混编部队（第 12 装甲团的 15
辆坦克和一些装甲车以及 1 个营的摩托化步兵）和拥有 45 辆 H35 坦克的第 13
战斗坦克营保护该军的侧翼。弗兰克部队没有地图，电台也很少，对敌军部署
只有模糊的认识，而且没有空中支援。另外，该部队得到的命令只是在阿拉斯
西南方实施一次局部"扫荡"行动，而不是全力以赴地切断克莱斯特装甲集群
的交通线。

　　5 月 21 日 14 时 30 分，弗兰克部队向西南推进迎敌。非常幸运的是，盟
军的反攻发生在隆美尔以极度随意的态度对待敌人的时候。避免斜向经过敌军
据点，是战争中的基本战术准则之一，隆美尔正好犯了这个大忌——他知道守

卫阿拉斯的 BEF 兵力较强，却毫不在意。他的先头部队是第 25 装甲团（PR 25），与后续的摩托化步兵和炮兵拉开了一定的距离。由于某种原因，德国空军没有发现逼近的敌军装甲兵，隆美尔错误地在没有侧翼掩护的情况下进军。当隆美尔的装甲师以漫长、易受攻击的纵队行进时，弗兰克部队发动了攻势，英军坦克摧毁了德国第 6 摩托化步兵团的许多轮式车辆。一开始，德军步兵震惊地发现，他们的 37 毫米 Pak 反坦克炮无法击穿英国"玛蒂尔达"II 型坦克厚重的装甲，这种坦克能够承受极大的冲击力。皇家坦克团第 4 和第 7 营的一些英国坦克突入了德国第 7 装甲师阵地深处，但它们没有充足的步兵支援，也无法召唤间瞄火力压制敌军阵地。"玛蒂尔达"II 型坦克的 2 磅炮没有高爆弹药，难以打击敌军步兵和隐藏起来的火炮。一队英国坦克击溃了党卫军"骷髅"师所属部队，摧毁了许多轮式车辆，在这些缺乏经验的官兵中造成了恐慌。可是，当 4 RTR 遭遇 88 毫米 Flak 36 高射炮连时，移动缓慢的"玛蒂尔达"II 就变得难以抵挡，被炸成了碎片。德军的野战炮兵也加入了战团，对敌军坦克进行直瞄打击。利用出色的无线电通信，隆美尔很快知道了敌军的反攻，于是亲自集结了部队。不到三个小时，英军反攻就被瓦解，2 个坦克营的营长均阵亡了。后来，法军也加入了反攻，与德军第 25 装甲团遭遇。在紧接着的坦克战中，法军击毁了德军的 3 辆四号坦克和 6 辆 Pz 38（t）坦克，但到撤退时其自身也损失了 20 辆坦克。盟军的这次反攻共使德军损失了 20 辆坦克，伤亡约 500 人，整个行动不到五个小时就结束了。英军损失了 53 辆坦克却未取得战果。"玛蒂尔达"II 型坦克在首次作战后只有 2 辆得以幸存，阿拉斯之战后，BEF 实际上已没有任何机动预备队了。[15] 总体上，英国坦克在火力和机动性方面不及对手。从德军的角度看，阿拉斯战役证明德国战前在战术通信和两用高射炮上的投资是正确的，但也说明，即便是隆美尔这样极具进取心的指挥官，也可能犯下严重的战术错误。

就在弗兰克部队溃败的同时，魏刚做出了一个有欠考虑的决定。5 月 21 日下午，他飞往伊普尔与戈特勋爵、比约特和利奥波德三世会面。魏刚天真地试图通过当面请求激励盟军指挥官们向南发动孤注一掷的突围战，但这场 6 个半小时的会议结果十分惨淡，因为各方优先考虑的事项不同。利奥波德三世积极地考虑投降，而戈特勋爵不再相信盟军能够冲出比利时的包围圈。魏刚希望继续于阿拉斯周围发动反攻，但参战部队中没有几支是完好的。事实证明，他将宝贵的时间浪费在会议上，还不如在 GQG 构思新的防御计划。更糟糕的是，离开伊普尔会场时，比约特的专车撞上了一辆军用卡车，两天后伤重不治。布兰查德获得晋升，指挥第 1 集团军群余部，而普里乌接管了第 1 集团军。英法军队的合作关系本就紧张，魏刚坚持继续向克莱斯特装甲集群发动反攻，使双方的矛盾更趋明显。

RAF 试图从英国基地和巴黎附近残存的部队出动飞机，援救比利时的英法部队，但事实证明这样做的价值有限。5 月 18 日到 25 日，RAF 出动了 314 架次 "布伦海姆" 轻型轰炸机去打击德军装甲纵队，但其中 16 架损毁，战损率为 5%。[16] 低空水平轰炸的准确率很低，德军的记录中没有 RAF 轰炸机造成很大损失的证明。为了减少伤亡，一些英国轰炸机在夜间袭击，采用 "估计抵达时间" 的战术打击公路枢纽和桥梁，但几乎徒劳无功。由于 RAF 没有投资开发远程战斗机，战斗机司令部无法为深入法国或比利时的轰炸机护航，这也是限制英国空军影响地面战局能力的重要因素。[17]

戈特勋爵手上几乎已经没有任何装备火炮的坦克了，他专注于建立一条从阿拉斯到布洛涅的可靠防线，以保护英军后方区域。法国在布洛涅和加莱有小规模的海军岸防部队，主要是高射炮和岸防炮部队。比约特已经设法将皮埃尔·朗克托（Pierre Lanquetot）准将的现役第 21 步兵师撤出了比利时战线，以增援布洛涅地区。不幸的是，向布洛涅转移的行动十分混乱，该师只有一部分抵达城里，朗克托以 1 个步兵团和少数反坦克炮在城南建立了一个阻击阵地。在伦敦，丘吉尔担心德军装甲兵围攻 BEF 暴露的右翼，便立即下令派出增援部队保卫布洛涅和加莱，保护 BEF 撤往敦刻尔克的路线。威廉·福克斯 – 皮特（William Fox–Pitt）准将的第 20 近卫旅（2 个营）立刻前往布洛涅，克劳德·N. 尼科尔森（Claude N. Nicholson）准将的第 30 机动旅（2 个步兵营和 1 个摩托车侦察营）则被派往加莱，这 2 个旅均于 5 月 22 日动身。尼科尔森所在旅已于 4 月脱离第 1 装甲师，为战争部提供随时可用的预备队。配备 48 辆坦克的皇家坦克团 3 营也从第 1 装甲师调出，被派往加莱。英军的这 2 个旅都开始在港口外建立薄弱的防线，但缺乏炮兵，不得不从法军那里借用 25 毫米霍奇基斯反坦克炮。

5月22日早上，古德里安派遣第2装甲师夺取布洛涅，第10装甲师占领加莱，第1装甲师担负支援任务。法伊尔的第2装甲师突破了布洛涅以南法国第21步兵师的阵地，于15时30分抵达港口外围，然后发动试探性攻击以确定英军的防御形式。但是，大多数德军装甲兵都将重点放在了包围阿拉斯周围的英军部队，包括第5和第50步兵师上。重新集结后，隆美尔的第7装甲师向北渡过斯卡尔普河发动攻击，下午夺取了阿拉斯西北9公里处的蒙圣埃卢瓦村，这一行动可以威胁和隔断英军的2个师。然而，隆美尔将这个村庄交给了第5装甲师第14摩托化步兵团的1个营，后者没有时间巩固那里的防御。普里乌集中法国第1轻机械化师所辖的1个中队的11辆S35坦克以及1个营的摩托化步兵，在炮兵支援下于17时发动了一次匆忙的反攻，法军出色地执行了这次多兵种联合反攻，用手榴弹猛烈袭击村庄，法国骑兵不仅夺回了这个村庄，还俘虏了130名德军官兵。

与英军在阿拉斯的局部反攻不同，法国第1集团军是真的打算向南进攻，切断德军交通线。费利克斯·阿尔特梅耶（Felix Altmayer）中将的第5军此时守卫着阿拉斯以东的斯卡尔普河，该军被选为反攻主力，于5月22日早上开始行动，目标是康布雷。为了到达那里，法国工兵于5月21日夜里到22日凌晨在森西运河（Canal de la Sensée）上搭建了浮桥。德国第2军的步兵已调动到这一战区的阿邦库尔（Abancourt）附近，但前线的情况仍不稳定。阿尔特梅耶希望在行动中投入3个师，但如果调动这么多兵力，就不可能保持战线的连续了。因此，反攻部队仅包括让·莫利涅中将（Jean Molinié）所辖第25摩托化步兵师的1个团【加埃唐·沙博尼耶（Gaetan Charbonnier）上校的第121摩托化步兵团】，第38战斗坦克营的3个侦察大队和13辆H35坦克，支援的火炮超过70门。9时，法军开始反攻，沙博尼耶的团向南渡过森西运河后推进了4公里，占领了阿邦库尔。法国空军派遣第3战斗机大队第2中队（D.520）和第4战斗机大队第1中队（H-75A1）的战斗机提供掩护，击落了10多架德军战机，包括8架Ju-87"斯图卡"。[18] 法军轰炸机也加入了攻击。重压之下的德军第12步兵师疯狂请求空中支援，最终在康布雷城外仅3公里的地方阻止了法军的攻击。经过一整天的攻击，法军伤亡500人并损失了8辆坦克，只能退回森西运河对岸。[19]

法军于5月22日发动的反攻很有趣，说明法国陆军并没有被"按部就班战法"拖后腿，至少它的现役师具备足够的灵活性，能够像德军一样，在没有周密计划的情况下发动多兵种联合攻击。沙博尼耶上校等法军指挥官也和德军团级指挥官一样亲临前线指挥，法国步兵展现出了和德国步兵旗鼓相当的战术水平。然而，参战的法军部队规模太小，不可能取得持续的战果，英法部队的攻击潜力在此后很快就消失了。

在高层方面，无知、一厢情愿和沟通不畅妨碍了盟军的决策。英国内阁的记录表明，5月22日伦敦和戈特勋爵的总司令部（GHQ）"失去了联系"，有关BEF部队状况和敌军调动的报告大大减少。[20] 而在巴黎，雷诺向法国参议院通报了亚眠失守的消息，此后又不切实际地称可能会发生奇迹、挽回败局——暗指1914年的马恩河战役。取得指挥权两天后，魏刚首度发布了作战命令，他轻描淡写地命令BEF和法国第1集团军继续朝南面的康布雷方向发动反攻，但此时这两支部队已竭尽全力，成了强弩之末。魏刚还错误地认为，弗雷尔的第7集团军能够发动攻势，但实际上，这支部队甚至已经无法守住索姆河上的渡口了。他做出了一个奇怪的决定，让他在骑兵部队时的老战友65岁的马里－罗贝尔·阿尔特梅耶（Marie-Robert Altmayer）中将复出，负责指挥阿布维尔战区——那里实际上不存在任何法军部队。

在丘吉尔抵达巴黎与雷诺进一步商谈时，他一开始对魏刚的指挥能力印象深刻，以至于相信有力的反攻能够扭转局面。[21] 但雷诺、丘吉尔和魏刚似乎以为，可以通过演讲而不是合理的计划赢得战役的胜利。回到伦敦后，丘吉尔告诉内阁："（与魏刚）商定的计划能否成功，取决于发动攻势的法国部队。"[22] 可是，丘吉尔没有意识到，比利时的英法部队已经没有能力再实施大规模攻击行动了，他们还能作战的坦克所剩无几，给养也正在耗尽，只能依靠零星的空中支援。

5月23日早上7时30分，古德里安以第2装甲师对布洛涅进行了精心策划的进攻，让盟国领导人见识了战场的残酷。攻击开始四个小时后，福克斯－皮特的英国第20近卫旅寡不敌众，开始向港区退却。朗克托将军集结了法国第21步兵师的一些部队增援海军岸防部队，但与英国部队没有进行任何通信交流。18时，英国在没有与法国商讨的情况下决定撤出福克斯－皮特所部。7艘皇家海军驱逐舰迅速前来救援第20近卫旅，RAF战斗机司令部甚至投入了一个中队的"喷火"战斗机来阻止德国轰炸机干扰撤退行动,为此损失了3架"喷火"。尽管如此,撤退行动还是一片狼藉,德国坦克和炮兵用直瞄火力打击英国驱逐舰,"维米"号舰长遭到狙杀。5月23日夜间到24日凌晨,皇家海军成功撤出了该旅三分之二的人员,但仍有数百人留在岸上。当朗克托部发现英军突然撤退时,法国人群情激愤,公开指责这是背叛行为。尽管众寡悬殊,朗克托部仍坚守着布洛涅东部的中世纪堡垒,这个堡垒的四周都是厚实的石墙。在法国驱逐舰舰炮火力的支援下,法军击退了德军于5月24日发动的两次进攻,德国第2装甲师的步兵被迫用云梯、手榴弹和喷火器实施老式的突击。朗克托的守军在重围中抵抗到了5月25日8时30分才投降。英军明目张胆地抛弃布洛涅的法国守军,造成了两国高级领导人对有关战争承诺的激烈争吵。法国指责英国有"逃跑"心态,这伤害了丘吉尔的荣誉感。

5月23日下午,在接到一系列令人困惑的命令后,驻扎在加莱的英国皇家坦克团3营(3RTR)于该城以南8公里处遭遇了德国第1装甲师的克鲁格战斗群,损失了7辆坦克。该营向加莱撤退,尼科尔森匆忙地组织了该城的防务。德军坦克的调动明显是为了隔断加莱,可丘吉尔却建议以安德鲁·麦克诺顿(Andrew McNaughton)准将率领的第3加拿大步兵旅增援该城守军,不过这支部队后来被派往布雷斯特了。[23] 英国人打算坚守加莱的原因之一是,那里有BEF的大量给养。此时,BEF的补给状况越来越严峻,戈特勋爵命令部队只发放一半的口粮。与德国空军不同,RAF没有在中型运输机上投资,只能征调民用飞机,故每日只能运送约20吨食物,而皇家海军可以向敦刻尔克运送一些补给。因此,就连丘吉尔也开始改变主意,认为"BEF最好撤到英吉利海峡的各个港口"[24]。到5月23日晚上,德军逼近加莱周边,隔断了尼科尔森的第30机动旅和小股法国守军(包括第61步兵师的1个营)。丘吉尔决定,让尼科尔森部继续守卫加莱,以向雷诺的内阁展示英国的决心。

克卢格的德国第4集团军也将阿拉斯的英国第5和第50步兵师挤压到了一个细小的突出部上。戈特勋爵起初命令阿拉斯坚守"到最后一个人",但当2个英国师明显将被歼灭时,他立即让他们于5月23日夜间到24日凌晨撤出该城。2个英国师后撤25公里到了拉巴塞运河(La Bassé Canal)的新阵地。阿拉斯失守后,魏刚切断克莱斯特装甲集群的计划就不再可行了。布鲁克在5

月 23 日的日记中写道："现在只有发生奇迹才能挽救 BEF 了，末日已经不远。"[25]
魏刚将英军撤出阿拉斯的行为看成是背叛，试图将他反攻计划的失败归咎于戈
特勋爵，而不承认 2 个英国师如果留在原地将被围歼的事实。[26]

德军战线上形势一片大好，伦德施泰特在沙勒维尔的总部却发生了一场
灾难。令指挥部上下感到焦虑的直接原因是，伦德施泰特对四处横冲直撞、不
受控制的小规模装甲集群很反感。对于乱作一团的战场，他和甘末林或者乔治
一样难以理解。伦德施泰特是一位守旧的军官，希特勒留用他并不是因为他的
指挥天赋，而是将其作为传统普鲁士总参谋部军官的一个代表。5 月 23 日晚上，
伦德施泰特决定强迫古德里安、霍特和赖因哈特接受理论上比较简单的线形正
面。20 时，A 集团军群下达了停止前进的命令，要求暂缓进一步推进，直到
步兵师赶上装甲师。伦德施泰特的命令不适用于与 BEF 交战的克卢格第 4 集
团军步兵部队，也不适用于在比利时的博克 B 集团军群。

古德里安和隆美尔等前线指挥员当然试图无视伦德施泰特的命令，但希特
勒抵达 A 集团军群指挥部，于 5 月 24 日 12 时 45 分亲自下达了停止前进的命令。
命令送达时，第 1 装甲师和"大德意志"团正在逼近格拉沃利讷（Gravelines）
附近的阿河。党卫队全国副总指挥泽普·迪特里希的阿道夫·希特勒警卫旗队
（LSSAH）刚刚划归古德里安指挥，他们也在向阿河靠近。5 月 21 日，敦刻尔
克的西部通道实际上没有设防，但在布洛涅和加莱遭到攻击时，法军迅速增援
了该地区。马里·法加尔德（Marie Fagalde）中将的法国第 16 军大部（主要是
第 16 步兵师、第 21 步兵师的 1 个团以及 1 个预备役旅）赶往守卫阿河后面从
格拉沃利讷到圣奥梅尔（St Omer）、宽度为 35 公里的区域。法加尔德得到了 11
个野战炮兵营，还有大量的反坦克炮的支援。最初，BEF 派出"厄舍部队"（第
23 步兵师的 1 个 TA 步兵营）、一些军属炮兵以及第 12 枪骑兵团（配备 Mk VI
型坦克）帮助守卫阿河。表面上，由于希特勒的命令，在接下来的 36 个小时
里德军将暂停向敦刻尔克推进，但迪特里希无视命令，于 5 月 25 日早上在瓦
唐（Watten）附近渡过了阿河。迪特里希是顽固的作战指挥官和狂热的纳粹分
子，在整个战争中，他很愿意违抗不方便执行的命令，即使这些命令来自希特勒。
古德里安也有这种习惯，所以他对此举表示支持，命令"大德意志"团也同时
渡河。[27] 可是，瓦唐在敦刻尔克西南 23 公里的一个偏远沼泽地中。

　　古德里安和其他人都曾利用对停止前进令的争论，声称是希特勒和伦德施泰特阻止他们向敦刻尔克推进，因而使 BEF 逃脱。但是，德国方面其实没有人知道英军计划从海路撤走 BEF，所以 36 小时的暂歇似乎没有那么关键。而且，经过两周的连续作战，古德里安的装甲师显然需要休整，他的半数车辆由于战损和机械故障而无法使用，官兵们也疲劳不堪。由于德国第 10 装甲师的摩托化步兵因疲惫而失去了锐气，加莱城争夺战持续了两天。即便没有停止前进的命令，古德里安也不一定能在"发电机行动"开始前打到敦刻尔克。法加尔德在阿河后建立了一条有一定纵深的防线，穿越格拉沃利讷的直接通路是一个坚固的阵地，得到了沃巴内拉（Vaubanera）要塞的支援。这一次，法军拥有局部的火力优势，与大部分炮兵陷于加莱的古德里安相比，他们的炮兵支援更为充足。RAF 战斗机司令部在格拉沃利讷—敦刻尔克地区上空提供了更多掩护，该地区的防空火力也更强，这在一定程度上抵消了德国空军的近距支援能力。有充分的理由认为，拯救 BEF 的是尼科尔森旅在加莱的牺牲以及法加尔德在阿河上的防御，而不是德军停止前进的命令。

　　在德军左翼的克莱斯特装甲集群获得如此戏剧性进展的同时，比利时的德军右翼部队实际上停住了脚步。荷兰的扫荡行动结束后，博克重新部署了屈希勒尔的第 18 集团军，以打击部署在根特周围的比利时部队，但面对这 8 个比利时师，只有 4 个德国步兵师投入战斗。赖歇瑙的第 6 集团军部署了 9 个步兵师，对抗埃斯科河后的 7 个英国师和 3 个比利时师。在 4 天中（5 月 19 日—22 日），埃斯科河沿线都没有什么动静。5 月 23 日早上，德国第 11 军勉力渡过埃斯科河，向英国第 44 步兵师发起猛攻。BEF 和比利时军队最后决定在 5 月 23 日夜间到 24 日凌晨撤到利斯河的后面，但德国第 6 集团军穷追不舍。5 月 24 日，赖歇瑙以第 11 军的 4 个师攻击科特赖克（Courtrai）的比利时第 1 步兵师，让大批部队成功地渡过了利斯河。比军的士气从战役初期就很低落，在最后一道真正的防线被突破后便直接崩溃了。次日，赖歇瑙的第 4 军渡过利斯河，转而进军西面的伊普尔。由于比军的抵抗减弱，为避免左翼部队遭到包围，戈特勋爵被迫重新部署了第 5 步兵师。幸好赖歇瑙只在攻击中投入步兵，BEF 才得以及时补上了这个缺口。不过，此时的比利时军队明显很快就要全面崩溃了，唯一可行的方案就是向敦刻尔克撤退。皇家海军已在 5 月 24 日开始从敦刻尔克撤走多余的非战斗人员，并准备在港口周围建立坚固的环形防御阵地。5月25日22时30分，布兰查德下令BEF和第1集团军向敦刻尔克撤退。

扫荡，5月26日—6月4日

5月26日早上，"黄色方案"进入收尾阶段。OKH的参谋们已在考虑对法国的后续作战——"红色方案"了。为了让伦德施泰特的参谋专心规划和准备"红色方案"，博克的B集团军得到任务，缩小敦刻尔克包围圈（Kessel）的任务。英法军队挤在90公里长、28公里宽的细小突出部里，通往海峡的通路很容易被切断。对于溃散的比利时军队，德军则动用了第18集团军的2个步兵师和第6集团军的7个师去处理。赖歇瑙的第6集团军还出动了6个步兵师去攻击突出部东侧的BEF部队。克卢格的第4集团军有6个师在里尔与法国第1集团军对峙，克莱斯特的8个装甲师和4个摩托化步兵师位于盟军突出部的西侧。BEF只剩下少量Mk VI轻型坦克，普里乌的3个轻机械化师残部组成了1个混编中队，有21辆D35和18辆H39坦克。法国第1集团军此时本应撤出里尔，仍留在那里是因为下辖各师要根据魏刚的命令，去参加对南面康布雷的反攻战。

博克对于消灭残敌的任务并不完全满意，而且也没有得到任何装甲师。他抱怨说，自己手下的多个步兵师都是由较老的预备役军人组成的，都已经疲惫不堪了。[28] 德国第4军在伊普尔附近取得了很大进展，但第6集团军的其他部队步履蹒跚。为了切断被隔断的盟军部队的补给，德国空军开始对敦刻尔克实施大规模轰炸。5月26日18时57分，皇家海军启动了"发电机行动"，旨在从敦刻尔克撤出尽可能多的盟军部队。大约同一时间，德国第10装甲师在加莱全歼了尼科尔森的第30机动旅，占领了这个海港。当天晚些时候，希特勒撤销了停止前进的命令，但参加最后进攻的德国坦克相对较少。

5月27日早上，古德里安以第1装甲师攻击格拉沃利讷，孤立了城中的守军，但法加尔德的步兵并没有屈服。更南面，德国第10装甲师渡过了阿河，刚加入战斗的第20摩托化步兵师向沃尔穆（Wormhoudt）推进，守卫那里的是英国第48步兵师。霍特以第3和第4装甲师渡过拉巴塞运河发动攻击，击溃了英国第2步兵师，在BEF的防线上撕开了一个洞。隆美尔的第7装甲师衔枚疾进, 晚间与第 10 军的步兵取得了联系, 从而将 5 个法国现役步兵师 (第 1 摩洛哥步兵师、第 1 摩托化步兵师、第 15 步兵师、第 2 和第 5 北非步兵师) 的 4 万名官兵困于里尔包围圈中。只有第 3 军军长莱昂·德拉·洛朗西 (Léon de la Laurencie) 中将所部的 3 个步兵师成功逃往敦刻尔克。德国空军全力轰炸敦刻尔克港区, 投下了 350 吨炸弹, 击沉了多艘船只并摧毁了码头。不过, RAF 战斗机司令部所辖第 11 大队在敦刻尔克上空挑战德国空军, 击落了 15 架德军轰炸机。突出部东侧的比利时军队行将崩溃, 在敦刻尔克周边防线上留下了一个缺口, 进一步削弱了盟军阵地的防御。

向昔日的盟友发出了简短通告后, 利奥波德三世就同意了德国提出的投降条款, 这些条款于 5 月 28 日 4 时生效。丘吉尔和雷诺很快便对利奥波德三世的投降行为提出了谴责, 但事实是, 从开战时起, 比利时对盟军而言更多的就是一种负担, 而非资源。在为期 18 天的这场战役中, 除了最后 4 天, 比利时军队一直有意避战, 让盟友去抵挡德军的入侵。比利时军队效率低下并不令人吃惊, 因为这是多年预算不足和高层领导一厢情愿的结果。如果英法意识到比利时这个盟国表现会如此之差, 可能就不会采用 "戴尔河计划" 了。

比利时陆军溃败后, 德军迅速行动, 试图消灭被围困在里尔让·莫利涅中将指挥的法国部队。但这一次法国人很幸运, 一支巡逻队俘虏了德国第 253 步兵师师长弗里茨·屈内 (Fritz Kühne) 中将, 他身上携带的行动文件标明了该城周围德军的部署情况, 莫利涅利用该文件制订计划, 于 5 月 28 日突围。不幸的是, 法军缺乏成功实施突围所需的火力或机动性, 经过三天激战, 莫利涅的部队弹尽粮绝。但是, 他在里尔的抵抗拖住了德军 7 个师, 为 BEF 和第 1 集团军余部争取了在敦刻尔克周围建立连续的环形防线的时间。到 5 月 29 日, 一些法军部队开始投降, 包括阿方斯·朱安准将的第 15 摩托化步兵师。但其他法国部队在最后一刻逃出了里尔包围圈, 其中, 法国第 4 步兵师参谋长菲利普·奥特克洛克上校 (Philippe de Hauteclocque) 设法抵达了第 7 集团军在索姆河上的阵地。莫利涅坚持到了 6 月 1 日 "发电机行动" 实施期间才投降, 德军给予了莫利涅的部队不同寻常的礼遇, 允许他们携带武器、列队走出城外。

屈希勒尔的第 18 集团军没能迅速利用比利时的投降, 让法国第 60 步兵师的 2 个团和英国第 12 枪骑兵团得以在尼厄波尔 (Nieuport) 堵上了敦刻尔克环形防线东端的缺口。BEF 大部、法国第 12 摩托化步兵师以及第 1 轻机械化师残部冒着德军的炮火和空袭抵达敦刻尔克，沿途遭遇重大伤亡。英国第 48 步兵师试图阻挡如潮水一般从西涌来的德国装甲兵，该师所辖第 145 步兵旅驻防卡塞勒（Cassel）镇，面对德国第 6 装甲师，打出了一场史诗级的防御战。英军的 2 个营在镇内建立了一个由反坦克炮和常规炮兵支援的环形筑垒阵地（也称为 "刺猬" 阵地）。5 月 28 日早上，德国第 6 装甲师错误地对该镇发动正面进攻，被英军击退且损失惨重。不过，陷入重围的该旅在三天后还是被迫投降了。

在突出部西侧的战斗中，武装党卫军部队参与实施了两起战争犯罪：5 月 27 日在勒帕拉迪斯（Le Paradis）村处决了 97 名英国战俘；5 月 28 日在沃尔穆处决了 80 名英军士兵。在这些暴行之前，党卫军 "骷髅" 师还在该地区参与处决了 60 多名法国平民。党卫军军官处决盟军战俘的事件并没有立即引起反响，从加入战斗的那一刻起，党卫军官兵就已经决定，公认的战争法则不适用于自己。

德军继续缩小敦刻尔克包围圈，但 OKH 在此时命令大部分装甲师撤出前线休整，准备下一阶段的 "红色方案"。屈希勒尔的第 18 集团军奉命消灭包围圈内的部队，但只得到了第 9 装甲师这一支装甲部队。屈希勒尔对敦刻尔克外围发动的多次攻击均被击退。他的步兵已经筋疲力尽，炮兵部队的弹药也几乎打光了。德国陆军为了将最好的部队保存下来用于 "红色方案"，依靠空军对被困于敦刻尔克的盟军部队发动了致命一击。尽管如此，外围防线上的盟军部队仍然承受了巨大的压力和损失。5 月 29 日，法国第 1 集团军的最后一批掉队官兵进入敦刻尔克防御圈，这些兵力仅相当于 5 个步兵营和 4 个炮兵营。6 月 1 日—2 日，德拉·洛朗西率领的法国部队（特别是第 68 步兵师）在外围多次击退了德军的大规模进攻，即便在形势已毫无希望的时候，法军的士气也没有崩溃。但即将率英国第 2 军上船离开的布鲁克对德拉·洛朗西的断后行动并不感激，他在日记中以粗野的口气称 "法国陆军已经成为一群乌合之众"，并声称后者惊慌失措。[29] 如果事实真是如此，布鲁克绝不可能回到英国。

如果没有 RAF 战斗机司令部的全力支持，"发电机行动" 将彻底失败。道丁投入了相当一部分兵力来保护撤离船队，5月27日到6月3日的8天里，战斗机司令部在敦刻尔克上空一共出动战斗机2200架次，损失87架。虽然盟军有9艘驱逐舰沉没，许多其他船只损毁，但战斗机司令部阻止了一场海上屠杀。相比之下，德国空军在敦刻尔克出动的战斗机超过3000架次，损失36架。

正如人们所熟知的那样，到6月4日凌晨，"发电机行动"成功地从敦刻尔克撤出了超过35万名官兵。德拉·洛朗西的断后部队殊死抵抗，在关键的5天里挡住了屈希勒尔的第18集团军，使大部分被困部队（包括布鲁克）得以逃脱。6月4日早上，德国第18步兵师进入敦刻尔克，余下的4万名法国官兵投降。虽然损失了所有装备，但大部分BEF官兵得救了，这些解除武装的部队返回英国后将留在那里。从敦刻尔克撤出的法国官兵超过14.8万名，轻机械化师和独立坦克营的人员得到了优先待遇。大部分撤出的法国人在几天内就被送往瑟堡或布雷斯特，法军最高统帅部试图尽快利用这些手无寸铁的幸存者和新装备，重建了4个步兵师和2个缩编的轻机械化师。但到5月底，法国陆军明显已经失去了最好的几个师，BEF和RAF在后续行动中也不会起到多大作用。敦刻尔克大撤退标志着法国联盟作战策略的彻底失败。

一片寂静的索姆河，5月21日—26日

法国第1集团军群在比利时被消灭的时候，弗雷尔正忙着在索姆河沿线建立一条新的连续战线，但那里最初是一个真空地带。在"发电机行动"关键的4天里，马里·萨莱斯–拉韦涅（Marie Salesse-Lavergne）上尉率领的2个摩托化中队（来自第27师属侦察大队）封锁了由阿布维尔向南的道路，这是唯一一支前来封锁这条道路的法国部队。这个摩托化分队有大约250名官兵、8挺重机枪、2门霍奇基斯25毫米反坦克炮和1门60毫米迫击炮。在未接到更高指挥机关命令的情况下，这位法国骑兵上尉主动在布雷勒河（Bresle）沿岸设置路障，以凶猛的自动武器火力击退了敌军侦察兵的多次试探性攻击。他报告称，有许多掉队的法军士兵经过路障撤退，有些人带着武器，但没有人加入他的防线。[30]如果不是萨莱斯–拉韦涅上尉的摩托车手们无私的行动，在法军建立防线之前，德军早已从阿布维尔桥头堡出动，越过布雷勒河了。

弗雷尔将第4和第7殖民地步兵师北调，以牵制亚眠桥头堡里的德军，第

7 北非步兵师前往佩罗讷，第 5 殖民地步兵师充当预备队。这 4 个殖民地师有着很好的素质，但要在索姆河后建立连续战线还是太少。作为替代，弗雷尔将 6 支营级侦察兵部队（第 1 军的第 2 军属侦察大队，以及第 9、第 27、第 34、第 74 和第 75 师属侦察大队）当成屏护部队，掩护防线中的缺口。这些轻装侦察部队总人数不到 4000 人，而所要掩护的战线长度至少为 100 公里。乔治上将仍然负责东北前线的防务，但主要关注比利时的战斗。弗雷尔的第 7 集团军归属贝松上将的第 3 集团军群，但贝松的指挥部位于塞纳河后的蒙提（ Montry ）。为了更好地指挥和控制，GQG 调动了泰奥多尔 – 马塞尔・夏尔德（ Théodore-Marcel Sciard ）中将的第 1 军和皮埃尔・格朗萨尔中将的第 10 军。夏尔德曾在比利时见识过德军战法，是协助修复战线的合适人选，但格朗萨尔不是，在色当表现糟糕透顶的他现在又得到了指挥关键战区的机会。

古德里安的装甲兵没有留在索姆河上夺取亚眠和阿布维尔，而是掉转方向沿海岸北上。5 月 22 日，德国步兵上将古斯塔夫・冯・维特斯海姆（ Gustav von Wietersheim ）的第 14 摩托化军所辖第 2 和第 29 摩托化步兵师进占索姆河沿岸阵地。到达此地时，维特斯海姆的摩托化步兵师极度缺乏燃油和弹药，请求从空中紧急补给。[31] 保罗・巴德尔中将（ Paul Bader ）的第 2 摩托化步兵师接管了阿布维尔和亚眠桥头堡的防务。当维特斯海姆注意到法军仅用侦察部队掩护索姆河上其他一些渡口时，他于 5 月 23 日大胆地利用了这一漏洞，在亚眠以东 15 公里的奥比尼（ Aubigny ）和富伊瓦（ Fouilloy ）占领了更多桥头堡。法国第 4 殖民地步兵师做出反应，发动了两次团级兵力的反攻，夺回了这些村庄；第 16 塞内加尔步兵团（ 16e RTS ）在富伊瓦被击退，但第 24 塞内加尔步兵团激战之后重夺奥比尼。同一天，在第 7 胸甲骑兵团的一些索玛 S35 坦克的支援下，第 7 殖民地步兵师于亚眠以南 5 公里的杜里（ Dury ）发动进攻。但是，当多辆坦克被炮火击毁后，攻击停止了。[32] 次日，德国第 13 步兵师重夺奥比尼，打扫战场期间处决了大约 50 名受伤的非洲步兵。[33] 尽管维特斯海姆没有充足的兵力进一步扩大索姆河上的桥头堡，但他以摩托车和装甲车部队积极展开试探性进攻，令法军不得安宁，同时还收集了情报。

弗雷尔的兵力不足以在索姆河后形成连续战线，只能将重点放在组织归其指挥的各路残兵败将和新部队上。魏刚希望弗雷尔发动反攻，渡过索姆河进入德军突破通道的南翼，但在第 7 集团军得到坦克和更多炮兵支援之前，这显然是不可能的。GQG 将戴高乐的第 4 装甲师归到了弗雷尔帐下，正在瑟堡登岸的英国第 1 装甲师也奉命前往索姆河。魏刚强调，在索姆河的战斗中获胜，是为法国陆军争取时间和弥补在比利时的惨痛损失的最佳手段。他说道："关键是要占领索姆河上所有完好的桥梁，并在北岸建立桥头堡。"[34] 可是，魏刚没有意识到在公路上调动部队的难度，那里往往挤满了难民，敌军还频繁实施空袭。戴高乐的第 4 装甲师需要 5 天才能行军 180 公里到达第 7 集团军防区，沿途有 30 辆坦克损坏。[35] 罗杰·埃文斯（Roger Evans）少将同样花了将近 5 天，才从瑟堡卸下装备转移到前线，路上也因机械故障而损失了一些坦克。

刚建立起战线时，弗雷尔试图发起魏刚想要的反攻，但结果只有一系列未经协调的局部行动。格朗萨尔的第 10 军负责亚眠战区，他们并没有为收复该城付出多少努力。相反，格朗萨尔命令精锐的殖民地步兵师在亚眠城以南修筑工事，对巴德尔的德国第 2 摩托化步兵师实施侦察。最终向亚眠发动反攻时，格朗萨尔犯了和在色当时一样的错误，只在 5 月 24 日下午投入第 4 殖民地步兵师的 1 个团、第 7 殖民地步兵师的侦察营和几辆坦克。殖民地步兵仅推进到亚眠以东的外围地区，就在德军的炮轰和空袭下遭受了约 30% 的伤亡。相比之下，夏尔德的第 1 军更为积极。5 月 25 日黎明前，夏尔德出动了第 19 步兵师的 1 个团和从第 2 装甲师抢救出来的一些坦克，攻打佩罗讷以南贝当库尔（Béthencourt）的德军索姆河桥头堡。守卫这里的是德国第 62 步兵师所属部队，该师是由西里西亚预备役人员组成的。由于得到了一个 105 毫米榴弹炮营的支援，法军成功夺回了帕尔尼（Pargny）的索姆河桥，摧毁了贝当库尔的一座桥梁。[36] 德军在这一区域受挫。

在开往索姆河的途中，埃文斯的英国第 1 装甲师接到了法国最高统帅部、英国战争部和当地法军指挥官的一连串相互矛盾的命令。最初，埃文斯在 GQG 的命令下，以最快速度赶往索姆河重夺河上的渡口。英国坦克由铁路运送，在鲁昂附近下车，然后从公路行军 100 公里到达前线，实际上没有得到任何关于索姆河友军或敌军部队的情报。埃文斯师的第一支部队——第 2（女王海湾）近卫龙骑兵团于 5 月 23 日 21 时 30 分左右抵达加马什（Gamache）附近，遇到了仍然独自守卫这条公路的萨莱斯－拉韦涅上尉。此时，GQG 命令埃文斯立即率领所有可用的部队前进，而乔治却专门通知他，第 1 装甲师应该"消灭阿布维尔以南的敌军部队"。除此之外，抵达加马什的阿尔特梅耶，也力图将第 1 装甲师纳入他所组成的特遣队。[37] 埃文斯努力地想"做点什么"，他命令女王海湾团于 5 月 24 日对亚眠以西索姆河上的隆普雷桥实施侦察。结果有 2 辆 MK VI 坦克触雷，这是一条有用的情报——德军已经在可能通往桥梁的道路上布设了反坦克地雷。此后，女王海湾团和来自边境团的一些步兵未经充分考虑，便对亚眠以东的三座索姆河桥梁实施攻击，被德军击退，又有 3 辆 MK VI 坦克毁于反坦克炮火。

这次失败后，英国第 1 装甲师占据布雷勒河正北的集结区，该师的其他部队从瑟堡缓慢地开来。约有 25 辆坦克在途中出现机械故障，这些巡洋坦克没有任何备件。由于丘吉尔命令埃文斯的步兵旅和皇家坦克团 3 营开往加莱，支援他的步兵只有从博部队借来的 3 个连，他也没有附属炮兵部队。实际上，埃文斯所部是包括 5 个团（最多有 232 辆坦克——109 辆 MK VI 轻型坦克和 123 辆巡洋坦克）的纯坦克装甲集群。从理论上说，这种部队应该用于扩大战果或者追击，而不是用来攻击严阵以待的敌人。英国坦克与法国军事思想也不协调，后者认为坦克是一种威慑力量。巡洋坦克和 MK VI 轻型坦克的装甲都很薄弱，且缺少高爆（HE）弹药。少量 MK IIA（近距支援）巡洋坦克经过改良，用 94 毫米迫击炮代替了 2 磅炮，但它们抵达法国时没有弹药。当法军领导层开始意识到第 1 装甲师不适合执行这一反攻任务时，乔治和贝松考虑将坦克作为"瓶塞"，阻挡敌军的进一步推进，这和法国第 2 装甲师的使用方法如出一辙，是可怕的错误。

除了埃文斯的英国第 1 装甲师之外，安德烈·贝尔尼凯（André Berniquet）少将的法国第 2 轻骑兵师和马里·沙努安（Marie Chanoine）准将的第 5 轻骑兵师也于 5 月 25 日抵达加马什。萨莱斯－拉韦涅上尉的第 27 师属侦察大队出色地完成了任务，获准转为预备队休整。2 个法国轻骑兵师从默兹河且战且退，消耗极大，包括一些轻型坦克和装甲车在内，剩余车辆不到三分之一。阿尔特梅耶将这 2 个师组成了一个半独立的临时骑兵集群，但埃文斯正式归属第 7 集团军。弗雷尔立即通知埃文斯，他的任务是消灭索姆河以南的敌军桥头堡。5 月 26 日，阿尔特梅耶命令埃文斯将该师集中于阿布维尔以南 18

公里的比安库尔（Biencourt）地区，准备支援法国第2和第5轻骑兵师次日对阿布维尔桥头堡的反攻。阿尔特梅耶承诺，将由轻骑兵师向埃文斯提供步兵及炮兵支援，但这2个师都已缩减成团级战斗群了。第2轻骑兵师只有150名步兵、7辆"庞阿尔"装甲车和3辆H35坦克，而第5轻骑兵师有200名步兵、6辆"庞阿尔"和2辆H39。2个师仍拥有自己的炮兵群——各有12门75毫米炮和12门105毫米榴弹炮。当然，英国坦克与法国部队之间的战术无线电通信根本不存在。

这一时期，索姆河上空只有零星战斗，双方的大部分注意力都在敦刻尔克战区，不过，5月25日—26日，亚眠—阿布维尔地区有多次空中行动。皇家空军在索姆河空域损失了11架"飓风"战斗机和4架"布伦海姆"轰炸机，但击落了10架敌机。[38]法国空军损失19架战斗机和10架轰炸机，获得了摧毁42架敌机的战果。这些空战继续证明，法国战斗机很擅长击落没有护航的敌军轰炸机和"斯图卡"，但MS.406明显不及Bf-109E。较新的法国轰炸机（如DB-7和格伦·马丁167F）被用于攻击亚眠附近的德军车队，但有2架被轻型高炮击落。双方此时在索姆河上都没有空中优势，"红色方案"启动之前，这里仍将是一个充满竞争的区域。

盟军试图在索姆河以南集结一支反攻部队，而德国步兵师紧随装甲师的步伐，不可阻挡地向西推进。在1940年法国战役的历史中，德国标准步兵师的表现常被忽略，但他们在巩固装甲兵夺取的阵地中起到了关键作用。第一个抵达索姆河的德国步兵师是由西里西亚预备役人员组成的第62步兵师，他们于5月23日抵达佩罗讷地区。另一支经过艰苦行军抵达的部队是奥斯卡·布吕姆（Oskar Blümm）中将的第57步兵师，该师主要由巴伐利亚预备役人员组成。布吕姆所部在"黄色方案"开始时充当预备队，5月14日才进入比利时。投入战斗后，第57步兵师向西沿着拥挤的道路强行军，每天往往需要行进40~50公里。经过12天的长途跋涉，布吕姆的步兵终于靠近索姆河，加入了维特斯哈姆的第14军，并收到了从巴德尔的第2步兵师手中接管阿布维尔桥头堡的命令。[39]盟军逆转索姆河局势的时间已经不多了。

军事会议，5月25日—31日

英军撤出阿拉斯以及 BEF 撤往敦刻尔克后，英法关系日益紧张，经常造成误解。雷诺和他的大部分战争内阁成员（包括魏刚）认为，BEF 有意避战，RAF 没有为 AdA 提供应有的支持。戈特勋爵决定向敦刻尔克撤退，而不愿意继续进攻，与由索姆河北进的法国部队会合，这令魏刚烦躁不安。不幸的是，有关英军意图的零散信息，以及对弗雷尔的第 7 装甲师能够轻易清除德军的索姆河桥头堡继而北进的错误认识，都影响了魏刚的看法。魏刚提议的钳形攻势是挽救英法军队困境的教科书式方案，但在 5 月 25 日这已经超出了两国军队的能力范围。魏刚在很长一段时间里都不肯承认这一现实。

有关比利时战场情况的不实情报不断涌入伦敦，令丘吉尔和内阁成员茫然不知所措，他们怀疑法国最高司令部极端无能。虽然英国在法国已有 2 个军事联络组——驻 GQG 的理查德·霍华德 – 维斯少将（Richard Howard–Vyse）联络组，驻乔治指挥部的约翰·斯韦恩（John Swayne）准将联络组，但丘吉尔决定再派出 1 个。他任命爱德华·斯皮尔斯为与雷诺接洽的个人代表，5 月 25 日授予其少将军衔，并将其派到巴黎。当晚，斯皮尔斯应邀参加了在巴黎爱丽舍宫举行的 CSG 会议，会议讨论了当前局势和敦刻尔克之后的行动方案。参会者有法国总统阿尔贝·勒布伦（Albert Lebrun）、雷诺、魏刚、达尔朗、维耶曼和贝当。

5 月 25 日的会议首先将重点放在比利时战事上。会议期间，第 1 集团军群作训部长约瑟夫·福韦勒（Joseph Fauvelle）少校报告了比利时的情况。他对敦刻尔克周边局势的描述非常悲观，给所有参会者浇了一盆冷水。福韦勒也是第一个提出投降想法的人，但他的想法被魏刚和雷诺否决了。与会者对福韦勒无礼建议的消极反应令斯皮尔斯吃惊，他在日记中写道："在我看来，只要把福韦勒扔到窗外去就够了。"[40] 不久以后，魏刚发表了一番长篇大论，称"这场战争绝对是愚蠢之举，我们用 1918 年的军队对抗 1939 年的德国军队"。后来，当讨论到第 1 集团军的选择时，魏刚说道："即便命中注定失败，布兰查德的部队也应该有尊严地死去。"魏刚并没有冷静、专业地从军事角度评估局势，而是以极其情绪化的态度看待当时的事态。

然而，除了比利时的惨败外，法国军队的其他战线趋于稳定。图雄的第 6

集团军以 7 个步兵师的兵力，沿埃纳河建立了坚固的防线。在图雄的防线之后，法国第 1 装甲师正在重建，且很快就建立了 3 个满编的坦克营。安齐热的第 2 集团军也努力稳定凡尔登以南、埃纳河与默兹河之间地区的形势。尽管普雷特拉的第 2 集团军群被抽调了几个师去建立埃纳河和索姆河的新防线，但马奇诺防线和东部的其余防御阵地仍完好无损。维耶曼的法国空军虽遭受了惨重损失，但仍有 300 多架战斗机、100 架轰炸机和 50 架对地攻击机可用。虽说只要德国空军愿意，就可以在法国北部确立局部空中优势，可是法国空军依然能够沉重打击敌人。事实证明，法国陆军并非魏刚所说的 "1918 年的军队"，其大部分装备都很充足，只是没有出现在合适的地点和时间。

尽管如此，"黄色方案" 初期的行动显然给法国陆军造成了巨大的损害，第三共和国实际上已经失去了战场上的盟友。魏刚指出，面对德军的 140 个师，法国只有不到 60 个法军师和几个英军师，空中局势更为严峻。[41] 战略局势的变化表明，现在必须阻滞敌军，直到他们失去进攻势头，这也就意味着盟军需深沟高垒、坚守不出。可是，一旦魏刚期待的钳形攻势化为泡影，他就会变得越发悲观，对防御战失去信心。然而，他坚持采取攻势，以便恢复法军士气，激发战斗意志。索姆河战线还没有稳定下来，收复亚眠和阿布维尔等法国大城市的可能性依然存在，这或许能给法国陆军带来一场急需的战术胜利。

但是，据魏刚推测，如果索姆河反攻失败，法国陆军即使仍有最后一战所需的资源，结果也不太可能有利。他告诉阿尔贝·勒布伦总统："陆军必须在索姆河—埃纳河阵地上坚决抵抗，如果此战失利，剩下的部队将为了荣誉而决战到底。"[42] 会上首次提出了向德国求和的思路，魏刚认为，如果德军再次取得重大突破，此举可能是必要的。雷诺强烈反对任何停战的想法，这个提议暂时被放在了一边，但法军总司令明显已在考虑退出战争了。

魏刚显然执着于自己对索姆河的看法，尽管德军已经成功地建立了 6 个桥头堡，意味着这条河流本身不再有很高的防御价值了。法军总参谋部的一些成员和斯皮尔斯建议将部队撤退到塞纳河沿线，但魏刚断然拒绝，称这将使巴黎成为前线，将马奇诺防线暴露在后方发起的攻击之下。法国第 2 集团军群司令普雷特拉认为，死守已被突破的沿河防线是荒唐之举，但他的观点也遭到了无视。[43] 魏刚反复强调了对军事失败导致社会动乱和革命（就像 1870 年的巴黎公社）的担心。既然投资了50亿法郎修筑马奇诺防线，法国陆军就不能舍弃任何一个阵地；这条防线本身比它所保卫的目标还要重要。魏刚还拒绝了在埃纳河—索姆河后建立应急阵地的建议，声称一旦防线崩溃，有序撤退就不可能实现，因此不能有任何退却。魏刚的战略基于挫折感和情感象征，而不是残酷的军事现实。维耶曼也参加了会议，他强调RAF没有向法国空军提供足够的援助，这一批评造成了这样一种集体认知：法国在需要帮助时被盟友抛弃了。由于魏刚的悲观评估，内阁决定做好在必要时将政府迁往波尔多的准备。

鉴于法军资源有限，在索姆河上和塞纳河后的主抵抗线上实施阻击行动其实更有意义。根据德国第4装甲师在华沙的经验，魏刚已经知道德国装甲师在城市里表现不佳，所以加固了城防的巴黎将给德军渡过塞纳河的行动造成重大麻烦。确实，德国陆军极其厌恶城市战。特别奇怪的是，法兰西第三共和国的整个军事结构是基于"全民皆兵"的概念构建的，却完全没有考虑让民众参加首都的防御。如果组织预备役人员和民工加固巴黎外围及塞纳河沿线桥梁的防御工事，就可以像过去遭遇外敌入侵时那样，点燃民众的爱国热情。但相反，魏刚拒绝任何用空间换时间或者动员平民的想法，似乎只要为了历史而做个姿态就够了。接下来的几天里，魏刚多次告诉雷诺，法国当前的不幸是战争准备不充分的结果。他的说法当然有些道理，但只是一种"酸葡萄"心理，无视了一个基本事实：对于组织和训练军队的关键决策的制订，他也曾是负责人之一。

5月26日，CSG批准了魏刚防御埃纳河—索姆河阵地的计划，这些阵地很快就得到了"魏刚防线"的诨名。此时，法军总参谋部已熟知德军战术，特别是其绕过据点进入法军后方、制造恐慌与混乱的倾向。在有关埃纳河—索姆河阵地防御的作战命令中，魏刚要求采用纵深防御，各部队组成"经纬线"（Quadrillage，即"刺猬"）阵地，封锁所有敌军可能使用的通道。[44]这些筑垒阵地以步兵营为基础，由反坦克炮和其他火炮提供紧密支援，并为全面防御做好了准备。地雷和障碍物在默兹河战斗中并没有被大量使用，却在"魏刚防线"的加固中有了用武之地。

法国武器生产已开始加快节奏，到5月底，每周交付的装甲战车大约为90辆坦克和20辆装甲车，足以重新装备装甲师和轻机械化师。R40新型坦克开始批量生产，比起R35的原有设计，这种坦克在机动性和反坦克能力上都有显著改善。拉夫利 W15 TCC 坦克歼击车于 1940 年 5 月下旬匆忙投产，5 月 22 日组建了第一个连——第 51 摩托化反坦克连（BACA）。这种坦克歼击车是在拉夫利牵引车上安装了 1 门 47 毫米反坦克炮。到 6 月 13 日，W15 TCC 共装备了 10 个独立摩托化反坦克连，每个连有 5 门反坦克炮。法国飞机制造也大大加速，D.520 新型战斗机终于批量交付，又有 3 个战斗机大队改装了这种飞机。

即使在敦刻尔克撤退行动实施期间，丘吉尔也急于向法国领导人证明英国维持在法国参战的空中和地面部队的决心。索姆河以南共有约 14 万名英国军事人员，虽然他们当中的大部分是运输人员，但那里有步兵和炮兵训练场。[45] 已退役的亨利·卡斯莱克爵士（当时军衔为中将）是一名干练的军官，他被召回并于 5 月 23 日前往法国，指挥和组织那里的运输部队。[46] 英国内阁批准他将在法国的 5 万名官兵和大量军用物资撤回英国，首先是勒阿弗尔和鲁昂附近补给仓库（其中有化学武器）中的物资。[47] 但丘吉尔命令，留下充足的补给以支持第二支远征特遣队（兵力最多为 5 个师）。5 月 26 日，法国仍有 3 支英国武装部队：索姆河上的第 1 装甲师，前往索姆河途中将于两日内抵达的第 51（高地）师，以及负责鲁昂附近后方区域保卫的临时部队"博曼师"。驻扎在法国中部的 RAF 特遣队继续作战，它的 3 个"飓风"战斗机中队每天在索姆河前线上空巡逻。5 月 29 日夜间，丘吉尔发电报给雷诺，向他保证将在 BEF 大部从敦刻尔克撤出后向法国派出新的远征军，这支部队将以圣纳泽尔作为基地。丘吉尔还承诺，新的 BEF 将包括他从印度和巴勒斯坦调来的英国正规军，以及澳大利亚和加拿大部队。[48]

在这段时期的英国战争内阁会议记录中有一个惊人的细节，就在德法两国全心投入佛兰德斯战局时，丘吉尔和他的阁僚们却在讨论着许多其他问题和计划，包括几乎被人遗忘的挪威战役。从美国取得更多物资支援（尤其是飞机和驱逐舰）的外交努力备受重视。[49] 而丘吉尔还有时间倡导对意大利工业实施轰炸，以防墨索里尼参战，并讨论有关爱尔兰、葡萄牙和克里特岛的应急计划。简而言之，BEF 开始撤离后，英国领导层就偏离了与德国的主要战役，过多地关心起了外围问题。

当英法试图从德军在比利时包围了他们的精锐部队的震惊中恢复过来时，

希特勒和 OKH 已于"发电机行动"实施之前就开始展望战役的下一个阶段了。"黄色方案"启动前，没有人认真考虑过后续行动，因为该方案能取得多大成果并不确定。但是，"黄色方案"的进展甚至超出了希特勒的预期，OKH 必须尽快草拟计划，重新组织野战军发动下一轮攻势。在强令克莱斯特装甲集群停止前进的同一天，希特勒发布了第 13 号元首令，概述了他对"红色方案"的思路，明确表示该方案的意图是"于最短时间内消灭在法国的残余敌军"。他构想的攻势分为三个阶段：首先是从亚眠战区出发，以博克的 B 集团军群打击实力最弱的法军部队，然后直抵塞纳河下游；第二阶段主要由伦德施泰特的 A 集团军群对兰斯战区最强大的法军部队发动双重钳形攻势，然后机械化部队扩大战果，深入香槟地区；在第三阶段中，李布的 C 集团军群将实施"猛虎行动"，在圣阿沃勒（St Avold）附近突破马奇诺防线。德国空军的任务是保持空中优势，为陆军提供近距空中支援，但希特勒还希望实施"对英国空袭鲁尔的摧毁性报复（打击英国本土）"。[50]

次日（5 月 25 日）晚上，希特勒在"岩巢"指挥部召开会议，与哈尔德及 OKH 成员一起完善"红色方案"的细节。希特勒强调，他希望以集团军规模的攻击突破法军的索姆河西段防线，随后由装甲部队迅速向勒阿弗尔—鲁昂地区推进。不过，他对巴黎有些疑虑，在消灭兰斯地区的法军主力之前，他不打算攻击这座城市。希特勒强调行动的速度，说明他仍然担心某种"扭转乾坤之力"可能阻碍他的胜利，尽管这种情况不太可能出现。[51]

希特勒下令在十天内启动"红色方案"，但第二次大规模进攻的准备工作必须由 OKH 掌舵。在 1918 年的"皇帝会战"（Kaiserschlacht）中，没有实现摩托化的德国陆军通常需要花费 5—6 周时间才能为后续进攻做好准备，而且需要可靠的交通线。二战期间，德国国防军在"黄色方案"实施前也没有发起过连续攻势，其组织思路是在短暂的高强度作战之后，必须有较长的恢复期。如果盟军能够设法阻止克莱斯特装甲集群靠近英吉利海峡，那么 1940 年 5 月的情况也将是如此。可是，德军装甲兵迅速取得突破，导致标准规程被抛诸脑后。德国国防军不仅要发动连续的第二次大规模攻势，而且会尽其所能地加快速度，抢在敌军有机会恢复平衡之前给予其致命一击。

在德国装甲兵之后，比利时和卢森堡的大部分地区都混乱不堪。由于轰炸、敌军破坏和快速推进的军队的过度使用，两国公路、铁路和主要桥梁也一片狼藉。德国工兵部队竭尽全力，也只能修复主要交通线。OKH 还必须帮助建立占领区的军事管理局，将数十万战俘送进战俘营中。许多盟军官兵还在德军后方游荡，"红色方案"启动前夜，博克决定视察英吉利海峡沿岸的勒图凯（Le Touquet），他在那里遇到了一些无人看管的法国士兵，后者还有礼貌地向博克敬礼，令其大为震惊。[52]

德军负责后勤的是陆军军需部部长欧根·米勒（Eugen Müller）中将，但他将大部分头疼的问题都交给了副手爱德华·瓦格纳（Eduard Wagner）上校。古德里安不顾一切地赶到了海峡沿岸，他的装甲兵此时极度缺乏弹药、燃油和备件；不解决这个问题，"红色方案"就无法实施。10 个德国装甲师共损失了516 辆坦克（被摧毁或者需要大修），占"黄色方案"开始时总数的 20%。[53] 性能最强的三号和四号中型坦克损失特别严重。德军还损失了数千辆卡车，机动性受到了影响。许多车辆出现机械故障或者战损，不能发挥全部作用。由于救援能力有限，需要几天的时间才能收集完所有被丢弃在比利时和法国沿路的车辆。

由于德国陆军战前为建立作战单位而牺牲了支援部队，所以有必要将严重受损的坦克和其他车辆送回德国进行厂级维护和维修——它们无法在前线附近维修。德军后勤非常依赖铁路运输，而非需要大量燃油的公路运输，因为铁路运输成本效益更高，它可以将机械、电动工具和备件集中在一起，而不是将它们运送到可能在敌军炮火或空袭中被损毁的各个战场。不过，希特勒在 10 天之内实施"红色方案"的命令意味着，德军没有时间将受损车辆送回德国，必须在比利时进行临时维修。[54] 瓦格纳上校命令第 561 集团军机动车站（AKP561，车辆维修机构）进驻蒙斯（Mons）附近。虽然 AKP 561 拥有处理简单故障的机械设备和工具，但备件缺口很大。德国陆军在发动战役时就缺乏备件，尤其是坦克的履带片，突前的各个师在赶往英吉利海峡时很快就耗光了少量配给的备件。因此，后面的维修只能东拼西凑（从损坏的车辆上拆下零件，以维修其他车辆）。

考虑到机械化战争的需要，补充"黄色方案"消耗的燃油和弹药也是意义重大的工作。莫伯日的最后几座法国要塞刚刚投降，瓦格纳就在城内组建了一个弹药基地。德军条令规定，为了充分保证大规模攻势的补给，每个突击师应该得到 4 个基数（德语 Verbrauchssatz，缩写为 VS）的燃油。一个基数是指定部队中每辆车开 100 公里所需的燃油量。[55] 根据部队的结构和装备，1 VS 燃油量也各不相同，在第 5 装甲师中，1 VS 等于 18.2 万升汽油、2.6 万升柴油和 5000 升机油，共计 213 吨。[56] 德国军用燃油专列（Betriebstoffzug）的典型载荷为 40 万升（或 295 吨）燃油。在赶往英吉利海峡的途中，要渡过许多河流和溪流，每辆坦克还需要更换车轮的润滑油，许多车辆可能发生漏油现象，也需要补充油料（POL）。因此，仅为 10 个装甲师和 6 个摩托化步兵师提供 4VS 燃油和为"红色方案"补充基本油料，OKH 就必须确保从德国的补给仓库向比利时前线补给仓库运送超过 1 万吨燃油和 1000 吨油料（相当于 40 列燃油运送火车）。

德军推进神速，因而炮弹消耗相对较少，但仅为摩托化部队补充 1 个或者多个基数的弹药，就意味着又需要向比利时运送数千吨物资。而且，"红色方案"开始之前，德国空军作战部队（其中许多在 5 月底已经前移到占领的空军基地）也需要数千吨燃油和弹药。将备件、医药用品、部队口粮和马匹饲料计算在内，OKH 必须在"黄色方案"和"红色方案"之间的短暂间歇内，将至少 5 万吨（大约 200 列火车的载荷）物资和给养送往前线仓库。令人吃惊的是，以前的法国沦陷史完全无视或者掩盖了德国后勤部门的巨大努力，而正是这些工作，才使"红色方案"得以在 6 月初顺利展开。这只是整个二战期间德国国防军随机应变能力的一次体现，但它们 1940 年 5—6 月的成就堪称史无前例。

除了"红色方案"的后勤准备外，OKH 和空军司令部（OKL）还为下一阶段的战役重新组织和部署了它们的部队。大部分装甲兵部队得到了三四天的休整时间，但 6 月初就重新被部署到了前线集结区域。[57]"黄色方案"中 70% 的装甲兵归属 A 集团军群，而"红色方案"中装甲师的分布更加均匀。从"黄色方案"中已经得到了一个教训：德国装甲师缺乏必不可少的步兵，摩托化步兵师往往远远落在后面。因此，为"红色方案"重组摩托化部队时，共组建了 5 个摩托化军，每个军包含 2 个装甲师和 1 个摩托化步兵师。伦德施泰特的 A 集团军群将以"古德里安装甲集群"（第 39 和第 41 军）为主攻部队，博克的 B 集团军群则以相同方式使用克莱斯特装甲集群（第 14 和第 16 军）。值得注意的是，OKH 及集团军群司令已经注意到古德里安和克莱斯特在"黄色方案"期间的龃龉，决定将桀骜不驯的古德里安从军长提升为装甲集群指挥官，这说明国防军愿意在一定程度上容忍指挥员的任性之举——只要能够取得战场上的胜利。德国空军也将其 Bf-109 近程战斗机和 Ju-87 俯冲轰炸机重新部署到康布雷、莫伯日和拉昂周围的机场，但大部分水平轰炸机留在了德国的空军基地，因为它们需要更多后勤资源。

情报影响了双方对"红色方案"的准备。尽管 OKH 知道法国陆军已在比利时遭到重创，哈尔德还是在日记中表达了担忧，毕竟有多达 8 个法国殖民地师将从北非和叙利亚前来增援本土陆军。[58] 德国国防军已经发现，殖民地部队在防御战中十分顽强，不像 B 类预备役师那样容易溃散。而且，德国人很可能知道，从入侵时开始，法国武器生产能力就已经大大增加，他们担心从敦刻尔克撤走的部队会在重新武装后回归战场。

虽然物资缺乏，但法国陆军对敌军可能的行动方案有清晰的了解。5 月底，"第二局"预计德军下一阶段的攻势将是两路并进：西侧从亚眠桥头堡发动进攻，而中路部队则向兰斯推进。这种认识与红色方案的真实计划非常接近。魏刚决定组建新的第 4 集团军群，下辖第 2 和第 4 集团军，由安齐热指挥，意在阻止敌军对兰斯的进攻，但这次重组直到"红色方案"开始时才进行。法军从色当之战吸取的教训之一是，在敌军选择的主攻区域，统一指挥十分重要。魏刚还于 5 月 31 日决定将阿尔特梅耶的特遣队提升到集团军的地位，命名为第 10 集团军。他希望阿尔特梅耶即使不能消灭索姆河上的敌军桥头堡，也能起到牵制作用。法国人还预计，敌军的攻势将以空袭开始，试图将已被削弱的法国空军消灭在地面上，因此维耶曼开始分散部署他的飞行中队。与战役开始阶段不同，德军已经不再能产生战役级别的奇袭效果了，法国人知道他们在哪里，将从哪里发起进攻。

注释

1. Gunsburg, p. 216.

2. Heinz Guderian, Panzer Leader (New York: Ballantine Books, Inc., 1967), p. 85.

3. Frieser, p. 266.

4. Shirer, p. 685.

5. War Cabinet Meeting, W. M. (40) 124th Conclusions, 16 May 1940, p. 143.

6. Matthieu Comas et al., La RAF en France en 1939－1940, 3e partie: Hurricane sur le continent, Batailles A é riennes, No. 70 (October－December 2014), p. 14.

7. De Gaulle, p. 40.

8. Anthony Clayton, General Maxime Weygand: Fortune and Misfortune (Bloomington, IN: Indiana University Press, 2015).

9. Basil Liddell Hart, The Tanks: The History of the Royal Tank Regiment (London: Cassell & Co. Ltd., 1959), p. 12.

10. Beaufre, p. 190.

11. Middlebrook and Everitt, p. 45.

12. Ia, Kriegstagebuch 3, May 9 － June 2, 1940, 1. Panzer-Division, NAM (National Archives Microfilm), Series T-315, Roll 13, Frames 580－583.

13. Pierre Vasselle, La bataille au sud d' Amiens 20 Mai － 8 Juin 1940: combats des 7e D.I.C. et 16e D.I. sur le plateau de Dury et de 24e D.I. sur la position d' Essertaux (Abbeville: Imprimerie Paillart, 1963), pp. 132－133.

14. Ib, Kriegstagebuch, 1 January － 9 July 1940, 2. Infanterie-Division (mot.), NAM (National Archives Microfilm), Series T-315, Roll 87, Frames 92－93.

15. Hart, pp. 12－17.

16. Middlebrook and Everitt, pp. 45－46.

17. Richards, p. 127.

18. Lormier, La Bataille, p. 277.

19. Emile Obled, Bataille de l' Escault et de la Sens é e Mai 1940 (Cambrai: Nord Patrimoine Editions, 2002).

20. War Cabinet Meeting, W. M. (40) 133rd Conclusions, 22 May 1940, p. 215.

21. Horne, p. 580.

22. War Cabinet Meeting, W. M. (40) 135th Conclusions, 23 May 1940, p. 227.

23. 同上。

24. War Cabinet Meeting, W. M. (40) 136th Conclusions, 23 May 1940, p. 234.

25. Brooke, p. 67.

26. Sir Edward Spears, Assignment to Catastrophe, Vol. 1, Prelude to Dunkirk, July 1939 － May 1940 (London: Heinemann, 1954), 24 May 1940 entry.

27. Guderian, p. 94.

28. Bock, p. 153.

29. Brooke, p. 72.

30. 第27师属侦察大队的历史见法国网站：http://grca.free.fr/historique_grdi/27_grdi.htm.

31. Ib, Kriegstagebuch, 1 January – 9 July 1940, 2. Infanterie-Division (mot.), NAM (National Archives Microfilm), Series T-315, Roll 87, Frame 92 – 93.

32. Pallud, p. 394.

33. Hollecker, SHAT 34 N 1097; 'Les attaques vers la Somme', CHETOM 15 H 144, dossier 7.

34. Beaufre, p. 195.

35. De Gaulle, p. 44.

36. Lormier, La Bataille, pp. 338 – 339.

37. Ellis, pp. 254 – 257.

38. Comas et al., pp. 66 – 69.

39. Ia, Kriegstagebuch Nr. 3, 11 May – 25 June 1940, 57. Infanterie-Division, NAM (National Archives Microfilm), Series T-315, Roll 978, Frames 1232 – 1233.

40. Spears, Vol. 1, 25 May 1940 entry.

41. 同上，23 May 1940 entry.

42. Adolph Goutard, 'Fall of France', in Purnell's History of the Second World War (New York: Marshall Cavendish, 1973), pp. 170.

43. Chapman, p. 264.

44. Beaufre, p. 199.

45. Ellis, pp. 263 – 265.

46. Karslake, pp. 93 – 94.

47. War Cabinet Meeting, W. M. (40) 146th Conclusions, 29 May 1940, p. 295.

48. Cipher M. O. 4, War Cabinet Meeting, W. M. (40) 147th Conclusions, 30 May 1940, p. 306.

49. War Cabinet Meeting, W. M. (40) 149th Conclusions, 31 May 1940, pp. 323 – 324.

50. Trevor-Roper, pp. 67 – 70.

51. Halder, p. 166.

52. 同上，p. 165.

53. Jentz, pp. 134 – 35.

54. Lukas Friedli, Repairing the Panzers: German Tank Maintenance in World War 2, Vol. 2 (Monroe, NY: Panzerwrecks, 2011), p. 127.

55. US War Department, Handbook on German Military Forces (Baton Rouge, LA: Louisiana State University Press, 1990), p. 300.

56. Ib, Anlagen zum Kriegstagebuch, 4 – 12 June 1940, 5. Panzer-Division, NAM (National Archives Microfilm), Series T-315, Roll 258, Frame 841.

57. Schäufler, pp. 46 – 47.

58. Halder, pp. 163.

第5章
阿布维尔之败

这不是基督徒所为，但射杀敌人是极大的快乐，尤其是在当时的心态下：法国遭到入侵，到处都是德国人。

——法国第9战斗机大队第2中队飞行员皮埃尔·库特维尔

5月25日后，被隔断在比利时的盟军部队明显已无望与索姆河以南的盟军部队会合了，尽管情况更有利于重组纵深防御，但魏刚依然要求尽快消灭索姆河上的德军桥头堡，这使弗雷尔和阿尔特梅耶不得不采取攻势。可是，如果弗雷尔和阿尔特梅耶无法守住整个索姆河南岸，魏刚防线就将在德军发动下一阶段的战役之前遭到致命打击。反观德军，虽然维特斯海姆的第14摩托化军仅用巴德尔的第2摩托化步兵师守卫从圣瓦勒里到亚眠之间宽达45公里的区域，但守卫阿布维尔桥头堡（8公里深，12~14公里宽）的是第25摩托化步兵团1营和2营，并得到了第64高炮团1营2连的增援，该连拥有4门88毫米高炮。圣瓦勒里的索姆运河桥头堡由第25摩托化步兵团3营守卫。巴德尔将他的防御重点放在亚眠，驻守那里的是第5摩托化步兵团的3个营和第3机枪营。

约翰·克罗克准将的英国第3装甲旅抵达后，埃文斯拥有了5个坦克团——阿尔特梅耶希望用这些部队来攻击阿布维尔桥头堡。埃文斯试图指出坦克的局限和缺乏支援炮兵与步兵的问题，但阿尔特梅耶不理会这些反对意见，声称贝尔尼凯的第2轻骑兵师和沙努安的第5轻骑兵师将提供必要的支援。阿尔特梅耶计划了一次很简单的行动，本质上就是两路部队成很宽的楔形向阿布维尔推进：克罗克准将的第3旅和法国第5轻骑兵师为左路，理查德·麦克里里（Richard McCreery）的第2旅和法国第2轻骑兵师为右路。预计两路部队都将抵达俯瞰索姆河的高地，但并没有提及是否真的重夺阿布维尔。考虑到阿尔特梅耶的资源有限，投入反攻的部队首先必须对敌人有准确的认识。不幸的是，2个法国轻骑兵师几乎与埃文斯的装甲师同时抵达这一战区，对阿布维尔的敌军兵力或布置一无所知。断断续续的空中侦察也没能提供太多情报。阿尔特梅耶的参谋确实有一些相当好的情报来源——成百上千的散兵和难民涌向南方，其中一些人无疑对阿布维尔的德军部队有所了解——但没有人努力从他们那里收集有用的情报。

5月27日早上，太阳于5时升起，但盟军的反攻又过了一个小时才开始，因为法国第2和第5轻骑兵师炮兵就位的时间比预计的晚。在法军没有进行任何炮火准备的情况下，2个英国装甲旅在6时开始推进。埃文斯决定将第9枪骑兵团留作预备队，因此每个旅各以2个坦克团发动进攻，两路各有约90辆坦克。根据法军条令规定，步兵将跟随坦克，因此法国步兵让英军坦克通过其阵地。克罗克与麦克里里明显对法国装甲兵条令一无所知，因为缺乏近距支援而茫然无措。不过，英国坦克继续长驱直入，开始了一场纯坦克突击。而且，英国装甲团在推进时没有保持相互支援的距离，而是像预期要参加一场会战一样分散开了。麦克里里的第2旅左翼是第10轻骑兵团，右翼与之相距4公里的是女王海湾团。

由于大雾弥漫，英军的2个团无法看到彼此。原本在浓雾掩护下进攻是极佳的战术，因为这通常有助于减少敌方火力下的伤亡，但在能见度有限时以坦克领头却是愚蠢之举。尽管具有很好的机动性，英国巡洋坦克和轻型坦克也只能缓慢地移动，在犹疑中穿过大雾寻找敌人。

出发后几分钟，麦克里里的坦克就与于皮和巴约勒村之间的德军前哨线相遇了，那里有1个德军步兵连和几门反坦克炮。按照德军条令，前哨线的目的是迫使敌军做出部署，并为主抵抗线（德语Hauptkampflinie，HKL）部队提供早期预警。这里的德军前哨线在HKL以南6公里。德国第25步兵团第14反坦克连列兵胡贝特·布林克福特（Hubert Brinkforth）在于皮村南侧的隐蔽阵地里操纵他的37毫米反坦克炮,支援他的是一个机枪小队。布林克福特和他的同伴被许多坦克发动机的声音惊醒,6时32分,他们发现在不到1公里外,30辆敌军坦克正向他们的方向开来。这是英国第10轻骑兵团,它们沿着空旷、高低起伏的路面——最有利于坦克的地形——推进。布林克福特待敌军坦克一进入200米距离内,就迅速开火,摧毁了2辆领头的Mk VI。37毫米反坦克炮很适合在500米范围内打击装甲薄弱的英国坦克,穿甲弹近距离平射甚至可以穿透正面装甲。未等英军反击,布林克福特又摧毁2辆坦克,然后改变了他的炮位。恢复射击后,他摧毁了更多坦克,但此时英国坦克从炮口焰确认了他的位置并开火还击。布林克福特后来说:"炮弹如同雨下,击中了我们左侧的路面、右侧的篱笆和上方的树木,空气中充斥着爆裂声、嘶嘶声、嗡嗡声和啸叫声。树木纷纷倒下。"[1] 不过,英军的炮火打击得并不准,布林克福特的炮组中没有人被击中。20分钟内,他打出了96发炮弹,摧毁了第10轻骑兵团的10辆坦克。其他英军坦克则遭遇机械故障。由于半数坦克失去了战斗力,第10轻骑兵团没有取得任何战果就撤退了。

在麦克里里的右翼,女王海湾团向巴约勒推进,他们并不知道第10轻骑兵团已经被击退。在靠近利默森林时,该团撞上了另一个德军反坦克炮阵地,先头部队的4辆坦克很快被摧毁。德军还集中机枪、80毫米迫击炮和75毫米步兵炮的火力打击英国坦克,将其完全压制。包抄这个阵地的一次尝试又导致3辆坦克被摧毁。英国坦克根据炮口焰还击,但2磅炮的设计意图并不是用于压制隐藏的反坦克炮。此时,英国坦克上的电台无法正常工作,近距支援坦克——利用烟幕弹掩蔽敌军反坦克炮视线——没有弹药。几辆Mk III巡洋坦克显然越过了德军前哨线,抵达了于尚讷维尔(Huchenneville)周围地区,但在遭遇德军的2门88毫米高射炮后被撕成了碎片。损失了12辆坦克后,女王海湾团后撤了。麦克里里的攻击完全失败,共损失了47辆坦克却一无所获。

与此同时,克罗克的第3装甲旅在阿布维尔桥头堡西侧遇到的抵抗要少得多。皇家坦克团2营分成两队前进,一队在穆瓦耶讷维尔受阻于德军反坦克据点,但有一个中队经过努力抵达了塞涅维尔(Saigneville)俯瞰索姆河的高地。与此同时,皇家坦克团5营转向岸边,在抵达圣瓦勒里外围后遭到了反坦克炮阻拦。克罗克旅损失了18辆坦克且缺乏步兵支援,被迫放弃了战果。[2] 法国第

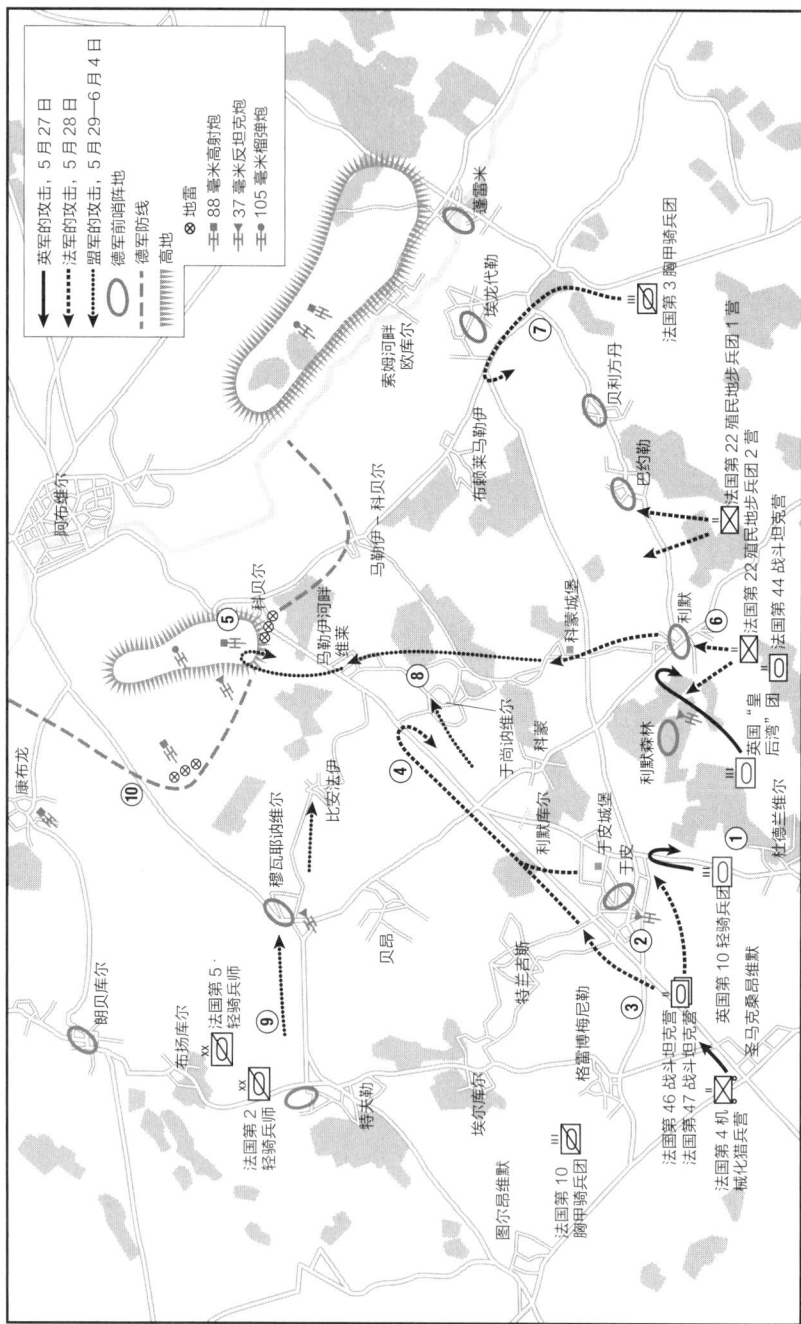

阿布维尔之战，1940年5月27日—6月4日

图例注记

① 5月27日，英国第10轻骑兵团和"女王海湾"团失败的装甲突击。

② 布林克福特的37毫米反坦克炮阵地。

③ 5月28日，法国重型坦克在于皮击溃了德军1个连。

④ 法国坦克抵达莱克鲁瓦塞特，但被88毫米高射炮击退。

⑤ 科贝尔附近（恺撒和多拉）的第64高炮营2连阵地。

⑥ 法国多兵种攻击突破德军前哨线，抵达科蒙。

⑦ 第3胸甲骑兵团试图包抄德军前哨线，被河对岸的88毫米高射炮击退。

⑧ 5月29日，法国第4装甲师恢复攻势，夺取马勒伊河畔维莱，打破了德军主防线。但是，对科蒙山的猛攻被打退。

⑨ 德军因戴高乐的攻击而转移注意力，法国第2和第5轻骑兵师同时攻击德军在穆瓦耶讷维尔和比安法伊（Bienfay）的阵地。

⑩ 6月4日，盟军对阿布维尔桥头堡发动最后一次进攻后的德军最终外围防线。

5轻骑兵师师长沙努安只有200名步兵，可以将自己的前哨线前移，但明显没有兵力维持像塞涅维尔那样暴露的阵地。

埃文斯的第1装甲师参战的坦克有180辆，损失了120辆（51辆 Mk VI 和69辆巡洋坦克），但只有半数的损失是敌军行动所致。巡洋坦克在机械方面很不可靠，容易出现故障，而可用于维修的机器和备件很少，因此这些出现故障的坦克实际上已经损失了。麦克里里的第2旅撤到鲁昂地区重组，而克罗克的第3旅被留作机动预备队。尽管法军对英国第1装甲师攻击失败负有责任，但这支部队的确没有合适的装备、组织或者训练，无法在欧洲大陆的战争中对抗德国国防军这样的顶级对手。即便有更好的训练和准备，埃文斯的4个坦克团也无法独自消灭德军在阿布维尔的桥头堡。

德军在英军攻击中的损失为约40人死亡，110人受伤或失踪，他们大部分属于第25步兵团。尽管英军的进攻失败了，但德国第14军军长维特斯海姆惊觉大量敌军坦克已出现在他的防区中，遂向 OKH 报告他受到了"1个英国坦克军"的攻击。[3]5月27日夜间到28日凌晨，德国第25步兵团将前哨部队后撤到了一条较短的防线上，第41工兵营开始布设地雷，以阻挡前往阿布维尔的敌军部队。布吕姆的德国第57步兵师开始进入阿布维尔桥头堡接替巴德尔师，让这支摩托化部队得以休整，为"红色方案"做准备。埃里希·冯·曼施泰因中将的第38军也已抵达，并从维特斯海姆手中接管了索姆战区。哈尔德嫉恨曼施泰因对"红色方案"计划工作的干预，在此之前一直将其排除在战役之外，但"镰刀收割"概念的辉煌胜利使这一障碍不复存在。于是，德军抢在盟军之前，将徒步步兵派到了关键的阿布维尔战区，由最好的战役级指挥官之一接手桥头堡防御。

就在英军竭力延续对阿布维尔桥头堡的反攻时，格朗萨尔的法国第10军以第7殖民地步兵师的5个营和21辆坦克，向亚眠发动了又一次进攻，德国第9步兵师刚刚抵达亚眠驻防。法军突击部队成功地夺取了德鲁里的据点，但损失了8辆坦克且遭到了德军的炮轰和空袭。格朗萨尔叫停了进攻，命令部队掘壕据守。

戴高乐的法国第4装甲师和维克托·福琼少将的英国第51（高地）步兵师于5月28日开始抵达阿布维尔地区。为了避开敌军空袭，第4装甲师几乎彻夜调动，它的坦克直到15时左右才开始抵达阿布维尔以南16公里的方丹勒塞克（Fontaine-le-Sec）集结区。福琼所在师——法国境内最后一个完整的英国师——整周都在从萨尔河沿公路和铁路调动，并花费了两天时间重新集结准备战斗。尽管第51（高地）师是一支TA部队，但装备相当不错，其中还有一些常备军人员。部署到萨尔河流域时，第51高地师扩增了炮兵和其他资源，成了一个2.1万人的加强师。戴高乐在前往索姆河途中刚刚晋升准将，他无意等待福琼组织部队。相反，他于13时通知其下属部队的指挥员们，他已经决定于17时对阿布维尔桥头堡发动紧急进攻。此时下着雨，因此不会有任何空中支援。

自蒙科尔内和拉昂的战斗以来，法国第4装甲师已经得到了加强。该师有超过150辆坦克，但在前往索姆河的途中，戴高乐被迫将第19战斗坦克营（夏尔D-2坦克）派去支援第7殖民地步兵师对亚眠桥头堡的反攻。作为补偿，弗雷尔另外给戴高乐提供了3个步兵营——勒·塔孔（Le Tacon）上校的第22殖民地步兵团（22e RIC），原属第5殖民地步兵师。尽管如此，戴高乐仍有

2 个（第 46、47 战斗坦克营）夏尔 B1 bis 坦克营，3 个（第 2、第 24 和第 44 战斗坦克营）R35 步兵坦克营以及 1 个配备索玛 S35 及 H39 坦克的骑兵团（第 3 胸甲骑兵团）。他还有 1 个用于侦察的庞阿尔装甲车中队、3 个部分摩托化的步兵营、5 个 47 毫米反坦克炮连和 1 个 25 毫米反坦克炮连。此外，戴高乐还首度接收了 1 个新型 W15 TCC 坦克歼击车连。弗雷尔进一步扩编了第 4 装甲师的炮兵部队，共配给 72 门火炮（48 门 75 毫米炮、24 门 105 毫米炮）。这是法国战役中少见的情况——法军竟然能够为一次行动和一位并非举足轻重的指挥官集中相当可观的联合作战部队。

戴高乐很快制订了对阿布维尔桥头堡发动一次简单的集中攻击的计划。由于英军前一天的进攻，法军此时已经很清楚德军在这一区域的布置——但他们并不知道，德国第 57 步兵师刚刚接替了巴德尔的第 2 摩托化步兵师，第 217 步兵团的 3 个步兵营和第 157 装甲歼击营的 2 个连已经进入阿布维尔桥头堡。据守于皮—科蒙—巴约勒战区的是德国第 217 步兵团 3 营。德军桥头堡内共有 36 门 37 毫米 Pak 反坦克炮，88 毫米高炮连也仍然在阵地上。

装备夏尔 B1 bis 的法国坦克营最后抵达集结区域，只有 30 分钟可以加注燃油、准备战斗；攻击开始时，一些坦克还在加油。17 时，法国第 46 和第 47 战斗坦克营已聚集在于皮以南仅 2 公里的集结区里了。尽管遗漏了很多细节，例如确保所有下属使用正确的电台频率和呼号，但法国陆军常备部队的官兵还是表现出了专业水平，不到一个小时就根据口头命令快速制订了计划并加以执行。德国陆军确实经常因为根据口头命令匆忙发动进攻的能力而受到赞扬，这是所谓"任务战术"（Auftragstaktik）的精髓，但戴高乐的坦克手说明，较好的法军部队也能够实施仓促的进攻。所有对法国"按部就班战法"的批评都没有提到阿布维尔的这些行动，而是一味强调法军之前在色当和弗拉维恩反攻战中的拙劣表现。

17 时，法国炮兵开始了 15 分钟的炮火攻击，最为集中的打击目标是于皮—科蒙一带。戴高乐的 2 个炮兵群（配备 105 毫米榴弹炮）在 15 分钟内向于皮发射了 6000 发炮弹。[4] 这是战役中法国炮兵首次有机会支援大规模攻击。17 时 15 分，炮轰的目标转向科蒙山地区，第 4 装甲师开始进攻，担任主攻的是艾梅·叙德尔上校的第 6 轻骑兵旅，他以第 46 和第 47 战斗坦克营的 32 辆夏尔 B1 bis 坦克，在第 4 机械化猎兵营的支援下对于皮发动正面进攻，同时，莱昂·西莫南（Léon Simonin）上校的第 8 轻装甲旅（65 辆 R35）和勒·塔孔的第 22 殖民地步兵营攻击利默森林和巴约勒。弗朗索瓦中校的第 3 胸甲骑兵团将以 40 辆 S35 和 H39 坦克对布莱依的最右侧发动支援性攻击。戴高乐的部队按照法军的战术思想实施攻击，坦克以连级规模的集群推进，步兵紧随其后。不过，与英国坦克不同，法国坦克的设计可以抵御 37 毫米反坦克炮的火力。离开集结区后，珀蒂少校的第 47 战斗坦克营在一些陡峭的路堤上遇到了困难，被迫寻找其他路径，此时该营的 1 连部署在左侧，3 连在右侧。越过路堤后，夏尔 B1 bis 坦克试图重新集结成排规模的楔形编队，每队 3 辆坦克。当第 46 战斗坦克营扫荡于皮以西区域时，珀蒂所在营本应在东面推进，以 4.5 公里外莱克鲁瓦塞特的十字路口为第一目标。

于皮附近的德军部队动用了所有火炮，并召唤了阿布维尔的 2 个 105 毫米榴弹炮连。但刚刚接管这一区域的巴伐利亚步兵被眼前的情景惊呆了——37 毫米反坦克炮射出的穿甲弹在夏尔 B1 bis 坦克 60 毫米厚的正面装甲上弹了起来，后者被多次击中后仍然继续推进。莫里斯·迪朗上尉（1 连）的"圣女贞德"号坦克中弹 30 处，但仍用它的 75 毫米炮摧毁了 2 门反坦克炮。又一发炮弹炸毁了迪朗坦克的炮管，可是他继续横冲直撞，用履带碾压了多门反坦克炮，摧毁了敌军的机枪阵地。乘坐"孔德"号的珀蒂也摧毁了 2 门反坦克炮。就连德国第 57 步兵师的日志上也承认，"我们的防御武器无效，形成了坦克恐慌"，一些德军士兵放弃了阵地。炮塔中的法国坦克手在能见度不佳的情况下，注意到一些德国步兵逃走了，而其他人试图躲在村庄的墙和篱笆后面。压制住大部分德军炮组后，贝特朗少校的第 4 机械化猎兵营下辖的 3 个连队开始进入于皮。法国猎兵小心翼翼，并请求了附近的夏尔 B1 bis 坦克压制敌军仍在战斗的机枪，但还是发生了一些肉搏战。19 时 30 分左右，德军的一个排试图从于皮撤出，但在镇外 200 米遭遇法国步兵，有 25 名德国兵投降。[5] 德国第 217 步兵团 10 营余部在于皮城堡里守卫最后的阵地，最后在 21 时 30 分左右投降。法国第 4 机械化猎兵营以 6 人阵亡、12 人负伤的代价夺回于皮。

在第 4 机械化猎兵营肃清于皮前，珀蒂的第 47 战斗坦克营就已经开始向其目标莱克鲁瓦塞特十字路口推进了。可是，他的 19 辆坦克中有 6 辆因机械问题而掉队，特别是用于转动坦克、让车身上的 75 毫米炮开火的内德（Naeder）转向系统问题严重。吉兰上尉所率 3 连的 10 辆坦克，有 7 辆退出战斗，只有 2 辆是敌军火力打击所致。然而，珀蒂仍命令继续用余下的少量坦克发动进攻。迪朗的"圣女贞德"号直奔目标，去碾压一门拱卫路口的 20 毫米高射炮，但它共被击中 90 次，所有武器都遭到破坏。敌军坦克取得突破的报告令布吕姆中将惊恐，他赶到科贝尔村附近埃里希·基尔（Erich Kiel）上尉的 2 连阵地 [6]，命令基尔用 88 毫米炮打击向南推进的法国坦克，此时双方距离约 2000 米。迪朗的运气到头了，一发 88 毫米炮弹打进他的坦克，他受伤了。保罗·博歇（Paul Bauché）中尉的"克鲁伊"号坦克也被 88 毫米炮击中，更不幸的是，这位排长阵亡了。布吕姆还下令科蒙山上的 1 个炮兵连集中火力打击莱克鲁瓦塞特附近的法国坦克，3 辆坦克被近处爆炸的炮弹炸伤。珀蒂少校对法国炮兵未能压制阻止其推进的德国炮兵和高射炮而感到非常愤怒，却又无法通过电台与他们联络。现在，依赖 75 毫米短程火炮支援装甲部队的劣势显而易见。21 时 30 分，布吕姆让预备队（第 179 步兵团 3 营）增援莱克鲁瓦塞特与科蒙之间形成的缺口，但这个营徒步赶来需要几个小时。而珀蒂的坦克燃料与弹药都不足，只得撤到于皮补给。

按照计划，右路的法国第 22 殖民地步兵团（22e RIC）的 2 个营将于 17 时发动攻击，但 3 个 R35 坦克单位（第 2 战斗坦克营、第 24 战斗坦克营 2 连、第 44 战斗坦克营）直到 18 时才抵达。在坦克的帮助下，第 22 团肃清了利默森林和巴约勒。攻破德国第 217 步兵团 10 营的大部分前哨阵地后，第 22 殖民地步兵团加入预备营，继续向科蒙推进。R35 坦克在对抗 37 毫米反坦克炮时表现不错，加之有合适的步兵支援，只有 2 辆被摧毁。弗朗索瓦的第 3 胸甲骑兵团处于攻击部队的最右端，该团的 20 辆索玛 S35 坦克中，有 17 辆被一门德军 88 毫米高射炮击毁。夜幕降临时，布吕姆已经损失了第 217 步兵团 3 营大部，该营有 59 人阵亡、约 200 人被俘。他决定缩短战线，但莱克鲁瓦塞特十字路口将暴露无遗。布吕姆向上级报告说，法军动用了 69 吨的夏尔 2C 重型坦克打击该师，而事实是前线根本没有这种过时的坦克。戴高乐知道，自己已经取得一些战果，尽管许多坦克已经无法行动，但他仍希望次日继续破坏德军桥头堡。

　　夜间，法国炮兵继续以强大的火力骚扰德军主抵抗线。布吕姆请求于黎明发动一次"斯图卡"空袭，但德国空军称雨天无法行动。[7] 剩余的法国坦克于夜里加满了燃油，战场上至少有 7 辆受损的夏尔 B1 bis 坦克被回收，这是不寻常的情况。5 月 29 日 7 时 15 分，戴高乐恢复进攻。7 辆夏尔 B1 bis 从莱克鲁瓦塞特北进，给德国第 217 步兵团 2 营施加了很大压力，而第 4 机械化猎兵营突破了于尚讷维尔。法军进攻开始后不久，德国第 179 步兵团 3 营前来增援马勒伊河畔维莱周围的德军。[8] 大约 11 时，西莫南的法国第 8 轻装甲旅以 R35 坦克和 2 个殖民地步兵营发动有力的进攻，法军竭尽全力，第 44 战斗坦克营 R35 坦克排排长勒内·巴代尔（René Bardel）中尉描述道：

　　　　我们的攻势一开始，穿着卡其布军服的（步兵）就跳出来，跟随我们越过高地……今天早上，他们似乎特别渴望战斗。此时，浓烟遮蔽了我们前面的树篱，藏在那里的德军机枪疯狂射击，我们的步兵不断倒地。我们排全速前进——这就是坦克的作用！我们的 37 毫米炮射向整条树篱，泥土和树枝横飞。但是，敌人坚守着阵地。突然，我的坦克装甲上传来一声巨响，火焰蹿进了炮塔中。我们被击中了！我向右旋转炮塔，从两棵树之间看到了向我们射击的 37 毫米反坦克炮发出的白光。我们双方谁会死去？最好是他们！我接连开了三炮，弹壳掉进坦克里……忽然，树丛下升起了一团火焰。我可能击中了他们的弹药箱……我的机枪射出了半个弹匣的子弹，主炮又开了一炮……我干掉他们了！[9]

　　科蒙山上的德国炮兵猛烈轰击第 22 殖民地步兵团突前的几个营，给他们造成了重大伤亡。尽管如此，R35 坦克和殖民地步兵仍然在德军的顽强抵抗下奋力杀进了马勒伊河畔维莱。德国第 157 装甲歼击营 3 连的反坦克炮和机枪从两侧向他们开火，但守军最终还是被打垮了。法国步兵使用新型武器——VB 枪榴弹——压制了建筑物中的火力点。巴代尔描述了马勒伊河畔维莱的情景："街上、花园和房子里，到处都是尸体。"殖民地步兵俘虏了几名德国兵，如列兵海因里希·胡贝尔（Heinrich Hubel）和约翰·文德尔（Johann Wunder）。[10]

基尔上尉的88毫米高射炮摧毁了多辆R35坦克，但他也有2门炮被毁了。16时许，法国第47战斗坦克营的4辆夏尔B1 bis坦克利用了马勒伊河畔维莱的战果，开始攻击科蒙山。但德军105毫米炮以直瞄方式摧毁了"埃劳"号和"图维尔"号坦克，击中了"洛迪"号的履带。第46战斗坦克营的夏尔B1 bis坦克"阿尔贝"号也在此次行动中被摧毁。夏尔B1重型坦克退出战斗后，法军对科蒙山的攻击减弱了。德国炮兵和第157工兵营埋设的地雷是唯一能够阻止法军全面突破的东西。戴高乐对布吕姆防线的猛攻持续到了黄昏时分，他一直希望能找到该防线的薄弱环节。更可怕的是，法国空军在18时亮相，对布吕姆的疲惫之师实施了3个小时的轰炸和扫射；1架LeO 451轰炸机和1架DB-7轰炸机被高射炮击落。德国第57步兵师的日志记录道："当我们遭到重型坦克攻击时，缺乏空军的支援，这令我们感到无助。"[11]日志中还承认，在戴高乐攻击的前两天中，该师损失了20门反坦克炮。

布吕姆被戴高乐的坦克吸引了注意力，贝尔尼凯的第2轻骑兵师借机将德国第217步兵团7营逐出了阿布维尔桥头堡西侧的穆瓦耶讷维尔，并夺取了比安法伊。布吕姆命令发动反攻，夺回丢失的两个村庄，但未能成功。阿布维尔以南唯一真正的据点是科蒙山，那里至少有2门堪用的88毫米高射炮和1个105毫米榴弹炮连，阵地周围还埋设了地雷和铁丝网。5月29日夜间到30日凌晨，德国第64高射炮团1营的另1个连渡过索姆河增援桥头堡，他们带来了4门88毫米高射炮。

戴高乐的第4装甲师和所属部队已对德军桥头堡实施挤压，但缺乏消灭科蒙山坚固防御阵地所需的火力。有趣的是，布吕姆后来对法军炮兵的准确性发表了评论，尽管后者不足以压制科蒙山上的德国炮兵。显然，这里是法制155毫米GPF榴弹炮极佳的用武之地，GQG有6个团配备此种武器，却没有分配给这一关键战区。戴高乐不得不使用轻型火炮，但那根本无法消灭科蒙山上的德军火炮。激战两天后，只有少数几辆坦克仍能作战，但战场救援行动抢回了数辆夏尔B1 bis。没有人考虑动用此时作为预备队的英国第1装甲师中防护薄弱的坦克，因为即便面对敌军的轻型反坦克炮，它们也不堪一击。

5月30日，戴高乐决定对科蒙山发动最后一次进攻，但随着最后几辆可用的夏尔B1 bis坦克被德军炮兵击毁，17时开始的攻击很快就失败了。到日终时，法国第 4 装甲师只剩下大约 40 辆坦克，且其中大部分都是 R35 和 H39 轻型坦克。一些夏尔 B1 bis 重型坦克可以维修，但该师已无力再战。戴高乐在三天的反攻中损失的坦克超过了 100 辆。法国步兵兵力也严重不足，第 4 机械化猎兵营伤亡过半，而第 22 殖民地步兵团伤亡 626 人（其中 104 人阵亡）。布吕姆的第 57 步兵师伤亡将近 1000 人，桥头堡中的 37 毫米 Pak 36 反坦克炮全部被摧毁，但该师并没有溃散。[12]

魏刚命令第 4 装甲师后撤休整，将阿布维尔战区交给福琼的英国第 51（高地）师，该师终于重新集合了。戴高乐所部官兵俘虏了 300 名德军，他们被带到亚眠西南 55 公里阿纳谢（Hannaches）的战俘营。5 月 31 日，迟到的德国空军大批出现在索姆河战区上空，来自第 3 和第 53 战斗机联队（JG3、JG53）的 BF-109 战斗机至少击落了 3 架法国战斗机和 7 架轰炸机。维尔纳·莫尔德斯（Werner Mölders，隶属 JG53）上尉在阿布维尔以南击落 1 架法国 LeO 451 轰炸机，这是他的第 21 次空战胜利。此后，AdA 对阿布维尔—亚眠空域的行动更加小心翼翼。索姆河对岸，曼施泰因向克卢格（第 4 集团军）施压，要求批准抓住法国第 4 装甲师撤退之机，动用第 2（摩托化）步兵师和第 9 装甲师的一些坦克实施反攻，但被克卢格拒绝。[13] 克卢格希望手下的机动师好好休整，准备"红色方案"，而不要像法军刚刚做的那样，将力量耗费在局部行动中。

然而，魏刚并没有放过阿布维尔桥头堡。他认为以生力军再度发动进攻，可将德军赶出科蒙山。实现这一目标并不能抵消在默兹河或者比利时的惨败，但总是一场胜利。阿尔特梅耶的部队此时已经升级为法国第 10 集团军，接收了第 31 山地步兵师（DIAlp）和由让-保罗·佩雷（Jean-Paul Perré）指挥的第 2 装甲师，前者是来自瑞士边境的 A 类预备役山地步兵师。法国第 2 装甲师已部分重建，新加入了 3 个夏尔 B1 bis 坦克连，即第 347、第 348 和第 349 独立战斗坦克连（CACC），以及 1 个夏尔 D2 坦克连（第 346 独立战斗坦克连）和 1 个 H39 轻型坦克连（第 351 独立战斗坦克连）。这些坦克来源很广，少数是新制造的，而许多都来自学校或者维修站。第 347 独立战斗坦克连配备的是 12 辆夏尔 B1 原型坦克，特别容易遭遇机械故障。纸面上，第 2 装甲师得到了约 140 辆坦克，可真正能够战斗的不到 100 辆。

马塞尔·伊莱（Marcel Ihler）少将带领小批参谋人员进驻第 9 军军部，指挥阿布维尔战区的行动。阿尔特梅耶和伊莱负责制订下一次反攻的计划，但他们却将此事委托给了福琼少将。让英国步兵师师长策划一场以法国装甲师为主攻部队的行动，实在荒唐。虽然戴高乐已返回巴黎同魏刚会商，但休整中的第4装甲师军官肯定比福琼的参谋们更了解这一战区的敌军和地形。配属的联络官也没有帮助翻译，因此福琼的参谋几乎无法与本应协调作战的法军部队沟通。基本思路是从西、南和东南三个方向同时攻击德国第57步兵师的桥头堡，但计划过程混乱不堪，过于复杂的调动方案更是雪上加霜。

2个盟军步兵师并没有全力以赴地粉碎阿布维尔桥头堡，只是各派出3个营参加行动：第31山地步兵师派出的是让－巴普蒂斯特·法瓦捷（Jean-Baptiste Favatier）上校的第15非洲步兵团（RIA），第51（高地）师出动的是赫伯特·W.V.斯图尔特（Herbert W. V. Stewart）准将的第152步兵旅。法国第2装甲师将提供1个摩托化步兵营，将进攻总兵力增加到7个步兵营。共有约250门英法火炮支援行动，但大多数是75毫米和25磅轻型火炮。盟军也没有努力争取空中支援。在盟军准备进攻的同时，布吕姆将消耗严重的部队调出阿布维尔桥头堡，代之以海因里希·安东·德布瓦（Heinrich-Anton Debois）上校的第199"李斯特"步兵团的3个营，该团源自希特勒一战中的所在部队。第199步兵团2营据守科蒙山顶，其他2个营则保护其侧翼。6月的前几天，德军工兵都在科蒙山周围布设新的雷区，盟军的侦察遗漏了这一细节。

6月4日3时30分，盟军开始反攻，首先是10分钟的炮火打击，打击中心是科蒙山。但德军躲于深壕之中，盟军轻型火炮造成的伤害相对较少，这次集火打击效果不佳。主攻部队由21辆夏尔B1 bis坦克（大部分来自第348独立战斗坦克连）和打头阵的1个摩托化步兵营组成，沿通往阿布维尔的主干道推进。与此同时，法瓦捷的第15非洲步兵团和第48战斗坦克营的R35在他们的左侧进攻，负责肃清比安法伊之敌。英军第4"锡福斯高地人"营和另一队法国轻型坦克紧随其后，作为第二梯队。出发不到30分钟，法国坦克就开始触雷，领头的夏尔B1 bis坦克中有4辆被炸瘫。一些R35坦克也触雷损毁。尽管戴高乐的坦克曾在这一区域遭遇敌军地雷，但明显没有人想过派工兵随同坦克扫雷。另1辆夏尔B1 bis坦克被德军的105毫米炮摧毁。在德军迫击炮和机枪的压制下，盟军步兵难以前进。法瓦捷上校看到他手下的一些步兵没有听到命令便后退，不禁恼怒万分，于是命令支援的 R35 坦克向不肯停下后退脚步的士兵开火。此举阻止了进一步的退却，但没有多少步兵再向前推进。当法瓦捷上校被敌军炮火击中身亡后，残存的前进动力也消失了。

在失去大部分步兵支援后，剩下的夏尔 B1 bis 重型坦克开始缓慢地爬上科蒙山的斜坡，向视野中的一切开火。"克莱贝尔"号坦克冒着猛烈炮火，毫发无伤地率先登上了山顶。驻扎在科蒙山顶的德国第 199 步兵团 6 营营长 d. R. 阿尔方斯·柯尼希（d. R. Alfons König）中尉惊恐地注视着法国重型坦克向他的壕沟逼近。很快，另 2 辆法国坦克也到达山顶，越过了一些壕沟，德军炮手和步兵几乎已经陷入了恐慌，此时，德国空军的 88 毫米高射炮又一次挽救了战局。马塞尔·布隆德莱（Marcel Blondelet）中尉的"克雷西欧蒙"号坦克刚爬上山顶就被近距离平射摧毁了，由于没有任何步兵支援，其余夏尔 B1 bis 坦克决定撤退。登顶的坦克中只有 3 辆回到法军战线上。法国第 2 装甲师共损失坦克约 40 辆，包括 15 辆夏尔 B1 bis（其中 5 辆触雷）。第 15 殖民地步兵团有约 250 人伤亡，包括他们的团长。

与此同时，英国第 152 步兵旅也没有取得什么战果。右路的第 4 "卡梅伦"营与德国第 199 步兵团 3 营在马勒伊 – 科贝尔附近发生了一场凶险的步兵战，伤亡过半。支援的 R35 坦克沦为敌军地雷和炮兵的牺牲品后，中路的第 4 "锡福斯高地人"营试图独自沿科蒙山斜坡向上攻击，但遭到密集机枪火力的杀伤。当天唯一真正的成功也微不足道——第 1 "戈登高地人"营清除了坎布龙以西林地中的德军部队。斯图尔特的第 152 旅共伤亡 563 人，多个连队实际上已经毁灭。[14] 德军在 6 月 4 日遭遇的伤亡相对较轻，第 199 步兵团约有 40 人阵亡。中午刚过，福琼决定停止进攻，因为损失太大，显然不可能再取得进一步战果。"斯图卡"俯冲轰炸机出现在战场上空，没有受到盟军战斗机的骚扰，这也令英法军队失去了派出更多部队攻击科蒙山的勇气。

到 6 月 4 日下午，魏刚消除阿布维尔桥头堡的努力显然已经失败。但盟军并不缺少勇气，他们对桥头堡尝试了多次攻击，夺回了一些阵地，可最终均因德军火力强于投入战斗的盟军部队而受挫——特别是德军的 88 毫米高射炮、师属炮兵和反坦克地雷。考虑到阿布维尔战役的半固定特性，这应该是法军重炮和剩余轰炸机做出贡献的绝佳场合，但令人疑惑的是，魏刚并没有努力为这一关键战区提供更多火力支援。

布吕姆的第57步兵师面临法国重型坦克的巨大压力，几乎损失了全部的37毫米反坦克炮。德国第157装甲歼击营确实写了一份关于阿布维尔之战的报告，称"37毫米反坦克炮的穿彻能力已经不足以应付索玛S35之类的中型坦克。对付重型坦克，只有88毫米高射炮和地雷能取得较好战果"[15]。战役之后，对科蒙山周围丢弃的法国坦克进行的调查表明，在受检的74辆坦克中，33辆毁于88毫米高射炮，21辆毁于地雷，6辆毁于37毫米反坦克炮，5辆毁于常规炮兵火力，9辆毁于其他原因。[16]这次调查的意义很明显——德国陆军没有投入足够的资源开发反坦克炮，这一缺陷在1941—1942年的苏联战役中更加严重。不过，部署改进的50毫米反坦克炮并非当务之急，因为这种武器仍在开发中。

从盟军角度看，阿布维尔之战是场惨败。盟军对该城的反攻不仅没有消灭桥头堡，而且在战斗过程中损失了200多辆坦克和2000名官兵。3个盟军装甲师遭到重创，只能以残兵败将抵挡6月5日启动的"红色方案"。利用这些师建立魏刚防线机动预备队的希望已经破灭。德军守住了阿布维尔和亚眠的桥头堡，就可以以它们作为跳板，将休整后的装甲师送过索姆河。

注释

1. Alan Bance (translator), Blitzkrieg in Their Own Words: First-Hand Accounts from German Soldiers 1939 - 1940 (London: Amber Books, 2011), from 'Brinkforth Mans the Telescopic Sight' .

2. Hart, pp. 25 - 26.

3. Halder, p. 165.

4. Lormier, La Bataille, p. 354.

5. Ic, Tätigkeitsbericht, 1 November 1939 - 14 June 1940, 57. Infanterie-Division, NAM (National Archives Microfilm), Series T-315, Roll 980, Frames 290 - 291.

6. Ia, Kriegstagebuch Nr. 3, 11 May - 25 June 1940, 57. Infanterie-Division, NAM (National Archives Microfilm), Series T-315, Roll 978, Frame 1232 - 1233.

7. 同上，Frame 1236.

8. Gefechtsbericht für den Einsatz des III. Btl. In der zeit vom 29. - 21.5. 40, III./Inf.Rgt. 179.

9. René Bardel, Quelques-uns des chars 1939 - 1940 (Grenoble: Arthaud, 1945).

10. Ic, Tätigkeitsbericht, 1 November 1939 - 14 June 1940, 57. Infanterie-Division, NAM (National Archives Microfilm), Series T-315, Roll 980, Frames 293 - 296.

11. Ia, Kriegstagebuch Nr. 3, 11 May - 25 June 1940, 57. Infanterie-Division, NAM (National Archives Microfilm), Series T-315, Roll 978, Frame 1237.

12. Ia, Zustandsberichte, 24 April 1940 - 19 January 1941, 57. Infanterie-Division, NAM (National Archives Microfilm), Series T-315, Roll 980, Frame 542.

13. Erich von Manstein, Lost Victories, (Novato, CA: Presidio Press, 1982), pp. 133 - 134.

14. Saul David, Churchill's Sacrifice of the Highland Division: France 1940 (London: Endeavour Press, Ltd, 2013), Chapter 6.

15. Ic, Tätigkeitsbericht, 1 November 1939 - 14 June 1940, 57. Infanterie-Division, NAM (National Archives Microfilm), Series T-315, Roll 980, Frames 280 - 281.

16. Ic, Tätigkeitsbericht, 1 November 1939 - 14 June 1940, 57. Infanterie- Division, NAM (National Archives Microfilm), Series T-315, Roll 980, Frames 280 - 281.

第6章
魏刚防线

想要成为一名军人和指挥官，让其他人跟随我们训练，就必须先成为一个活生生的规则、一个永恒的榜样。要做到这一点，就必须拥有通过为国家服务来侍奉上帝的热情。

——弗朗索瓦·于埃中尉，第1师属侦察大队

德国空军的打击，6月1日—3日

从5月20日起，法国空军试图保存实力，以待下一轮作战。从物资角度看，历经三周的战斗，AdA仍保有大部分实力，因为损失的飞机并没有比新制造的多多少（到6月1日损失了338架战斗机，但补充了329架）。[1]实战证明，MS.406和MB.152战斗机劣于Bf-109，但H75A1能够与之抗衡，而且此时D.520战斗机已经足以装备4个大队。随着大量的DB-7、格伦·马丁167F、LeO 451和阿米奥354开始服役，法国轰炸机部队的数量和质量都有提高，但战备完好率明显下降。由于训练有素的机械师和地勤人员不足，AdA甚至在修复小问题时都遇到了困难。前三周内侦察机部队被消灭了一半，使AdA在这一任务领域显著弱化。虽然事实证明，维耶曼关于AdA将在三周内遭到毁灭的预测是不正确的。但在人力方面，AdA战斗机飞行员在前三周的伤亡超过了40%（至少151人伤亡，其中86人阵亡或被俘）。法国战斗机顶级王牌、GC I/5的让·阿卡尔于6月1日受了重伤，简言之，尽管飞机数量充足，训练有素的法国飞行员却已消耗殆尽。

RAF 并不急于让外籍飞行员加入现役部队，但 AdA 没有多少选择。4 个波兰战斗机中队正在组建中，其中第一个中队在 4 月以 GC I/145 的身份开始作战行动。不过，波兰部队没有接收 MS.406 战斗机，而是装备高德隆（Caudron）公司的 C.714，负责为里昂提供空中掩护。C.714 没有被任何一个法国战斗机中队采用，且很快就确认其在设计上有严重缺陷，法国航空部命令其退出战斗执勤。但由于缺乏更好的飞机，波兰飞行员还是继续使用难当大任的 C.714。许多捷克飞行员加入了法国中队，例如 GC I/5 中的 H75A1 "鹰"式飞行员弗朗齐歇克·佩日纳（Frantisek Perina）中士。随着法国飞行员伤亡的日益增多，捷克和波兰飞行员成了仅有的真正预备队。

此外，法国早期预警系统效能相对较低，正在成为作战中一个严重的不利因素。尽管法国名为 DEM 的类雷达设备从技术上优于英国 "本土链"雷达站，但后者可以关联数据，帮助战斗机的实时引导，而 DEM 没有像 RAF 那样连接成高效的战斗机指挥系统。相反，DEM 系统依赖的通信系统经常受到敌军行动的影响，预警信号往往到得太迟，不能起作用。因此，德国空军有时能够打击停留在地面的法国空军部队。5 月 26 日，德国 He-111 轰炸机空袭了巴黎东北 38 公里的勒普莱西贝勒维尔（Le Plessis–Belleville）机场，摧毁了法国空军第 1 大队第 3 中队（GC III/1）停在地面上的 7 架 MS.406 战斗机。一天后，来自 JG 53 的 Bf-109E 战斗机又向孚日的当布兰机场扫射，在地面上摧毁了法国空军第 2 大队第 1 中队的 8 架 MS.406 战斗机。这些机场的法国防空部队（DCA）能力不足且缺乏早期预警，前线空军基地越来越容易遭到打击。

随着 RAF 对法国的贡献减少到只有 3 个 "飓风"中队，空中力量的平衡被彻底打破了，这对 AdA 极度不利。法国领导人明显感到，英国在地面防御上所起的作用此时已经可以忽略不计了，但 RAF 仍可能产生较大影响。雷诺于 6 月 1 日 13 时 15 分通过斯皮尔斯向丘吉尔发了一封电报，警告说 "我们的战线上将要开始一场战役"，并请求 RAF 提供更大帮助，特别是战斗机司令部。雷诺强调，英国战斗机应该从法国的基地出战，而不是从英格兰南部的基地。[2] 从英格兰南部出发，RAF 的短程战斗机只能在索姆河上空行动，而无法进入法国中部。此后不久，魏刚向丘吉尔的首席军事顾问伊斯梅上将发送了类似的电报：

如果英国战机仍然从大不列颠的基地发动对抗德军的最后攻势，那么法国陆军将不得不独自承担重任。英国飞机（战斗机和轰炸机）应该继续在即将来临的地面战中尽最大的努力，英国和法国的未来都仰赖此战。有鉴于此，有必要将大量飞行中队（特别是战斗机）立即转移到法国的基地，与我们的部队取得直接联络，打击敌军前线和后方地区。

维耶曼也向 RAF 的同僚发了一封电报，明确请求再增派 20 个战斗机中队，以挫败预期中敌军的空中攻势：

敌人即将向我军战线发动新的攻击，而他们的轰炸机将作为火力准备和辅助力量。以强有力的战斗机部队拦截这些轰炸机，对战役的结果有决定性影响。法国目前可用的战斗机只有 350 架，如果不能在敌军攻势开始前得到英国战斗机的大量增援，很快就会被压垮。假如我们能集中英法战斗机打击德国轰炸机，就可以给德国轰炸机机组造成相当一段时间内难以弥补的损失，这将最大限度地保护英国免遭空袭。

可是，RAF 已经在法国损失了数百架"飓风"战斗机，道丁坚决反对在一场令人失望的战役中造成更多的"浪费"。他认为，在法国的行动毫无价值，战斗机司令部应该保留实力，将其用在英国空防上。

德国空军即便在全力封锁敦刻尔克撤退路线时，也为制订下一阶段战役的计划做了一些努力。德国空军领导人原本想要证明空中力量可以在"红色方案"前发动决定性的"致命一击"，却被迫回到了战术支援的任务上。不过，德国空军领导人没有将注意力集中在单独一组目标上，而是建议根据不同目的，打击各种各样的目标。为了自己的威望，戈林希望轰炸机攻击巴黎和其他法国城市，像轰炸鹿特丹那样击垮法国人的士气。前线指挥官希望攻击巴黎周围的 AdA 基地，彻底消灭他们的战斗机部队，还有一些人支持攻击法国飞机工厂（如巴黎的莫拉纳－索尼耶工厂），破坏补充飞机的制造。而德国陆军则希望在"红色方案"开始之前攻击法国铁路中心，以破坏其军事运输，并袭击马赛和土伦等港口——来自北非的生力军预计将从那里登岸。

5月26日，来自四个德国航空军（Fliegerkorps）的参谋们会面，为空中攻势制订具体行动计划。他们以真正的委员会风格，将各类目标包含在内以满足不同要求，为此规划了对两个地理区域的打击：首先是罗讷河谷，然后是巴黎及其周围地区。攻势的代号是"宝拉行动"（Unternehmen Paula），里特尔·冯·格赖姆（Ritter von Greim）中将的第5航空军将首先从德国南部的基地出击。事出偶然，召开此次会议的行政消息是通过德国空军的"恩尼格码"编码机发出的，这成了英国人在事件之前破解的第一段密码。[3] 根据这次拦截的信息和其他通信上的泄露，盟军推断出德国空军正在计划大规模空袭，但具体目标不详。维耶曼命令将残余的大部分法国战斗机（包括 GC 23 下辖的 150 架战斗机）集中在大巴黎地区的空军基地，这一计划称作"塔皮尔行动"。他希望在有充分预警的情况下，能将足够多的战机送上天空，消灭德国轰炸机。

6月1日4时左右，18 架 Ju–88 轰炸机从巴伐利亚的莱赫费尔德空军基地起飞，沿德国—瑞士边境向西南方飞行。从"黄色方案"开始，德国空军就有意侵犯瑞士边境，并与瑞士战斗机发生了交火事件。但这一次没有再发生事故，德国轰炸机飞向里昂，然后沿罗讷河向正南方飞去。它们的目的地是尚未见过敌机的马赛，城内确定的目标之一是库尔曼化工厂，该厂曾在一战中参与法国化学武器的制造。7 时许，Ju–88 轰炸机出现在港口上空，开始轰炸。港区被击中，2 万吨的英国运兵船"奥福德"号起火，被迫搁浅。法国辅助巡洋舰"谢拉"号也被炸毁。马赛只有几个老式 75 毫米高射炮连，但他们成功地击伤了 1 架 Ju–88，这架飞机试图飞往意大利，但在阿尔卑斯山区坠毁。德国空军在马赛共投下了 20 吨炸弹，造成了 32 名平民死亡。来自德国第 53 轰炸机联队（KG 53）的 35 架 He–111H 轰炸机准备空袭里昂，但当它们进入瑞士领空 16 公里处时，遭到了瑞士 B–109D 战斗机的拦截，2 架 He–111 被击落，5 名机组人员死亡。里昂附近，GC III/9 的 MB.152 战斗机从里昂—布隆机场紧急升空，摧毁了 2 架德军轰炸机，不过，德军的防御火力击伤了 9 架战斗机和 4 名飞行员。里昂—布隆机场是 AdA 的重要训练基地，波兰飞行员和法国新飞行员大量驻扎在那里。波兰飞行员加布谢维茨（Gabscewicz）中尉击落了 1 架 He–111。

6月2日，德国第 5 航空军以同样的战术袭击了格勒诺布尔、里昂和罗讷河畔沙斯（Chasse–sur–Rhône），袭击目标包括铁路站场、工厂和机场。德国轰炸机再次侵犯瑞士领空，遭到瑞士战斗机拦截，又有 1 架 He-111 被击中。GC III/9 再次紧急升空，但拦截失败了。德国轰炸机向多个目标投下炸弹，给里昂以南的日沃尔（Givors）造成了严重破坏，那里有一间制造 LeO 451 轰炸机部件的工厂，空袭中有 46 人死亡。里昂—布隆机场的一个燃油库也被摧毁。第 5 航空军在法国南部的袭击对盟军战备的影响总体上不大，不值得为此挑起与瑞士的边境冲突。德国空军的主要袭击行动定于 6 月 3 日下午开始，目标是巴黎地区。法国第 23 战斗机集群（GC 23）的飞行员在 4 时 30 分就处于警戒状态，一直在等待命令。几架战斗机在城市上空巡逻，大部分则在机场上待命。最终，共有 200 多架德国轰炸机在大批 Bf-109E 和 Bf-110 战斗机的护航下，从东北方朝巴黎逼近。13 时 06 分，一个无线电预警信号从埃菲尔铁塔发出，但由于通信问题，只有 GC I/3 收到了信息；4 分钟以后，该大队紧急出动了 17 架 D.520 战斗机。GC I/8 的 9 架 MB.152 战斗机在城北巡逻，但并没有立即得知敌军的攻击。靠近城区后，德国轰炸机分头攻击不同的目标。

巴黎地方军事长官皮埃尔·埃林上将能用于保护首都的高射炮相对较少。最有效的防御武器是法国海军下辖的 5 个 90 毫米高射炮连。13 时 25 分，第一批轰炸机开始扑向巴黎，袭击目标包括航空部、雪铁龙和雷诺工厂、热弗洛兵工厂和 10 多个工业设施以及 16 个机场。共有 20 架法国飞机（包括 16 架战斗机）在地面被摧毁或损坏，但机场只是暂时出现了混乱。法国高射炮的效能总体很低。埃林估计，德军共在巴黎地区投下了 1538 枚炸弹（约 300 吨）。轰炸中有 254 人死亡、652 人受伤，其中 80% 是平民。

法国战斗机无法在城市上空与德军轰炸机交火，但设法拦截了向东北逃逸的一些编队。轰炸开始 5 分钟后，GC I/8 的 9 架 MB.152 战斗机从巴黎以东的克莱苏伊（Claye-Souilly）紧急起飞，拦截 KG 51 的一群 Ju-88 轰炸机，1 架德机被击落，得以幸存的机组人员中有联队长约瑟夫·卡姆胡伯（Josef Kammhuber）上校。GC I/3 的 D.520 战斗机击落了 1 架 Bf-109 战斗机，击伤了 3 架轰炸机，但己方损失了 2 架战斗机。另一位德国空军高级军官格尔德·冯·马索（Gerd von Massow）上校也成了俘虏。6 月 3 日，法国空军共出动了 253 架次的战斗机，摧毁了 10 架敌军飞机（5 架 Bf-109、1 架 Bf-110、2 架 Do-17、2 架 Ju-88），而己方损失 10 架战斗机（6 架 MB.142、2 架

MS.406 和 2 架 D.520），空战中有 12 名飞行员阵亡、8 人受伤。对 AdA 来说，如果损失了训练有素的飞行员，那比损失飞机要严重得多。同一天，驻法国的 RAF 共出动战斗机 19 架次，损失了 3 架"飓风"，击落 2 架 Bf-110。[4]

为了对"宝拉行动"实施报复，雷诺批准 AdA 轰炸机部队袭击德国城市。6 月 4 日夜间到 5 日凌晨，法国第 6 轰炸机集群派出 10 架 LeO 451 和 4 架法尔曼（Farmann）221 轰炸机袭击慕尼黑的 BMW 工厂。这是盟军第一次袭击该市。另外 6 架轰炸机则轰炸了路德维希港（Ludwigshafen）的一个德国坦克发动机工厂。有 1 架法国轰炸机未能返回。同一天夜里，RAF 轰炸机司令部派出了 57 架轰炸机攻击德国北部的多个目标。由于没有合适的夜间导航辅助装置，炸弹载荷又较轻，这些小规模袭击没有任何真正的军事价值。

从战役开始到 6 月 4 日，德国空军共损失了 96 架 Bf-109、34 架 Bf-110、32 架 Ju-87"斯图卡"和 176 架轰炸机。另有一些飞机因为机械故障受损或者无法作战。[5] 尽管如此，两个航空队仍然动用了超过 500 架 Bf-109E 战斗机，以及 200 多架 Ju-87"斯图卡"和 700 架轰炸机。虽然"宝拉行动"没有给法国人的士气或者 AdA 带来致命的打击，但很明显，法军连首都空域都无力保护，更不用说前线的盟军部队了。不过，德国空军在这次行动中也表现出作战计划的不足：攻击目标过多，没有真正的重心。确实，德国空军规划人员在 1940—1941 年对英国发动的空中战役中也重复了这个错误。法国缺乏有效的战斗机指挥系统，德国空军本可以取得更大成功，甚至彻底消灭法国空军，但未能实现——这是德军在后来对付 RAF 时应铭记在心的教训。

暴风雨前的宁静，6 月 4 日

盟军战败于阿布维尔后，前线迎来了德军攻势开始前的短暂平静。阿尔特梅耶的第 10 集团军以 7 个步兵师和 3 个轻骑兵师残部守卫索姆河下游 85 公里宽的正面。他还有 3 个遭受重创的装甲师（第 2、第 4 装甲师和英国第 1 装甲师），共有约 300 辆坦克。魏刚对阿尔特梅耶许诺，会从海外抵达的部队中为他抽调援兵，但这些部队没能在德军发动攻击之前抵达。盟军的反攻打击了德军在圣瓦勒里和阿布维尔的桥头堡，但亚眠的桥头堡仍是阿尔特梅耶右翼的严重威胁。在阿尔特梅耶的第 10 集团军之后，卡斯莱克上将把临时组建的博曼师部署在布雷斯莱沿线，应对敌军在索姆河下游的突破。虽然它无法抵挡一个德军装甲师，但卡斯莱克和手下做了出色的工作，为博曼师配备了一些常规火炮、反坦克炮，甚至少数坦克。和法国陆军一样，BEF 在法国没有可观的装备储备，因此不可能完全重新装备一个师。

重要的是，戈特勋爵离开敦刻尔克后，留在法国的英国地面部队没有总司令了。6 月 2 日，布鲁克奉命指挥新的 BEF，但让人难以置信的是，他英格兰浪费了整整 10 天的时间。在 1940 年 6 月的日记中，布鲁克无时无刻不在贬低法国陆军，他从情感上抗拒这一使命，因此任命他为新的 BEF 的指挥官是个很糟糕的选择。与此同时，卡斯莱克和博曼等非战斗军官却在没有坦克的情况下，试图将留在法国的英国部队提升到最好的战备状态。

费雷尔的第 7 集团军以 9 个步兵师的兵力，驻防从索姆河下游到埃纳河的 90 公里宽的战线。他还拥有部分重建的第 1 装甲师作为预备队，共有约 150 辆坦克。和阿尔特梅耶集团军一样，弗雷尔下辖的各师全是常备军，有相当一部分富有经验的殖民地军官和士兵。不过，弗雷尔的防线没有任何天然屏障，且失去了对索姆河南岸的控制权，右翼十分脆弱。加之他的防线向后方弯曲，使其超过了军事理论规定的长度，而弗雷尔扼守的是前往巴黎的直接通路，决不能主动放弃阵地。图雄的第 6 集团军以 11 个步兵师的兵力，守卫埃纳河后从苏瓦松到勒泰勒宽度为 100 公里的区域。他手下有 5 个现役师，其他 6 个是 A 类预备役师，总的来说，它们都是指挥高效的优秀部队。弗雷尔第 7 集团军和图雄第 6 集团军之间的边界是埃纳河以北的"贵妇小径"（Chemin des Dames）。每个集团军都在艾莱特河和瓦兹—埃纳运河后部署了 1 个师，守卫这个 48 公里宽的区域。第 6 集团军有大约 120 辆步兵坦克，而且法国第 1 装甲师还在调动中，将为该战区提供一支机动预备队。图雄拥有可观的炮兵支援，其中多个炮兵团（如第 184 重炮团）配备 155 毫米 GPF 榴弹炮。贝松上将的第 3 集团军群共有 27 个步兵师，防线宽度为 275 公里，也就是说，每个师的防区宽度都超过了理论宽度。因此，魏刚渴望的战役级纵深防御不可能实现，至多只能实现战术级别的纵深，将重点放在敌军最可能进攻的防区。贝松只有战术级别的预备队——可能有 700 辆坦克——没有一支部队的机动性能与敌军装甲师匹敌。贝松所要防御的，是一条没有任何后方阵地的固定防线，官兵们认为，这是一个"不成功便成仁"的使命。

与此同时，普雷特拉上将的第 2 集团军群（GA 2）所辖的 4 个军却几乎成了旁观者，因为德军在默兹河的突破已经将他们甩在了后面。亨利·弗雷登堡（Henry Freydenburg）上将的第 2 集团军以 10 个步兵师加上蒙梅迪防区的部队（SFM，一个师级要塞部队），保卫埃纳河和隆维之间 85 公里宽的区域。弗雷登堡的集团军是 GA 2 中最有实力的部队，包括精锐的殖民地军（Corps d'armée colonial）。该集团军下辖各师中有半数来自北非。虽然第 2 集团军的防线上没有河流作为屏障，但防区中多山且植被茂盛，有利于防御。装甲兵方面，弗雷登堡拥有第 3 装甲师和 5 个坦克营，坦克总数超过 200 辆。普雷特拉的 GA 2 其余部队被投入了马奇诺防线的防御，这也是它的唯一真正使命。孔戴（Condé）上将的第 3 集团军以 5 个步兵师守卫马奇诺防线左翼，维克托·布雷（Victor Bourret）上将的第 5 集团军和奥古斯特－马里·洛尔（August–Marie Laure）的第 8 集团军共 11 个师则保卫该防线直到瑞士边境的其余部分。普雷特拉共有 27 个师和大约 500 辆坦克，但已将最好的部队调去增援 GA 3，剩下的大部分是素质较低的 B 类预备役步兵师，是 GQG 不愿意再次冒险用于关键战区的部队。深沟高垒的马奇诺防线内，有 26 个要塞步兵团和 15 个炮兵团共约 13.5 万名法国官兵，但这些部队被固定在阵地上，没有任何野战装备。就这样，在战役的决定性时刻，法国陆军本土部队中超过半数都在场外观望。

魏刚试图重新装备从敦刻尔克返回的官兵，用他们组建新的部队，但可以分发的库存装备很少。5 月 27 日，GQG 开始组建 9 个轻步兵师（DLI）中的第一个，人员来源繁杂，包括训练学校和从海外返回的士兵。DLI 是编制较小的师级单位，只有 2 个步兵团、1 个炮兵团和少量反坦克炮。大部分 DLI 的机动运输车辆极少，只能乘坐列车调动或者徒步行军。DLI 开了二战参战国在危急中组建"即战"师的先河，1941 年的苏联和 1944—1945 年的德国都效仿了这一措施。法军的这些师优于民兵，可是装备依然很差，在战斗中很容易溃散。魏刚很可能觉得前线部队的数量比质量更重要，这样才能抵消德军的数量优势，但组建 DLI 是对资源的严重浪费。相反，如果将这些师的官兵用于补充现有前线师损失的人员，并为其提供一些预备团，效率可能更高。

就在德军下一阶段的攻势开始之前，法军最高司令部还在竭尽全力从北非增调多个新的师，并调回了参加挪威战役的法国部队。第 85 非洲步兵师（DIA）

从阿尔及利亚抵达，在塞纳河上充当预备队，另 2 个师正在乘船前来的途中。曾指挥挪威法军的西尔韦斯特·奥代（Sylvestre Audet）少将接管巴黎附近的第 25 军，他手下经验丰富的山地猎兵迅速重组为第 40 步兵师（40e DI）。2 个波兰步兵师经过训练，为加入现役做好了准备，1 个波兰坦克旅也将要准备就绪。可是，魏刚的预备队只有少数徒步步兵师，机动性和火力都非常有限。根据霍恩的说法，德军以 104 个"满编"师对抗盟军的 49 个师，有 2 比 1 的数量优势。[6] 其他信息来源则称，德军有 143 个师，这个数字算上了在荷兰打扫战场的部队、C 集团军群的静态师和驻扎在德国的预备队，但这种轻率的计算方法没有意义。实际上，前线的德军各师中，多数都遭遇了重大伤亡，且始终没有得到补充。例如，第 4 装甲师第 35 装甲团仅在两周的战斗中就有 25% 的坦克车组人员伤亡，整场战争中，补充坦克指挥员和排长一直是德军面临的挑战。[7] "红色方案"启动时，德国第 10 装甲师 8 团的坦克只有 70% 可以行动，而且许多坦克的运行状态都很差。投入"红色方案"的德军实际上只有 90 个师，其中第一梯队有 50 个。OKH 将许多实力较弱的预备役师和后备军师调回预备队中，依靠 10 个装甲师和第 1 波次步兵师中最好的部队解决法国。魏刚在敌军攻击区域有 49 个师，但预备队可以忽略不计。换言之，德军在接触线上没有明显的数量优势——但在预备队上却有 12 比 1 的绝对优势。

法国空军未能阻止德国空军轰炸巴黎，在即将开始的行动中，他们几乎没有希望阻止敌人获得战场上的空中优势。维耶曼仍有 367 架可以使用的战斗机和 126 架轰炸机，但他的飞行中队已经沦为"空中游击队"，而不是德国空军真正的竞争对手。D.520 战斗机比起缺陷众多的 MB.152 和 MS.406，有了显著改进，但 Bf-109E 仍是法国上空最好的战斗机，而且数量很多。两个装备布雷盖 693 对地攻击机的法国攻击机大队也许是最好的战术资源，但不足以产生决定性影响。RAF 仍留在法国的只有 30 架"飓风"和 70 架费尔雷"战斗"，对抵抗德国空军也起不到什么作用。以寡敌众的最优方式是将所有轰炸机和对敌攻击机集中在一个攻击航空兵团中，猛烈打击德军选择的突破点。所有法国战斗机也可以集中在突破区域，抵消德军在关键战区的空中优势，可是，AdA 没能聚集剩余作战力量，而是将其浪费在了一系列小规模行动中。

法军在法国北部的飞机（现有 / 可作战）

类型	1940年5月10日	1940年6月5日
战斗机	518/369 (71%)	476/367 (77%)
轰炸机	106/71 (67%)	267/126 (47%)
对地攻击机	23/23 (100%)	67/55 (82%)
侦察机	421/325 (77%)	237/143 (60%)

　　与甘末林不同，魏刚清楚地知道敌军将从哪里发动进攻，并试图对部署做出调整。6月3日，他命令安齐热在 GA 3 和 GA 2 之间组建第 4 集团军群（GA 4），下辖弗雷登堡的第 2 集团军和爱德华－让·雷坎上将的第 4 集团军（继承了图雄第 6 集团军中的第 23 军）。理论上，此举将加强关键时刻的统一指挥，阻止德军在 2 个法国集团军群的结合部打进一个楔子。但在实践中，在敌军即将对该区域发动进攻时，如此重大的指挥结构变更只会增加混乱。魏刚还试图组建战役级别的预备队集群，对预期的敌军突破展开反攻：阿尔特梅耶的第 10 集团军后有珀蒂集群，第 10 集团军和第 7 集团军防区交界处有奥戴集群，第 2 集团军后则有比松集群。现实是，这些集群只是将各类部队临时组合，并没有集中用于快速反应，它们下属的一些部队（如第 2 和第 3 轻骑兵师）在"红色方案"开始前就已投入前线。所以，上述集群至多只能算是战术预备队，规模太小，只能影响局部行动。

　　缺乏预备队和有效的空中支援，也没有任何有意义的盟国援助，法国的形势似乎岌岌可危。但对守方来说，关键的差异在于，几周之后，德军初期攻势造成的震惊已经消退，敌人不再享有奇袭的效果。而且，索姆河和埃纳河沿线的大部分法军前线部队都曾暴露在敌军炮火和轰炸下，他们当中的许多人都是职业军人，而不是色当的那些士气不振、训练水平低下的预备役人员。魏刚防线很薄弱，但依托的是深谙战法的常备军和殖民地部队。敌军也无法实施任何富有想象力的包抄机动，或者动用空降部队在后方引发混乱。这一次，敌军只能向深沟高垒的防线发动正面进攻。敌军的战术也不再如 5 月初那样令法国最高司令部目瞪口呆了——此时，他们已经更好地理解了敌军战法，也知道如何减慢进攻速度了。法军前线部队的士气得以增强，许多部队决心保卫他们的防区……

博克打响第一枪，6月5日

希特勒将6月5日定为索姆河前线"红色方案"的开始日期,但博克发现,只有京特·冯·克卢格大将的第4集团军完全做好了攻击准备。赖歇瑙称,他的第6集团军还需几天才能从里尔周围的战斗中恢复过来,施特劳斯的第9集团军也请求延期,因此这些集团军在攻势的第一天只能发动局部进攻。克莱斯特装甲集群是博克用于扩大战果的部队,但克莱斯特不愿意在步兵于索姆河以南夺取更多地盘之前,将他的装甲兵投入狭小的桥头堡。尽管如此,维特斯海姆的第14(摩托化)军还是进入了亚眠,而霍普纳的第16(摩托化)军进入了佩罗讷桥头堡。克卢格有自己的装甲兵——霍特的第15(摩托化)军,下辖第5和第7装甲师——他将使用这些部队,在阿布维尔和亚眠之间建立新的渡口,而第2军的步兵将突出阿布维尔和圣瓦勒里桥头堡。曼施泰因的第38军也将占据亚眠以西的索姆河桥头堡。克卢格的意图是将阿尔特梅耶集团军逼离索姆河,然后用装甲兵在多处穿透其混乱的战线,以实现突破。克卢格的中间目标是鲁昂和塞讷河下游的渡口。[8]

6月5日的早晨天气闷热,雾气蒙蒙。克卢格将如何发动进攻的决定权留给了各军军长。在索姆河畔圣瓦勒里战区,步兵上将卡尔－海因里希·冯·施蒂尔普纳格尔的德国第2军于3时30分左右开始了零星的弹幕射击,炮击持续了一个小时。4时44分太阳升起,第一缕晨光出现了,金特·冯·安格恩(Günther von Angern)的第11步枪旅在第12步兵师的支援下,突袭了英国第154步兵旅的防区——索姆河畔圣瓦勒里西南4公里的一系列经过加固的村庄。亚瑟·斯坦利－克拉克(Arthur Stanley–Clarke)准将把2个营部署在11公里宽的战线上,守卫一连串修筑了工事的村庄。在某些地方,连与连的间隔超过了1000米,通信完全依赖于支援炮兵和营部的电报和电话。英国第51高地师试图构建魏刚所建议的"刺猬"阵地,遂将一些单独的火炮前推。这种阵地的整体思路是建立自足、全面的防御据点。不幸的是,该师的阵地没有真正充足的兵力,只不过是一条加强了的前哨线而已,各排的部署就像一串珠子。福琼将军有112门火炮(而不是编制的72门),以及1个混编团的坦克,但无法阻挡敌方由步兵主导发起的进攻。英方的报道强调了第51高地师防区的宽度,但福琼的部队在兵力和火力上远强于当时西线上的其他盟军步兵师。

德军步兵以连级兵力在多处实施经典的渗透进攻，绕过了英军把守的村庄。在某些位置，高地步兵的抵抗非常顽强，但其他地方的下级官员未得到命令便退却了。到7时，前线英军的多个连被隔开，且因通信线路被切断而无法召唤炮火支援。很快，德军渗透部队逼近弗朗勒（Franleu）村的第7阿盖尔和萨瑟兰高地营营部，迫使英国炮兵连向后方转移。德军动用迫击炮和狙击手杀伤英国守军，后者很快就耗尽了自己的3英寸迫击炮炮弹。根据斯坦利－克拉克准将的请求，福琼投入了该师预备队——第4"黑卫士"营，以发动反攻，解救被围的第7阿盖尔和萨瑟兰高地营残部。可是，当德军步兵明显已经向布雷勒河逼近时，第4"黑卫士"营放弃了反攻。尽管后来有少数第7营将士设法逃回了英军战线，但这个被围的营在连续不断的炮击下于次日投降，此时已经有523人伤亡。第8阿盖尔和萨瑟兰高地营也很快被德军的渗透攻击切成数段，不过约200名幸存者最终抵达了布雷勒河。几个小时内，第51（高地）师的左翼被向后推了11~12公里，第154步兵旅遭受重创。

乔治·伯尼准将的第153步兵旅遭到了德军第12步兵师的攻击，被迫后退了3~5公里，放弃了在阿布维尔西南方夺占的阵地。靠近中午时的"斯图卡"攻击部分遮断了该旅的撤退路线。虽然法国第31山地步兵师守住了科蒙山南麓的阵地，但其右翼的英国第152步兵旅和第1洛锡安和边境义勇团（1LBH）遭到了布吕姆的德国第57步兵师以及新到的第32步兵师的猛攻，被迫后撤。由于扼守两翼的英国第51（高地）师已后撤，法国第31山地步兵师也不得不退却。德国第2军在"红色方案"的第一天伤亡超过600人。[9]6月5日夜间到6日凌晨，信心受挫的福琼将军请求允许他的部队退守布雷勒河。阿尔特梅耶同意了这一请求，但命令高地部队必须"不惜一切代价"守住新的防线。这也就决定了英国第152旅将要移到法国第31山地步兵师之后，与其上级部队重新会合，方便福琼的指挥与控制。从法国人那里得到了想要的东西后，福琼接着向卡斯莱克求助，后者是此时驻法英国军官中级别最高的。得知第51（高地）师遭受的损失，卡斯莱克提出从博曼师征调1个旅，福琼接受了。

第51（高地）师在敌军的首日攻势下就放弃了如此多的阵地令阿尔特梅耶失望，但真正的问题出现在他的防线中路——阿布维尔与亚眠之间。法国第9军军长马塞尔·伊莱少将曾对这一区域表示了担忧，屏护此地的是已遭受很

秦姆河上的德军桥头堡
（6月5日早晨）
德军攻击路线（6月5日）
德军攻击路线（6月6日）
德军攻击路线（6月7日）
英军防线
法军防线

哈姆

隔罗讷

绍讷

鲁瓦

蒙迪迪耶

科尔比

索姆河

埃尔贝尔

亚眠

迪里

奥雷莫

桑昂纳米耶努瓦

普瓦

隆吉莫

皮基尼

阿布维尔

蓬雷米

隆普雷

艾赖讷

昂日

瓦斯蒙

布朗蒙

欧马勒

福尔日莱索

埃布勒克河

德尤森林

厄镇

索姆河畔圣瓦勒里

德军对索姆河防线的进攻，1940年6月5日—7日

图例注记

① 6月5日，德国第2军从圣瓦勒里和阿布维尔桥头堡发起进攻，主要攻击目标是英国第51（高地）师，英军左翼部队在重压下撤往布雷勒河。

② 德国第5装甲师试图在蓬雷米渡过索姆河，最初被法国第2轻骑兵师击退，但随后取得了成功。

③ 德国第7装甲师占领了索姆河上的一个渡口，但该师的进攻遭到了法国第5殖民地步兵师的猛烈抵抗。

④ 德国第38军夺取亚眠以西的索姆河桥头堡。

⑤ 德国第10装甲师从亚眠桥头堡发动进攻，但在法军防御火力下遭受巨大伤亡。虽然德军坦克穿透了法国师属炮兵的火力网，但许多据点仍完好无损。

⑥ 德国第3装甲师从佩罗讷桥头堡发起进攻，但无法取得突破。

⑦ 6月6日，德国第2军攻击瓦斯蒙的英军右翼，最终迫使第51（高地）师撤到布雷勒河之后。

⑧ 霍特的装甲兵在艾赖讷消灭了法国第5殖民地步兵师，法国第10集团军防线被撕开了一个口子。

⑨ 曼施泰因的第38军向前推进，越过第13步兵师防线直取普瓦。

⑩ 霍普纳的装甲兵向绍讷突破，南进鲁瓦。

⑪ 法国第9军仓促动用最后的预备队第40步兵师，在布雷勒河后建立新战线。

⑫ 魏刚命令英国第1装甲师占据昂戴勒河后的阻击阵地。

⑬ 6月7日，霍特的装甲兵实现重大突破，抵达福尔日莱索，曼施泰因的步兵保护其左翼。

大消耗的第2和第3轻骑兵师。他已命令费利克斯·塞谢（Felix Séchet）少将的第5殖民地步兵师前去解救第3轻骑兵师，但这一调动直到6月4日夜间才完成。索姆河的另一边，霍特的德国第15摩托化军正准备从该区域渡河。日出时，约阿希姆·莱梅尔森（Joachim Lemelsen）中将的德国第5装甲师试图在蓬雷米渡河，但警惕的法国第2轻骑兵师反坦克炮手击毁了15辆德军坦克，阻止了这次进攻。为了报复，德国炮兵将蓬雷米炸成了瓦砾。东南方7000米处，隆美尔所部第7装甲师的步兵开始由一座小铁路桥渡河，法军没有毁坏这座桥,只用障碍物将其封堵了。不清除这些障碍物,隆美尔的坦克就无法过桥,因此,他派出第6摩托化步兵团的步兵渡河清理。法国第5殖民地步兵师的一个连——于松上尉的第44塞内加尔殖民地混合步兵团(44e RICMS)6连——守卫这一区域,但没有迫击炮或者反坦克炮。于松连队全力阻击了隆美尔的步兵数小时,并引导炮兵火力打击这座桥梁,但随后遭到德军密集迫击炮火的压制。到6时,大批德军车辆渡过索姆河,坦克紧随其后。不过,狭窄的小桥和邻近地形迫使整个第7装甲师只能以长蛇队形移动。法军的炮弹零星地落在桥梁周围,一辆坦克的履带断落在桥上,阻挡了整个师30分钟。如果能有少量盟军轰炸机对堵在路上的漫长队列发动攻击,隆美尔拥挤的纵队就可能遭到大面积杀伤。经过小桥后,隆美尔被迫缓慢地组织车辆越过一条铁路线,在大山谷(La Grande Vallée)集合,而他的摩托化步兵团则分别向西攻击法军守卫的孔代福利(Condé-Folie)和向南攻击昂日(Hangest)。法国第44塞内加尔殖民地混合步兵团5连在昂日坚决抵抗,驻守孔代福利的第53塞内加尔殖民地混合步兵团2营(II/53e RICMS)也不遑多让。隆美尔在奔赴前线观察对昂日的攻击时,他的半履带指挥车被法国机枪击中。

隆美尔在有充足的兵力渡过索姆河后,最终投入了1个装甲营、1个摩托车步枪营以及第705重型步兵炮连的150毫米炮,去消灭顽强的昂日守军。同样,马尼安上尉的II/53e RICMS一直将德军挡在孔代福利之外,直到德国轰炸机将该镇炸毁,德军随后又派出携带火焰喷射器的工兵发动进攻。孔代福利的法军官兵大部分战死,包括马尼安上尉。这些战士都是坚强的塞内加尔猎兵,由法国军官和军士率领。在昂日被夷为平地之前,隆美尔的其余坦克已开始从河上展开,18时抵达修筑了工事的勒凯努瓦(Le Quesnoy)村,守卫那里的是第53塞内加尔殖民地混合步兵团10连(10/53 RICMS)。殖民地部队再次做出坚决抵抗,直到被坦克的近距离平射火力打垮。此时,莱梅尔森的德国第5装甲师终于在蓬雷米渡过索姆河,前锋部队向东推进,试图在隆普雷附近与隆美尔所部取得联系。不过,第53塞内加尔殖民地混合步兵团(53e RICMS)1连守卫该镇,并用地雷封锁了道路,阻止了该师与隆美尔在当晚会合。

有趣的是,法国第5殖民地步兵师在隆普雷—昂日战区的所有据点都只有连级规模的守军,且没有炮兵支援,反坦克炮也很少。5个坚定的步兵连在大半天的时间里阻击了 2 个德国装甲师，但代价是至少 250 人阵亡，数百人受伤。隆美尔的部队在各处都获得了胜利，因为他们拥有坦克、自行重炮、火焰喷射器和斯图卡，在火力上更胜一筹。塞谢的第 5 殖民地步兵师只有中等规模的炮兵支援，没有任何坦克，却有着充沛的战斗精神。如果法军能够在这一战区真正建立起经纬线体系，并配备合适的反坦克防御，隆美尔的攻击可能在河边就被阻止了。而最后的结果是，塞内加尔猎兵的坚决抵抗引发了隆美尔所部的恶行，他们在昂日和孔代福利杀害了一些被俘的西非士兵。在索姆河上对非洲士兵和他们的法国上司实施一系列暴行的并非狂暴的武装党卫军，而是普通的德国陆军官兵。[10]

亚眠以西，曼施泰因的第 38 军所辖第 27 和第 46 步兵师于黎明时渡过索姆河实施攻击。领头的突击营乘坐橡皮艇，在布雷伊（Breilly）附近成功渡过了 30 米宽的索姆河，却在这一区域的沼泽地里遇上了麻烦，官兵们被迫在抵达对岸后继续涉水前行。守卫这一战区的是法国第 13 步兵师（现役）下辖的第 60 步兵团，由于沼泽地形，法军在这一带的防御比较薄弱。法军在 8 公里宽的区域只部署了 2 个营，某些地方的阵地之间有宽达 500 米的缺口。第 60 步兵团团长将第 3 个营留作预备队，以应对敌军的渡河企图。渡过索姆河后，曼施泰因的步兵在法军 75 毫米炮的打击下损失惨重，但成功地建立了一个较大的桥头堡，足以让工兵开始搭建小型浮桥。下午，德国步兵猛攻法国第 60 步兵团极其分散的阵地，不过法国步兵的抵抗也很顽强。在回忆录中，曼施泰因以种族主义的口吻，尖锐地描述了法军在索姆河上的防御："敌军战斗很勇敢——这些黑人生性嗜血，无视人的生命……"他还声称法国炮兵不是很高效，尽管他的手下并不这么认为。[11]

维特斯海姆的德国第 14 摩托化军从亚眠桥头堡内发动攻击，首先是 4 时开始的炮兵弹幕射击。此后，该军出动了 3 个师：第 9 装甲师在右、第 9 步兵师居中，左路则是第 10 装甲师。欧仁·莫尔当（Eugene Mordant）少将的法国第 16 步兵师是一个 A 类预备役部队，守卫着 12 公里宽的区域，但他有大约 45 门反坦克炮（25 毫米和 47 毫米），外加 14 门用于反坦克任务的 75 毫米炮。莫尔当还有 118 门支援火炮，包括 48 门军属炮兵才有的 155 毫米榴弹炮。法军还在他们的"刺猬"阵地前埋设了反坦克地雷。法军每个团的防区都以 2

个营镇守前沿，1 个营靠后，但仅有的战术预备队是来自第 12 战斗坦克营的 1 个 R35 坦克连及第 19 师属侦察大队。每个村庄的筑垒区域有 10 公里纵深，至少有 1 门或者 2 门反坦克炮。

费迪南德·沙尔（Ferdinand Schaa）少将的第 10 装甲师是德国第 14 摩托化军中最强大的部队，该师于 5 时 30 分向由法国第 89 步兵团 3 营把守的圣菲西安发动进攻。沙尔派第 10 摩托化步兵旅的 6 个营进攻圣菲西安，但法军用炮兵和自动武器火力阻止了离开车辆的德国步兵。沙尔违背军事常识，"将脸伸到对手拳头下"，没有留下任何战术预备队，他的步兵在法国守军的猛烈打击下手足无措，经过几个小时才得以退后重组。当又一次的炮兵集火打击和"斯图卡"攻击无法压制镇上的法国守军时，沙尔决定让第 7 和第 8 装甲团的坦克绕过该镇，因为他预计步兵能很快跟上。可是，大批集结的坦克（大约有 200辆）直接撞上了几个由隐藏的法国反坦克炮阵地组成的"杀戮区"。法国 47 毫米反坦克炮迎来了一场实弹射击演习，在 500 米距离上击毁了 8 辆德军坦克，还有 1 辆四号坦克被反坦克地雷摧毁。尽管如此，德国坦克仍然继续前进，摧毁了一些法国反坦克炮，但损失也进一步加大。当第 7 装甲团领头的 1 个营逼近桑昂纳米耶努瓦村旁的法国第 16 步兵师师属炮兵阵地时，在 500 米距离上与法国第 37 师属炮兵团 5 连的 4 门 1897 式 75 毫米炮交火。虽然德国坦克以主炮和机枪率先开火，但法国炮兵也迅速连续发射 75 毫米高爆穿甲弹（APHE），打击最近的几辆坦克。德军机枪子弹不断击中炮盾，但法国炮兵仍然坚守岗位，奋力装弹射击。战斗仅进行了几分钟，4 门法国火炮均被摧毁，32 名炮手中有 28 人阵亡，不过该连在被消灭前成功地击毁了 12 辆敌军坦克。[12]

德国第 4 装甲旅的坦克继续南进，于 12 时抵近奥雷莫－格拉特庞什（Oresmaux-Grattepanche）的法国炮兵阵地，但他们所能得到的步兵支援只有乘坐新型 SPW 半履带车的第 69 摩托化步兵团 6 营。第 10 装甲师的其余步兵落后了 6 公里，试图越过驻守圣菲西安的 1 个法军营，但徒劳无功。第 4 装甲旅处境艰难，孤立无援且遭到各个方向的炮火打击，越来越多的坦克成了反坦克炮和常规火炮的牺牲品。18 时 30 分，莫尔当以仅有的预备队（法国第 19 师属侦察大队）和来自第 12 战斗坦克营 2 连的 12 辆 R35 坦克发动反攻，试图消除德军对奥雷莫附近各炮兵连的威胁。体型较小的 R35 坦克开了过来，被德军炮火击中多次，但只有 3 辆坦克失去行动能力，而德国坦克此时已经极度缺乏弹药。莫尔当的反攻取得了部分成功，德国第 4 装甲旅被迫将攻击推迟到第 86 摩托化步兵团占领圣菲西安之后，可是这个小镇直到 19 时才告失守。黄昏时分，这一战区的法国经纬线体系仍基本完好，沙尔决定在次日之前不向第二条由筑垒村庄组成的防线发动进攻。日终时分，德国第 10 装甲师只有 90 辆坦克仍能作战，有 100 辆坦克被击毁或者触雷瘫痪。经历了炮兵和斯图卡的狂轰滥炸以及此后的坦克攻击，莫尔当的预备役官兵在"红色方案"首日成功地守住了阵地。特别是，法国炮兵和反坦克炮手死战到底的决心令德军目瞪口呆，后者显然期待着能像在默兹河上一样，轻而易举地取得胜利。[13]

在佩罗讷桥头堡，霍普纳的第 16（摩托化）军发起攻势，以扩大狭窄的立足点。由于无法从一开始就投入全军，霍普纳首日仅出动了第 3 装甲师和第 33 步兵师的 1 个步兵团，对费尔南·朗克吕（Fernand Lenclud）准将的法国第 19 步兵师（现役部队）发动了规模有限的进攻。法国第 19 步兵师将全部 3 个步兵团部署在 12 公里宽的战线上，没有充足的战术预备队。最右侧的防区依托维莱卡博内勒村，由维利耶－莫斯（Villiers–Mors）中校的第 22 外籍志愿步兵团（22e RMVE）守卫，该团是假战期间新组建的三个外籍军团部队之一，主要由西班牙内战中的共和军老兵及东欧犹太难民组成。

霍普纳于 5 时开始进攻，他先以 384 门火炮发动攻击，随后在 5 时 40 分发动了一次地面突击，打击重点由几个村庄组成的三角地带，守卫在中心位置的是法国第 117 步兵团。法国守军的火力很猛，离开车辆的德国步兵几乎寸步难行，但第 3 装甲旅碾过法军壕沟，绕开了深沟高垒的村镇，向南直扑法国炮兵阵地。由于坦克与跟随的步兵失去联系，德军不能使用合适的多兵种战术。到 11 时，第 3 装甲旅已深入法军后方 12 公里，抵达了它的初期目标地点，但第 6 装甲团损失了 31 辆坦克，且没有任何步兵支援。[14] 德军各个坦克连与法军 75 毫米炮展开了消耗极大的决战，双方的损失都很惨重。德军利用火力优势，逐个突击法军把守的村庄，于 11 时攻占贝卢瓦昂桑泰尔（Belloy–en–Santerre），14 时占领贝尔尼（Berny），17 时最终占领埃斯特雷－代涅库尔（Estrées–Deniécourt）。这一天结束时，法军中路的第 117 步兵团已遭受重创，但第 22 外籍志愿步兵团仍然坚守着右翼。左翼的第 41 步兵团不仅多次击退德军第 104 步兵团的进攻，而且以 2 辆履带式牵引车和一些步兵成功地发动了一次局部反攻，抓获了 216 名德国俘虏。霍普纳直至日终也没能取得突破，但法国第 19 步兵师伤亡惨重，无法长时间保持这种防御水平。

在博克的 B 集团军群左翼，赖歇瑙的第 6 集团军对佩罗讷以南的索姆河实施了一些小规模进攻，给弗雷尔的右翼施加了压力。德国第 62 步兵师所属 183 步兵团企图在哈姆附近渡河，但被法国第 3 轻步兵师击退。在这次失败的渡河行动中，约 100 名德国官兵被俘。不过，德军的主要攻击行动是由赖歇瑙第 6 集团军和施特劳斯第 9 集团军发动的一次协调进攻，目标是瓦兹—埃纳运河（也被称为艾莱特河）。6 月 5 日 5 时，德军在运河沿线多处发动进攻，共出动了 7 个步兵师，还保留 3 个师作为预备队。德军施放烟雾掩护渡口，突击部队乘坐橡皮艇渡过 20 米宽的运河。弗里茨·科赫（Fritz Koch）中将的德国第 44 军以第 1 山地师和第 72、第 75 步兵师，攻击亨利·马丁准将的第 87 非洲步兵师守卫的运河中西部。第 1 山地师最初派出了第 100 山地团 1 营渡河，但遭到法军炮火痛击，41 人死亡、115 人受伤。德国山地步兵进行了多次尝试，最终取得成功，不过该师在 "红色方案" 首日共有 139 人阵亡、430 人负伤，约占该师在整个法国战役中总伤亡的三分之一。[15]

科赫的第 44 军对法国第 87 非洲步兵师持续猛攻了一整天，第 18 阿尔及利亚猎兵团（RTA）两翼逐渐被包抄。下午，第 87 非洲步兵师以步兵和 3 辆 FT-17 坦克发起反攻，俘虏了 100 名德军士兵，但这只为他们争取到了短暂的喘息之机。15 时，德军渗透部队就成功地深入了 2~3 公里，动摇了法军战线的左端。多个法军阵地遭到包围，一直战斗到弹药耗尽。在法军战线的中部，德国第 18 军所辖第 25 和第 290 步兵师攻击了弗朗索瓦·于佩尔准将的法国第 7 步兵师；第 290 步兵师被击退，伤亡超过 1200 人，但第 25 步兵师夺取了一个小的立足点。而在法军防线的东端，德国第 42 军所辖第 50 和第 291 步兵师付出巨大代价，于沙维尼翁附近渡河，威胁 "贵妃小径" 的高地。法军唯一可用的预备队是外籍军团的 1 个营（第 12 外籍步兵团 3 营）和第 1 战斗坦克营的 1 个 R35 坦克连，他们实施了一次英勇的反攻。外籍军团的官兵们守住了关键的阵地，但德军以炮兵和斯图卡猛烈打击这支运气不佳的部队，造成该营 75% 的官兵伤亡。日终时，运河上的法军阵地已岌岌可危，没有更多的预备队能够阻挡德军的渗透了。不过，德国第 9 集团军的 4 个突击师在"红色方案"首日伤亡达 2953 人，其中 638 人死亡或失踪。[16]

　　法国空军于 6 月 5 日向索姆河战区派出了全部兵力，但遭到了德国空军战斗机的强力扫荡。7 时 30 分左右，法军的一架波泰 63 飞机在第 4 战斗机大队第 1 中队（GC I/4）15 架 H75A"鹰"式战斗机的护航下，前往亚眠实施侦察。但是，它们遭到了德国第 3 战斗机联队第 1 大队（I./JG 3）的 Bf-109 战斗机的拦截，侦察机被击落。另一架波泰 63 飞机由第 7 战斗机大队第 3 中队（GC III/7）的 MS.406 战斗机护航，也被击落。尽管没能侦察到关于敌军进攻的信息，法国空军仍然派出了 39 架次的轰炸机和对敌攻击机，对佩罗讷战区的德国第 3 装甲师实施低空攻击，不过，敌军的高射炮和战斗机给它们造成了严重的损失：5 架飞机被击落、4 架受损，6 名飞行员阵亡。正午前后，法军以 18 架马丁 167F 轰炸机袭击了佩罗讷地区，2 架被击落、3 架受损；18 时，AdA 派出 12 架 DB-7 轰炸机前往同一区域，只有 1 架被 Bf-110 战斗机击落。德国方面，第 1 战斗机联队第 1 大队（1./JG 1）队长、秃鹰军团老兵威廉·巴尔塔扎（Wilhelm Balthasar）上尉经历了美好的一天，他自称取得了 5 次空战胜利。当天，法军损失了 34 架飞机，包括至少 14 架战斗机，而皇家空军损失了 2 架"飓风"战斗机。日终时分，英国 AASF 在法国的可用飞机只剩下 16 架了。尽管如此，德国空军也付出了不小的代价——共损失了 38 架飞机，包括 9 架 Bf-109 和 3 架 Bf-110 战斗机。德国第 3 航空队损失特别严重，他们多次深入敌后，打击沙托鲁工厂（Châteauroux，生产 MB.174 轻型轰炸机）、绍蒙和朗格勒。KG51 和 KG55 的轰炸机没有护航战斗机，在遭到法国战斗机拦截后损失惨重。

　　维尔纳·莫尔德斯上尉此时是德军第 53 战斗机联队第 3 大队队长，他在 6 月 5 日早晨十分顺利，取得了第 24 和第 25 次空战的胜利，这使他成了当时德国空军战绩最佳的战斗机王牌飞行员。但傍晚在贡比涅以西实施扫荡时，莫尔德斯遇到了麻烦，他的 Bf-109E 巡逻编队遇到了法国第 7 战斗机大队第 2 中队的 8 架 D.520 战斗机。23 岁的法国飞行员勒内·波米耶·莱拉格斯少尉击中了莫尔德斯的战斗机，迫使这位王牌飞行员跳伞逃生。虽然莱拉格斯不久之后也被击落，但莫尔德斯被法军擒获了。虽然 JG 53 声称当天对法军的战绩为 3 比 1，但第三帝国暂时失去了头号战斗机飞行员。

绝不退却的战斗，6月6日

6月5日夜间到6日凌晨，英国第51高地师和法国第31山地师在布雷勒河以北重新建立了一条不完全连续的防线，但他们明显已无法抵挡德军的坚决攻击了。福琼将军不断纠缠他名义上的上级——驻阿尔特梅耶指挥部联络官詹姆斯·H. 马歇尔-康沃尔（James H. Marshall–Cornwall）中将，要求将第51高地师撤出前线，鉴于盟军没有任何预备队，这一要求显得十分荒谬。阿尔特梅耶同意将此前未参战的第40步兵师部署到第31山地师右翼，从而将第51高地师的战线缩短25%，但是，将第40步兵师部署出去后，阿尔特梅耶就没有任何纵深防御了。

6月6日早上，施蒂尔普纳格尔的德国第2军继续对第51高地师和第31山地师施压。不过，德国步兵的攻击不像前一天那么咄咄逼人了，部分原因是他们的炮兵部队主要使用马匹牵引，向前移动需要时间。安格恩的第11摩托化步兵旅中，一些步兵在尤城附近渡过布雷勒河以实施渗透攻击，但福琼派遣其混编装甲团阻止了德军的大规模渡河行动。该团的这些坦克奇袭了布雷勒河上的一群德军，抓获了43名俘虏。[17]斯图尔特准将的英国第152步兵旅于17时遭到了布吕姆第57步兵师和第32步兵师的猛攻，但在洛锡安人（1LBH）的帮助下，他顽强地守住了瓦斯曼镇。斯图尔特被炮火所伤，21时30分，该旅获准撤退到布雷勒河，撤退行动是在重压下完成的。与此同时，卡斯莱克上将抵达福琼的师部，讨论战线崩溃时从海上撤离（经鲁昂和勒阿弗尔）的应急计划。法国联络官敏锐地注意到,驻法英国陆军部队总是瞄着最近的撤离港口。

阿尔特梅耶不喜欢从福琼那里传来的消息，但真正的问题出现在阿布维尔东南方、伊莱的第8军和格朗萨尔的第10军防区交界处。到6月6日早上，塞谢的第5殖民地步兵师仍然坚守着索姆河附近孔戴和隆普雷镇上的几个"刺猬"阵地，但已不能再阻止莱梅尔森的第5装甲师或隆美尔的第7装甲师向南推进了。该师的2个步兵团（44e RCIMS 和 53e RCIMS）实际上都已经被消灭，隆美尔的坦克还击溃了1个75毫米炮营。在这个关键区域，法军火力非常弱，但勇气可嘉。德国炮兵和轰炸机将这两个城镇变成了燃烧的瓦砾堆，幸存者最终投降。赛谢的部队仍然守卫的要地之一是艾赖讷镇，该镇位于一个重要的十字路口。德军必须尽快拿下这个路口，隆美尔的第7装甲师已经绕过它继续前进。可是，艾赖讷的法国守军兵力较强，包括西摩少校的第 53 塞内加尔殖民地混合步兵团 1 营以及 1 个炮兵连，如果不肃清这个路口，德军补给也无法送达隆美尔的先头部队。6 月 6 日黎明，莱梅尔森的第 5 装甲师提出停战与西摩谈判，但法国人显然不会投降，据说，德军使者告诉西摩："我们将消灭你们。"

短暂的炮轰后，德国第 5 装甲师以步兵攻击艾赖讷北部。守卫这部分的是夏尔·恩乔雷雷（Charles N' Tchorére）上尉率领的 5 连，这位 35 岁的加蓬人是 1940 年法国陆军中少有的非洲裔军官之一。恩乔雷雷所在连队击退了莱梅尔森的步兵，并将其驱出村庄——这令德军大感意外。第 5 装甲师暂时停下来围困村镇，而大部分装甲兵和摩托化步兵向南进入艾赖讷以南的真空地带。尽管法国第 2 和第 3 轻骑兵师企图建立阻击阵地，但隆美尔命令他的坦克越过田野，避开了村镇和其他可能的瓶颈。就这样，霍特的 2 个装甲师在法军战线上打进了一个楔子，扰乱了伊莱的第 9 军右翼。阿尔特梅耶确实有两支机动的装甲预备队，但它们从未在合适的时机出现在合适的地方。佩雷上校的法国第 2 装甲师中的坦克被用于增援 2 个轻骑兵师的屏护行动，但它们的阵地也被德军避开了。埃文斯的英国第 1 装甲师于布雷勒河以南集结了 92 辆坦克（43 辆巡洋坦克，42 辆 Mk VI 和 7 辆新的"玛蒂尔达"II），阿尔特梅耶希望动用这支部队，在敌军装甲兵抵达鲁昂之前发动一次侧翼攻击。[18] 与此同时，阿尔特梅耶依靠空袭和炮兵，努力地减慢德军摩托化纵队的速度。格朗萨尔的第 10 军遇到了麻烦：曼施泰因的德国第 38 军从布雷伊桥头堡杀出，打垮了法国第 60 步兵团，扩大了法军战线上的缺口。到 6 月 6 日晚上，博杜安的法国第 13 步兵师余部获准后撤，曼施泰因的步兵得以进占普瓦。

维特斯海姆的德国第 14（摩托化）军继续猛攻亚眠以南莫尔当所部的第 16 步兵师，直到它最终被迫后撤到埃塞尔多–阿伊（Essertaux–Ailly）公路，以剩余的步兵和炮兵掘壕据守为止。"红色方案"首日损失大量坦克后，德国第 9 和第 10 装甲师在 6 月 6 日没有那么大胆了，他们更愿意回去肃清他们已经绕过的法军阵地。法国第 16 步兵师的退却暴露了阿伊以北的第 4 殖民地步兵师左翼，但这 2 个师和邻近的第 7 北非步兵师寸土不让。

霍普纳的第 16（摩托化）军于 6 时 15 分彻底肃清了法国第 117 步兵团的残余部队，但第 3 摩托化步兵旅在维莱卡博内勒遭遇了法国第 22 外籍志愿步兵团（22e RMVE）的顽强抵抗。德国第 3 装甲师在绍讷受阻于法军一个连级规模的"刺猬"阵地，这个阵地直到正午才被炮兵和斯图卡摧毁。消灭绍讷据点后，第 3 装甲师向南推进，到 20 时 30 分已走了 14 公里。霍普纳的部队还以第 4 装甲师东进，于圣克里斯特 – 布里约斯特附近击溃法国第 29 山地师左翼部队，隔断了其他阵地。当天早上，弗雷尔命令投入法国第 1 装甲师遏止霍普纳的进攻，减轻法国第 1 军所受到的压力。可是，由于第 1 装甲师位于战区以南 50 公里，需要将近一天才能将它的 3 个坦克营调往前线。第 25 战斗坦克营先头部队（R35/R40 坦克）于鲁瓦附近遭遇德国第 3 装甲师，损失了 15 辆坦克；第 28 战斗坦克营的夏尔 B1 bis 坦克遭到德国空军轰炸，许多坦克受损或瘫痪。尽管如此，法国第 1 装甲师仍动用剩余的坦克发动了一次小规模反攻，帮助第 29 山地师官兵撤退。夜幕降临，霍普纳的装甲兵几乎已突破法国第 1 军防线，随时可以夺取鲁瓦路口。

瓦兹—埃纳运河上，赖歇瑙的第 6 集团军和施特劳斯的第 9 集团军加强了攻势。施特劳斯有强大的炮兵支援，包括 1 个 210 毫米臼炮营、6 个 150 毫米榴弹炮营、3 个 100 毫米炮营和 1 个 105 毫米榴弹炮营，除了师属炮兵之外，共有 126 门火炮。[19] 在德军 3 个师的重压之下，法国第 87 非洲步兵师（87e DIA）坚守了将近一天，付出了极大的代价。第 9 祖阿夫团（9e RZ）在两天的战斗中伤亡 1163 人。法军据点因德军的渗透而逐步被孤立，在其周围发生了肉搏战。德国第 1 山地师企图包抄第 87 非洲步兵师左翼，被法军阻止后伤亡惨重。劳夫的德国第 5 军也有很大伤亡，第 94 步兵师三天内伤亡近 800 人。[20] 但是，施佩克的第 18 军于中路取得了重大突破，这要归功于强大的炮兵和空中支援，正是它们击垮了法国第 7 步兵师的 2 个团。入夜，德国第 290 步兵师抵达了苏瓦松以西的埃纳河，而第 25 步兵师不仅抵达了该城以东的河边，还设法于南侧建立了一个小的桥头堡。随着中路防线的瓦解，法军的 3 个师不得不放弃阵地，仓促撤过埃纳河。图雄将第 8 步兵师部署于苏瓦松，扼守埃纳河口，但该师是由 4 个训练营和来自要塞部队的官兵组成的，唯一可靠的部队是贝松中校的第 12 外籍步兵团残余的 2 个营（30% 是西班牙共和军士兵、30% 是德国犹太人，其他则是意大利人和波兰人），可让这个团去守卫 12 公里宽的河段显然很荒谬。渡过埃纳河后撤的部队失望地发现，这一区域的防御准备完全不足。法国政府

拉昂

XXXXI I

XXXX 2/9

292

5

44

291

50 ③

99 RI A

25 DBC

97 RI A

3 REI 12

沙维尼翁

28 DIALP

7 DI

130 RT ④

17

81

皮尼翁

瓦兹—埃纳运河

XVIII

25

瓦兹河

XXXX 6/9

290

102 RI

克雷西欧蒙

波米耶

苏瓦松

埃纳河畔米西

V

XXXXIV

② 居尼

255

72

1

9 RZ

特罗斯利—卢瓦尔

蓬圣马尔

17 RTA

93 RI

87 DIA / 7 DI

XXXX 6/7

①

23

绍尼

263

乌尼永

18 RTA

贝斯梅

56 BCC

圣保罗欧布瓦

⑤

24

罗瓦永

瓦兹运河

埃纳河

图例：
德军攻击路线（6月5日）
德军攻击路线（6月6日）
法军反攻路线（6月5日）
法军反攻路线（6月6日）

瓦兹—埃纳运河战役，1940年6月5日—6日已决定撤走苏瓦松的大部分居民，这是一个错误，因为原本可以抽调他们帮助挖掘壕沟，在该城周围设立路障。从德军角度看，他们不仅在两天内赢得了瓦兹—埃纳运河战役（尽管付出了数千人伤亡的代价），而且是在没有任何装甲师帮助的情况下实现的。[21]

6月6日，法国空军出动了大约220架次的战斗机，其中大部分在亚眠、佩罗讷和苏瓦松战区，虽然至少损失了14架战斗机和8名飞行员，但他们击落了12架Bf-109、6架Bf-110和两架轰炸机。法国还出动了60架次的轰炸机，主要集中在佩罗讷地区，意在遏止霍普纳第16（摩托化）军的突破。根据总参谋部的命令，法国轰炸机飞行员奉命在不超过500米的高度上发动攻击，以取得奇袭效果，但此举将机组人员暴露在了敌军的大量防空火力下。15时，第11轰炸机大队第1中队（GB I/11）和第23轰炸机大队第2中队（GB II/23）的7架Leo 451轰炸机试图攻击绍讷附近的德军装甲纵队，可是，由于护航战斗机没有出现，它们遭到了Bf-109和Bf-110战斗机的残酷攻击，全部都被击落。另一支部队（GB II/12）实施攻击后，4架Leo 451损失了3架。速度较快的美制轰炸机运气好一些，配备马丁167F的各个大队共出动轰战机25架次，仅有2架损失，而DB-7轰炸机出动了9架次，无一损失。不过，法军空袭中唯一取得战果的是8架布雷盖691，他们遇上了在绍讷以北加油的德国第3装甲师，德军承认，法军空袭给他们造成了"惨痛的伤亡"。AdA在6月7日共损失了17架轰炸机。AASF在阿布维尔地区出动了少量战斗机，击落2架敌机，但损失了3架"飓风"。此外，RAF从英格兰的基地出动的支援布雷勒河沿线防御的 36 架次"布伦海姆"轰炸机，损失了 5 架。

霍特的突破，6 月 7 日

6 月 7 日早上，伊莱的法国第 9 军竭力稳住了布雷勒河后的防线，而新抵达的第 40 步兵师驻防欧马勒一线，这意味着盟军的 3 个师必须守卫 45 公里宽的战区。英国第 1 装甲师派遣弗雷德里克·莫兰准将的支援集群前去保护其右侧的一些缺口。但是，布雷勒河防线的相对稳定此时已经无关大局，欧马勒以外的右翼已经被撕裂了。由于霍特第 18 摩托化军的进攻，阿尔特梅耶的两个军之间已经出现了一个 20 公里宽的缺口。法国第 5 殖民地步兵师大部被歼，但西蒙的第 53 塞内加尔殖民地混合步兵团 1 营仍在艾赖讷固守了将近一天，这大大激怒了曼施泰因手下的官兵，他们紧随霍特的装甲兵，肃清法军的各个抵抗中心，弹尽援绝的该营最终投降。和第 46 步兵师一样，德国官兵报仇心切，残酷地对待非洲籍官兵，许多战俘都被枪杀。恩乔雷雷被推到墙边，头部中弹而亡。

莱梅尔森的第 5 装甲师和隆美尔的第 7 装甲师绕过抵抗中心向西南挺进，法国各轻骑兵师残部和莫兰的支援集群的抵抗几乎可以忽略。阿尔特梅耶通过在一名阵亡德军军官身上找到的作战命令，知道了霍特的目标是鲁昂，却无力阻挡。临时拼凑的博曼师守卫贝蒂讷河沿岸的应急防线，可以掩护法国第 9 军撤退，但不足以阻挡 1 个装甲师。符合逻辑的行动方案是立即命令伊莱的第 9 军向勒阿弗尔退却，在那里得到补给或者从海路撤离。为了争取时间，阿尔特梅耶试图动用英国第 1 装甲师剩余的 78 辆坦克，在霍特抵达鲁昂之前对其侧翼发动反攻。不幸的是，魏刚于 6 月 7 日晚上抵达阿尔特梅耶在里昂拉弗雷（Lyons-la-Foret）的指挥部，否决了所有退却或动用英国装甲兵反攻的想法。相反，他认为这是"战争中的决定性一役"，于是命令阿尔特梅耶坚守阵地。他说："继续索姆河战役，继续守住你们的每一个阵地，坚持到 6 月 15 日，我的计划才能取得效果。"[22] 他还展示了精细的微观管理能力，命令埃文斯的英国第 1 装甲师和珀蒂的法国第 3 装甲师（此时已遭极大消耗），在昂代勒河背后建立一条 15 公里宽的防线，阻断通往鲁昂的道路。当埃文斯提出反对意见，称他的部队不适合防御任务时，魏刚以讽刺的口吻告诉他："如果他不能用坦克阻止敌军，就必须赤手空拳、像条狗一样撕咬。"[23]为安抚阿尔特梅耶，魏刚还向第10集团军提供了象征性的增援——第17轻步兵师，该师由敦刻尔克撤出的人员组成，仍在重建过程中。

从手头的兵力和所处的地形特征来看，魏刚的命令极其荒唐。一支轻装备的杂牌军和一些薄皮坦克，分散在所有可能的渡口，显然不可能阻止2个德国装甲师，甚至连迟滞其行动都做不到。昂代勒河不过是一条小溪流，不能形成真正的障碍。魏刚也没有任何在一周内就能实现的"计划"。虽然由英国第1装甲师发动一次反攻并不能阻止霍特的装甲兵，但可能导致德军放慢速度应对侧翼威胁，从而为伊莱的第9军争取时间，这至少可以让一部分官兵撤往塞纳河。但是，魏刚的顽固心态向德军拱手送上了一场战术上的大胜。当天结束时，隆美尔的装甲兵突破法军断后部队的防御，进入了鲁昂东北仅35公里的福尔日莱索。一支英国装甲巡逻队遭遇隆美尔的前锋部队，晕头转向之间便有2辆MK VI轻型坦克被击毁。伊莱的第9军此时陷入危局，有可能会断绝与海岸线的联系。魏刚却狡猾地将霍特的突破称为"战术事故"。

法国空军第6战斗机大队第1中队（GC I/6）不顾一切地阻挡隆美尔的进攻，于18时派出了3架MS.406战斗机，猛烈射击福尔日莱索附近的德国摩托化纵队。27岁的捷克飞行员斯瓦托普卢克·亚瑙赫（Svatopluk Janouch）上尉描述了这次行动：

我看着前方的预定区域，亲吻了母亲送给我的小金十字架。敌军高射炮已经开始瞄准我们。德军摩托化纵队在公路上扬起尘土，我们向纵队尾部俯冲下去，顿时炮声四起。德国人跳出车辆，向沟渠和田野四散奔逃。下面一片恐慌，但他们命该如此！已经有2辆车起火。我们继续向更远处的另一个车队播撒惊慌的种子，但这一次德国人做出了回应：子弹从我们四周飞过，我看到一架飞机化为火球坠入田野，可以看到飞机上的三色徽记。火焰又吞噬了一个年轻的生命——帕蒂勒中尉。远处又出现了一个纵队，我的心里只有一个念头：杀死他们、报仇雪恨，直到他们击落我的飞机。我尽可能飞近地面，远离敌人的炮火。尘土还在飞扬……那个纵队在一个村庄里。德国鬼子无法分散到田野上，他们开火了，我的机翼上已经有了一个洞，但无关紧要。无处可逃，子弹从四面八方射向我们。他们哪来的这么多弹药？机翼上又遭到了重重的一击，只有 2 辆车起火，可我的航炮没有炮弹了。

（埃米尔）本德尔中士去哪了？这里，在我的右侧同一高度，他似乎要超过我。我看到了他，他也向我点头示意。我的驾驶舱闪过一道亮光，我看了看仪表盘，然后转过头向右看，眼前的情景令我的心惊：本德尔的头消失在飞机上升腾的烟雾中了，仅仅几秒钟，他的飞机就变成了一个火团，缓缓向地面坠去。今天是他第一次执行任务，没想到竟成永别。

我的飞机仍然可以操纵，但似乎失速了。我的前方出现了一个新的车队，从瞄准镜里可以看到一辆大车，上面至少有十几个佩戴银色穗带的军官。带着胸中跳动的仇恨，我扣动了机枪的扳机。子弹在路上激起扬尘，那辆车停了下来，燃起了大火。乘客中没有人动，但我无法再来一轮射击，因为机枪弹匣也空了。

迎着右侧的阳光，我向法军阵地开去，但枪声仍未停止。我最终离开了这个人间地狱。防空炮火越来越猛烈，太阳仍在右侧，发动机已经过热，飞机越来越难以操纵。驾驶舱里的情况非常糟糕，我觉得十分疲倦。舱底可以看到血迹，我打开了座舱盖，才感觉到左腿的疼痛。痛苦又一次笼罩了我，我想到了跳伞，但也意识到，如果我受伤了，就无法步行。一路上都是逃亡者，德国人就在不远处。因此，我留在了飞机里，经过千辛万苦，终于在我们自己的机场上降落了。飞机上的一个轮子在跑道尽头折断，机械师帮助我走下飞机，机枪子弹和 5 发炮弹已令它千疮百孔。机舱、机尾各有 1 个弹孔，机翼上则有 3 个弹孔。等我清醒过来时，已经躺在樊尚城堡医院干净的床上了。[24]

与此同时，格朗萨尔的第 10 军已经放弃了亚眠以南崩溃的左翼阵地，但仍然减慢了维特斯海姆第 14（摩托化）军的推进。格朗萨尔将莫尔当残破不堪的第 16 步兵师撤出战线，代之以第 24 步兵师。第 4 殖民地步兵师则奇迹般地在阿伊又坚守了一天。弗雷尔的第 7 集团军已遭受猛烈攻击，夏尔德的第 1 军被迫放弃鲁瓦，退却到阿夫尔河以南。为了稳定战局，法国第 47 步兵师接替了第 29 山地步兵师。第 19 步兵师各部，包括维莱卡博内勒的第 22 外籍志愿步兵团（22e RMVE）仍坚守阿夫尔河北岸，但他们的据点一个接一个地被攻破。外籍兵团官兵在战斗中表现出了极大的决心，拒不投降，到 22e RMVE 被击溃时，该团的伤亡已接近 70%。尽管霍普纳的第 16（摩托化）军相对成功，但 OKH 被这一战区的惨重损失所困扰，决定将这支部队调去增援伦德施泰特即将开始的攻势。弗雷尔本人并不知道，他的第 7 集团军坚决抵抗，已经成功地使德国人改变了一个装甲军的前进方向——1941 年年底之前任何军队都没能实现这一成就。不过，弗雷尔仍然将仅存的预备队——第 85 非洲步兵师和第 4 装甲师——部署在博韦附近，封锁直接通往巴黎的道路。

在瓦兹—埃纳运河取得胜利后，赖歇瑙和施特劳斯迅速行动，扩大战果。弗雷尔的第 7 集团军右翼部队后撤，为步兵上将里夏德·劳夫的德国第 5 军带来了机会，他以 3 个师全力出击，攻打瓦兹河谷沿线，目标努瓦永城。法国第 23 步兵师的抵抗非常顽强，但仍不得不逐步退向该城。富热尔的法国第 24 军投入了唯一的预备队——配备雷诺 R35 坦克的第 1 战斗坦克营。这些坦克帮助法国步兵在炮火下撤退，但有一整个连被敌军反坦克炮摧毁。[25] 退却的法国部队企图扼守努瓦永的街道，可是夜色降临时德国第 263 步兵师已经占领了城里的大部分地区。努瓦永的失守进一步打乱了弗雷尔的防御。埃纳河前线上，科赫的第 44 军占领了苏瓦松以西的一个渡口，而施佩克的第 18 军扩大了城东的桥头堡。法国第 8 步兵师得到了第 7 步兵师残部的帮助，但尚未做好应对钳形攻势的准备。

6 月 7 日，法国空军出动了约 140 架次战斗机，损失了 17 架（包括地面的 6 架）和 6 名飞行员，而取得的战绩是摧毁了 10 架 Bf-109 战斗机、1 架 Ju-87 "斯图卡" 和 5 架轰炸机。AdA 在索姆河战区上空出动了 71 架次的战术轰炸机，主要打击德军的摩托化纵队。一些布雷盖 691 轰炸机飞到了德军纵队上方仅 5 米的高度，这种战术令德军大受困扰，但也导致了 5 架对地攻击机的损失。法国海军甚至使用了 298 架水上飞机轰炸阿布维尔以南的德军中队。不过，法军为此又损失了 11 架轰炸机（包括地面上的 2 架），架次/损失比率达到 12%，明显难以为继。

法国还出动了 11 架次的轰炸机夜袭德国，包括盟军对柏林的第一次空袭。

为了这次袭击，法国海军在波尔多 - 梅里尼亚克（Bordeaux–Merignac）机场准备了一架双引擎的法尔曼 NC.223 轰炸机（"儒勒·凡尔纳"），这架飞机在北海上空长途飞行，由丹麦逼近德国首都。这是此前距离最长的轰炸任务——往返航程超过了 3000 公里。它在柏林城郊投下了 3 吨炸弹（8 枚 250 公斤高爆炸弹，80 枚 10 公斤的燃烧弹），并成功返回基地。虽然这种小规模袭击对法国战役没有任何直接的军事价值，但展示了法国的反击意愿，并且说明了法国军事科技仍然能与其他一流军队竞争的事实。

皇家空军驻法部队 6 月 7 日的运气很不好。"红色方案"开始后，战斗机司令部象征性地批准了向法国派出 12 架"飓风"战斗机（第 43 和第 601 中队的各一个六机编队），以补充损失的飞机。而在索姆河下游地区就有不少于 11 架"飓风"被击落，但它们只击落了 4 架 Bf-109E。另有 2 架"飓风"毁于事故，其中包括 RAF 头号王牌飞行员、第 73 中队的埃德加·卡因（Edgar Kain，绰号"伙计"）的座机。卡因本应飞回英格兰，但他决定在跑道上进行一次荒唐的低空特技表演，给该中队的战友们留下印象，结果不慎撞地身亡。RAF 在法国可以出战的战斗机已经凑不足一个中队了。

迟来的撤退，6 月 8 日

6 月 8 日清早，阿尔特梅耶和他的参谋挤进汽车，放弃了里昂拉弗雷的第 10 集团军司令部，使其下属部队失去了指挥和控制。伊莱不知道阿尔特梅耶的去向，他与贝松的第 3 军军部联系，后者通知他，第 9 军现在直属集团军司令部。

布雷勒河前线上，福琼将军从博曼师接收了一个"旅"，全力以赴地肃清渡河进入林地的小股德军渗透部队。与之对峙的德国第 2 军满足于通过试探行动拖住伊莱的第 9 军，使其无法大批渡河。因此，伊莱的第 9 军得以稳定布雷勒河后的连续防线，建立远至讷沙泰勒（Neufchâtel）的垂直侧翼。但是，魏刚沿昂代勒河建立防线的命令从未被执行。德军很快意识到面前的敌人有多么弱小，于是霍特的 2 个装甲师于 6 月 8 日黎明发动了进攻。莱梅尔森的第 5 装甲师开始试探塞尔盖（Serguex）的盟军阵地，很快就攻破了由英国第 2/6 东萨里营的 1 个连和几门 2 磅反坦克炮组成的阵地，该连来自莫兰的支援集群。由博曼师、埃文斯的英国第 1 装甲师和法国第 3 轻骑兵师混编而成的部队在福尔日莱索附近的锡日昂布赖打了一次阻击战，但德军很快召集空军，将锡日和讷沙泰勒化成了一堆燃烧的瓦砾。霍特所部各师还拥有炮兵支援，压制了盟军防御阵地，而盟军留在这一地区的炮兵寥寥无几。隆美尔在开始渡过昂代勒河时遇到了一些困难，但很快就在诺尔芒维尔（Normanville）夺取了一座无人把守的桥梁，帮助其前锋部队越过了这个小小的障碍。同时，德国第 5 装甲师从塞尔盖南进，局势很快变得明朗：仅剩下 2 个旅的博曼师如果留在原地，只能葬身于德国装甲师的铁蹄之下。

卡斯莱克命令博曼师撤往鲁昂，但他在任何作战部队（即便是英国部队）都缺乏权威。在发现自己的部队行将被孤立后，伊莱向贝松求助，贝松设法在最后一刻得到魏刚批准，将整个第 9 军撤往鲁昂。伊莱很快制订了一个计划：下属各师实施"蛙跳"行动，先撤到贝蒂讷，再退到鲁昂。首批撤往塞纳河的部队是混编坦克团和莫兰的支援集群，向南调动的英军坦克在老马努瓦（Vieux-Manoir）附近遭遇德国第 5 装甲师前锋，发生了一场激烈的坦克战，但英国坦克成功脱离战斗，在鲁昂以东渡过了塞纳河。莫兰的支援集群也同样得以逃脱。不过，第 9 军的其他部队只能以最慢的速度撤退，因为该军的两个法国步兵师都不是摩托化部队。福琼将军更偏向于撤往勒阿弗尔，但魏刚否决了他的这一想法，坚持撤往鲁昂，并得到了新任帝国总参谋长约翰·迪尔上将的赞同。不幸的是，霍特的装甲兵已经横在了第 9 军和鲁昂之间。

如果鲁昂失守，德军将在塞纳河上取得一个立足点，英国第 51（高地）师的撤退路线将被封死。卡斯莱克意识到了保住鲁昂和塞纳河渡口的重要性，命令博曼建立阻击阵地，迟滞敌军推进，并集结船只，使第 51（高地）师能在必要时从任何位置渡过塞纳河。实施这项任务的是 3 个步兵营，但他们缺乏重装备。国王私属约克郡轻步兵团第 2/4 营（2/4 KOYLI）以及威灵顿公爵团第 2/6 营被派去守卫鲁昂以东的塞纳河沿岸桥梁，这 2 个 TA 营都是第 46 步兵师的残部。法国工兵则准备炸毁这些桥梁。最危险的任务——阻击霍特的装甲兵，推迟其抵达鲁昂的时间——交给了由新兵临时组建的 1 个营。负责这支临时部队的是常备军军官亚历山大·赛姆（Alexander Syme）少校，他指挥部队开到鲁昂以北 6 公里处，在伊思纽维尔镇建立了一个阻击阵地。在手下的 2 个旅撤到塞纳河时，博曼给了赛姆 4 门 2 磅反坦克炮、2 个机枪排和少量地雷，以加强他的阵地。大约 16 时，莱梅尔森的第 5 装甲师先遣营（德语 Vorausabteilung）沿主干道前进，遭遇了赛姆的阻击阵地。有些报道称，德军曾将缴获的法国坦克放在队列前方，作为一种欺骗战术，但许多德军车辆因机械故障而掉队，他们不得不将缴获的车辆投入使用，以保持进攻的势头。无论如何，领头的德军坦克排越过了路障，随后被法军反坦克炮击中，从侧翼包抄英军据点的行动使更多坦克因触雷或中弹而瘫痪。赛姆冒着炮火后退到一个辅助阵地，击退了德军的第三次进攻，这一行动就连久经战阵的部队都极难完成。和往常一样，德军充分发挥其火力优势，召唤了炮兵和"斯图卡"。在摧毁了大约 15 辆德国装甲车，迟滞了第 5 装甲师的前进后，赛姆在战斗间歇决定撤离。他率领该营回到鲁昂并渡过塞纳河。6 月 8 日傍晚到夜里，博曼的 2 个旅在鲁昂以西渡过塞纳河，并在该城以南集结。

莱梅尔森的步兵于晚间小心翼翼地试探鲁昂北部的外围阵地，但没有发动急攻。法军新兵组成的一个营在布瓦纪尧姆（Bois-Guillaume）打了一次阻击战。其他小股部队则部署在塞纳河北岸迟滞德军装甲兵。与此同时，伊莱的第 9 军退往贝蒂讷，此时他们已经知道通往鲁昂的路被堵上了。

阿尔特梅耶的第 10 集团军左翼被逼退到塞纳河边，而右翼——格朗萨尔的第 10 军——在两路德军的压力下退往博韦，左路是曼施泰因的第 38 军，右路则是维特斯海姆的第 14（摩托化）军。格朗萨尔的 5 个师（包括第 2 和第 4 装甲师）在德军 5 个师的压迫下缓慢地后撤。由于格朗萨尔部退却，弗雷尔被迫撤回了自己的左翼部队——夏尔德的第 1 军，这个军原本是可以守住阵地的。经过 4 天的战斗，魏刚坚守索姆河的豪赌明显已经输了。

埃纳河上的局势也并不乐观，德国空军轰炸几为空城的苏瓦松，全城燃起了大火。施佩克的第 18 军大批渡过埃纳河，从东面压迫该城。6 月 8 日早晨，法军以 1 个山地步兵营和 1 个 AMC 35 轻型坦克连，在赛尔什（Serches）附近发动反攻，试图减慢德国第 25 步兵师的推进速度。可是，德军反坦克炮火使 4 辆法国坦克瘫痪，并用迫击炮和机枪大量杀伤法国步兵，击退了这次反攻。法国第 12 外籍步兵团 2 营坚守市中心，但德国第 290 步兵师下午又从两个位置渡过埃纳河，从西北和东北方向威胁苏瓦松。17 时，德军突入城中，残余的法国部队在往南的退路被切断前撤走了。在城里的战斗中，德国第 290 步兵师师长马克斯·登纳莱因（Max Dennerlein）身受重伤。对图雄的第 6 集团军而言，苏瓦松的突然失守是一次重大失利。施特劳斯的德国第 9 集团军迅速取得成功的根本原因是，魏刚的经纬线体系在设计上强调反装甲战术，但并不适合阻挡敌军步兵的渗透攻击。

敌军在埃纳河沿岸取得的成功，迫使法国空军将一些资源抽离索姆河和鲁昂地区，以应对这一危机。AdA 继续争夺战场空域，出动了 200 架次的战斗机，可能击落了 14 架敌机，包括 7 架 Ju-87 "斯图卡"。法军至少损失了 12 架战斗机，其中 2 架是在地面被摧毁的。AdA 继续将其轰炸机部队投入战斗，全力阻止敌军推进，最终出动了超过 110 架次的轰炸机，主要打击目标是敌军的摩托化纵队，在战斗中，共有 10 架轰炸机被摧毁。此外，法国海军共出动了 60 架次的飞机支援塞纳河防御。鉴于 AASF 的消耗稳步增大，皇家空军战斗机司令部最终同意向法国再派出 2 个 "飓风" 中队——第 17 中队和第 242（加拿大）中队——为索姆河地区提供一些空中掩护。当天，RAF 战斗机击落了 2 架 Bf-109 和 2 架轰炸机，但损失了 6 架 "飓风"。

鲁昂陷落和法国第 9 军的末日，6 月 9 日—12 日

加斯东·迪富尔（Gaston Duffour）少将是一位 65 岁的退役军官，他在战争开始时被召回，负责鲁昂周围地区的军务。魏刚曾命令他以一切可用的部队保卫塞纳河下游（法语 "Secteur Défensif de la Basse Seine"，简称 SDBS）。因此，"迪富尔集群" 实际上是凭空捏造的。不幸的是，除了第 31 地方团和 6 辆过时的 FT-17 坦克外，迪富尔没有多少可用的资产——情况几乎和亚眠一样。他在鲁昂拥有各种训练部队、工兵部队和防空部队，还有 2 个步兵团（分别来自第 17 和第 236 轻步兵师）、第 126 师属侦察大队，以及 2 个 75 毫米炮兵群。且不知为何，1 个波兰反坦克连也来到了鲁昂。[26] 可是，迪富尔几乎没有参谋人员，也缺乏与这些互不相干的部队通信的手段，更没有时间将这些部队组建为一支有凝聚力的力量。他至多只能命令不同的部队去守卫各处桥梁，并希望他们能做到。他也无法期望得到鲁昂周围英军的协助，因为后者多数在渡过塞纳河后就一路南行了。

为了阻止法军增援部队抵达鲁昂，德国空军多次实施战场封锁行动，袭击该地区主要的铁路枢纽。鲁昂以南 50 公里的埃夫勒市（Évreux）火车站就遭到了大规模空袭，市中心被大火焚毁，560 人死亡。这次袭击最终让运送法国第 236 轻步兵师另 1 个步兵团前往鲁昂的列车延误了。德国空军还在鲁昂以东 50 公里的日索尔（Gisors）对一列火车实施了轰炸，然而，这列火车是运送 260 名德军战俘离开战场的，袭击造成了 8 名战俘死亡、25~30 人受伤。[27]

法军唯一的亮点是，GQG 决定派出 4 个新组建的摩托化骑兵大队（groupes francs motorisés de cavalerie，GFC），去帮助迪富尔守卫塞纳河下游。这些 GFC 在 6 月初就已经组建，人员来自在比利时折损的师属侦察单位（GRDI）的幸存者。尽管只有 180~250 人，但 GFC 是真正的多兵种团队，由年轻、积极的军官指挥，这说明法国陆军对现代战争有了更深的认识。GFC 招募的都是志愿兵，每个大队由 1 个坦克排、1 个装甲车排、摩托车侦察小队、迫击炮、重机枪和摩托化反坦克炮组成。GFC 还接收了一些新的 AMC 35 骑兵坦克，该型坦克装备 1 门 47 毫米炮，是 1940 年法国坦克中唯一使用两人炮塔的坦克，这种坦克在速度和武备上都优于德国的三号 E 型坦克。GFC 的设计目标是高机动性和拥有必备的火力。6 月 8 日 4 个 GFC 抵达鲁昂时，迪富尔安排每个大队各自守卫塞纳河沿岸的一些桥梁。第 4 摩托化骑兵大队队长弗朗索瓦·于埃上尉奉命守卫鲁昂以东蓬德拉尔什附近的两座桥梁，英国约克郡轻步兵团第 2/4 营的防区也在这一带。

6 月 8 日夜间到 9 日凌晨，隆美尔命令其前锋部队——第 7 摩托车步兵营和 5 辆坦克——向鲁昂以南埃尔伯夫（Elbeuf）的两座桥梁推进。德军官兵已感到疲劳，但隆美尔不顾一切地催促他们前进。3 时左右，前锋部队抵达埃尔伯夫，当他们准备抢占桥梁时，警惕的法国工兵炸毁了它们。疲惫不堪的德军也许乐于在这里稍作休整，但隆美尔很快让他们调转方向，直奔东面 10 公里处蓬德拉尔什和勒芒瓦（Le Manoir）的桥梁。于埃上尉的 4e GFC 已经在伊戈维尔（Igoville）村部署了 2 门 25 毫米反坦克炮，封锁了从鲁昂直通此地的道路。这条路很窄，两旁的林区和建筑物提供了许多潜在伏击点。英国约克郡轻步兵团的 1 个连也在伊戈维尔。4 时 45 分左右，隆美尔前锋的首批车辆靠近村镇，但在 25 毫米反坦克炮的打击下瘫痪了。德国步兵随后离开车辆，沿道路两侧

法国第9军的覆灭，1940年6月8日—12日

图例：
- 6月8日的前线
- 德军攻击路线，6月9日
- 盟军撤退路线，6月9日/10日
- 德军攻击路线，6月10日—11日
- 第51高地师撤退路线，6月10日—11日
- 最后防线
- 海上撤离路线，6月13日

图例注记

① 6月8日，霍特的装甲兵和德国第18军突入法国第10集团军两翼之间的缺口。

② 赛姆少校率领1个临时组建的营阻击德国第5甲师。

③ 6月9日，隆美尔的第7装甲师没能夺取埃尔伯夫的塞纳河桥梁，占领蓬德拉尔什和勒芒瓦桥梁的尝试也遭失败。

④ 德国第5装甲师在法军的顽强抵抗下突入鲁昂，塞纳河上的所有桥梁均被摧毁。

⑤ 6月9日夜间到10日凌晨，法国第9军放弃阵地，撤往勒阿弗尔。"方舟部队"离开大部队，前往勒阿弗尔。

⑥ 6月10日，隆美尔的第7装甲师转向西面，抵达费康附近的海岸，切断了法国第9军的脱逃路径。

⑦ 英国皇家海军抢在德军干扰撤离行动之前，从圣瓦勒里昂科撤走少量部队。

⑧ 6月11日，英国第51（高地）师抵达圣瓦勒里昂科，但很快被霍特全军包围，无法建立环形防御。

⑨ 曼施泰因的德国第38军夺取了韦尔农附近的塞纳河桥头堡。

⑩ 6月12日，整个法国第9军被迫投降，但一些部队从沃勒莱罗斯撤离。

⑪ 6月13日，方舟部队在"循环行动"中撤离勒阿弗尔。

展开，试图搜索伊戈维尔守军。盟军官兵继续抵抗了大约30分钟，然后决定脱离战斗，前往桥边。冒着炮火离开战场极度困难，英国地方自卫队士兵伤亡惨重，包括他们的连长。尽管如此，大部分约克郡轻步兵团的官兵还是越过了附近的两座桥梁，随后，法国工兵在6时炸毁了这两座桥。于埃的装甲分遣队显然没有得到撤退命令，因为2辆AMC 35坦克和2辆装甲车还留在北岸。这些装甲车辆与隆美尔的前锋部队奋战了两个小时，弹药已耗尽，车组人员点燃车辆后，成功地游到了河对岸。隆美尔试图越过塞纳河桥梁的努力失败了。[28]

在前一天与赛姆所部的苦战后，莱梅尔森不再冒险，没有选择在光天化日之下对鲁昂城内实施定位进攻。突破外围新兵营的防御后，德国第5装甲师于8时30分左右开始进入城区。米歇尔·里科（Michel Ricaud）上尉的第5摩托化骑兵大队利用城市地形阻滞德军先头部队，挡住了他们的去路。里科手中的兵力不超过250人，但许多都是外籍军团士兵，武器也很精良——该大队有

5 辆索玛 S35 坦克、5 辆庞阿尔 178 装甲车、2 辆拉夫利 W15 TCC 坦克歼击车、2 门 25 毫米反坦克炮和充足的自动武器。他的手下阻击德国第 5 装甲师长达 4 个小时，但自己也损失过半，随后便渡河撤退了。其他德军部队绕过里科的阵地，沿共和大街（Rue de la République）开往蓬科尔内。这条大街上布设了沙包路障，由预备役人员守卫，并得到了少数 FT-17 坦克的支援，但很快就被攻破了。南岸的法国炮兵并不急于开火，直到第一批德军车辆逼近桥梁才开始进行密集射击。10 时 15 分，法国工兵开始炸毁桥梁，到 11 时，每个桥段都已经没入了塞纳河中。迪富尔还有 2 个 220 毫米重型迫击炮群，他们被用来炮击河对岸德国部队的集结点。在鲁昂战斗中，城内至少有一处燃起大火，法军的顽强抵抗激怒了德军，他们任由火势蔓延，大火足足烧了三天，城区大部被毁。

随着鲁昂的陷落，伊莱的第 9 军几乎已完全陷入孤立境地，霍特很快将其装甲兵转向西行，切断了盟军部队通往海岸的路径。6 月 9 日下午得知鲁昂失守后，福琼上将决定让一支绰号"方舟部队"的机动作战群，在斯坦利 - 克拉克准将的率领下先于主力部队出发。"方舟部队"由 7 个步兵营、3 个炮兵团和几个工兵连组成，任务是保证主力部队前往勒阿弗尔的路径畅通无阻。福琼还派信使到勒阿弗尔港的法军指挥官处，要求他安排撤离全军的海上交通。勒阿弗尔守军当中有英军的 1 个营——第 14 皇家燧发枪兵营。皇家海军注意到了第 51（高地）师的窘境，很快组织了代号为"循环行动"的撤离任务。英国陆军和皇家海军都请求空中支援，RAF 同意了为勒阿弗尔提供空中掩护。

可是，当帝国总参谋长约翰·迪尔上将发现福琼企图从海上撤出部队时，却命令福琼遵循魏刚的计划向鲁昂撤退，尽管这已经不切实际。福琼决定无视迪尔的命令，于 6 月 9 日夜间到 10 日凌晨放弃贝蒂讷的阵地。英军负责断后的几个营成功地击退了所有追击者，但施蒂尔普纳格尔的德国第 2 军并没有全力以赴，因为他们不需要这么做。6 月 9 日夜间到 10 日凌晨，隆美尔的第 7 装甲师调转方向，向沿岸快速推进，一路上没有遇到什么抵抗。到次日早晨，他的部队已经推进了大约 70 公里，抵达了费康，简直令人难以置信。虽然"方舟部队"从他的指缝溜走，设法抵达了勒阿弗尔，但法国第 9 军此时被切断。当英军侦察部队发现德军已横跨在他们的撤退路线上时，福琼和伊莱请求皇家海军将他们从附近的小港口圣瓦勒里昂科撤走。6 月 10 日这一整天，福琼都在努力地将第51（高地）师送到圣瓦勒里，而行动迟缓的法国部队落在了后面。

皇家海军集结了9艘驱逐舰以撤走在圣瓦勒里附近集中的盟军官兵，同时派出货轮接应勒阿弗尔的英军。圣瓦勒里港区狭窄，两侧多为陡峭的白垩石壁，只有很小的海滩，因此并不适合海上撤离行动。当海军舰艇抵达圣瓦勒里时，只有少数无人指挥的官兵在海滩上闲逛。6月10日15时30分，驱逐舰上派出的摩托艇将约60名官兵接上了船。但是，德军的坦克和炮兵很快抵达圣瓦勒里以西的陡岸，16时45分，他们开始向岸边的船只开火。驱逐舰"伏击"号被炮火击中，不过英国驱逐舰也向峭壁上开炮，吓阻了德军。尽管皇家海军请求了空中支援，RAF的战斗机却并没有出现。17时30分左右，18架Ju-87"斯图卡"飞抵，开始对岸边的舰艇实施俯冲轰炸。驱逐舰"博阿迪西亚"号被2枚炸弹击中，失去了行动能力，而"斗牛犬"号也被3枚炸弹击中。考虑到第51高地师尚未抵达圣瓦勒里，皇家海军驱逐舰暂时撤离了。

6月11日早上，第51（高地）师各部抵达圣瓦勒里，但交通堵塞和糟糕的通信条件，破坏了福琼在该镇四周建立可靠防御的努力。到15时左右，霍特的3个师也全部聚集到了圣瓦勒里，第2（摩托化）步兵师由南推进，隆美尔的第7装甲师在西南方，第5装甲师则从东面进攻。15时，隆美尔以第25装甲团和第6摩托化步兵团对英军西部侧翼发动进攻，英国第1戈登高地营根本无法阻挡。虽然第51高地师仍然有1个野战团，但剩下的常规火炮和反坦克炮很少。少量反坦克炮很快被德军的精准炮火摧毁，英军的防御只能依靠轻武器和少量重机枪了。德军坦克继续推进，隔断了第2锡福斯高地营，而后与港区海滩附近的部队交火。福琼曾希望于夜间全面撤离，但海上大雾弥漫，与近岸的皇家海军驱逐舰联系不畅，造成了很大的困难。一旦隆美尔的各种武器准备就绪，将英军部队赶离海滩，撤退就不可能实现了。18时左右，英国战争部批准了福琼的撤退请求，但为时已晚。他们并不知道，挽救该师的机会已经丧失。夜间，隆美尔动用坦克和炮兵猛烈打击被困在港区的盟军部队，后者已军心涣散。

从6月6日起，皇家空军轰炸机司令部每天都从英格兰派出战机去实施战术打击，支援第51（高地）师。第2大队的"布伦海姆"轰炸机在8天内共出动了393架次，即便有战斗机护航，仍然有28架损毁，战损率达到了惊人的7%。与在敦刻尔克时不同，皇家空军没有能力阻止敌军抵近对第51（高地）

师实施屠杀。

"萨拉丁"号驱逐舰冒着浓雾靠近圣瓦勒里，却发现滩头上的敌军火力猛烈，任何救援都无异于自杀。6月12日凌晨，盟军大势已去，大部分被困部队的弹药都快耗尽了。被隔断的部队摧毁重武器、车辆和电台，然后向海滩移动。可是，德军渗透部队已在夜间破坏了盟军防御，太阳升起时，德军明显已统治了港区和滩头，任何以此为方向的调动都会招来密集火力的打击。伊莱对局势的看法较为现实，认为撤离已不切实际，便于8时宣布法国第9军各部投降。而福琼则过于乐观地认为，他可以发动一次反攻，使隆美尔的部队远离圣瓦勒里镇和陡岸，从而为皇家海军的救援工作争取更多时间。然而，福琼的部队实际上已经解除了武装，要再阻击霍特的装甲兵12个小时，已经不再可能，明白了这一点后，他勉强改变了心意。10时，福琼宣布圣瓦勒里周围的第51（高地）师各部（人数超过1万人）投降。

令人惊讶的是，6月12日早晨，皇家海军从圣瓦勒里以东6公里的海滨小镇沃勒莱罗斯救出了大约3300名盟军官兵（其中英军2137人）。他们当中大部分是在撤往圣瓦勒里途中掉队的，包括威灵顿公爵团2/7营的500名官兵。德国第5装甲师已开始进攻这块小小的飞地，但他们认为被困部队很快就会投降，因此没有全力猛攻。许多盟军士兵用绳索爬下陡峭的悬崖，抵达卵石滩，民船在那里接走了不少幸存者。"循环行动"在勒阿弗尔取得了成功，6月13日，1.1万名英军官兵（包括"方舟部队"）得救。[29] 尽管如此，"红色方案"开始后仅8天，法国第9军就遭到全歼，英军对法国战役的积极参与实际上结束了。

注释

1. Robin Higham, Unflinching Zeal, pp. 201 - 202.

2. War Cabinet Meeting, W. M. (40) 152nd Conclusions, 2 June 1940.

3. Hinsley, p. 148.

4. War Cabinet Meeting, W. M. (40) 154th Conclusions, 4 June 1940, pp. 368.

5. Paul Martin, Invisibles vainquers: exploits et sacrifices de l'Armée de l'Air en 1939 - 1940 (Paris: Yves Michelet, 1990), p. 112.

6. Horne, p. 622.

7. Schäufler, pp. 46 - 47.

8. Armeebefehl Nr. 1, für die Fortsetzung der Operationen und den Angriff über die Somme, 3 June 1940, 4. Armee, NAM (National Archives Microfilm), Series T-312, Roll 4, Frames 2781 - 2782.

9. Ila, Tätigkeitsbericht der Abt. II, Anlage 4 zum KTB, Verlustlisten, Mai - Juni 1940, II. Armeekorps, NAM (National Archives Microfilm), Series T-314, Roll 86.

10. Rafael Scheck, Hitler's African Victims: The German Army Massacres of Black French Soldiers in 1940 (Cambridge: Cambridge University Press, 2006), pp. 26 - 27.

11. Manstein, p. 135.

12. Henri Lespes, Corps à corps avec les blindés (Paris: Plon, 1945).

13. Pierre Vasselle, Les combats de 1940, 18 mai - 9 juin, Haute-Somme et Santerre, Ligne de l'Avre et de l'Ailette, (Montdidier: Carpentier, 1970), p. 112.

14. Veterans of the 3rd Panzer Division, Armoured Bears, p. 94.

15. Hermann Frank Meyer, Blutiges Edelwei?: die 1. Gebirgs-Division im Zweiten Weltkrieg (Berlin: Christoph Links Verlag, 2008), pp. 32 - 33.

16. Die 9. Armee Behelfsakte, Ktb. Ia, 5 - 22 June 1940, 9. Armee, NAM (National Archives Microfilm), Series T-312, Roll 267, Frame 7824594.

17. Ellis, p. 275.

18. Doherty, p. 25.

19. Die 9. Armee Behelfsakte, Ktb. Ia, 5 - 22 June 1940, 9. Armee, NAM (National Archives Microfilm), Series T-312, Roll 267, Frame 7824570.

20. Martin Borriss, Erinnerungsbuch der 94. Infanterie Division an die Kriegsjahre 1939 - 1945: Einsatz am Westwall und Frankreichfeldzug, 1939 - 1940 (Minden: Kameradschaft der 94. Inf.Div., 2008).

21. Vasselle, p. 122.

22. Chapman, p. 251.

23. Hart, p. 28.

24. http://forum.aviation-ancienne.fr/t7677-7-juin-1940.

25. Patrick Binet and Silvere Bastien, Historique du 1er BCC, hommes et matériels 1939 - 1940 (Chambourg-sur-Indre, France: PBCO Editions, 2017).

26. Archives Service historique de l' Armée de terre (SHAT) du Groupement Duffour, ref. 34N2/ Dossier 1: Groupement Duffour – Secteur de Défense Basse-Seine.

27. Ic, Tätigkeitsbericht, 1 November 1939 – 14 June 1940, 57. Infanterie- Division, NAM (National Archives Microfilm), Series T-315, Roll 980, Frames 293 - 296.

28. Ia, Geschichte der 7. Pz. Div., Kurzer Abriss liber den Einsatz im Westen, May 9 – June 19, 1940, 7. Panzer-Division, NAM (National Archives Microfilm), Series T-315, Roll 401, Frames 742 - 780.

29. Ellis, p. 293.

第7章
埃纳河决战

军官、军士和士兵们，为了挽救国家，不仅需要你们付出勇气，还需要你们顽强、主动和战斗的精神。敌人已是强弩之末，我们只需要最后的15分钟。坚持下去！

——魏刚上将，第559号通告，1940年

巴黎将坚守到最后，1940年6月9日—11日

此时，魏刚死守索姆河沿线的希望明显已成泡影，但他仍不愿改变心态制订新计划。6月7日，从贡比涅到勒泰勒的埃纳河前线防御仍然坚固，他继续对下属不厌其烦地重弹"敌人已是强弩之末"的老调。很显然，他似乎认为，德军会像1918年一样失去进攻的势头。因此，在魏刚心中，坚守每一寸土地，直到敌军攻势减弱，是保持战斗精神与士气的关键。但是，当德军大批渡过索姆河后，他又开始在巴黎政府的各部门公开宣扬失败主义了。[1]个人自尊心影响了魏刚的领导能力，他愤愤不平地认为，自己拿到的是一手烂牌，却很可能要背负失败的罪责。贝当对他的支持也无济于事，在战争内阁的大部分会议上，这位老元帅几乎都在打瞌睡，却总在恰当的时机开口，长篇大论地讥讽英国人、社会主义者以及他认为应为前线局势负责的其他人。在这个法国历史的紧要关头，贝当唯一的贡献是撰写了一份建议停战的备忘录，但雷诺对此视若无睹。

由于失败主义思想和流言没有受到压制，雷诺在索姆河战役期间失去了对内阁的控制，此后更是每况愈下。为了反击魏刚和贝当制造的越来越多的负

面言论，雷诺任命戴高乐为国防部次长，认为他"乐观进取"的态度可能有助于促进战备。戴高乐确实富有战斗精神，但前线比巴黎更需要这种精神。且在内阁中，戴高乐太过年轻，无法左右总司令和贝当的悲观情绪。尽管魏刚试图否决所有取代"死守到底"计划的方案，内阁成员仍开始了对备选方案的讨论，丘吉尔的战时内阁也表示了关注。5月31日，雷诺亲自提出了在布列塔尼建立一个"国家堡垒"，作为索姆河—埃纳河防线失守时的最终后方阵地的建议。他的具体的想法是：法军余下的各师在英国帮助下可以依靠海上补给，坚守布列塔尼一段时间。但在德军抵达塞纳河河畔时，已经没有人认真关注这一想法了。另一个引发讨论的提议是将法国政府和幸存下来的部队迁往北非，他们可以在那里继续对德作战，直到法国本土解放的那一天。内政部部长乔治·曼德尔是这一想法的主要支持者。6月6日，雷诺告知内阁："如果无法得到与法国的尊严和根本利益一致的和平，我们将在北非继续这场战争。"但魏刚立即斥责这个想法毫无意义。

　　魏刚愿意考虑的唯一让步是准备巴黎防务，但对此也抵制到了最后一刻。从战争开始时起，巴黎地区的高级工程师纳西斯·肖维诺（Narcisse Chauvineau）少将就已经在着手构筑瓦兹河后巴黎城以北地区的新防线了。到6月初，肖维诺的工程兵部队已经建造了约300座小型碉堡和14公里长的反坦克壕沟，以及一些其他障碍物。由于野战军无法为各师配备足够的重武器，肖维诺只能从海军取得碉堡的装备：老旧的47毫米和65毫米炮。魏刚命令巴黎军事长官皮埃尔·埃林将手头的所有部队组建成"巴黎集团军"（armée de Paris），这支部队不仅要保卫首都，还要守住巴黎以西50公里处塞纳河的各个渡口。埃林在巴黎没有任何成建制的部队，不过魏刚将格朗萨尔的第10军残部和第84非洲步兵师交由他指挥，用于守卫肖维诺防线。不幸的是，这只是魏刚又一次惺惺作态，因为这些遭受重创的部队加起来也凑不齐一个整军。乔治上校明确了113号密令中的细节，保证贝松的第3军将守卫巴黎和塞纳河下游，而弗雷尔的第7集团军将扼守马恩河。尽管法国的将军们制订了守卫巴黎的计划，雷诺也发表了继续战斗的讲话，但人们对此并不热心。

　　此前，现代军队通常尽力避免大城市作战，如果被迫如此，也会优先实施包围战，而不是代价沉重的逐户作战。1870—1871年，巴黎在普法战争中被困了 4 个月，然后投降；此后，马德里的西班牙共和军于 1936—1939 年遭到了长达 28 个月的围攻；同样，德国国防军在 1939 年的华沙最初也试图强攻，结果遭受惨重失败，然后优先选择了包围战。在现代化军队中，只有日本陆军对防御坚固的大城市有过强攻的经验——1937 年，日本陆军经过一场三个半月的战役，占领了上海（战前的人口为 320 万），代价是承受了 13% 的伤亡。日军还曾经围攻过一些较小的中国城市，对其他城市则采取突击战法，但结论很清晰——即便对手是二流部队或者武装起来的平民，城市战也耗费时日且代价高昂。同样，城市抵抗侵略者的时间越长，越有可能遭到毁灭，剩余的居民更可能陷入饥饿。而且，到 1940 年 6 月，装甲师无法在密集城区有效作战的事实已经非常明显。法国和德国军事领导人都知道现代城市战的强度，所以将在巴黎作战视作畏途。希特勒和博克都对以作战行动消灭巴黎守军的想法感到特别担忧。

6 月 10 日晚上，雷诺发电报给美国总统富兰克林·D. 罗斯福，明确表示他会保卫首都并在首都失守后继续战斗。"我们将在巴黎城前战斗；我们将在巴黎城后战斗；我们将在国家的某个省里战斗；如果我们被赶出这个国家，将在北非重整旗鼓，继续战斗……"[2] 但是，雷诺的华丽辞藻并没有通过真正的作战计划转化为政策。

6 月 11 日，埃林通知下属："首都将坚守到最后。"[3] 考虑到城内和附近的部队，埃林至少可以集结格朗萨尔第 10 军的 4 万名常备军官兵守卫巴黎，也许还可以征召 3 万名预备役人员。第 84 和第 85 非洲步兵师都是刚从北非抵达的殖民地部队，应该能顽强抵抗。埃林还有可能吸收一些从敦刻尔克逃生的现役军人，提供多达 8 万名训练有素的官兵。尽管超过半数的巴黎人（战前人口为 280 万）离开了这座城市，但仍有可能招募相当多的民兵在街上设置路障，布设障碍物。加上武装的宪兵队，"巴黎集团军"用于保卫法国首都的力量可能达到 10 万人。再辅以少数外籍军团部队，巴黎可以转化成一个非常坚固的防御阵地。既然华沙都能阻挡德国国防军将近三周，那么守卫首都的法军很有可能在一个月时间里拖住至少 2 个德国集团军。对巴黎的坚定防守注定会失败，不过可以为法国军队提供宝贵的喘息之机，让他们得以在塞纳河以南建立新的防线。当然，巴黎保卫战将使大量平民因德军的轰炸和炮击而伤亡。

尽管已下令组建"巴黎集团军"，但魏刚无意让法国首都遭到严重破坏，因为他认为法国战役的结局已经注定了。1940 年法国沦陷的原因之一是，第三共和国允许将军们为自身考虑，在他们觉得处于必败局势时可以选择退出。苏联在 1941 年之所为没有屈服于"闪电战"，就是因为斯大林告诉了他的将军们需要思考什么，丧失信心的人将被淘汰。为了在这场战火的洗礼中幸存下来，第三共和国需要的不是抓住每一根救命稻草，而是将逃避责任的军官逼入绝境，就像在法国革命战争的绝望岁月中那样。首先，雷诺应该在魏刚和贝当说出"投降"一词时就将其投入军事监狱，对法国来说，这比让他们继续引领国家走向失败更好。不幸的是，阻挡希特勒军团需要一定程度的冷酷无情，而这正是 1940 年 6 月的紧要关头第三共和国所缺少的。

伦德施泰特发起进攻，6 月 9 日—10 日

苏瓦松于 6 月 8 日失守后，图雄的第 6 集团军左翼部队——诺埃尔的第 17 军——向乌尔克河溃逃，第 28 山地师则独自向东南方逃窜。法军防线上开始出现多个巨大的缺口，科赫的德国第 44 军和施特劳斯的第 9 集团军迅速推进，扩大了这些缺口。由于施特劳斯集团军没有任何装甲兵支援，所以他的追击部队未能追上撤退的法军。不过，当法国第 7 军军长保罗·拉·波特·杜·泰伊（Paul la Porte du Theil）知道友邻部队已经溃散时，只得被迫采用孤注一掷的手段来保住自己的防区。6 月 8 日晚间，他决定将整个第 45 步兵师撤出前线，集中于兰斯附近，以便建立一个预备队来应对德军向其暴露右翼发动的进攻。但是，这意味着该军的其他 2 个师（第 42 和第 44 步兵师）将被迫拉长其埃纳河沿岸的防线。因此，德国 A 集团军群加入"红色方案"的前夜，图雄第 6 集团军的右翼已处于不稳定状态，一些部队在德军攻势开始时仍在调动。

伦德施泰特的 A 集团军群将以 3 个集团军（魏克斯的第 2 集团军、李斯特的第 12 集团军和布施的第 16 集团军）向 80 公里宽的敌军防线正面发动进攻，但主攻部队将是第 12 集团军，其目标是勒泰勒附近由雷坎指挥的法国第 4 集团军。李斯特的参谋们选择的两个攻击中心分别处于勒泰勒的两侧，该城可能成为古德里安装甲兵的主要突破通道。与色当战役不同，这一次李斯特的意图是依靠步兵和炮兵夺占埃纳河上的渡口，然后由工兵搭建浮桥。一旦桥梁完成，

古德里安的装甲兵就可以投入战斗，利用法军防线上预计将会出现的裂缝了。古德里安反对这种战法，认为上述两支部队节奏太慢，他希望自己的装甲师可以像在色当那样独自渡过埃纳河，但被李斯特驳回了。[4] 由于古德里安在"黄色方案"中不服从指挥，李斯特不愿意给他留太多余地，而是将他束缚在与法军风格类似的"按部就班战法"上。伦德施泰特将进攻推迟到 6 月 9 日有一个附带的好处——他们可以学习博克集团军破坏魏刚"经纬线"体系的经验。埃纳河上的法国守军期待着德军的坦克突击，却和 1918 年一样，被步兵的渗透攻击击败了。

6 月 9 日 3 时 30 分，德军对埃纳河前线实施了 35 分钟的炮火打击，随后又于黎明时出动"斯图卡"实施攻击。在烟幕掩护下，德军突击部队乘坐充气艇渡过了河。在西侧，魏克斯的德国第 2 集团军以工兵上将奥托－威廉·弗斯特（Otto–Wilhelm Förster）所辖的第 6 军 3 个师，向图雄的法国第 6 集团军发动进攻。2 个法国师的防区过宽，且第 45 步兵师的 1 个团在第 42 步兵师增援部队抵达前离开了沿岸的阵地，所以，当德国第 5 步兵师于早晨渡河时，这段河岸无人把守。弗朗索瓦·凯勒少将的法国第 42 步兵师是 1 个现役师，但刚开战便处于不利地位——德军已占领其左侧的防御阵地，而凯勒的炮兵仍在转移到新阵地。就在他试图应对左侧局势的时候，德国第 293 步兵师又于他右翼的贝里欧巴克附近防御松懈的区域渡河，并向前推进了 3 公里，在脆弱的法军防线上又打进了一个楔子。法国第 7 军没有足以阻挡德军步兵攻击的火力，2 个师只能缓缓地从河岸后撤。日终时分，图雄已经完全失去了埃纳河上的立足点。

雷坎的法国第 4 集团军在埃纳河沿岸有坚固的阵地，但遭到了李斯特第 12 集团军的全力打击。勒泰勒以西的德军出动了第 3 军和第 13 军的 4 个步兵师（第 17、第 21、第 3 和第 23 师），对马克西姆·热尔曼中将的法国第 23 军下属第 2 及第 10 步兵师发起猛攻。德国第 23 军投入了 2 个步兵师（第 73、第 86 步兵师）攻打法国第 14 步兵师的阵地。最初，法国守军给企图渡河的德军造成了很大伤亡。2 个现役师（左侧是艾梅的第 10 步兵师，右侧是德拉特尔·德塔西尼的第 14 步兵师）都以猛烈的防御火力击退了德军的进攻。可是，镇守中路的是阿尔贝·克洛普芬施泰因（Albert Klopfenstein）准将的第 2 步兵师，这是一个 A 类预备役师，德国第 13 军对其施加了巨大压力，最终在这一地区渡河并取得两个立足点。巴雷上尉的第31团2营坚守波尔西安城堡6个小时，弹尽粮绝，幸存者们被迫投降。14时左右，泰里耶上校的第33步兵团设法组织了一支连级规模的步兵部队，在第23战斗坦克营13辆坦克的支援下，向敌军立足点发动反攻，但被德军炮兵和"斯图卡"扼杀了。赫伯特·洛赫（Herbert Loch）中将的德国第17步兵师使用坦克歼击车，成功摧毁了9辆R35。[5] 除了更胜一筹的支援火力外，与装备不佳的法国预备役部队相比，德国步兵在战术级别火力上也有着明显优势。洛赫的第17步兵师适时地深入了敌军阵地5公里，打垮了法国第2步兵师的一些炮兵。当第2步兵师的阵地出现缺口时，第10步兵师的防区也开始遭到渗透。晚上，德国第18军开始在埃纳河上为古德里安的装甲兵搭建浮桥，但德国步兵尚未取得突破。21时30分左右，法国第2步兵师接收了1300枚反坦克地雷，这是从法国第23军的库存中拨出的，但此时送来，为时已晚；夜间，法国工兵匆忙行动，努力在德军的下一次攻击前布设尽可能多的地雷。

埃纳河北侧，古德里安摩拳擦掌，准备将他手下的2个摩托化军（施密特的第39军和赖因哈特的第41军）投入战斗，却只得到将施密特军前推的许可。夜间，基希纳中将的第1装甲师开始进入沙托波西安的小桥头堡，把守那里的是洛赫的第17步兵师。基希纳的坦克必须经过埃纳河和相邻的阿登运河上的浮桥，才能到达埃纳河对岸。法伊尔中将的第2装甲师奉命渡河进入西面的另一个小桥头堡。尽管基希纳的第1装甲师部分人马几乎花了整整一夜才抵达埃纳河南岸，古德里安仍打算于6月10日清晨发动进攻。

与此同时，德拉特尔·德塔西尼的法国第14步兵师在勒泰勒以东勉力击退了德军2个师的进攻，来自步兵上将阿尔布雷希特·舒伯特所辖第23军的这些部队企图在勒泰勒和阿蒂尼之间渡河。德国第170步兵团成功在蒂尼—特吕尼（Thugny‐Trugny）取得了立足点，但德拉特尔·德塔西尼迅速以1个猎兵营、师属侦察部队和第3战斗坦克营的9辆R35坦克发起反攻，德军立足点被摧毁，约100人被俘。然而，第14步兵师的防区是个例外。晚间，马克西姆·热尔曼中将的法国第23军明显已无法再坚持，中路的第2步兵师防线崩塌，可能使德拉特尔的左翼被包抄。在更远的东面，这个殖民地兵团的左翼由第36步兵师守卫。在德国第17军3个师的猛攻下，法军并没有拱手让出任何一块土地。弗雷登堡第 2 集团军的防线多处遭到了德国第 16 集团军的进攻，但仍保持完整。

夜里，雷坎决定投入整个机动预备队——比松装甲集群——抢在次日德军成批渡河前发动大规模反攻。这个集群包括路易斯·比松上校的第 3 装甲师、新组建的第 7 轻机械化师和第 3 摩托化步兵师；第 3 装甲师共有 126 辆坦克（第 41 战斗坦克营的 36 辆夏尔 B1 bis，第 42 战斗坦克营的 50 辆 H39 和第 45 战斗坦克营的 40 辆 H35）和半个营的摩托化步兵。安德烈·马尔托（André Marteau）准将的第 7 轻机械化师是 5 月 31 日在第 4 轻骑兵师幸存人员的基础上组建的，组建这个师的目的是建立一支全新的机械化掩护部队。到 6 月 9 日，第 7 轻机械化师只能算是部分成军，但仍有 1 个骑兵团（25 辆 H39 坦克）、2 个摩托化步兵团、1 个龙骑兵团（10 辆庞阿尔装甲车和 15 辆 AMR33 侦察坦克）、2 个步兵营和 1 个反坦克连。第 3 摩托化步兵师是法国陆军仅存的 1 个摩托化步兵师，也是装备较好的现役部队之一。除了满编的反坦克炮外，第 3 摩托化步兵师的侦察大队还配备了装甲车，并有 1 个摩托化 155 毫米榴弹炮连。这一次，法军真正拥有了机动集群，这支部队集结于兰斯东北方 31 公里的勒图尔内河畔维莱（Ville-sur-Retourne）。可是，比松装甲集群是由一些装备不全的部队松散地组合起来的，不是一支组织严密的机动预备队，许多坦克的机械状况不佳。

魏刚在巴黎向战争内阁通报了埃纳河沿岸的战斗情况，他沮丧地说道："我们的军队正在打最后一场防御战，如果此战失利，他们将很快毁灭。"[6]

由于德军向塞纳河挺进，法国空军的许多部队开始向南转移，就在"红色方案"进入关键阶段的时候，法国陆军所能得到的空中支援进一步减少了。此时，AdA 不得不将部队转移到塞纳河下游和埃纳河之间。6 月 9 日，AdA 只出动了大约 150 架次的战斗机，击落了 14 架敌机。而法军损失了 21 架战斗机，其中 11 架在地面被摧毁。GC I/3 的 D.520 战斗机在苏瓦松以南取得了特别好的战绩——声称是取得了 12 次空战胜利，仅损失了 1 架战斗机。GC 1/145 的波兰飞行员声称取得了 3 次胜利，但损失了 3 架脆弱的 C714 战斗机。AdA 也出动了约 70 架次的轰炸机，损失 11 架，包括 8 架布雷盖 693。英军参加法国空战的次数迅速减少，AASF 只出动了几个架次，损失了 3 架"飓风"，没有取得任何战绩。

6 月 10 日 4 时 38 分，太阳升起，但埃纳河战区上空的浓雾持续了一段时间。古德里安于 5 时 30 分从沙托波西安发动进攻。德国第 17 和第 21 步兵师的 4 个团首先发难，进攻村庄内的法军据点，而基希纳的第 1 装甲师向西南推进，越过了平缓起伏的地形——这是最适合坦克作战的地形。7 时许，9 架 DB-7 轰炸机由南飞来，袭击基希纳的装甲部队，但 Bf-109 现身击落了 1 架法国轰炸机，3 名机组人员遇难。不久后，德国步兵和坦克包围了泰里耶上校设于塔尼翁的第 33 步兵团团部和佩尔特（Perthes）的第 127 步兵团团部。9 时，基希纳的装甲兵抵达瑞尼维尔（Juniville），他们在 3 个半小时内已推进了 17 公里。不过，被围的法国第 2 步兵师各部顽强抵抗，瑞尼维尔的第 73 步兵团 3 营击退了基希纳的三次进攻。就连赫尔曼·巴尔克中校的第 1 摩托化步兵团、第 1 摩托车营以及第 659 突击炮连联手实施的进攻也被打退了。法国第 73 步兵团 3 营坚守讷夫利兹（Neuflize）10 个小时，打退了一次又一次的进攻，最后被逼近的德军坦克压制。附近地区该团的 2 个排也抵抗了 6 个小时，在摧毁了 3 辆德国坦克和 2 辆 SPW 半履带车后才被打垮。大部分法军据点周围都布设了反坦克地雷，拥有 1 门或 2 门 25 毫米反坦克炮，许多德军坦克被击毁或者瘫痪。德军在塔尼翁损失了 5 辆坦克后，泰里耶上校的部队才被迫投降。古德里安没能实施"闪电战"，为了粉碎法国第 2 步兵师，只得花费一整天的时间实施了多次代价沉重的扫荡行动。德军利用其火力——炮兵和空袭——有条不紊地将每个村镇炸成废墟。大部分法国守军最终都被消灭了，但第 11 师师属侦察大队在勒沙特莱（Le Châtelet）坚守了 6 个小时，随后设法成功南逃。

比松原打算在第 2 步兵师阵地被围前的早晨开始反攻，却因意外而耽误了——勒图尔内河上的一座桥梁在敌军的轰炸中被毁。结果，整个法国第 3 装甲师被迫绕开这个障碍而消耗了大量燃油。比松不得不在途中加油，此举又耗费了大半个下午的时间。他知道第 2 步兵师被围的部队无法坚守太久，于是在 16 时决定以所有做好准备的坦克发动进攻，这意味着只有半数装甲兵能参与反攻。组织反攻又花费了 1 个小时，参与部队分为 3 个集群：北路集群由第 3 装甲师的 26 辆坦克及 3 个摩托化步兵连组成，前往解救佩尔特的第 127 步兵团；南路集群由 35 辆坦克和第 7 轻机械化师第 31 摩托化步兵团一部组成，他

往色当

往兰斯

日夫里

蒂尼

佩尔特

塔尼翁

勒沙特莱-阿夫利兹

阿兰库尔

瑞尼维尔

蒙圣雷米

马绍

波夫尔

泰齐

阿旺松

沙托波西安

勒泰勒

167
86
184
213
170
73
21
24
1
127
127
127
31
45
3
1
17
21
55
23
35
21 BCP
2 BCP
31 BCP
14
16 BCP
3 DCR
73
111
7 DLM
11

① ② ③ ④ ⑤ ⑥ ⑦

XXIII
XXII
XIII
阿尔内河

德军攻击路线（6月10日）
法军反攻路线（6月10日）
德军撤退路线（6月10日夜间）
德军在埃纳河的桥头堡（6月10日早上）

埃纳河战役，1940年6月9日—10日

图例注记

① 6月9日，法国第14步兵师挫败了德国第23军于勒泰勒以东渡过埃纳河的大部分
  尝试。德军的1个团建立了小型桥头堡，但被法军的反攻消灭。

② 德国第13军压垮了法军驻扎在沙托波西安的1个营，取得了埃纳河对岸较大的桥
  头堡。夜间，德国第1装甲师渡河进入这个桥头堡。

③ 6月10日黎明，德军从桥头堡发动攻击，迅速包围了佩尔特、塔尼翁和瑞尼维尔
  的法国第2步兵师各部。不过，所有被围的法国据点都顽强抵抗。

④ 比松装甲集群开始了迟来的反攻，以解救被围守军。北路部队击溃了1个德国步
  兵营，救出了佩尔特守军残部。

⑤ 法军南路部队在瑞尼维尔附近遭遇德国第1装甲师，双方均遭受了巨大损失。法
  国第3装甲师后撤。

⑥ 法国第7轻机械化师在勒图尔内以南显示实力，试图阻止古德里安的装甲兵南进。

⑦ 第11师属侦察大队打了一场顽强的阻击战，但最终不得不撤退。

们将前往瑞尼维尔救援第73步兵团3营；马尔托的第7轻机械化师其余部队，
包括65辆坦克（第10战斗坦克营的20辆H39和45辆R35），将前去封锁德
军向勒图尔内河以南进攻的线路。法军没有炮兵支援，但预计会有一些空中支
援。这不是一个很好的战术计划，德国空军侦察机已发现集结起来准备反攻的
法国装甲兵。德国第21步兵师有充足的时间部署反坦克炮（包括第560装甲
歼击营1连的4门88毫米高射炮），加强反装甲防御。

8架法国LeO 451轰炸机在法军发起反攻前袭击了德国第1装甲师，但为
这次反攻提供的外部火力支援仅止于此。法军北部攻击集群以1个连的9辆夏
尔B1 bis坦克为先导，17辆H39紧随其后，开往佩尔特。此前被德军俘虏后
逃脱的菲利普·德奥特克洛克上尉（即后来闻名天下的勒克莱尔将军）指挥攻
击。德国第45步兵团和第3步兵团3营已经在佩尔特附近建立了多个反坦克
阵地，炮弹如雨点般砸向法国坦克，但夏尔B1 bis坦克经受住了打击，如同
钢铁巨兽般继续前进。"科尔比埃"号坦克身中100多发37毫米炮弹，仍未被
摧毁。法国重型坦克摧毁了9门37毫米反坦克炮，击溃了德国第3步兵团3

营，跟进的法国摩托化步兵得以救出了佩尔特剩余的法国守军（300 人中只有 45 人幸存）。德国炮兵最终加入了战斗，2 辆夏尔 B1 bis 坦克被直接命中的炮弹摧毁，第三辆瘫痪后，车组人员将其炸毁了。北部突击集群在损失了 3 辆夏尔 B1 bis 和 9 辆 H39 后，完成了自己的使命，于 22 时撤离。

指挥瑞尼维尔反攻的是皮埃尔·比约特上尉，他曾在 5 月 15 日的斯通尼战役中摧毁了 10 多辆德国坦克。这场反攻最终成了与赫罗·布罗伊辛（Hero Breusing）中校所率的德国第 2 装甲团的一场会战。德军不仅在坦克上有超过 2 比 1 的数量优势，而且有大量反坦克炮和常规炮兵支援。古德里安亲临战场，夏尔 B1 bis 坦克承受德国反坦克炮打击的能力令他心烦意乱。他后来写道："我企图用 1 门缴获的 47 毫米反坦克炮摧毁夏尔 B1 bis，但徒劳无功；我发射的炮弹从它厚重的装甲上弹起，没有对它造成任何伤害。我们的 37 毫米和 20 毫米炮对它同样无可奈何。"[7]

最终，比约特的 10 辆夏尔 B1 bis 坦克中有 4 辆瘫痪，主要是被 105 毫米榴弹炮所伤，但它们在退出战斗之前也摧毁了德国第 1 装甲师的不少坦克。夏尔 B1 bis 上的法制 47 毫米 SA35 主炮可以轻松摧毁古德里安最好的坦克——三号和四号坦克。在勒图尔内河以南，法国第 7 轻机械化师试图支援对瑞尼维尔的攻击，但第 10 战斗坦克营在反坦克炮火下很快就损失了 10 辆 R35。马尔托改变计划，调动部队阻止古德里安沿勒泰勒—兰斯公路南进，并在拉讷维尔（La Neuville）建立了一个据点。总体上，比松的反攻只取得了很小的战术性成果，无法阻止第 2 步兵师的据点被压垮，并在 23 时 45 分投降。这次反攻也没有给基希纳的第 1 装甲师造成严重伤害或者迟滞。比松的反攻中，法军共损失了 30 辆坦克，此外还有 20 辆受损，其中包括 19 辆夏尔 B1 bis 中的 7 辆。另一方面，德国 37 毫米反坦克炮再次在重型坦克面前显得无能为力，局面一度很紧张，直到重型炮兵赶到才挽回劣势。由于法国第 2 步兵师大部被歼，比松集群再也无力阻挡古德里安了，雷坎意识到除了命令第 4 集团军退却外他别无选择。

在埃纳河前线的其他战区，德拉特尔的法国第 14 步兵师又多次击退了企图渡河的德国第 23 军，但他左侧的第 2 步兵师防线瓦解，右翼的第 6 步兵师也被党卫军"警察"师逐出了冯克（Voncq）。法国第 4 战斗坦克营发动的一次反攻被击退，损失了 3 辆 FCM 36 坦克。除非第 14 步兵师由埃纳河后撤，否则它的两翼都将遭到包围。法伊尔的德国第 2 装甲师从阿斯费尔德（Asfeld）附近渡过埃纳河后，向法国第 10 步兵师发动了进攻，导致后者和第 2 步兵师一样，开始瓦解为相互孤立的多个据点。勒泰勒以南的局面对法军不利，而兰斯以北的局势更为糟糕，在魏克斯的德国第 2 集团军的攻击下，波特·杜·泰伊的法国第 7 军开始崩溃。马恩河后的图雄第 6 集团军战败退却，使杜·泰伊的左翼防线拉长，整条战线变得更加薄弱、危险。法国第 42 步兵师与友邻部队第 10 步兵师之间出现了一个缺口，使兰斯难以抵御德军的突然进攻。在损失了第 2 步兵师和第 10 步兵师大部后，热尔曼的法国第 23 军已经没有多少兵力能够守卫兰斯了。雷坎将最后的预备队——第 235 轻步兵师和第 82 非洲步兵师交给了热尔曼。前者是 6 月 1 日由 6 个训练营、2 个 75 毫米炮营组建而成的，而第 82 非洲步兵师是一支可靠的现役部队。

　　战斗开始仅两天，安齐热的第 4 集团军群在埃纳河上就受到重创。图雄的第 6 集团军被逼退 40 公里，龟缩于马恩河之后；雷坎的第 4 集团军遭到重创，不能再坚守自己的防区；只有弗雷登堡的第 2 集团军仍毫发无损，维持着原来的阵地。由于所有预备队都已被用于堵塞防线上的缺口，安齐热没有任何部队可以应对古德里安恢复南进的装甲兵了。当晚，安齐热命令雷坎的第 4 集团军退到马恩河后，这也意味着他放弃了兰斯。弗雷登堡的第 2 集团军也不得不退却，与雷坎的新战线保持一致。

退却，6 月 10 日—11 日

　　部队的后撤相对简单，可一旦开始退却，要停住脚步就很困难了。法军部队在许多前线据点的作战中都很顽强，但在索姆河和埃纳河前线突然受挫，随后又接到撤退的命令，这对任何部队的士气来说都是巨大的打击。其他方面的坏消息（包括意大利于 6 月 10 日对法宣战）更会加重法军官兵的绝望感。如果魏刚为后方阵地制订了应急计划，官兵们就能得到建立新战线的保证。然而，自从魏刚接掌指挥权后，他们一直都被告知，不能有退却的想法，他们将在索姆河和埃纳河上决一死战，但现在，这些防线都已经被击溃，各部队都在退却。行军途中，官兵们很快就确信，法军唯一的选择就是用下一条河流阻挡推进的德军装甲兵，但这不可能坚持太久。

在李斯特的第 12 集团军和古德里安装甲兵的重压下，雷坎的法国第 4 集团军不得不退却。6 月 11 日，赖因哈特的第 41（摩托化）军渡过埃纳河，为古德里安提供了 4 个装甲师，以助他追击退却的法国步兵。鉴于法国步兵师依赖马拉火炮，行动缓慢，法国机动部队必须尽其所能迟滞古德里安的追击。马尔托的第 7 轻机械化师得到了保护勒图尔内撤退部队的艰苦任务，他动用庞阿尔装甲车和 H39 骑兵坦克，伏击和骚扰古德里安的前锋部队。拉讷维尔的据点为德拉特尔的第 14 步兵师争取了一些撤退的时间，法国工兵炸毁多座桥梁，减慢了敌军的推进速度。法军的一个庞阿尔装甲车连甚至伏击了德军纵队，并在消灭了领头的坦克排后安然撤退；在另一个阵地上，2 辆 H39 坦克殊死奋战，阻击德军的一整个装甲营。但是，德国空军扰乱了法军的撤退行动——德军调动炮兵，猛烈打击拉讷维尔的据点。这一天，马尔托第 7 轻机械化师的损失约 50%，其中包括全部的 H39 坦克。虽然马尔托在阻击基希纳的第 1 装甲师时取得了一些成功，但无法阻止法伊尔的第 2 装甲师在田野上横冲直撞，打击德拉特尔的撤退队伍。法伊尔的装甲兵击溃了法国第 152 步兵团的 1 个营，并重创了第 35 步兵团一部。

杜·泰伊的法国第 7 军（属第 6 集团军）无法在兰斯进行任何防御，只能尽快向马恩河上的埃佩尔奈撤退。他最好的部队——凯勒的第 42 步兵师——已在埃纳河的战斗中消耗殆尽，第 44 和第 45 步兵师也遭受了很大损失。法军部队经过兰斯时，这座城市已经在德国空军的袭击中起火，但法国工兵还是炸毁了城中的主要桥梁。虽然法伊尔的德国第 2 装甲师已从东北方逼近兰斯，但率先进城的却是弗里德里希·马特纳（Friedrich Materna）中将的第 45 步兵师（属德国第 2 集团军）。新到的法国第 82 非洲步兵师在韦勒（Vesle）河以南建立了阻击阵地，此处林木茂盛，有助于法国第 7 军损失惨重的各师从兰斯逃出，免于被古德里安的装甲兵各个击破。不幸的是，图雄的集团军没有在马恩河后建立一个可靠的阵地，使施特劳斯的德国第 9 集团军得以紧随在他们之后抵达河边。这一天结束时，蒂耶里城堡已落入德军之手，德国第 25 步兵师成功在马恩河上确立了一个桥头堡。霍普纳的第 16（摩托化）军立即转向蒂耶里堡，扩大此战的成果。[8]

安齐热的第 4 集团军群在埃纳河战役中失利的时候，贝松的第 2 集团军群的局势同样不利。迪富尔临时拼凑的 1 个军在鲁昂附近的塞纳河沿岸建立了阻击阵地，但与韦尔农之间的区域只能靠侦察部队屏护。由于盟军相互协调不力，博曼师起不到任何真正的作用。因此，曼施泰因的德国第 38 军不费吹灰之力就发现了无人防守的河段，并于 6 月 10 日—11 日迅速渡河，占领了 3 个独立的桥头堡。工兵搭建浮桥后，曼施泰因得以将他的 3 个步兵师（第 6、第 27 和第 46）先从莱桑德利、后从韦尔农送过河，不过他没有装甲兵。这一战术成功对法国第 2 集团军群是个灾难，因为这意味着只要霍特的装甲兵击溃伊莱的第 9 军，他就可以直接使用塞纳河上已经为他准备好的桥头堡。

巴黎以北，格朗萨尔的法国第 10 军已于 6 月 9 日在博韦被步兵上将库诺·冯·博特（Kuno von Both）的德国第 1 军所败，而维特斯海姆的德国第 14（摩托化）军装甲兵突入了法国第 10 军和第 1 军（夏尔德部）之间的间隙。格朗萨尔的几个师徒步后撤，但无法逃过德军的坦克和摩托化步兵的追击。马里·巴泽莱尔·德鲁皮埃尔（Marie Bazelaire de Ruppierre）少将的第 4 殖民地步兵师压力巨大——该师一部在昂吉维莱尔（Angivillers）附近被围。但是，该师的塞内加尔猎兵仍然斗志昂扬，正在全力突围。法军分成小股部队，试图从德军钳形攻势的缝隙中向南退回法军战线。追击中发生了多起丑陋的事件，如德军殴打被俘的非洲士兵，用刺刀扎他们甚至将其杀害。德国第 9 步兵师士兵在埃尔屈安维莱尔（Erquinvillers）将第 16 塞内加尔猎兵团的法国白人军官和非洲士兵分开，然后用机枪杀害后者，一名德国军官对表示愤慨的法国军官说："劣等民族不配与德国这样的文明种族交战。"[9] 来自第 16 和第 24 塞内加尔猎兵团的一个混编小队在亨利·布凯（Henry Bouqet）少校的率领下，试图躲避德军，但于博韦以东 34 公里的博瓦德莱尼（Bois d'Eraine）被围就擒，"大德意志"步兵团的德国士兵立即处决了大约 64 名非洲猎兵。当布凯少校试图干预并挽救自己的手下时，德国士兵将他和另外 7 名法国军官带到另一个地方，向他们的头部开了枪。[10] 第 4 殖民地步兵师在博韦以东被维特斯海姆的装甲兵全歼，数百名官兵遭到杀害。这些战争罪行直到战争以后才被人们所知。

在博韦附近遭遇失败以后，格朗萨尔的第 10 军和弗雷尔的第 7 集团军奉命撤往瓦兹河以南，于 6 月 9 日夜间到 10 日凌晨占据肖维诺防线。为了给弗雷尔的撤退行动提供一定的掩护，奥代的第 25 军从 GQG 预备队中被调出，并得到了第 2 和第 4 装甲师的加强。此外，3 个新的步兵师——第 57 步兵师（从瑞士边境调来的 B 类预备役师）、来自突尼斯的第 84 非洲步兵师和来自阿尔及利亚的第 85 非洲步兵师正乘坐火车前往巴黎地区。从纸面上看，这些增援部队的到来使瓦兹河防线暂时显得可靠了。在格朗萨尔的第 10 军抵达瓦兹河后，他的 4 个师都已残破不堪——损失了大约 40% 的步兵和半数以上的炮兵。退却期间，许多部队由于缺乏运输手段而被迫放弃了反坦克炮和重型装备。GQG 将第 84 和第 85 非洲步兵师配属到格朗萨尔麾下，帮助防御瓦兹河西端。6 月 10 日晚上，法国工兵炸毁了瓦兹河上的所有桥梁，但由于害怕降低河流水位，他们没有毁坏利勒亚当（L'Isle-Adam）的一处拦河坝。这个水坝位于博杜安的第 13 步兵师防区。6 月 11 日早上，夏尔德的第 1 军退防格朗萨尔第 10 军旁边的防线，匆忙占据了瓦兹河小支流诺内特河后的防御阵地。富热尔的第 24 军驻防防线右侧，但该军面前没有真正的天然屏障。镇守首都以北的这 3 个军共有 15 个步兵师。

法军转移到肖维诺防线后，博克决定对部队进行大调整，将屈希勒尔的第 18 集团军插到克卢格的第 4 集团军和赖歇瑙的第 6 集团军之间。维特斯海姆的第 14（摩托化）军也撤出了战线，OKH 打算将其东调，以加强对马恩河的攻势，而不是将其放在通往巴黎的直接路径上。经过这一重新部署，德军对巴黎的进攻部队减少到只有第 8 军和第 40 军的 6 个步兵师，外加第 1 骑兵师。德军在巴黎两侧的兵力突然加强，而逼近瓦兹河的部队在数量上不及巴黎地区的法军部队。但是，博克知道弗雷尔的第 7 集团军已遭受惨重损失，而且他满意地注意到，自"红色方案"开始以来，B 集团军群已经抓获了 6 万名俘虏。[11]

6 月 11 日下午，德军开始试探肖维诺防线，寻找弱点。在格朗萨尔的防区，德国第 8 步兵师侦察营很快注意到利勒亚当完好的水坝，该师多次企图渡河，均被猛烈的防御火力击退。在夏尔德的防区，德国第 4 军对奥穆瓦维莱尔（Ormoy Villers）的法国第 11 步兵师防区进行试探，也被击退了。由于德国炮兵仍在开往瓦兹河的途中，德国空军的攻击重点又在其他地区，屈希勒尔不得不将对肖维诺防线的真正攻势推迟到次日。阴雨天气使法军在德军的空袭下有了短暂的喘息之机，但也使法国空军无法执行支援任务。6 月 11 日，AdA 只出动了 100 架次的战斗机和 40 架次的轰炸机，没有取得任何战果。

但是，正当法军官兵奋战于肖维诺防线、保护巴黎时，魏刚却自作主张，决定宣布巴黎为不设防城市，而且，他还采用了阴险的手法。6 月 10 日，他向雷诺发出一份备忘录，声明他不会在巴黎方圆 30 公里范围内建立防御阵地，以免这座城市被德军轰炸。[12] 可是，魏刚并没有发布任何命令来告知埃林他的决定，原因很简单——他只希望提醒高层政治家，而不是在瓦兹河堑壕内牺牲的士兵；接下来的三天里，后者对此都一无所知。由于魏刚的欺骗行为，埃林的"巴黎集团军"胎死腹中。面对首都不设防的前景，雷诺和内阁没有多余的选择，只能立刻离开巴黎，迁移到图尔。但即便在出逃途中，雷诺仍徒劳地坚持继续抵抗，并一再提出应急计划的建议，如建立布列塔尼堡垒群或前往北非，但魏刚嘲笑这些想法不切实际，拒绝为此下达任何行动命令。如果历史上曾出现过军事渎职的案例，那么马克西姆·魏刚堪称最臭名昭著的例子。这位自私的军官在祖国需要的时候令人大失所望，在法国急需一位勇士的时候，他却坚持要当逃兵。

争执不休的盟国布里亚尔会议，6月11日

不久，戴高乐就知道了魏刚的所作所为，他建议雷诺立即将魏刚解职，并推荐由安齐热取而代之。魏刚的口是心非令雷诺恼怒，但雷诺意识到，敌军正在逼近巴黎的大门，此时撤换总司令不合时宜。戴高乐亲自访问了安齐热设于奥布河畔阿尔西（Arcy-sur-Aube）的第 4 集团军群司令部，向他提出了接替总司令职务的话题，并提及在北非继续战争的想法。[13] 安齐热对此没有任何想法，对像戴高乐这样级别较低的军官，此类话题已经越界了。戴高乐两手空空地离开了，很明显，没有一位法国将军愿意为即将发生的失败承担责任。戴高乐返回了巴黎，然后与雷诺一同前往图尔。法国政府的大部分成员很快也离开了首都。

6 月 11 日夜间到 12 日凌晨，一次严重的事故损害了英法的军事合作。墨索里尼向英法宣战后，丘吉尔一心想轰炸意大利，而为了打击都灵和热那亚的工业目标，轰炸机司令部的飞机必须飞越法国领空。维耶曼麻烦缠身，他担心英国的轰炸可能激怒意大利，导致后者空袭缺乏战斗机掩护的法国南部城市。所以维耶曼私自决定，拒绝轰炸机司令部使用法国空军基地加油的请求，以阻

止其以空袭意大利，并命令一个基地用卡车封锁了跑道。[14] 尽管如此，轰炸机司令部仍然派出9架轰炸机袭击了都灵的菲亚特工厂，另外2架轰炸机空袭了热那亚的海军基地。当丘吉尔听闻法国人的阻挠时勃然大怒，命令不论法国是否反对，都对意大利的目标发动更多袭击。有趣的是，弗朗索瓦·达尔朗上将的法国海军因远离战场、无所作为而渴望轰炸热那亚、攻击意大利舰队。

尽管在轰炸意大利的事情上发生了不快，丘吉尔仍急于和雷诺内阁会晤，因为这时距离上次盟国领导人会议已经过去10多天了。会议地点定在图尔附近的穆盖城堡（Château du Muguet）。丘吉尔、安东尼·艾登和约翰·迪尔爵士在12架"飓风"战斗机的护航下飞抵布里亚尔机场，19时来到城堡。丘吉尔希望提振法国的士气，声称英国在1941年春季前可以贡献25个师，但又随口承认，在近期只有3个师能来到法国。法国人对此兴味索然。魏刚做了最新情况通报，表明法国陆军已濒临崩溃，且没有任何预备队。乔治确认，军事局势已经岌岌可危。当贝当以绝望的口吻插话时，丘吉尔犯了一个错误。他对贝当说道："记住！我们在1918年遇到了很大的困难，但克服了。我们将以同样的方式渡过眼下的难关。"而贝当冷冷地回应道："1918年，我给了你们40个师，挽救了英国陆军；现在，我们需要40个英国师来挽救我们，但他们在哪里？"丘吉尔无言以对，后来他告诉伦敦的内阁成员，贝当是"一个危险的人"，"始终是个失败主义者"。在毫无准备的情况下，约翰·迪尔告诉魏刚，法国最高司令部可以按照自己认为合适的方式使用英国援军——无须等待整个师抵达和集结，魏刚就可以将单独的旅用到最需要的地方。[15] 但是，这点微不足道的盟国间合作就是英国领导人愿意做出的最大让步了。

雷诺再次催促丘吉尔将RAF战斗机司令部的更多兵力投入法国，并称他认为以全部可用的盟军战斗机发动反攻，可能在关键的几天里摧毁德国地面部队的空中支援。但丘吉尔拒绝了这一提议，称这并不是决定性的时刻——那只会发生在德国空军袭击英伦三岛的时候。他向法国人保证，只要英国能够守住，敌人在法国占领的土地就可能在以后收复，对国土遭受蹂躏的人来说，这远称不上是安慰。

丘吉尔意识到讨论当前军事形势容易引起争吵，便试图将讨论的方向转到应急计划上。他知道雷诺曾建议在布列塔尼建立堡垒作为最后防线，于是对此表示支持，并建议由第二支英国远征军协助那里的防御。丘吉尔对这一想法的支持是情绪化的，他忽略了一个事实：德国空军已获得制空权，有能力快速封锁法国北部的所有港口。魏刚激烈反对布列塔尼堡垒群计划，他希望将英军的各个师放到前线，而不是偏远的沿海省份。而戴高乐支持该计划，也并不是因为他认为有任何真正的成功希望，而是将其看成退往北非的跳板。

实质上，丘吉尔在布里亚尔并没有向法国提供任何直接有形的援助，只是试图引导魏刚和雷诺发动一场更凶险的全民战争。丘吉尔希望法国人为巴黎而战，像马德里那样争夺每一条街道。他还建议广泛实施游击战，以阻碍德国人征服的脚步，这可能"使法国坚守到美国参战，加入我们一边"[16]。丘吉尔愿意向一个溺水的人扔出虚幻的绳索——美国干预的信念——这确实打动了雷诺，但这完全是一个谎言。富兰克林·D.罗斯福总统没有借口说服美国国会在此时向德国宣战，即便能够宣战，也需要大半年的时间才能向法国投送大量美军。雷诺抓住这根救命稻草，认为只要美国与德国断绝外交关系，就可能迫使希特勒重新考虑——这种想法更为荒谬。雷诺的其他内阁成员也对美国军事或外交干预抱有不切实际的幻想。但从法国的角度看，丘吉尔建议法国人付出巨大的生命代价，英国人为此做出的牺牲却微不足道。即使美国提供帮助，燃烧的也是法国城市，而不是英国城市。尽管没有一位阁员喜欢魏刚和贝当的停战建议，但两位将军利用两个不变的事实——法国不可能独自对抗第三帝国，英国对联盟的实际军事投入极其不足——扭转了局面。魏刚和贝当确实成功地树立了一种观念：如果法国不能从英国得到任何实质性的帮助，那么听取丘吉尔关于如何继续作战的假设性陈述就毫无意义。

布里亚尔会议上，英法的利益很快就出现了明显分歧。休会后，雷诺通知丘吉尔，魏刚正在推动一项停战协议，这明确表示，法兰西第三共和国此时已经在准备脱离战争了，丘吉尔在穆盖城堡过夜，次日早上，他直言不讳地询问海军上将达尔朗：停战后，法国海军将何去何从。达尔朗向丘吉尔保证，法国战舰绝不会向敌人投降，如果有必要，舰队将撤往加拿大。[17]丘吉尔似乎接受了达尔朗的说法，但他后来告诉英国内阁，他并不相信这番说辞，因为"达尔朗有被政治家推翻的危险"。回到伦敦后，丘吉尔向内阁通报了布里亚尔会议的情况，称"法国的有组织抵抗已接近尾声"，"我们现在必须将力量集中在本土岛屿的防御上"。现在是准备收场的时候了，因此他命令空军大臣阿奇博尔德·辛克莱尔爵士（Archibald Sinclair）"采取措施，将法国人俘虏的德国空军机组人员转移到英国，关押在安全的地方"[18]。当这一请求被传达给法国航空部时，带来的只是更大的疑心。法国人将俘虏的德国空军飞行员看成潜在的筹码，而英国人将其看成训练有素的战士，一旦被德国部队解救，就会给英国带来危险。

布里亚尔会议后，英法联盟由于相互猜疑而公开破裂。法国人确信，英国不会在法国需要的时候为其做出真正的牺牲，而英国人则认为，法国人不再可靠。会议的最后，双方在心理上已经不再视对方为盟友，而只考虑各自的国家利益了。

注释

1. Shirer, pp. 767 – 769.

2. Dispatch of Bullitt to Roosevelt, Foreign Relations of the United States 1940, Vol. 1, June 10, 1940, pp. 245 – 246.

3. Pierre Lyet, 'Paris Ville Ouverte', Revue Historique de l'Armee, June 1948, pp. 86 – 87.

4. Guderian, p. 100.

5. Chapman, pp. 272 – 273.

6. Adolph Goutard, p. 173.

7. Guderian, p. 102.

8. Jean-Yves Mary, '12 juin 1940, le XVI. AK passe la Marne à Chateau-Thierry', 39 - 45 Magazine, No. 179, May 2001.

9. Lucien Carrat, Service historique de l'Armée de terre (SHAT) 34 N 1095.

10. 'Le massacre des Sénégalis de la 4ème DIC', Centre d'histoire et d'études des troupes d'outre-mer (CHETOM) 15 H 144.

11. Bock, p. 173.

12. Paul Reynaud, In the Thick of the Fight (London: Cassell & Company, 1955), pp. 481 – 483.

13. De Gaulle, p. 63.

14. War Cabinet Meeting, W. M. (40) 163rd Conclusions, 12 June, 1940, p. 435.

15. 同上。

16. 同上, p. 437.

17. 同上。

18. 同上, p. 439.

第8章
瓦解

巴黎陷落，1940年6月12日—14日

6月12日早上，法军在巴黎以北的肖维诺防线上仍有10多个步兵师。虽然博克在这一区域没有部署任何装甲师，但要不了多久，屈希勒尔的德国第18集团军就能突破这条防线了。炮兵上将瓦尔特·海茨（Walter Heitz）的德国第8军出动了2个步兵师，在利勒亚当攻击防线的西端，而骑兵上将格奥尔格·施图梅（Georg Stumme）的第40军出动了4个步兵师，攻击诺内特河沿岸由夏尔德指挥的法国第1军。整条肖维诺防线上的战斗都十分激烈，法军全力死战，试图将德军挡在巴黎之外。

在利勒亚当，海茨的第8军于9时50分开始了10分钟的炮火打击，但由于下雨，实施"斯图卡"攻击的计划被中止了。隐蔽阵地中的法国炮兵一直保持沉默。炮轰停歇时，德国第8步兵师的4个营企图乘坐橡皮艇渡过100米宽的瓦兹河，但之前沉默的法国炮兵突然密集开火，破坏了这次进攻。法国第13步兵师的机枪手们也以平射火力打击德国船艇，给德军造成了惨重的伤亡。12时10分，德军2个营发动的第二次进攻也被击退，14时的第三次进攻还是同样的结果。一个隐蔽性极好的法国机枪碉堡（由肖维诺手下工兵的建造）大量杀伤德军，直到被反坦克炮火压制。海茨命令暂停进攻，但第8步兵师于18时25分又进行了一次进攻尝试。德军的1个步兵连成功越过完好无损的拦河坝，进入了河中的一个小洲，但无法在对岸确保一个立足点。22时左右，法国第13步兵师发动了一次绝地反击，迫使德军撤回了河对岸。格朗萨尔的

第 10 军竟然击退了德军的 4 次渡河攻击，实在令人吃惊。

北面的德国第 9 步兵师试图在瓦兹河畔博朗（Boran-sur-Oise）渡河，但法国第 19 步兵师和来自第 1 装甲师的一些坦克（多辆夏尔 B1 bis 和 1 个连的 R35）发动反攻，阻止了德军。不过，施图梅的德国第 40 军在桑利斯附近的两个渡河点渡过了诺内特河。法国第 29 山地师和第 47 步兵师都被迫后撤，肖维诺防线右端不再稳定。赖歇瑙的德国第 6 集团军也向弗雷尔的法国第 7 集团军施压，对第 7 集团军中的第 24 军发动了小规模攻击。到晚上，德军虽取得了一些局部胜利，但法军仍然坚守着肖维诺防线的大部分区域。德军难以突破法军防线的主要原因是：雨天让德军得不到空军支援。没有了"斯图卡"，突破法军防御的负担就落在了德国步兵肩上。

巴黎以北的局势仍然悬而未决，但首都两翼的法军防御正在崩塌。曼施泰因的德国第 38 军扩大了塞纳河下游的桥头堡，而阿尔特梅耶的法国第 10 集团军此时只剩下拼凑起来的各种部队——已经没有固定的师建制了。曾从敦刻尔克撤出的莱昂·德拉·洛朗西上将开始重组第 3 军，以阻挡曼施泰因的进攻。阿尔特梅耶命令第 3 军守卫塞纳河沿岸 60 公里宽的区域，但这个军只有 2 支侦察部队以及刚组建的第 236 轻步兵师和 2 个 75 毫米炮群。后来，德拉·洛朗西得到了博曼师 C 旅以及 1 支新部队——第 8 殖民地轻步兵师（DLIC）的增援，后者是由法国南部的殖民地士官生组成的。尽管如此，德拉·洛朗西仍无法在曼施泰因的桥头堡周围建立连续的阵地。

为了增援迅速瓦解的野战军，GQG 试图用敦刻尔克撤出的官兵重组战斗部队，但这项工作受到了武器、装备及车辆短缺的阻碍。雪上加霜的是，英国当局没收了从敦刻尔克撤出的法国官兵的轻武器，他们回到法国时手无寸铁。法国人最先考虑的是用在比利时损失的 3 个轻机械化师中幸存的官兵重组让·朗格卢瓦（Jean Langlois）上将的骑兵军。

到 6 月 10 日，第 1 轻机械化师第 6 胸甲骑兵团聚集了 69% 的人员，但该团只能得到 6 辆 AMD 装甲车和大约 60 辆摩托车，而第 4 胸甲骑兵团得到了 10 辆索玛 S35 和 10 辆 H39 坦克。该师的摩托化步兵团（4e RDP）则由 1 个摩托车营和 1 个卡车营组成。在支援武器方面，新的第 1 轻机械化师只能得到 8 门 75 毫米炮、6 门 47 毫米反坦克炮和 4 门 25 毫米高射炮。尽管骑兵军远没

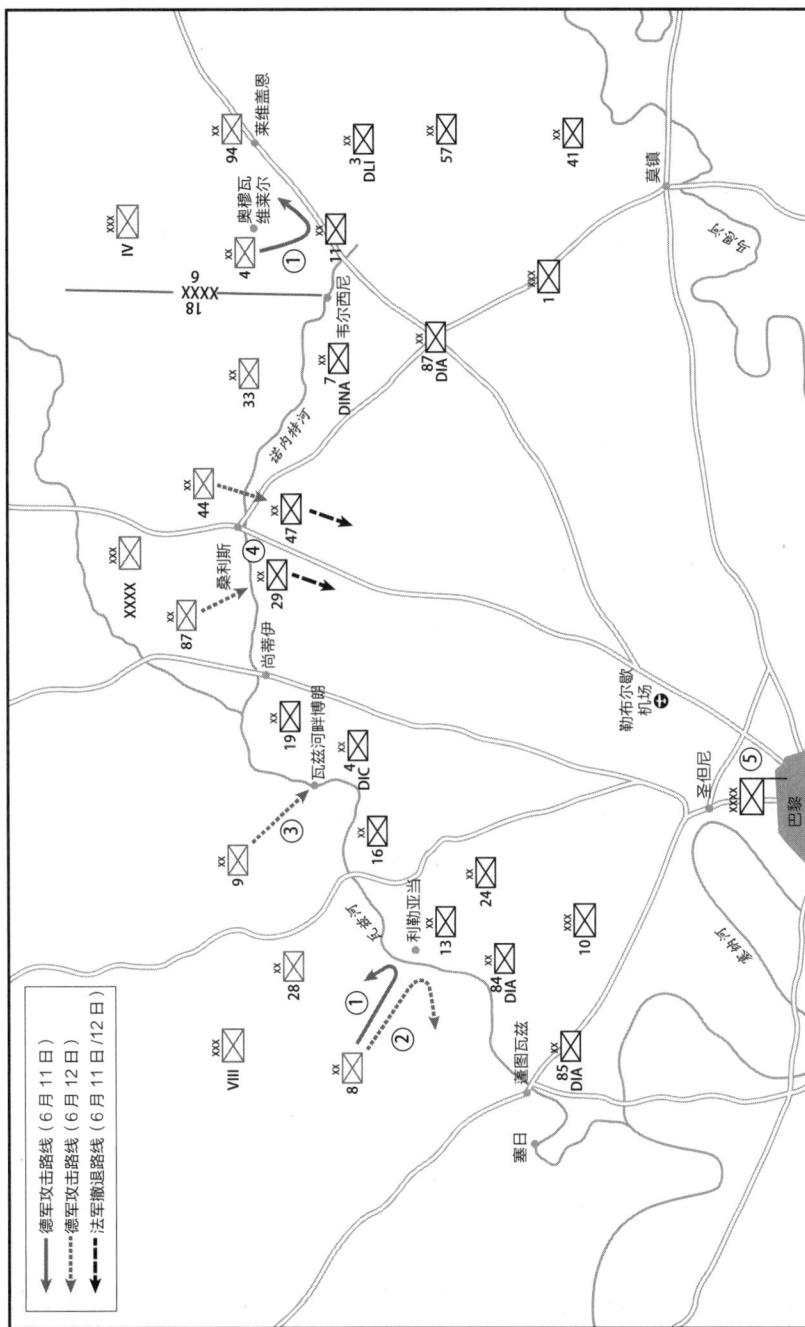

肖维诺防线上的战斗，1940年6月11日—13日

有做好作战准备，但还是于 6 月 11 日开往前线，与第 3 军会合了。考虑到法国的资源有限，努力重建一个达到编制的 40%~50% 的 DLM，比组建 3 个仅有 15% 定编人员和装备的 DLM 更好。第 1 轻机械化师抵达前线后，立刻投入了厄尔河畔帕西对曼施泰因部的反攻中。法国骑兵火力不足，无法取得什么显著战果，但防区中突然出现法国坦克，仍使曼施泰因大吃一惊。不过，对于德拉·洛朗西的法国第 3 军来说，唯一真正的优势是克卢格的德国第 4 集团军没有任何摩托化部队，不能立即利用曼施泰因建立的桥头堡。

巴黎以东，安齐热的整个第 4 集团军群都陷入了严重的麻烦中。施特劳斯的德国第 9 集团军在蒂耶里城堡附近的马恩河上建立了一个桥头堡后，克莱斯特立即将装甲兵投入了战斗。这是整个战役的决定性时刻。到 6 月 12 日早上，德军工兵已开始在马恩河上建造一座 16 吨级的桥梁，霍普纳的第 16（摩托化）军得以在 14 时 15 分渡河进入桥头堡。在强大炮兵的密集射击后，德国第 3 装甲师以汉斯·冯·丰克男爵（Hans Freiherr von Funck，军衔为上校）的第 5 装甲团为先导，迅速进攻。德国装甲兵的突然出现动摇了法军的抵抗意志，21 时 30 分，德国装甲兵几乎已经到达其主要目标——蒙米拉伊（Montmirail）了。但是，德国第 3 装甲师并不希望在没有步兵支援的情况下，于黑暗中攻入一个深沟高垒的城镇，因此攻击被推迟到次日早上。霍普纳的装甲兵快速渗透，图雄的法国第 6 集团军已没有任何机会在马恩河后建立防线了。

更糟的是，古德里安装甲集群攻击了雷坎第 4 集团军和弗雷登堡第 2 集团军之间的边界，施密特的德国第 39（摩托化）军向沙隆开进，而赖因哈特的第41（摩托化）军则挺进了巴勒迪克（Bar–le–Duc）。法国第3装甲师和第7轻机械化师试图在兰斯东南方的穆尔默隆（Mourmelon）迟滞德国第1及第2装甲师的行动，但遭到了沉重打击——法国第3装甲师损失了7辆夏尔B1 bis坦克，第7轻机械化师也损失了一些坦克。德拉特尔的第14步兵师勉力向维特里–勒弗朗索瓦（Vitry–le–François）逃去，但德国第1装甲师对其紧追不舍。法伊尔的德国第2装甲师经过努力夺取了沙隆，但在德军渡过马恩河前，河上的桥梁被炸毁了。第2装甲师派出了另一支特遣队，试图夺取沙隆东南方1公里处波尼（Pogny）的桥梁。法国第3装甲师预测到了敌军的这一行动，派出第41战斗坦克营的3辆夏尔B1 bis坦克（"埃纳河"号、"贝尼·斯纳森"号和"科尔比埃"号）守卫这座桥梁。这一次，为阻止德军夺取桥梁，法军的坦克迅速调动，20时30分，一场精彩的坦克战就开始了。3辆夏尔B1 bis的燃油即将耗尽，且都有严重的机械故障，但它们守住了阵地，击毁了4辆德军坦克。受阻的德军调来了1门105毫米榴弹炮，可能还有1门88毫米高射炮以及多门37毫米反坦克炮。法国坦克多次被击中，"埃纳河"号履带脱落，炮塔被2枚88毫米炮弹击穿，指挥员罗贝尔·霍梅（Robert Homé）中尉阵亡。"贝尼·斯纳森"号的无线电手皮埃尔·安泰尔姆下士回忆道：

我们一到桥边，刚刚抵达另一端的德军坦克便迎面扑来。随后是一场不公平的决斗，因为我们以寡敌众！我们摧毁了2辆坦克，操纵47毫米炮的一级准尉也打瘫了2辆。在敌军炮弹的打击下，熔化的金属不断从炮塔上落下。过了一会儿，德军坦克突然后撤了。天色渐黑，但战斗又重新开始了。炮手只能凭借炮口焰发现敌人，但有一辆坦克被击中，变成了一个火团。我突然看见一个不断接近的火球，左小腿似乎与大腿并在一起了。目光所及，驾驶员已瘫倒在方向盘上，而耳边是一级准尉高喊"开门"的声音。就在我打开舱门摔倒在公路上的一刹那，又一发炮弹击中了坦克。拉舍雷（中士）在此刻跑出坦克，快步越过公路，然后摔进了一个水沟中，一动不动了。燃烧的坦克中再也没有人能动了，发动机仍在运行……我试图站起来，却无能为力，大腿周围的骨头断了，面颊上血流不止。我尽力远离坦克，滚进了一片草地里。夜已经深了……[1]

安泰尔姆下士是"贝尼·斯纳森"号上唯一的幸存者，次日，他在维特里 – 勒弗朗索瓦医院中做了左腿截肢手术。

古德里安装甲集群的进攻令弗雷登堡的法国第 2 集团军胆寒，法军各师开始向南、向东撤往阿戈讷（Argonne）。由于各种各样的指挥失误，第 2 集团军的撤退行动变得非常混乱，赖因哈特的装甲兵借机迅速进入了马恩河和默兹河之间的空白地带。6 月 12 日下午，雷坎的集团军位于马恩河后，但 2 个法国集团军的侧翼都在步步后退。马恩河的屏护作用已被破坏，安齐热的 3 个集团军再也无法维持连续的防线了。

收到德军在塞纳河下游和香槟地区取得突破的报告后，魏刚于 6 月 12 日 13 时 15 分命令乔治上将发布 1444 号通令，法国 3 个集团军群全部开始总撤退。奇怪的是，普雷特拉的第 2 集团军群在 14 时 30 分就接到了命令，而其他 2 个集团军群直到 16 时 45 分才接到。只有驻扎马奇诺防线和法国南部的部队留在原地。埃林和他的"巴黎集团军"显然是最后一批发现首都已经无法守住的人。这次撤退不仅意味着放弃巴黎，后撤 150 多公里到达卢瓦尔河，还意味着所有保持连续防线的尝试都结束了。这一命令下达后，法国陆军将一路奔逃，除了活命之外没有任何计划。魏刚的命令使法国陆军开始了一场可耻的退却，这只能导致军队的瓦解，严重损害法国的军事声誉。

下达总撤退的命令后，魏刚参加了 19 时在图尔康热城堡（Château de Cangé）举行的内阁部长会议。魏刚毫不迟疑地宣布战役已经失败，要求法国政府立即向德国提出停战。他说，如果不这么做，法国陆军将全部被消灭，国家将陷入内乱——为了达到目的，魏刚不断唤醒人们关于 1870 年巴黎公社的回忆。部长们惊骇不已，雷诺试图摆脱这个话题，他联合全体阁员（除了贝当外）反对停战的想法，重提布列塔尼堡垒和在北非继续战斗的选择，但错误的是，他让魏刚留在房间里批驳了他的这些想法。结果，这次会议没能做出重大军事决策，不过部长们表达了在投票决定行动方案之前再次听取丘吉尔意见的渴望，特别是有关美国干预的想法。[2]

6 月 13 日，贝松的第 3 集团军群开始撤退，肖维诺防线上的部队放弃阵地，退到了塞纳河以南。各部队奉命绕过巴黎，前往首都两侧的桥梁，但并不是每位指挥员都遵守这个命令。巴黎超过一半的人已经逃离，当埃林首先开始张贴布告，宣布巴黎为不设防城市时，更多的人从公路出逃了。随后，埃林将巴黎（此时没有任何部队）的指挥权移交给亨利·登茨（Henri Dentz）上将，自己向南逃去了。魏刚下令登茨留在巴黎，法国工兵得到命令，不能炸毁城中塞纳河上的任何桥梁，或者实施其他破坏。结果，法国兵工厂（如雷诺工厂）毫发无损地落入了敌人之手。迪富尔集群和德拉·洛朗西的第3军缓缓退往诺曼底，没有受到太大压力，因为霍特的2个装甲师仍在勒阿弗尔和迪耶普之间惬意地休整。只有施蒂尔普纳格尔的第2军在塞纳河以南同曼施泰因的第38军会合，两军共5个步兵师以行军速度推进。朗格卢瓦的骑兵军减缓了曼施泰因的追击速度，6月14日，法国第3轻机械化师的索玛S35坦克和摩托化步兵在埃夫勒以南伏击了德国第12步兵师的一个纵队。

丘吉尔刚回到英国24个小时，就又应邀返回图尔参加盟国最高委员会会议。14时，他与外交大臣哈利法克斯勋爵、外交官亚历山大·卡多根（Alexander Cadogan）爵士、飞机生产大臣比弗布鲁克勋爵及斯皮尔斯一同飞往图尔。刚下飞机，丘吉尔就觉得事态不妙，因为没有法国代表前来迎候，他们不得不请求过往车辆将他们送往开会地点。15时30分，雷诺抵达，临时会议开始，魏刚和贝当都没有参加。虽然乔治·曼德尔强烈支持在北非继续作战的观点，雷诺仍通知丘吉尔，法国已尽其所能克服困难，但法国政府很快就必须请求停战，他希望知道英国政府对此事的立场。丘吉尔坚决反对法国单独媾和的想法，试图阻止法国人匆忙做出决定，他说道："在做出如此重大的决策之前，应该最后一次向罗斯福总统请求帮助，然后根据他回复的内容决定我们的行动。"[3]丘吉尔反复向雷诺强调，法国领导人不应该在未与英国磋商的情况下做出任何重大决策。

雷诺同意了这个建议，丘吉尔竭力表示，美国必然干预。此后，比弗布鲁克提出了将比利时的熟练工人转移到英格兰，在他的飞机工厂中工作的问题。另一个重点讨论的问题是将400名被俘的德国空军机组人员送往英格兰。雷诺同意了上述两个请求，但没有采取任何行动。不到两个半小时，最后一次英法会谈就结束了，但没有做出任何决定。丘吉尔离去后，雷诺召集内阁成员开会，主战派与主和派发生了正面冲突。雷诺并不知道，贝当不仅与一些部长讨论了德占时期政权的可能性，还对内阁成员的职位做出了承诺。因此，魏刚和贝当参会时，一些部长选择支持他们的停战观点。雷诺政府的其他成员意识到，法国确实已经失败，他们别无选择。雷诺、曼德尔和其他少数人坚持在北非继续战斗，但魏刚公然表示反对，并对这一想法展开了攻击。他还向内阁谎称，巴黎的共产党已经发动叛乱，应该立刻请求停战，此时法国陆军仍然有能力镇压内乱；曼德尔迅速致电首都警察局局长，后者表明，一切都很平静。[4] 魏刚怒气冲冲地走出房间，但他造成的破坏已不可挽回。雷诺的权威受到了他的军队总司令、副总理和多名部长的直接挑战，这些人现在积极地和他对抗。

由于意识到图尔很快就会成为前线，雷诺没花多大力气就说服了他的政府成员将内阁迁往波尔多。加入疏散大军之前，雷诺写了一封信给魏刚，命令他"尽可能久地守住中央高原和布列塔尼"。信中还要求："如果我们遭遇失败……（我们应该）将自己安顿好，在这个帝国内组织斗争。"[5] 雷诺写这封信的原因不得而知，他本应知道，魏刚不会遵守任何一条命令。雷诺信件的唯一实际成果是，阿尔特梅耶的第 10 集团军接到了退往雷恩的命令，得以封锁前往布列塔尼的道路。

与此同时，弗雷尔于 6 月 12—13 日夜间突然放弃了肖维诺防线，此举明显出乎屈希勒尔第 18 集团军的意料。法军前一刻还在瓦兹河上顽强战斗，下一秒就消失得无影无踪。由于没有装甲师，屈希勒尔只能用步兵追击，且首先必须在瓦兹河和诺内特河搭建多座浮桥，这给退却的法军带来了相当大的优势。法国人在某些地方的路口设置障碍以迟滞德军的追击，但由于没有火力掩护，都只是一些小麻烦。施图梅的第 40 军移动更为迅捷，因为它不需要在任何河流上架桥，6 月 13 日晚间，德国第 9 和第 87 步兵师逼近巴黎东北外围。一个摩托化反坦克单位甚至抵达了勒布尔歇机场，那里散落着废弃的法国飞机。同时，塞纳河以北只剩下零散的小股法国部队了，但到处都有法国士兵决定不顾魏刚的命令奋起抵抗。德国炮兵军官齐格弗里德·克纳佩少尉在巴黎东北方遭遇了一群武装的法国水兵，后者向德国部队开火，克纳佩和 3 名手下负伤，但此后这些水兵被消灭了。[6]

巴黎以东，图雄率领的法国第 6 集团军已支离破碎，退到了奥布河边上，赖歇瑙的德国第 6 集团军 6 个步兵师在后苦苦追赶。这一天结束时，德军前锋已经抵达塞纳河畔罗米伊（Romilly-sur-Seine），图雄不可能重组新防线了。不过，雷坎的第4集团军仍有一些部队像怒海中的岩石一样留在了埃佩尔奈附近的马恩河边，德军的攻击部队正通过其两翼。施特劳斯的第9集团军以3个步兵师威胁雷坎左翼，而德国第39（摩托化）军所辖第2装甲师的侦察营6月13日晚上已抵达其右翼背后的维特里－勒弗朗索瓦。当古德里安以4个装甲师和6个步兵师插入法国第2与第4集团军之间的缺口时，两支法国部队的联系被切断了。基希纳的德国第1装甲师最为深入，于6月14日傍晚抵达了圣迪济耶（St Dizier）。弗雷登堡麾下法国第2集团军的一些部队试图阻击古德里安的装甲兵。第12祖阿夫团（来自第3北非步兵师）的1个营在埃尔特莱韦屈埃（Heiltz-l'Eveque）村全力阻击赖因哈特第41（摩托化）军的先头部队。组织该村防御的是政治狂热分子乔治·卢斯托诺－拉科（Georges Loustaunau-Lacau）少校[①]，他拦住几辆撤退的轻型坦克和1个75毫米炮连，扩充了祖阿夫团的兵力。这个祖阿夫团的官兵成功消灭了领头的敌军侦察排，又在24个小时内挡住了多个德军纵队的进攻。[7]尽管有这样的英勇行为，弗雷登堡的第2集团军仍然被逼东移，远离了雷坎的部队。对法国陆军来说，保持连续阵地的时代已经结束了。

炮兵上将恩斯特·布施的德国第16集团军也加入攻势，沿默兹河南下，给法国第2集团军造成了更大压力。弗雷登堡依托蒙梅迪的工事，在默兹河以东建立了防御阵地，但安齐热于6月11日命令他弃守这一防区。实力强劲的第6北非步兵师守卫着通往凡尔登的道路，但弗雷登堡必须调动这支部队，以阻止左翼的瓦解，因此，他需要填补这个缺口。莫里斯·比泰尔（Maurice Burtaire）准将用要塞部队官兵组建了名为"比泰尔轻型师"的临时部队。这支部队的士兵都是超龄预备役人员，不习惯野战任务，也没有野战炮或者支援武器。比泰尔的任务是尽可能久地阻击德国第16集团军在默兹河东侧的进攻。6月13日，普雷特拉命令所有部队（除了卫戍部队）撤出马奇诺防线，加入防区内的野战军。筑垒地域中的许多官兵匆忙组成了缺乏交通工具或机动炮兵的徒步步兵师。

---

① 原文脚注：卢斯托诺－拉科1934—1938年曾在贝当手下担任参谋。1936年，他在法国陆军中组织了一个极右翼基层组织——"科维诺尔斯网络"，试图清除有同情共产党嫌疑的军官和士兵。1938年，他因反共和极端活动而被解职，后被送往军事监狱。1940年5月12日，他在军队的同谋时任巴黎军区参谋长的乔治·格鲁萨尔（Georges Groussard）的帮助下官复原职。

　　德国人很清楚，巴黎已是不设防城市，但屈希勒尔尚未从上级那里得到处理法国首都的具体指令，这是一个很大的疏忽。6月13日，他私自决定，派遣特奥·海因里希（Theo Heinrich）少校担任使者，举着白旗进入巴黎北郊。这一地区的形势很混乱，法国士兵向海因里希的使团开了火，所幸他们没有人伤亡，都安全撤出来了。屈希勒尔被法军的抵抗激怒，发誓要在次日早上以炮兵和空军攻击巴黎，但他的参谋长对他加以劝阻，认为这只是个误会。法国方面，登茨得知这一事件后，派遣第6胸甲骑兵团的安德烈·德武热（André Devouges）少校前去协商德军入城事宜。德武热在巴黎以北与格奥尔格·冯·阿佩尔（Georg von Apell）中将的德国第9步兵师先头部队会面，汉斯·布林克少校向他宣读了屈希勒尔的条件。谈判进行了不到一个小时，德武热就同意了德军的条件，并转达给了登茨。巴黎由一位少校转交给了另一位少校。[8]

　　5时30分，德国第9步兵师首批部队开进城中。几名摩托车手在前方疾驰，率先进入了市中心。巴黎如死一般寂静，没有人继续抵抗，只有少数无人守卫的路障。就在德军进城时，法军的1个营正准备出城，好在法国警察为其引路，使其在被发现前离开了巴黎，避免了一场事故。[9]城中三分之二的人都已逃离，剩下的要么躲在家中，要么目瞪口呆地看着征服者。巴黎人原以为，在宽阔的大街上能看到气势汹汹的"闪电战"，但眼前的情景并不那么壮观：步兵穿着瓦兹河战役后沾满泥污的靴子和军装，征用的骡子牵引着推车，还有一些士兵则乘坐着摩托车和少量装甲车。德军坦克没有参加巴黎入城式，所以人们看到的只有徒步步兵。8时，德军前锋已经抵达巴黎荣军院，登茨上将等在那里，准备正式交出这座城市。博克和屈希勒尔赶到城中，与登茨短暂会面，并要求他在维护城市关键设施方面予以全面协作。不久以后，德军摩托车手就沿香榭丽舍大道前进了。当天，德国的主要军事成就是将纳粹的旗帜插在了凯旋门上，然后进行了一场临时的检阅。博克心满意足地以"豪华宾馆的一顿上好早餐"款待了自己。[10]

　　屈希勒尔希望阻止巴黎发生任何迁延日久的抵抗，命令德军的广播车向公众发布消息，称"不会容忍任何示威活动，必须服从命令，对德国军人的任何攻击都将遭到死亡的惩罚"。城中没有发生任何混乱，正午之前，一些巴黎人就开始与德国人合作了。这个周五的早晨阳光明媚，但民主却在野蛮侵略者的铁蹄下消亡于巴黎城中。

第二支英国远征军来了……又走了，1940年6月12日—18日

福琼和他的第51（高地）师一部于6月12日投降后，在法英军仍有超过10万人，但只有很少数与敌接触。3支英国作战部队——博曼师、埃文斯第1装甲师的1个旅和第52（低地）师157步兵旅，都不是一个整编师——配属塞纳河下游南侧的阿尔特梅耶第10集团军：由于6月13日之前英国驻法部队没有总司令，因此指挥结构很复杂。卡斯莱克负责英国部队的行政需求，但缺乏权威，无法质疑法国最高统帅部对部队的使用方法。

博曼师只剩下2个步兵旅，几乎没有重武器，驻扎在鲁昂以南15~20公里的里勒河后。表面上，博曼的任务是全力阻止德军向诺曼底的英军后勤基地渗透。可是，博曼的6个步兵营装备质量很差，最多算一条警戒线，哪怕是1个德国步兵师他也无法阻止。而且，卡斯莱克在德军渡过塞纳河之前就已撤出了诺曼底的大部分英国后勤人员和补给，所以博曼师在里勒河上只有象征意义，表明英国打算保持在法国地面的作战力量。当曼施泰因的德国第38军成功渡过塞纳河后，博曼派出了1个旅支援法国第3军，但这支部队几乎没有参加战斗。埃文斯的第1装甲师同样只剩下2个损失极大的旅，其中1个虽靠近前线，但并没有真正加入战斗。麦克里里的第2装甲旅只剩下2个中队，一共只有15辆坦克，只被作为法国第10集团军的机动预备队，而克罗克的第3装甲旅（32辆坦克）在前线后面100多公里的地方休整。[11]

尽管不复存在的英国第12和第46步兵师仍遗留了一些步兵营，但这些部队并没有被用来补充博曼的兵力，而是撤离了。其中最大的编制——第35步兵旅——6月11日就被送回了英国，此时法国甚至还没有开始讨论停战事宜。英国人同样没有考虑将从勒阿弗尔撤离的"方舟部队"的2个步兵旅送回法国。法国领导高层深知，新抵达的英国部队不如离开的多，这对他们决定是否继续战斗起到了一定的作用。

丘吉尔对第二支英国远征军寄予厚望，布鲁克抵达后，这支部队被改名为英国第2军，它将宣示英国恪守对法国的承诺，从而增强法国人的决心。不幸的是，第二支BEF更多的是一个政治符号而非战斗部队，对欧洲大陆的战争，他们的准备还不如其前任。6月7日于瑟堡登陆后，詹姆斯·德鲁（James Drew）少将的第52（低地）师缓慢集结并向内陆移动；一周后，3个旅中只

有 1 个到达前线。6 月 13 日，第 52（低地）师大部仍集中在勒芒附近。卡斯莱克对该师的 TA 人员在出发前接受的武器训练如此之少感到吃惊，特别是反坦克炮手的训练。和所有派到法国的英国 TA 师一样，第 52（低地）师需要数周的密集训练才能部署到前线，但事态变化太快了。6 月 9 日，第 157 步兵旅乘火车抵达卡斯莱克勒芒总部附近的拉于特（La Hutte）。两天后，该旅奉命独自加入莱昂·德拉·洛朗西的法国第 3 军，该军正在塞纳河以南重组。在法军总撤退开始之前，第 157 步兵旅只与曼施泰因的第 38 军短暂交锋过。

安德鲁·麦克诺顿少将的加拿大第 1 师先头旅于 6 月 12 日开始在布列斯特登岸，次日乘火车前往勒芒以西的集结区。第二个旅原定于 6 月 14 日抵达布列斯特。加拿大部队匆忙完成了基本训练，在前往法国前才仓促地得到装备。英国第 52（低地）师和加拿大第 1 师都是逐步抵达法国的，这两支部队中的 6 个旅只有 1 个经历过实战。即便这 2 个师能够完整、及时地抵达前线，也缺乏凝聚力和经验，难以抵挡敌军的真正攻击。还在英格兰的时候，麦克诺顿就接到了布鲁克的书面作战指令："重新组建的 BEF 之政治目标是展示大英帝国竭尽全力援助盟友的决心，为法国政府提供道义上的支持。"出发前的命令表明，第 2 军将集结于距离前线超过 200 公里的雷恩附近。[12] 这种部署计划说明，从一开始，英国第 2 军的意图就是与残存的法军一起建立布列塔尼堡垒，而不是试图抵抗德军对塞纳河沿线的进攻。由于法国 GQG 和英国战争部评估，守住这个堡垒区需要至少 10 个整师的兵力，所以第二支 BEF 也不过是临时、象征性的实体。

6 月 13 日，皇家空军的 AASF 仍有 5 个"飓风"中队集中在勒芒附近，此外还有 6 个费尔雷"战斗"中队，但这些部队不足以挑战德国空军在法国领空的控制权。6 月 5 日—14 日，AASF 的战斗机中队损失了 35 架"飓风"和 13 名飞行员，击落 14 架敌方战斗机。在空战损失超过对手 2 倍的情况下，RAF 不可能坚持太久。驻法空军指挥官、空军中将阿瑟·S.巴勒特（Arthur S. Barratt）认为，他的部队无法承受这样的损失。轰炸机司令部每天从英格兰出动"布伦海姆"轰炸机，在法国上空执行昼间战术任务，同样遭受沉重损失却无力阻止德国摩托化纵队的进攻。1940 年的战场遮断攻击通常只是临时手段，对破坏德军战术节奏起不了多大作用。直到 1943—1944 年，RAF 才拥有必要的战术和飞机，实施迫使德军在白天远离公路的战场遮断任务。

6月13日下午，负责指挥驻法英国部队的布鲁克终于抵达勒芒。他在英国拖延了一周多的时间，才带着一名参谋来到法国，并把后者留在了风景如画的海滨城市圣马洛。到勒芒以后，布鲁克草率地解除了卡斯莱克的职务，并让他返回英国。然后，他决定开车前往穆盖城堡面见魏刚，但这位法军总司令直到次日早上才会见他。8时30分，两人讨论了英国第2军的作用。魏刚再次总结了目前的军事行动，他的确显得很悲观，但不太可能像布鲁克所称的那样，说出"有组织的抵抗已经结束"之类的话。[13] 布鲁克没有前往战情室观看当前作战形势图，而是仅凭魏刚的口头通报评估法军的情况。虽然魏刚同意布鲁克的第2军在雷恩附近集中，但他要求阿尔特梅耶第10集团军中的3个英国旅仍归法军指挥。魏刚不愿意让英国部队撤出前线，表明抵抗尚未结束。可是，布鲁克却以这次会面的谈话为由，声称他已不受法国人的指挥，第二支BEF因此也没有实际价值了。任何诚实正直的军官都知道这一决策实际上结束了英法在法国的军事合作，如此重大的决定需要某种书面授权，而不仅仅是口头批准。

尽管如此，布鲁克还是返回了勒芒的指挥部，开始主动采取行动。他首先解散了两个英国高级联络小组（驻GQG的霍华德·维斯小组和驻乔治司令部的斯韦恩小组）并将他们送回了家，这实际上切断了两个盟国之间的联系。而且，终止英国联络小组的活动使魏刚更难阻止布鲁克的下一步行动——于16时致电迪尔上将，要求他停止向法国派出更多部队，包括应该很快抵达布列斯特的第二支加拿大部队。布鲁克让迪尔确信，法国战役已经结束，第二支BEF已经不受法国人的指挥，战争部应该尽快安排剩下的英军部队撤离。迪尔说，他将在下一次内阁会议上提出这些建议。

挂断迪尔的电话后，布鲁克开始向驻法英军部队下达命令。他命令在勒芒的第52（低地）师退到瑟堡，以便立即重新登船返回英国，而加拿大第1步兵旅返回布列斯特。英军运输部队将从圣马洛、布列斯特、圣纳泽尔、南特和拉帕利斯（La Pallice）撤离。勒芒的7000名英军官兵奉命立刻撤出，这意味着放弃大量物资和给养。不过，布鲁克要从阿尔特梅耶的第10集团军中抽走英国部队没有那么简单，特别是在魏刚还没有同意的情况下。布鲁克与驻阿尔特梅耶指挥部的英国联络小组组长詹姆斯·马歇尔-康沃尔爵士（中将军衔）

取得联系，他让爵士直接指挥第 10 集团军防区内的所有英军部队到瑟堡港准备登船。布鲁克将这个独立集群称为"诺曼部队"。6 月 14 日，阿尔特梅耶的集团军没有遭受很大的压力，仍在对曼施泰因的部队实施局部反攻。阿尔特梅耶并没有接到英军部队将要脱离指挥的通知，但德拉·洛朗西很快注意到，英国第 157 步兵旅未经批准便开始撤退，他要求对方解释，但没有收到任何回应。

当丘吉尔从迪尔那里得知布鲁克要求撤走第 52（低地）师时，他要求在 20 时左右与布鲁克直接对话。迪尔先向布鲁克询问了第 52（低地）师的动向，然后告诉他，首相希望他动用所有部队支援阿尔特梅耶集团军。布鲁克无礼地回应道："他究竟想搞什么鬼？"随后，丘吉尔的电话就打过来了，布鲁克在日记中写道："他问我对第 52 师做了什么，听到我的回答后，他说这不是他希望的。我被派到法国，是为了让法国人觉得我们在支持他们。我的回答是，死尸不可能有感觉，法国陆军已经彻底灭亡，不可能记得我们所做的一切……"[14] 最终，布鲁克的不断规劝使丘吉尔接受了第二支 BEF 已处于危险、应该撤离的观点。电话的最后，布鲁克不仅使自己摆脱了法国人的控制，连英国人都已无法指挥他了。夜里，布鲁克亲自命令马歇尔 – 康沃尔，让他尽快将诺曼部队调往瑟堡。[15]

布鲁克是否与空军中将巴勒特协调不得而知，但 6 月 14 日下午，巴勒特命令所有费尔雷"战斗"轰炸机中队返回英国。后来他又将战斗机中队转移到了南特地区，以便保护撤往圣纳泽尔的部队。6 月 14 日晚上，英军彻底结束了在法国的战斗任务，但法国陆军仍在抵抗。

次日（6 月 15 日），魏刚得知第二支 BEF 正在撤往港口，RAF 也在退出战斗，不禁勃然大怒。10 时，丘吉尔的内阁终于知道，法国"死尸"实际上还是有感觉的；魏刚说，他并没有放走布鲁克的部队，迪尔关于 BEF 现在独立行动的消息是"不可接受的"。迪尔称，他看到了法国"将要停止战斗"的迹象，但哈利法克斯说："我们的撤退可能引发法国的强烈政治反应，而那正是我们希望避免的。"[16] 面对既成事实，内阁只得批准第二支 BEF 撤离，这被称为"阿里尔行动"。从 1940 年 6 月的英国内阁会议记录看，在布鲁克决定下令所有部队开往海岸前，丘吉尔和内阁大臣们明显没有讨论或者批准过第二支

BEF 撤离。根据法国的反应也可以明显看出，法国政府在英国空中和地面部队开始撤退前没有得到通知，这显然违反了"做出重大决策之前相互通知"的要求。从布鲁克在日记中的评论和他在地面上实施的行动看，从登上法国领土时起，他就违背了丘吉尔赋予他的使命，并为尽快终结这项任务采取了一切必要手段（包括谎言）。破坏英法军事联盟的不是某位军级指挥官，而是布鲁克。此外，布鲁克也在雷诺的棺材上打下了最后一根钉子，雷诺一心与英国结盟，但 BEF 和 RAF 的突然撤退为魏刚和贝当提供了借口，这两人借机不断地发表"英国人不可信"的诽谤之辞。

6 月 15 日，英军各部队开往指定港口，乘坐前来接应的商船返回英国。"诺曼部队"特别幸运，霍特的装甲兵（包括隆美尔的第 7 装甲师）在圣瓦勒里投降后得到了 4 天的休整时间，因此没有任何德军坦克追击它们。撤退期间，所有英军部队都没有受到敌军的重压。布鲁克很快将指挥部从勒芒迁到了雷恩附近的维特里镇。撤退命令的突然性以及指挥部迅速逃往出发港口，给这次行动增添了恐慌的情绪。

6 月 15 日 12 时 30 分，丘吉尔打电话给身在维特里的布鲁克，告诉他第 52（低地）师不应该撤离，因为这将给法国人带来严重的麻烦。丘吉尔不希望第二支 BEF 的撤退成为一场溃败，至少要在瑟堡等港口和布列塔尼附近实施断后行动。深夜，丘吉尔再次给布鲁克打电话，告诉他在法国陆军明显瓦解之前，归属法国第 10 集团军的英国部队不能单独撤退，但为时已晚——"诺曼部队"已在开往瑟堡的途中了。丘吉尔试图阻止或者更改撤退行动的事实进一步证明，布鲁克已严重越权。布鲁克原本同意以第 52（低地）师一部，在瑟堡外围建立阻击阵地，但此时第 52（低地）师各部队已开始在瑟堡登船了，他也没有按照丘吉尔的希望，采取措施将部队集中于雷恩附近。英法领导人都失去了对军队的控制，只能由他们自己决定自己的命运，这确实令人吃惊。

实际上，至少在 6 月 16 日霍特的装甲兵渡过莱茵河下游之前，阿尔特梅耶的第 10 集团军很好地掩护了英军向海峡港口撤退的行动——阿尔特梅耶仅用 8 个消耗极大的师，在短时间里坚守了从卡昂到阿朗松（Alençon）的防线。"诺曼部队"的离开虽然算不上是场灾难，但使已受重创的法军部队必须守卫更宽的防区。RAF 的撤离同样使寡不敌众的法国空军更加困难。布鲁克下达撤退命令后，AASF 的"飓风"中队便只在撤离港口上空进行防御性的巡逻了。德国空军于 6 月 15—16 日夜间出动 7 架 Ju-88 轰炸了瑟堡，但没有造成严重破坏。

"阿里尔行动"于 6 月 17 日正式开始，第 52（低地）师、第 1 装甲师和诺曼部队的 3 万多名官兵于瑟堡登船；加拿大第 1 师各部从圣马洛撤离，其他部队前往布列斯特。菲利普·德方布兰克（Philip de Fonblanque）少将此时负责撤退的后勤工作，他下达了一个愚蠢的命令——摧毁所有火炮和车辆。这是因为他错误地认为，德军将很快抵港，他没有时间装运重型装备。一个加拿大野战炮团设法保住了 25 磅炮，但被迫抛弃了所有牵引车。第 52（低地）师同样将许多装备丢在了法国。第 1 装甲师通过铁路将大部分剩余的坦克运到瑟堡，但列车停错了站，落入德军之手。英军放弃了大量装备、库存和弹药，并将燃料仓库付之一炬。如果有正确的引导，第二支 BEF 本可带着武器、完好无损地回到英国，而不是成为又一群需要重整装备的难民。

6 月 15 日—16 日，共有约 6 万名英国军事人员撤离，且没有遇到敌军的严重干扰。大批盟国船只（包括 5 艘英国客轮和 2 艘波兰客轮）集中到卢瓦尔河口，接应前往圣纳泽尔和南特的 RAF 和陆军支援人员。6 月 17 日早晨，成千上万的军事人员在这两个港口陆续登船，第 1 中队的"飓风"战斗机负责提供空中掩护。13 时 50 分，德国第 30 轰炸机联队第 3 大队（III./KG 30）的一群 Ju-88 轰炸机向英军发动攻击，一枚炸弹击中了英国的 2 万吨客轮"奥龙赛"号。"飓风"战斗机击伤了 1 架 Ju-88，但巡逻飞行无法有效地掩护一个很大的区域，德国空军飞行员继续寻找最显眼的船只。1.62 万吨的英国客轮"兰开斯特里亚"号刚刚完成了人员登船作业，正在等待离港，15 时 48 分，III./KG 30 的 14 架 Ju-88 就对它实施了攻击。为了在每次航程中撤出尽可能多的人，"兰开斯特里亚"号严重超载——搭乘了约 5800 人。很快，炸弹便接二连三地命中了它，其中一枚炸弹掉进了它的烟囱里。遭受重创的客轮船身倾斜，不到 20 分钟就沉没在了燃烧的油料中。据说，一些德国 Ju-88 轰炸机俯冲下来扫射水中的幸存者。其他盟国船只（包括 1 艘法国驱逐舰）救起了 2447 名落水幸存者，但据估计，"兰开斯特里亚"号上有 3400 人遇难。已知的死者中包括 1250 名陆军人员、239 名 RAF 人员和 65 名商船船员。[17]

虽然损失了"兰开斯特里亚"号，但在断后部队于 6 月 18 日早上撤离前，英国人还是努力从圣纳泽尔和南特撤出了大批官兵。布鲁克是在"兰开斯特里亚"号沉没后登船的，此时，RAF 在法国残存的"飓风"战斗机已全部飞回英格兰，而所有无法作战的飞机都被摧毁了。外交官和波兰流亡政府成员于 6 月 19 日—20 日从波尔多撤离，小规模的撤离行动继续在法国南部的其他几个港口进行，直到 6 月 25 日。

"阿里尔行动"成功地撤出了 191870 人，包括 144171 名英国人、24352 名波兰人、18246 名法国人、4938 名捷克人和 163 名比利时人。[18] 许多装备和库存物资留在了法国。撤回英国的大部分车辆和火炮来自加拿大第 1 步兵师和第 52（低地）师，因为这些物资在布鲁克发布撤退命令时还没有卸下船。当布鲁克回到伦敦时，迪尔斥责他"丢掉了太多有价值的物资"，但他的不服从行为很快就被掩盖了。[19]

退往卢瓦尔河，6 月 15 日—17 日

巴黎陷落后，希特勒发布了第 15 号元首令，为德军在法国的最后行动提供了简明的指导。博克的 B 集团军群将从塞纳河追击法国第 3 集团军群，阻止其建立新防线；伦德施泰特的 A 集团军群和李布的 C 集团军群将联手包围和消灭法国第 2 集团军群。希特勒主要担心的是法国陆军可能南逃到北非。德国空军接到了"粉碎港口"，使法军无法从海路撤离的命令。

当英国部队撤往出发港口时，法国第 3 和第 4 集团军群各部队试图朝着诺曼底和卢瓦尔河且战且退。在英吉利海峡沿岸，阿尔特梅耶的第 10 集团军在塞纳河下游后退了 60~70 公里，6 月 15 日，他们以迪富尔集群、第 3 军和残存的骑兵军，组成了一条从卡昂到阿朗松的防线。阿尔特梅耶共有 6 个师，其中 3 个实际上已沦为团级规模的战斗群。最初，克卢格的德国第 4 集团军只动用第 2 军和第 38 军的步兵追击阿尔特梅耶，使法军在这一区域得到了短暂的喘息机会。不过，霍特的第 15 摩托化军于 6 月 16 日重新活跃起来，渡过了塞纳河，第 5 和第 7 装甲师均向阿朗松开进。6 月 17 日早上，霍特的装甲兵发动进攻，迅速打垮了迪富尔集群，在西进路上没有遭到什么大的抵抗。隆美尔的第 7 装甲师进入科唐坦半岛，直取瑟堡，而莱梅尔森的第 5 装甲师向着雷恩和布列塔尼急进。法国第 10 集团军大部都被德军绕过，阿尔特梅耶的防线支离破碎。

埃林的"巴黎集团军"慢慢退往图尔，德国第8和第10军的4个步兵师对其紧追不舍。纸面上，埃林有5个师（包括第2和第4装甲师），但只有第84非洲步兵师作战效能较高。法国坦克在退却中遭遇严重的机械故障，甚至小小的问题也可能导致坦克被丢弃。和阿尔特梅耶一样，埃林也很幸运，敌军在他的防区内没有坦克部队，巴黎也分散了施特劳斯第9集团军的注意力。弗雷尔的第7集团军以更快的速度退往奥尔良，将追击的赖歇瑙第6集团军大部甩在了后面。弗雷尔的集团军是残兵败将的大杂烩，他急于将部队带到卢瓦尔河后面，因为这条大河是极好的屏障。他本希望至少可以用火车运送一些部队，却被迫使用自己的资源调动全军，大部分官兵只能步行。到6月16日下午，弗雷尔成功让超过半数的部队渡过了卢瓦尔河，但还是有好几支部队（如第16步兵师）落在后面，被追击的德军切断了。然而，弗雷尔没有为渡口提供充足的安全措施，6月16日下午，德国第33步兵师在卢瓦尔河奥尔良段夺取了一座完好的桥梁。6月17日早上，德国第9装甲师侦察营也在讷韦尔夺取了卢瓦尔河上的一座桥。负责该防区的法国第4集团军土崩瓦解，就这样，法军最后一个真正的防御屏障在一天之内便丢失了。而弗雷尔命令他的集团军继续后撤。

6月15日，图雄的法国第6集团军在前往卢瓦尔河途中，于约讷河后的一个临时阵地暂歇，以便让落后的徒步步兵有机会赶上来。法国第41步兵师打算从约讷河畔桥村（Pont-sur-Yonne）渡河，但战友们还在过河时，法国工兵就过早地炸毁了这座桥，使该师不得不更换渡河地点。法国第17军在约讷河畔桥村部署了一支混编部队以守卫渡口，包括第1装甲师的9辆坦克以及第4轻机械化师和第72师属侦察大队的一些装甲车。下午，德国第1山地师先头部队抵达河边，第18军军长赫尔曼·利特尔·冯·施佩克（Hermann Ritter von Speck）中将亲临河边勘察。躲在河边房子里的一名法国士兵（可能来自第72师属侦察大队）发现了这群德国军官，便用他的FM轻机枪射击他们。施佩克胸部中弹，不治身亡，他是二战中首位死于战斗中的德国将官。[20]

德军很快从桑斯渡过了约讷河，迫使图雄继续退却。但必须注意的是，6月16日，贝松的法国第3集团军群大部仍在抵抗，其战线仍维持着一定的连续性。6月17日之前，德军一直未能在贝松的防线上撕开较大的缺口，而在三天前，布鲁克就错误地声称法军不再进行有组织的抵抗，防线已瓦解。不过，当霍特的装甲兵突破法国第 10 集团军防线、维特斯海姆的第 14（摩托化）军抵达讷韦尔时，法国第 3 集团军群就迅速溃散了。6 月 17 日，图雄集团军混乱无序地退却。法军并不知道，德国装甲兵前锋极度缺乏燃油，只能依靠德国空军的空投和意外夺取的法国燃油库继续前进；第 3 装甲师在圣弗洛朗坦（St Florentin）夺取了一个库存超过 5000 吨的汽油库。[21]

安齐热的法国第 4 集团军群的形势远比其他部队严峻，6 月 15 日—16 日，该集团军群就迅速瓦解了。弗雷登堡的第 2 集团军被古德里安的第 39（摩托化）军和第 41（摩托化）军切成两段，后者快速越过圣迪济耶南进绍蒙，随后进逼第戎（Dijon）。基希纳的德国第 1 装甲师于 6 月 15 日清晨夺取朗格勒（Langres），抓获了 3000 名战俘。古德里安也很快抵达朗格勒，随即指挥部队将马奇诺防线上的普雷特拉第 2 集团军群彻底孤立。古德里安的装甲兵快速展开，再次让伦德施泰特指挥部陷入了忧虑中，但这一次 OKH 和希特勒都没有对停止前进的命令或其他限制表示支持。伦德施泰特努力地想让第 39 军放慢脚步，但古德里安不顾一切，命令 4 个师从朗格勒展开：第 1 装甲师南进贝桑松（Besançon），第 20（摩托化）步兵师东进沃苏勒（Vesoul），第 2 装甲师及第 29（摩托化）步兵师则开往东南方的第戎。[22]法军对古德里安装甲兵的抵抗微不足道，后者的推进速度比此前挺进英吉利海峡时还要快得多。基希纳的第 1 装甲师于 6 月 16 日占领贝桑松。次日，蓬塔利耶（Pontarlier）陷落，德国第 1 摩托车步枪营抵达瑞士边境，阿尔萨斯和洛林的法军被孤立。就连希特勒都对这种推进速度感到吃惊，这次古德里安的坦克兵取得的胜利，是现代战争中最引人注目的胜利之一。

法国第 18 军（包括第 3 装甲师）试图沿塞纳河南逃，但德国装甲兵已经越过该军两翼，有被包围的危险。第 3 北非步兵师祖阿夫团的列兵古斯塔夫·福尔谢（Gustave Folcher）发现，他的部队被围在了一片玉米地里："我的视线越过不太高的玉米林，看到一些德国兵手持步枪或自动手枪列队前进，就像在捕猎野兔。"古斯塔夫和一名战友试图躲避，但很快就被抓住了。他注意到，其所在连队的 160 人中，有 125 人在过去的两天内死亡或者失踪。[23]雷坎的法国第 4 集团军大部遭到维特斯海姆第 14（摩托化）军和霍普纳第 16（摩托化）军的无情碾压，于 6 月 15 日—16 日溃散了。6 月 16 日日终时分，雷坎已没有任何紧密结合的战斗部队了，安齐热的防线上出现了一个无法封堵的巨大缺口。

弗雷登堡的法国第 2 集团军左翼（由第 21 军和殖民地军组成）在退往默兹河的时候，努力保持垂直侧翼，以避免遭到包围。默兹河东侧，比泰尔临时组成的师竭尽全力，尽可能久地阻挡着德国第 16 集团军下辖第 41 军的进攻。6 月 14 日，比泰尔在凡尔登东北方的伯宗沃（Bezonvaux）村打了一场历时 9 个小时的阻击战，对手是德国第 71 步兵师的先头团。德军拥有优势巨大的炮兵支援，比泰尔的唯一帮手是杜奥蒙要塞（Fort Douamont）的 75 毫米炮塔，它不断开火，但收效甚微。德国第 71 步兵师共有 112 人伤亡，而比泰尔损失了近 1000 人，其中大部分被俘。击溃比泰尔在伯宗沃的部队后，德国第 211 步兵团于 6 月 15 日早晨突袭了沃堡和杜奥蒙要塞，从法国第 132 要塞步兵团手中夺取了这两处阵地；这次行动中，德军仅有 8 人死亡，25 人受伤。哈尔德和 OKH 的其他人得知凡尔登陷落后狂喜不已，因为对于曾在一战中与法国陆军对垒过的人来说，这象征着法国的崩溃。[24] 凡尔登失守后，德国第 16 集团军继续对法国第 2 集团军步步紧逼，使后者无法组成新的防线。6 月 17 日，德国第 169 步兵师占领梅斯，那里曾是法国第 3 集团军司令部所在地。

到 6 月 15 日，法国空军只能独自在法国的心脏地带对抗德国空军，还必须将一些中队派往法国南部，抵抗意大利军队的空袭。随着法国陆军的后撤，AdA 也被迫放弃基地退却，这破坏了地勤人员为剩余飞机实施维修服务的能力。不断退却严重干扰了 AdA 的行动节奏，但它仍在 6 月 15 日出动了大约 120 架次战斗机和 40 架次轰炸机。这个阶段战役的重点是：为卢瓦尔河上的桥梁提供空中掩护，攻击追赶法军的德国装甲纵队。在 AdA 实施的最后一次重要战场遮断攻击中，第 54 攻击机大队第 1 和第 2 中队（GBA I/54，GBA II/54）的 20 架布雷盖 693 轻型轰炸机在特鲁瓦（Troyes）附近成功袭击了德国第 4 装甲师的一个纵队，德国空军未能拦截这次攻击。不过，6 月 16 日，AdA 出动的战斗机不到 80 架次，轰炸机更是少之又少，因为残存的中队都迁移到波尔多或者靠近西班牙的基地（如佩皮尼昂和卡尔卡松）去了。6 月 17 日，AdA 派去与德军交战的飞机不到 50 架次。6 月 15 日—17 日，AdA 在战斗中至少损失了 11 架战斗机和 7 架轰炸机，战果是击落了 7 架德国轰炸机和一些侦察机。整个法国空军中，士气和为祖国而战的情绪仍然高涨，尽管资源越来越缺乏，但法国飞行员依然饱含激情地投入空战。6月17日，贝当政府宣布了寻求停战的打算，许多 AdA 部队立刻自发地开始迁往北非。

选择，6月15日—19日

法国陆军且战且退之际，雷诺内阁及高级军事顾问中的一个小集团正在密谋破坏其在北非继续作战的意图。魏刚和贝当已设法将雷诺的 3 个部长（卡米耶·肖当、保罗·博杜安和让·伊巴涅加雷）及海军上将达尔朗聚集到他们旗下，努力推动停战。乔治·曼德尔、塞萨尔·坎平基（César Campinchi，海军部长）、路易斯·马兰（Louis Marin，国务部长）和戴高乐则支持在北非战斗。法国驻北非部队指挥官夏尔-奥古斯特·诺盖斯（Charles-Auguste Nogues）上将也强烈支持将战争继续下去。但是，其余 18 位部长和内阁成员态度暧昧，不愿意公开支持任何一种行动方案。而在波尔多的其他一些政治人物（如皮埃尔·拉瓦尔）看到了建立新政府的机会，如果以贝当这样的人作为名义领袖，他们就有可能加官晋爵。

6月14日深夜到15日凌晨,法国政府(包括200名国会议员和各部门官员)在波尔多落脚。雷诺通知戴高乐，他打算在阿尔及利亚继续这场战争，并要求这位将军前往伦敦寻求英国的援助，以将部队和物资调往北非。雷诺还要求海军上将达尔朗做好将舰队开往北非的准备。6月15日15时，雷诺与魏刚会面讨论军事形势。雷诺告诉魏刚，他希望后者要求德国立即在法国停火，而不是进行停战谈判，以便将政府和剩下的军队迁往北非。如果他只准许交战部队投降，德国人就无法将任何条件强加于法国流亡政府。可是，魏刚拒绝服从这一命令。雷诺问他，法国军队在停火状态下和停战协议规定下投降有何差别？对此，魏刚只是一再强调自己的"荣誉感"。一个小时以后，雷诺召集内阁开会，希望寻求对在北非继续作战的支持，但被肖当的政治手段打败了，后者呼吁内阁投票表决是否询问德国的停战条件。投票结果出乎意料，以 6 比 13 落败的雷诺威胁说要辞职，但显得犹豫。

真正的问题（一直没有得到澄清）是如果法国政府迁往北非，魏刚将留下来处理投降事宜,而诺盖可能成为新的总司令。同样,支持停战的内阁成员(包括贝当)很快就会被排除在外，由主战派政治家取代。如果雷诺去往北非，第三共和国可能得救，否则，共和国将被新的政治结构终结。即便国家危亡，也总有人自私地将个人利益放在第一位，只看得到自己的一线希望。为了压制英国可能提供进一步帮助的新观点，魏刚以讽刺的口吻告诉内阁成员们，"只需要三周，英国就会像小鸡一样被拧断脖子"[25]。魏刚和他的政治阴谋集团为了寻求停战协定，不仅要让法国退出战争，还想结束第二次世界大战。在他们看来，盟国的失败将给自己带来胜利。

6月15日夜里到16日凌晨，雷诺又遭受了两次心理上的打击。首先是罗斯福总统了无新意的回复：美国赞同盟国的目标，将继续向其出售军事装备，但没有国会的授权不能宣战。尽管美国军事干预从一开始就是幻想，这一回复也足以毁掉雷诺的决心。当雷诺发电报给丘吉尔，确认英国是否会允许法国违背承诺，单独媾和时，他遭到了第二次心理打击；雷诺料想丘吉尔将会拒绝停战协议，这将给肖当及其阴谋集团造成麻烦。但令雷诺吃惊的是，丘吉尔在午夜后回复："国王陛下的政府完全同意法国政府研究确定本国的停战条件。"不过有一条重要的警告——"唯一的条件是，谈判期间法国舰队应立刻开往英国港口"[26]。雷诺无意将法国舰队交给英国。然而，当丘吉尔此后提议建立一个法英联盟时，雷诺急切地抓住了这根救命稻草。

可是，当雷诺次日向内阁提出法英联盟的想法时，阁员们以沉默相对。没有人支持他的提议，所以这一想法只能搁置。雷诺灰心丧气，很明显，他既不能控制军队的总司令，也无法领导内阁。有关停战问题的又一次投票仍以雷诺失败告终，6月16日晚上，他终于精神崩溃，宣布辞职了。23时左右，政治上无足轻重的阿尔贝·勒布伦总统在内阁的操纵下，要求贝当组建新政府。贝当对挽救法国的失败毫无贡献，却在巩固政权、惩罚政敌方面行动迅速。贝当为新政府选择的前两位成员是肖当和皮埃尔·拉瓦尔，接着是出任国防部部长的魏刚。乔治·曼德尔遭到逮捕，不久，雷诺的逮捕令也签发了。戴高乐很幸运，他刚从伦敦返回，处于政治风暴的外围。

贝当政府毫不迟疑，6月17日清早便通过西班牙中间人向德国请求停战。12时30分，贝当向全国发表讲话："我怀着沉重的心情于今日告诉全体国民，必须停止战斗。"法军将士和飞行员听到停战的消息后无不感到愤怒和震惊。几乎没有人预料到政府会就这样退出战争。魏刚危言耸听的国内混乱和暴动言论并未撼动第三共和国，令其倾覆的是一场以拯救国家为幌子的宫廷政变。

由于贝当政权很快就会签发逮捕令，戴高乐别无选择，只能于6月17日早上与斯皮尔斯同机离开波尔多。他还安排家人乘坐离开布列斯特的最后一班民船，逃出了贝当的魔爪。抵达伦敦后，戴高乐没有真正的身份——他不再是法国政府一员，也不是一支即将投降军队中的年轻军官。尽管如此，戴高乐并没有接受失败，他立志要继续与德国作战，直到有一天法国得到解放。这也就意味着，他需要英国人的支持。戴高乐联系了英国情报大臣达夫·库珀（Duff Cooper），打算通过BBC呼吁法国同胞共同抵抗。库珀向内阁转达了这一请求，令人吃惊的是，这一想法受到了冷遇：

> 战争内阁一致同意，虽然绝不反对这次广播的主旨，但目前的情况下，只要法国现政府仍有可能以符合盟国利益的方式行事，让戴高乐将军这样不受现政府欢迎的人发表广播讲话，就是不合时宜的。[27]

英国战争内阁更感兴趣的是将法国舰队撤往英国港口，他们不希望因允许戴高乐发表广播讲话而冒犯贝当。而且，内阁仍在要求法国将400名被俘德国空军机组人员转往英国。但是，库珀最终说服了丘吉尔，使他相信了让戴高乐发表讲话有一定的价值。6月18日19时，戴高乐在BBC发表了两分钟的讲话，他说："法国并没有失败，今天，我们被机械化部队撕得粉碎；未来，我们将用更强大的机械化部队取得胜利。"他恳求法国军事人员和熟练工人团结起来，使"法国的抵抗火焰……永不熄灭"。没有多少同胞听到戴高乐的广播讲话，四天后，讲话又重播了一次。最初，响应戴高乐呼吁的法国士兵及飞行员很少，但这是"自由法国"的开端，戴高乐对法国部队参与解放祖国的预言也终将实现。在一周的时间里，戴高乐每晚10时都在BBC发表讲话，鼓励法国海陆空三军将士继续战斗。

雷诺狼狈下台后，丘吉尔希望乔治·曼德尔能领导一个法国流亡政府，但没有如愿。曼德尔逃脱了软禁，6月21日，他与几名法国政治家一起从海上前往摩洛哥。可是，贝当政府很快得到了法国海外军事指挥官们的效忠，巩固了权力基础，因此曼德尔无法在北非组织任何有力的抵抗运动。尽管除了反对与德国合作外没有任何过失，曼德尔仍于1941年被捕，1944年被维希政权处决。

C集团军群发动进攻，6月14日—21日

从"黄色方案"开始时起，威廉·里特尔·冯·李布大将的德国C集团军群就只参与了对马奇诺防线上法国军队的牵制行动。面对马奇诺防线的许多德国师都由年纪较大的预备役人员组成，装备的武器也是过时的，因此OKH不愿意将其投入战斗。而此前C集团军群对马奇诺防线的多次试探性攻击也都被击退，伤亡颇大。不过，在"红色方案"成功破坏了法军中路战线的稳定，法军被迫从马奇诺防线调走越来越多的部队后，OKH意识到，李布的部队为战胜法国出力的时机到了。第15号元首令要求李布摧毁马奇诺防线。C集团军群直接攻击马奇诺防线，有助于伦德施泰特的A集团军群实施侧翼攻击行动，法军将在德军的钳形攻势下崩溃。而且，OKH希望试验突破筑垒防线的战术，以利未来的战役。李布计划分两个阶段突破马奇诺防线上的法军阵地。在第一阶段，埃尔温·冯·维茨莱本大将的第1集团军将于萨尔缺口向夏尔－马里·孔代上将的法国第3集团军发动进攻，行动代号为"老虎"；第二阶段，炮兵上将弗里德里希·多尔曼（Friedrich Dollman）的第7集团军将渡过莱茵河，行动代号为"小熊"（Kleiner Bar）。

由于种种原因，马奇诺防线上的福尔克蒙筑垒地域（SFF，Secteur Fortifié de Faulquemont）和罗尔巴赫筑垒地域（SFR，Secteur Fortifié de Rohrbach）之间有一个宽度为37公里的缺口，被称作"萨尔缺口"。形成这个缺口的主要原因是该地区地下水位很高，无法像马奇诺防线的其他部分那样修筑大型碉堡。作为替代，法军修建了萨尔筑垒地域（SFS，Secteur Fortifié de la Sarre）来掩护这个缺口，但1938年，SFF只有一个小型防御工事（上普里耶工事）。SFS的守军是1.76万名现役军人，分为12个步兵营和2个炮兵团。第一条防线由6个据点组成，每个据点有2~6个碉堡，其中至少1个有75毫米炮。法军还利用这里的高水位，建立了阻碍战术性调动的洪涝区。从战争开始到"红色方案"启动前，法军一直将第20军的2个步兵师部署在这里，为SFS提供支援。当魏刚下达撤退命令时，大部分要塞部队抽离了防御工事，只留下一支掩护部队守卫

SFF、SFS 和 SFR。路易斯·于贝尔中将的第 20 军将第 1 波兰师、第 52 波兰师及第 20 战斗坦克营（R35 坦克）部署在 SFS 后的第二道防线上。孔代的第 3 集团军只想在萨尔缺口实施阻击行动，大多数部队将撤往南锡。

为了实施"老虎"行动，维茨莱本决定将他的主攻方向放在萨尔格米讷以西，以第 12 和第 30 军的 4 个步兵师打击法军的 3 个要塞团——驻守 SFF 的第 69 要塞步兵机枪团（RMIF）和第 82 要塞步兵团以及 SFS 的第 174 要塞步兵团。德国第 24 军和第 37 军将以 3 个步兵师实施助攻，打击 SFS 的法国第 41 和第 51 殖民地步兵机枪团（RMIC）。这些德国步兵是一个大杂烩，第 60 步兵师是波兰战役后由纳粹褐衫军（冲锋队）和但泽民兵组建而成的，其他 5 个步兵师都由战斗经验极少（甚至完全没有）的预备役人员组成。德国第 1 集团军因为这次攻势而得到了大量重炮，包括 16 门铁道炮，但没有任何装甲或摩托化部队。埃里希·海涅曼（Erich Heinemann）中将的第 302 高级炮兵指挥部（HArko 302）负责炮兵的指挥，主要的火力来自 18 门 210 毫米臼炮和80 门 150 毫米榴弹炮。第 5 航空军提供空中支援。

6 月 14 日 7 时 30 分，德国第 1 集团军炮兵部队以 90 分钟的炮火轰炸，打击 SFF 和 SFS 第一道防线的法国部队。第 5 航空军也贡献了一些"斯图卡"。德军的炮轰声势浩大，但并不精准，他们很快就将此归咎于地面的雾气。可是，法军防御阵地是固定的，德军经过多日的观察，攻击时机也是由他们自行选择的，因此，他们完全可以推迟到雾气消散再进攻。二战中，德国国防军经常将行动失败归咎于自然现象（如大雾、泥泞、寒冷的天气），而不肯承认计划的不周。效果不佳的弹幕射击后，德国步兵开始行动。法军的碉堡位于尼德河后，这条河是个很小的障碍。德国第 30 军的战区内，第 93 和第 58 步兵师的 4 个步兵团倾巢而出，但不仅没能撼动法国第 69 要塞步兵机枪团，还在法军炮兵和机枪火力打击下损失惨重。德国第 12 军（第 75 和第 268 步兵师）以反坦克炮直瞄打击的方式，摧毁了一些法军碉堡并夺占了阵地。镇守这一地区的法国第 174 要塞步兵机枪团伤亡超过 500 人。德国第 37 军的助攻进展不大。尽管法军的撤退命令大大削弱了萨尔缺口的防御，但 5 个法国要塞团经过努力，守住了大部分阵地，杀伤了大量德军。德国第 1 集团军在"老虎"行动首日就有超过 1000 人阵亡，还有超过 4000 人受伤。另一方面，虽然该战区在法国 GC

II/5 的 H75A "鹰"式战机航程范围内，但 AdA 完全没有支援防御作战。

"老虎"行动的第一天令维茨莱本大失所望，只有第 30 军的表现接近目标，即便如此，取得的进展也无法弥补 5000 人的伤亡。不过，孔代觉得他的要塞部队已经完成了任务，便命令大部队在 6 月 14 日夜间到 15 日凌晨撤出最后防线。当德国第 1 集团军次日早上恢复攻势时，突击部队轻而易举就推进了 25 公里，然后才遇上法国第 52 步兵师及第 1 摩托化步兵师，但法军想的是退却而非战斗，法国第 3 和第 5 集团军都以最快的速度向南锡撤退。就这样，仅仅两天，参加"老虎"行动的德军就通过了萨尔缺口，但这一胜利无关紧要，因为真正的马奇诺防线上的 SFF 和 SFR 仍在法军手中，大多数据点都坚守到了 6 月 25 日。德国第 1 集团军突破法军纵深防御时，法国机动部队已经逃之夭夭了。更令"老虎"行动显得毫无意义的是，维茨莱本命令第 45 军对 SFF 中的炮台实施定位进攻，可这支部队几乎没有重炮。6 月 20 日，第 167 步兵师使用 88 毫米高射炮压制了班贝施工事的守军，6 月 21 日又打击了科芬特工事的守军，此后维茨莱本叫停了攻击，因为停战即将来临。

6 月 19 日，德国第 215 步兵师攻击了孚日筑垒地域的一个薄弱点，占领了一些小碉堡并深入法军防线 25 公里。虽然马奇诺防线的主要堡垒（如霍赫瓦尔德工事）直到最后仍无法攻破，但法国要塞间部队的撤退使德军得以渗透、孤立要塞守军。"法国之盾"坚守到了停战之后，只不过坚定的守军是关在混凝土监狱里的犯人。斯特拉斯堡于 6 月 19 日被德军占领，标志着陷入包围的马其诺守军保卫法国东部城市的努力最终失败了。

李布的最后一击是在科尔马地区渡过莱茵河。多尔曼的第 7 集团军于 6 月 15 日早上出动了 5 个步兵师，去攻击 3 个法国要塞师。法军错误地将炮台放在莱茵河法国一侧的水边，很容易便遭到了直瞄火力的破坏。多尔曼以 88 毫米高射炮开始了"小熊行动"，摧毁或者压制了许多法军炮塔，然后派出突击队乘坐橡皮艇渡过了莱茵河。德军的进攻十分顺利，除了南面的一个师外均迅速取得了成功。傍晚，德军已经突破纵深 2~4 公里。次日，德军动用炮兵、"斯图卡"和工兵有条不紊地逐个击破法军碉堡，蚕食全部的三条防线。6 月 17 日，德国第 7 集团军已实现目标，法国第 2 集团军群残部陷入孚日包围圈，孤立无援。

注释

1. 来自：http://www.chars-francais.net/2015/index.php/14-classement-individuel/char-b/152-387-beni-snassen.

2. Shirer, pp. 785 - 788.

3. War Cabinet Meeting, W. M. (40) 165th Conclusions, 13 June 1940, p. 453.

4. Shirer, pp. 797 - 798.

5. De Gaulle, pp. 67 - 68.

6. Knappe, pp. 182 - 183.

7. Chapman, p. 283.

8. Herbert R. Lottman, The Fall of Paris: June 1940 (New York: Harper Collins, 1992), pp. 333 - 334, 336 - 339.

9. Lottman, p. 346.

10. Bock, p. 176.

11. Hart, p. 31.

12. Karslake, pp. 185 - 187.

13. Brooke, p. 80.

14. Brooke, p. 81.

15. Karslake, pp. 197 - 198.

16. War Cabinet Meeting, W. M. (40) 167th Conclusions, 15 June 1940, p. 468.

17. www.lancastria.org.uk/victim-list/.

18. Ellis, p. 305.

19. Karslake, p. 227.

20. Jean-Yves Mary, '15 juin 1940: Le General-leutnant Ritter von Speck tombe à Pont-sur-Yonne', 1939 - 45 Magazine, No. 222, April 2002.

21. Veterans of the 3rd Panzer Division, Armoured Bears, p. 106.

22. Guderian, p. 107.

23. Gustave Folcher, Marching to Captivity: The War Diaries of a French Peasant 1939 - 1945 (London: Brassey's, 1996), pp. 124 - 126.

24. Halder, p. 205.

25. Shirer, p. 817.

26. 同上, p. 824.

27. War Cabinet Meeting, W. M. (40) 171st Conclusions, 18 June 1940, p. 510.

第9章
墨索里尼的豪赌

在其他人书写历史时袖手旁观是一种耻辱，谁输谁赢都无关紧要。想让一个民族强大，唯有让他们投入战斗，即便你不得不踢他们的屁股。那就是我要做的事。

——贝尼托·墨索里尼，1940年4月

南部战事，6月10日—21日

墨索里尼是个机会主义者，当他看到"红色方案"将要取得成功时，确定意大利参加战斗、借此取得一些"战利品"的时机已经成熟。除了从法国夺取地盘外，墨索里尼还试图以一场短暂的成功战役，为自己的法西斯政权取得军事上的荣耀。6月10日16时45分，意大利没有寻找任何真正的借口便对法宣战了，墨索里尼在罗马的威尼斯广场对大批欢呼雀跃的年轻法西斯分子发表宣言。但在宣战后，墨索里尼并没有立刻参战，因为他的军队战备水平很低。彼得罗·巴多格里奥（Pietro Badoglio）元帅通知墨索里尼，意大利陆军需要25天的时间做准备，才能对法国南部发动攻势。尽管墨索里尼在战前吹嘘意大利法西斯拥有"800万把刺刀"，但实际上意大利军队在物资和训练上都严重不足，高级军事指挥官也难堪大任。

法国于1939年参战时，在阿尔卑斯山一线仍保留着55万名官兵，这些部队足以阻挡意大利。但是，"黄色方案"造成的紧迫局面导致GQG必须抽调法国部分南方部队增援北方前线，到1940年6月初，那里已经只剩下 18.5 万名官兵了。勒内－亨利·奥尔里上将（René-Henri Olry）的阿尔卑斯集团军只有 3 个步兵师（全是 B 类预备役部队）和 5 个阿尔卑斯防区部队。3 个法国师不足以抵挡意大利的 22 个师，而在支援武器方面，阿尔卑斯集团军有 4 个 155 毫米榴弹炮群和 1 个过时的 FT–17 坦克营，防空武器很少。不过，法意边境的高山地形非常利于防守，20 世纪 30 年代，法国政府明智地投入时间和精力，修筑了阿尔卑斯防线工事，这些工事与马奇诺防线类似。阿尔卑斯防线的工事相当现代化，武备精良。在面对意大利的防线上，法军共有 32 门 75 毫米炮、4 门 95 毫米炮和 4 门 135 毫米炮以及 68 门 81 毫米迫击炮。

法国空军在全力对抗德国空军，因此在南部可用于打击意军的空中力量非常有限。第 6 战斗机大队第 3 中队（GC III/6）只在土伦附近的勒吕克有 6 架 D.520 战斗机，不过飞行员都是老兵，包括曾击落 4 架德国战机的皮埃尔·勒格洛恩（Pierre Le Gloan）少尉。AdA 在南法还有 12 架 LeO 451、4 架 MB.210 轰炸机和 9 架侦察机。此外，突尼斯还有 1 个装备 MS.406 战斗机的中队可参加对意战争。法国海军航空兵在土伦附近也有一定兵力，包括 1 个海军战斗机中队（9 架 MB.151）、2 支攻击机部队（约 12 架沃特 156F 俯冲轰炸机）和少量法尔曼远程轰炸机。与意大利开战时，法军在南部只有约 60 架作战飞机。

相反，意大利空军几乎可以全力投入对法战争，它拥有约 600 架轰炸机和 450 架战斗机。从纸面上看，意大利空军有绝对的数量优势，但由于训练和准备不足，该军种只能投入一小部分兵力参加 1940 年 6 月的作战行动。战役一开始，意大利就对突尼斯的法国空军基地发动了象征性的袭击。6 月 11 日早上，一队 SM 79 轰炸机从撒丁岛起飞，轰炸了突尼斯北部卡鲁巴的法国海军航空兵基地，摧毁了法国 6 艘卢瓦尔 70 飞艇中的 4 艘。次日，意军以更多的兵力（21 架 SM79 轰炸机）袭击卡鲁巴，但三分之一毁于法军防空火力。第三次袭击发生在 6 月 13 日，出动了 3 架轰炸机，法国战斗机试图拦截，但 MS.406 战斗机对 SM 79 的速度优势不明显，未能取得成功。

意大利皇家空军于 6 月 12 日夜里到 13 日凌晨开始打击法国本土目标，当晚，8 架 BR 20 中型轰炸机尝试轰炸土伦的法国海军基地。6 月 13 日，意军对土伦附近实施了两次袭击，第一次出动了 10 架 BR 20 轰炸机，试图轰炸耶尔（Hyeres）的法国海军航空兵基地，但被 GC III/6 的 D.520 战斗机拦截，并被勒格洛恩少尉击落了 2 架，其余意大利战机便一哄而散了。而在由 28 架 BR 20 组成的更大集群企图再次攻击土伦的法国海军基地时，又遭到了法国海军第 3 水上飞机大队（AC 3）的拦截。虽然 CR.42 战斗机飞到了法国，但它们无法保护轰炸机，或者与法国战斗机交手。[1]

在意大利宣战之前，盟军就已经在计划对意大利北部的工业设施进行报复性攻击了。意大利轰炸土伦后，法国本土舰队决定启动"瓦多行动"，这是攻击热那亚附近意大利工业设施的应急计划。6 月 13 日夜里到 14 日凌晨，法国海军中将埃米尔·迪普拉（Émile Duplat）率领 4 艘重巡洋舰和 11 艘驱逐舰从土伦出击，分为两组，于 6 月 14 日 4 时 27 分对三个工业目标实施了 10 分钟的炮击，共发射了 500 发 8 英寸（203 毫米）炮弹和 1100 发较小型号的炮弹。意大利岸炮部队的一发 6 英寸（153 毫米）炮弹击中了法国驱逐舰"信天翁"号，重伤 11 名法国水兵，但攻击法国巡洋舰的意大利鱼雷艇无功而返。完成报复行动后，迪普拉以 25 节的航速撤往土伦，这次攻击造成 9 名意大利平民死亡，34 人受伤。[2] AdA 和海军航空兵也出动了战斗机掩护"瓦多行动"，还以 25 架次的轰炸机打击了瓦多—热那亚地区的相同目标。

意大利宣战后，作为"哈多克"应急计划的一部分，RAF 将第 3 大队的 12 架"威灵顿"轰炸机调到了马赛附近的两个机场，使其航程能够覆盖意大利的工业目标。出于对报复的恐惧，法国人最初不允许"哈多克部队"轰炸意大利城市，因此用汽车堵塞机场，阻止英国轰炸机起飞。后来，轰炸机司令部决定动用英格兰的第 4 大队对意大利实施首次袭击，但飞机的导航出现了惊人的错误，多架惠特利轰炸机将炸弹投在了日内瓦和洛桑城郊——误差达到了 185 公里——导致 4 名瑞士平民死亡，80 人受伤。夜间轰炸在当时仍很原始，这种错误说明，轰炸机司令部关于 1940 年 6 月打击德军交通线的说法完全是空洞的。土伦遭到轰炸后，法国人允许"哈多克部队"对意大利北部实施了两次夜袭，然后关闭了机场。

6 月 15 日早上，27 架意大利 CR.42 战斗机攻击了土伦附近的两个法国空军基地，成功摧毁了 GC III/6 停在地面上的 3 架 D.520 战斗机。不过，勒格洛

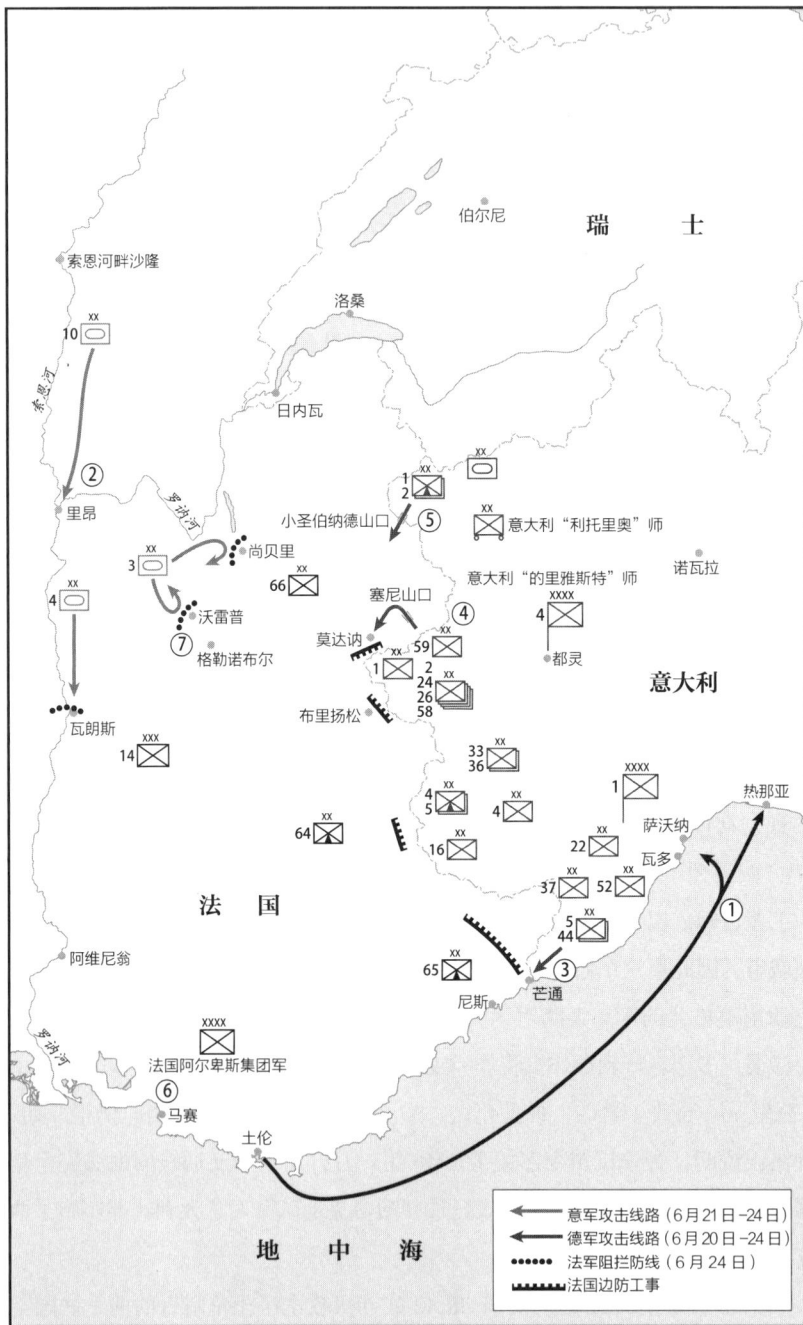

图9：意大利前线，1940年6月11日—25日

图例注记

① 6月14日的"瓦多行动"。法国海军的一支舰队炮轰了热那亚附近的工业目标。

② 6月20日，德国第10装甲师占领不设防的里昂。

③ 6月21日—24日，意大利第1集团军越过法国边境发动进攻，意在夺取芒通镇。
法军虽猛烈反抗，意军仍然在三天的战斗后占领该镇。

④ 6月21日—24日，意大利第1军攻打莫达讷镇，但在停战前无法实现目标。

⑤ 6月21日—24日，意大利山地部队受阻于法军的抵抗和恶劣气候。

⑥ 6月21日夜间到22日凌晨，意大利空军轰炸马赛，造成279人伤亡。

⑦ 6月24日，法国第14军勉强拼凑了足以在停战前阻止德国第3装甲师抵达格勒诺
布尔的部队。德军的追击终结于瓦朗斯以北。

恩少尉与2名飞行员起飞追击，击落了4架撤退的CR.42。返回基地途中，勒格洛恩偶遇一架迷航的BR.20轰炸机并将其击落。仅仅45分钟，勒格洛恩就令人震惊地击落了5架意大利战机，这是1940年战役中法国空军最成功的一次出击。可是，另一队意大利战斗机和轰炸机袭击了耶尔的法国海军航空兵基地，摧毁了地面上的6架沃特156俯冲轰炸机。法国MB.152战斗机在与这群意机缠斗时损失了2架，但也击伤4架意大利战机。经过这些行动，意大利空军对在法国空军基地附近的昼间行动更加谨慎。AdA轰炸机部队也变得更具攻击性，袭击了都灵和利比亚的的黎波里港。

巴黎和里昂陷落后，墨索里尼担心法国可能在任何时刻崩溃，而他的军队尚未发动攻击。他告诉他的女婿——外交部部长齐亚诺伯爵，他要有1000具尸体，才能和法国人坐到谈判桌上。为此，他催促巴多格里奥尽快发动对法国的地面攻势。6月21日5时30分，意大利第1和第4集团军在边境多地发动进攻。天气十分恶劣，高海拔地区在下雪，而海岸线附近则阴雨连绵，这大大影响了部队的机动性。南线的意大利第1集团军直接冲向目标——距离边境线不足3公里的芒通镇。法军在阿尔卑斯山防线沿海段的防御非常坚固，仅凭阿热尔山工事里200人的要塞部队就击退了意大利的"科塞里亚"步兵师。墨索里尼因法军如此轻松地阻挡了他的部队而暴跳如雷，命令"科塞里亚"师和

第 15 军其余部队不惜一切代价拿下芒通。最终，意军绕过法军据点，在停战前杀进了芒通——这是意大利陆军占领的唯一一个法国重镇。

北面，意大利第 4 集团军下辖的阿尔卑斯山山地部队攻破了小圣伯纳德山口，但在 4 天的战斗中，它的进攻遭到了驻守德拉·勒杜泰·吕尼要塞（Fort de la Redoute Ruinée）的 1 个法军连的阻击，未能实现目标。意大利第 1 军越过塞尼山口发动进攻，经过 4 天的战斗才突破了法国的边境防御，但此时停战已经宣布，该军只能停下脚步。总体上，意军的地面攻势受阻于恶劣的天气和坚固的法国边境防御。进攻前意大利官兵被告知法军士气已经瓦解，进攻后却发现法国山地部队积极守卫国土。墨索里尼没有得到他想要的 1000 具死尸，也没得到与法国人坐到谈判桌上的机会。相反，奥尔里的预备役人员表现优异，仅伤亡 274 人就限制了意军的所得。

在停战之前，空战一直以很慢的节奏在进行，但令法国人愤怒的是意大利于 6 月 21 日夜间到 22 日凌晨对马赛的轰炸。10 架意大利 SM.79 轰炸机在该城投下了 4 吨炸弹，造成 143 名平民死亡，146 人受伤。德国人与安齐热的使团签下停战协议后，法国必须于 6 月 24 日与意大利签署单独的停战协定。意大利所得甚微，因为它在战役中所起作用不大，也没有占领多少地盘，德军不愿意出让墨索里尼垂涎的更多领土（如尼斯城）。但作为替代，意大利陆军可以占领纵深 5 公里的阿尔卑斯山防线工事。

最后行动，6 月 18 日—24 日

6 月 18 日早上，大多数法国军人和平民都听到了贝当的广播，但对下一步的动向尚无头绪。魏刚更关注政治——贝当已任命他为新的国防部部长——因此 GQG 没有发出任何命令。当天，贝当在广播中发表的另一份声明称"法国并没有放弃斗争"，这令所有人感到困惑。由于没有清晰的导向，大部分部队继续按照最后收到的命令向卢瓦尔河撤退。在缺乏最高司令部集中指挥的情况下，残存的 2 个法国集团军群司令（安齐热的第 4 集团军群已经解散）试图合兵一处，但部队的凝聚力很快就消散了。德国方面，OKH 从西班牙得知了法国的停战请求，但因德军后勤形势紧张而减小了追击部队的规模，是其对 15 号元首令指明的方针所做的唯一改变。克卢格的第 4 集团军继续肃清诺曼

最后的行动，1940年6月15日—21日

295

图例注记

① 6月14日—15日，英国地面部队撤离勒芒，开始向海岸退却。RAF 的 AASF 也开始撤离。

② 6月15日，归属法国第10集团军的英军部队未经批准就撤往瑟堡。

③ 6月15日，法国第10集团军在卡昂和阿朗松之间建立的薄弱防线，实际上掩护了 BEF 的撤退行动。在其右侧的法军部队退往卢瓦尔河。

④ 6月16日，追击的德军在奥尔良占领的一座卢瓦尔河桥梁。

⑤ 6月17日，"阿里尔行动"开始，第52（低地）师和其他 BEF 部队从瑟堡撤离。

⑥ 6月17日，德国空军在圣纳泽尔港外击沉"兰开斯特里亚"号，英国军事人员损失超过3000人。

⑦ 6月17日，霍特的装甲兵发动进攻，突破法国第10集团军守卫的薄弱防线。第5装甲师直取雷恩，第7装甲师则开往瑟堡。

⑧ 6月18日—20日，法国第7集团军守卫遭到攻击的图尔，但德国空军的燃烧弹攻击毁灭了这座城市。

⑨ 6月19日，德国第7装甲师占领瑟堡。

⑩ 6月19日，德国第5装甲师夺取雷恩，占领了法国第10集团军司令部。

⑪ 6月19日，德国第5装甲师、第2（摩托化）步兵师和第11摩托化步兵旅占领布雷斯特。

⑫ 6月19日，德国第32步兵师占领南特，夺取卢瓦尔河上的桥梁。

⑬ 6月19日—20日，法军在索米尔坚守了两天。

⑭ 6月21日，圣纳泽尔被德国第11摩托化步兵旅占领。

⑮ 6月21日，圣马洛被德国第7装甲师占领。

底和布列塔尼的法军部队，而屈希勒尔的第18集团军从大西洋沿岸直逼西班牙边境。其余野战军部队也奉命实施扫荡，迫使孤立的法军部队投降。

霍特的装甲兵已将阿尔特梅耶的法国第10集团军分割开来，第5和第7装甲师横扫了后者分崩离析的各部队。霍特在圣洛分兵——隆美尔的第7装甲师奉命夺取瑟堡，莱梅尔森的第5装甲师和第11摩托化步兵旅开往布列塔尼。虽然对手只有1个师，但迪富尔集群还是土崩瓦解了，马里·法加尔德中将的法国第 16 军还没有抵达雷恩就遭到包围，被迫投降了。隆美尔进入科唐坦半岛后直奔瑟堡。法军在科唐坦只有 2000 人的轻装部队，隆美尔的前锋在多个地点遇到了小股法国陆军士兵及海军士兵（还有少数武装的平民）的抵抗。行军 75 公里后，隆美尔的前锋于 6 月 18 日下午抵达瑟堡外围。法国海军上将让 - 马里·阿布里亚尔（Jean-Marie Abrial）向"孤拔"号战列舰请求支援，后者用 12 英寸（305 毫米）主炮向逼近的隆美尔部发射了 105 发炮弹，然后启程去了普利茅斯。隆美尔用炮兵打击港区，并请求德国空军对这个港口展开轰炸。尽管阿布里亚尔在城里还有 3 万名军事人员，但多数没有武装，地面防御工事也很陈旧。隆美尔于次日早上夺取了该城西侧的库普莱要塞（Fort des Couplets）。在德军炮兵和轰炸机的持续打击下，瑟堡法军于 6 月 19 日 14 时 30 分投降。交出港口之前，法军摧毁了港口中在建的 3 艘舰队潜艇，其中的"罗兰·莫里约"号刚刚服役。

阿尔特梅耶逃到了雷恩，但 6 月 19 日德国第 5 装甲师攻占该城，他与司令部人员一起被俘。马塞尔·布洛克（Marcel Bloch）上尉是从敦刻尔克撤出的幸运儿之一，德军抵达时他的部队正在雷恩重组。布洛克在街上意外地看到一个德军纵队向他的方向开来，他立刻转身逃离了德国人的视线，回到住处扔掉军装换上便服，住进了一家旅馆。他后来写道："即便到现在，假使我认为自己有一点点用处，也会鼓起勇气，留在岗位上。但所有的抵抗都已经消失了，继续执行我的任务显然毫无意义。"布洛克说，他也想过努力回到法军战线上或英国，只是这种想法很快就被放弃了。就这样，布洛克选择了逃避军官的职责，退出战斗。他并不是唯一采取这种做法的人，不过此举使他对其他人的批评变得相当荒唐。[3]

海军中将加布里埃尔·布罗昂（Gabriel Brohan）在布雷斯特组织运输法国的储备黄金和大部分在法波兰部队。他集结了 5 艘客轮，并征用了 BEF 丢弃的卡车。6 月 16 日—18 日，法国水手们将法国银行的 736 吨黄金装船，在德军即将抵达之前开往达喀尔。[4] 另一艘法国船只将 198 吨比利时黄金从洛里昂运往达喀尔。瓦迪斯瓦夫·西科尔斯基将军无意停止对德战争，命令所有在法波兰军人前往英国。停战之前，共有 2.7 万名波兰士兵和飞行员抵达英国。法国海军也竭尽所能从进逼的德军手中挽救战舰。新战列舰"黎塞留"号 5 月刚在布雷斯特完成海试。6月18日，该舰与2艘驱逐舰一起开向达喀尔。[5] 尚未完成的战列舰"让·巴尔"号于6月19日早晨从圣纳泽尔撤离，依靠自身动力开往卡萨布兰卡。不过，法国人被迫凿沉了布雷斯特的4艘潜艇和一些辅助船只。港口本身遭到了破坏，燃油仓库付之一炬，海军库房也被摧毁了。6月19日晚上，德国第5装甲师和第11摩托化步兵旅抵达布雷斯特，该城宣布投降。

南特陷落后，霍特的机械化部队渡过卢瓦尔挺进拉罗切利（La Rochelle），那里的许多盟军部队已经撤退，并希望能离开法国。6月22日19时，德国空军轰炸机袭击了城南的机场，海军准将让·拉蒂格（Jean Lartigue）的法国海军航空兵残余部队集中于此。拉蒂格与其他20人死于空袭，许多法国海军飞机在地面被摧毁。次日早上，罗什福尔被占领。

曼施泰因的第38军追击逃往卢瓦尔河的法国第3军和朗格卢瓦骑兵军残部。6月19日，德军夺取了南特和卢瓦尔河上一座完好的桥梁。昂热也不费一枪一弹便落入德军之手——退却中的法军十分脆弱，根本无法建立防线。在卢瓦尔河后的多数地方，法军都无法建立稳固的防御。令人吃惊的是，夏尔·米雄（Charles Michon）上尉率领索米尔骑兵学校的560名士官生，加上第3军的一些幸存者，在6月19日—20日打了一场坚决的防御战，面对德国第1骑兵师，守住了这一区域4个非常分散的渡口。米雄的部队得到了罗贝尔·诺舍齐（Robert Neucheze）少校第1摩托化骑兵大队的支援，后者提供了5辆H39坦克和3辆庞阿尔装甲车，但炮兵很少。尽管如此，米雄和他的士官生在48小时内击退了德军的多次渡河尝试，最终他们的侧翼被敌军包抄，子弹也全部打光了。索米尔之战中，骑兵士官生伤亡率达到了22%，其中79人战死。德军于6月21日占领索米尔后，幸存的士官生没有被当作战俘，而是得到准许前往法国南部的非占领区。到6月22日，贝松的法国第3集团军群缩小成了一支不到6.5万人的战斗部队。

奥尔良很快失守，巴黎集团军、第6集团军和第7集团军（共计20个残破不堪的师）只能在卢瓦尔河后做短暂停留，这条河流带给他们的只是一种虚幻的安全感。6月19日，3个法国集团军都撤到了谢尔河，次日又退到了安德尔河。少数部队（如第11步兵师）仍然保持着凝聚力，但大部分法国步兵师已经沦为只相当于一两个营的混编战斗群了。停战在即变得显而易见，德军的追击也慢了下来，只有少数摩托化部队仍在继续前进。6月18日晚上，贝当政府新任内政部长夏尔·波马雷（Charles Pomaret）在波尔多发表广播讲话，宣布所有人口为2万以上的城市不设防，但战场上的部队对此并不关心。法国第2轻机械化师只剩下大约2500人和少数坦克、装甲车，他们驻扎在图尔，拒绝离开。当德军于6月18日晚上逼近该城时，法军部队坚决抵抗，敌军开始炮轰图尔。次日早上，德国空军向图尔投下燃烧弹，烧毁了市中心。最终，德军于6月21日早上突入了仍在焖烧的城中。

法国中部的第4集团军群已经解散，余部直接归属GQG，而第2集团军则归属第2集团军群。在德军追击的压力下，这两支部队均于几天内瓦解。殖民地部队被各个击破，第3摩托化步兵师于6月18日溃散，其他2个师也在6月21日—22日走上了相同的道路。只有少数摩托化部队得以逃脱，其中包括第4和第7战斗坦克营，他们设法带着少量的FCM36坦克抵达了图卢兹地区。里昂宣布不设防后，德国第10装甲师于6月20日抵达该城。

古德里安的装甲兵抵达瑞士边境后，普雷特拉的法国第2集团军群就开始在孚日山脉中慢慢消亡了。第3、第5和第8集团军大部被困，粮食与弹药所剩无几。德军逐步收紧包围圈，赖因哈特的第41（摩托化）军出动了第6和第8装甲师，在埃皮纳勒（Epinal）附近楔入了孔代所部第3集团军暴露的侧翼。短暂的抵抗之后，法国第3集团军开始瓦解，6月22日15时，包围圈内的有组织抵抗结束了。唯一逃离德军罗网的是马里于斯·达耶（Marius Daille）中将的第45军，包括2.9万名法国官兵（来自第67步兵师、第7斯帕希团和第16战斗坦克营）、波兰第2师的12150名波兰官兵，以及第51高地师留在萨尔区的99名英国官兵。6月19日夜间到20日凌晨，第45军设法越过边境进入了瑞士，但他们在那里被关押到1941年1月，瑞士政府才允许他们过境进入非占领区。第45军进入瑞士时携带了2000辆各式车辆（包括第16战斗坦克营2连的5辆R35坦克）和100门火炮，没有让它们落入德军之手。波兰第1师的其他波兰官兵逃出孚日包围圈，徒步翻过群山进入了瑞士。

即便到了"红色方案"的最后几个阶段，德军官兵仍偶有射杀法国战俘的举动。这往往是因为法国士兵的抵抗时间超出了预期，或抵抗给德军造成了伤亡，所以后者残酷对待战俘。6月20日，党卫军"骷髅"师在里昂正北的沙塞莱（Chasseley）遭遇了第25塞内加尔猎兵团（隶属第8殖民地师）的有力抵抗。法国守军在被打垮前至少给"骷髅"师造成了40人的伤亡。为了报复，武装党卫军士兵处决了大约147名塞内加尔猎兵。同一天，德国第198步兵师305团2营在埃皮纳勒附近的栋塔伊村（Domptail）俘虏了法国第146要塞步兵团3连的一群士兵。在抢光战俘的财物后，德国士兵将他们排成一队枪杀了，28名法国战俘死亡，但有4人在这场屠杀中仅受了伤。[6]

德国人在48小时内都没有对贝当的停战要求做出回应。然后在6月19日的早上，德国通过西班牙通知法国，他们愿意谈判。贝当内阁让安齐热上将率领使团与德国人会晤。果不其然，尽管魏刚是停战的主要支持者，但他无意参加谈判。安齐热的使团于6月20日晚间抵达图尔并越过德军战线。他们被带到贡比涅以东的勒通德（Rethondes），那正是1918年德国投降的地方。会晤于6月21日下午希特勒抵达后开始，但并没有进行任何谈判——德国人直接宣读了和约的24个条款。安齐热通过电话将条款传到波尔多，贝当内阁于6月22日开会讨论。即便是支持停战的人也为德国的条件所震惊，试图进行一些修改，但希特勒占据上风，不接受讨价还价。6月22日17时50分，安齐热签署停战协定，该协定于6月25日0时35分生效。

在这份协定中，最重要的条款如下：

第1条，要求法国停止对第三帝国的一切敌对行动，包括法国国内和海外。

第2条，规定法国德占区和南部的非占领区。

第5条，要求法国军队将所有未损坏的坦克、火炮和飞机交给德军，不允许法国制造新武器。

第8条，规定法国舰队在德国或意大利控制的港口内遣散。但是，该条款称德国不会将被扣押的法国战舰挪为己用。

第18条，规定法国政府将承担德国占领的财政成本。

波尔多内阁得知德国的条件后，达尔朗命令法国舰队的所有海上部队开往北非或英国的港口，称他不打算将战舰交给德国人或者意大利人。维耶曼也命令将最好的轰炸机和战斗机部队迁移到摩洛哥和阿尔及利亚，为 AdA 保留一些核心力量。不过，其他法国官兵自行其是。在听到戴高乐的呼吁后，19名 AdA 士官乘坐一架法尔曼 F.222 轰炸机，从圣让－当热利空军基地飞到英国去了。次日，另一队 115 人的见习飞行员也乘坐一条 22 米拖网渔船渡过英吉利海峡，加入了戴高乐的队伍。这些官兵成了后来"自由法国"空军的核心。

法国真正的最后一战发生在罗讷河谷。德军派遣一支追击部队沿河南下，这支追击部队包括第 3 和第 4 装甲师、第 13（摩托化）步兵师、党卫队"阿道夫·希特勒警卫旗队"（SS–LSSAH）和 3 个步兵师。OKH 知道这次进攻将越过停战协定确立的分界线，但指挥官们得到的通知是：此举的目的在于协助意军在阿尔卑斯战线上的进攻。[7] 奥尔里上将担心自己的阿尔卑斯集团军腹背受敌，遂从艾蒂安·贝内（Étienne Beynet）少将的第 14 军中派出了一支阻击部队前往罗讷河谷。奥尔里还拼凑了一支由陆军士兵、地中海舰队炮手和 AdA 地面防御部队组成的混编部队，以加强贝内的力量。此外，刚从 FCM 工厂下线的 6 辆全新夏尔 B1 bis 坦克匆忙服役，支援这一防御行动。贝内的部队几乎在每座桥上都实施了迟滞作战，在阿尔卑斯山的山麓，尚贝里和沃雷普两地还建立了非常坚固的阻击阵地，于 6 月 24 日阻挡了德国第 3 装甲师的进攻。与法国北部不同，南部地区的山脉和河流对德国风格的机械化作战是极大的障碍。

撤退到尼姆和阿维尼翁后，AdA 投入了剩余的最后资源，试图迟滞德军沿罗讷河河谷南下的行动。6 月 23 日，21 架战斗机在尚贝里附近向一个德军纵队扫射，其中 2 架被高射炮击落。6 月 24 日下午，AdA 执行了最后几次攻击任务，派出了超过 30 架的战斗机和 9 架轰炸机攻击格勒诺布尔的德军摩托化纵队，又有 2 架战斗机被高射炮击落。此时，德军在罗讷河沿线的进攻止于瓦朗斯城外，因为停战协定即将生效，这一地区仍将是非占领区。

6 月 25 日 0 时 35 分停战协定生效后，德国 C 集团军群将其部队撤出了罗讷河河谷和处于非占领区的里昂。在大西洋沿岸，博克的 B 集团军群以第 14 和第 15（摩托化）军的摩托化部队，完成了对沿海地区的占领。6 月 28 日下午，党卫军特别机动师的党卫队二级突击队大队长维姆·勃兰特（Wim Brandt）所率侦察部队成了抵达西班牙边境的第一支德国部队，西班牙边防部队热情地向进驻昂代（Hendaye）的德军致意。

"红色方案"取得了极大的成功，但停战生效后很久，仍有相当数量的法国武装部队留在孤立的马奇诺防线上。魏刚派遣使者到阿尔萨斯 – 洛林去说服马奇诺防线守军投降。6 月 30 日，德国人允许法国军官与孤立的要塞指挥官对话，后者一个接一个极不情愿地投降了。要塞部队的官兵对自己尚未在作战中失败便成为战俘感到愤怒，这清楚地证明，1940 年法国陆军的士气并不像一般的描述中所说的那样不堪。7 月 14 日早上，法兰西第三共和国的最后一支部队——第 164 要塞步兵团——列队走出哈肯堡工事，他们在德国战俘营中度过了 4 年时光。[8]

注释

1. Christopher Shores, Regia Aeronautica: A Pictorial History of the Italian Air Force, 1940 - 1943 (Crowley, TX: Squadron/Signal Publications, 1976), p. 19.

2. John Jordan and Jean Moulin, French Destroyers: Torpilleurs d' Escadres and Contre-Torpilleurs, 1922 - 1956 (Annapolis, MD: Naval Institute Press, 2015), pp. 229 - 231.

3. Marcel Bloch, Strange Defeat (New York: W. W. Norton & Co., 1968).

4. Didier Bruneel, L' incroyable sauvetage des 736 tonnes d' or de la Banque de France! From www.tresordupatrimoine.fr/content/121-736-tonnes-dor.

5. Robert Dumas and John Jordan, French Battleships, 1922 - 1956 (Annapolis, MD: Naval Institute Press, 2009), pp. 122 - 125.

6. 来自: www.kerfent.com/domptail.htm.

7. Veterans of the 3rd Panzer Division, Armoured Bears, p. 114.

8. Jean Pascal Soudagne, L' histoire de la ligne Maginot (Rennes: Editions Ouest-France, 2006), p. 112.

第10章
占领

我敢肯定，你们当中的许多人现在已经理解了"祖国"一词的含义。不，战争并没有结束……

——AdA 预备役军官亨利·罗曼斯－珀蒂，1940 年 6 月 22 日

停战的苦涩滋味

1937 年，法国和平主义作家、凡尔登老兵让·季奥诺（Jean Giono）曾问道："如果德国入侵法国，最糟糕的情况会是什么？"[1] 1940 年 6 月 25 日早上，法国人开始发现了这个问题的答案。波尔多市民接到新来的德国军事长官的通知："撕毁德国当局张贴的布告将被视作实施破坏行为而处以死刑。"故意破坏德军的布告可能被立即处决。对法国人来说，这只是占领军持续四年的残酷统治和国耻的开始。

到宣布停战时，有 800 万 ~1000 万名法国平民因战争而流离失所。成千上万的法国平民死于德军对城市的空袭和对难民队伍的袭击，但无法确定具体数字。贝当政府感兴趣的是巩固权力而不是帮助难民，因此，1940 年 6 月的最后一周，全法国陷入了一片混沌中。德国人在国际媒体上大出风头，向难民儿童分发食物，同时也掩盖了一个事实：正是他们使这些人成了难民。德军的轰炸以及退却的法军对桥梁的破坏，干扰了交通运输，使食品难以进入城市。而且，德国人很快就会开始征用食品、火车、私人汽车和其他资源，以供他们自己的部队使用。德国人要求法国为其占领行动买单，这意味着法国每天需要

付出 4 亿法郎——花在马奇诺防线上的 5 亿法郎突然间显得不那么荒谬了。几个月内，法国就沦为了一个贫穷、营养不良的国家。在这种条件下，与占领军合作以得到更多食品或特权，成了一种风气。

在 5 月 10 日到 6 月 25 日的战役期间，法国陆军有 9.2 万人阵亡、25 万人受伤，伤亡人数占 260 万人的野战部队的 13%。相比之下，比利时和荷兰武装部队在短暂参战后仅遭受了 3% 的伤亡。法军阵亡名单中包括 12 名将官，6 月 15 日—25 日阵亡的将士超过 1.3 万人。换言之，在布鲁克声称法国的抵抗已经结束后，法军官兵的阵亡人还数超过了整场战役中英军阵亡人数的总和。即使在宣布停战后的最后几天里，也有 5000 名法军官兵阵亡。AdA 的损失特别惨重：约 800 名现役飞行员中，近 200 人阵亡、188 人受伤、31 人被俘——伤亡率达 52%。就算法国陆军没有瓦解，AdA 也不可能长时间承受这样的损失。伤亡统计说明，法国陆军和空军直到最后都在苦战。

进入战俘营的法军官兵超过 150 万人，但仍有数万人在逃脱后进入了即将成为维希法国领土的地区，或者涌入了北非。许多人像马塞尔·布洛克一样换下军服，融入了平民中。根据停战协定，所有法国战俘将在和约签署后获释，但英国拒绝谈判，使法国战俘的命运在接下来的四年里一直悬而未决。最终，有些人（如古斯塔夫·福尔谢）成了德国的强制劳工，有的则获释前往维希法国，剩下的则死于战俘营或者逃走。不过，仍有很多法国军官和士官不得不等到 1945 年才重获自由。

贝当在维希镇建立了政权，但很快便沦为名义领袖。戴高乐被宣布为"擅离职守者"，很快被判处死刑，但宣判时他缺席了。维希政权只控制南方的非占领区，支持德国利益，说服法国殖民地遵守停战协定的条款。贝当政权在其控制区内没有保持任何民主或法治原则，在几个月内就成了一个野蛮的专制政权。1941 年，维希政权通过了与纳粹种族政策相符的反犹太法律，维希警察开始逮捕法国维希控制区内的犹太人。[2]

停战协定生效后，德国在法国开始了有条不紊的掠夺。7 月 17 日，库尔特·冯·贝尔（Kurt von Behr）抵达巴黎，领导"绘画艺术特别参谋部"（Sonderstab Bildende Kunst），这个部门的任务是为纳粹领导层（特别是希特勒和戈林）掠夺艺术品。魏刚宣布巴黎为不设防城市，努力保护罗浮宫等文化符号的建筑结构，但保护不了其内容。当然，数十座法国城镇在战争中已遭到轰炸，但能用于战后修复的资源很少。

停战以后，尚有悬念的问题之一是达尔朗下令解散的法国舰队。根据和约的第 8 条，法国舰队应该返回法国，由德国人确定其已解除武装。但希特勒并不担心法国舰队的武装力量——他还没有决定开始准备入侵英国——他更担心的可能是这会成为鼓励法国殖民地与维希政府决裂、破坏停战的因素。因此，德国人愿意给达尔朗上将一定的余地，让他自己决定舰队于何时、何地返回。不过，丘吉尔不愿意让达尔朗有任何自主权，他越来越相信，法国舰队将会被完好无损地交给德国人。没有任何情报支持丘吉尔的担心，只是英国人越来越相信：法国人是失败主义者；不能信任贝当政权。两大盟国在"黄色方案"和"红色方案"期间播撒的不信任的种子，此时结出了果实。

令人吃惊的是，丘吉尔并没有详细讨论备选方案，便催促内阁批准动用武力，在法国舰队落入德国人之手前将其消灭。停战后仅两天，丘吉尔便提议调动直布罗陀的"H 部队"，打击停泊在阿尔及利亚的凯比尔港、规模庞大的法国海军舰队。[3] 达夫·库珀和哈利法克斯勋爵都认为，采用非暴力手段（如外交和宣传手段）就有可能使法国战舰保持中立，但丘吉尔竭力争取直接的解决方案。海军部奉命实施"投石机"行动，先向法国舰队发出粗暴无礼的最后通牒，要求其开往英国或中立国港口，否则就将其击沉。"H 部队"于 7 月 3 日及时向凯比尔港的法国舰队送出了最后通牒，但遭到拒绝。英国舰队开炮击沉了法国战列舰"布列塔尼"号，击伤战列巡洋舰"敦刻尔克"号，共有 1297 名法国水兵死于这次无端的攻击。袭击后，英国报界得到通知，法国海军军官准备将战舰移交给德国人，但这一说法没有任何情报根据。对凯比尔港的袭击使维希政权赢得了一场重要的宣传胜利，它为这个事件贴上了"罪行"的标签，称这说明英国不能信任，是对法国利益的严重威胁。破碎、蒙羞、众叛亲离的法国此时遭到了敌人的洗劫和前盟友的攻击。而且，许多军人和政治家此时都与敌人合作建立新政权，其模板是一个独裁体系，而没有遵从法国人从大革命起就珍视的民主原则。可是，这还不是最糟糕的情况。

胜利的兴奋

打败法国，是第三帝国 12 年的历史中最为辉煌的时刻，大部分德国人，甚至包括希特勒的反对者，都为此感到骄傲。希特勒取得了他曾预言的胜利，暂时平息了批评他的声音。许多之前厌恶纳粹政权的德国人现在都被争取过来了，他们至少相信，"元首"正在领导国家迈向伟大。人们认为，一旦英国屈服，德国将统治欧洲，德意志民族将成为主流精英——对一个多年遭受战败、内乱和大萧条的残酷折磨的民族来说，这不啻为一剂灵丹妙药。博克向 B 集团军群的将士发布了一个庆祝胜利的公告，称"悬在我们民族头上的大山"已被英勇献身的德国军人搬走。⁴ 对法战争的胜利就这样使国防军可以向德国人民自称文化解放者了。经过此番大胜，强大的第三帝国足以将布尔什维克逼入绝境，并在世界竞技舞台上与美国竞争。谁能说这一结果对德国不好呢？"红色方案"证明，至少对大部分德国人来说，用武装力量解决国际问题是完全合理的。1940 年的 7 月令人陶醉，此时的德国人还没有意识到，他们正热心地给自己的"元首"开出一张空白支票，让他准备未来的侵略。

德国教堂的钟声响了数天，战争似乎就要结束了。OKH 很快发出通知，一些预备役师将被遣散，士兵们将被送回家从事原来的职业。6 月 16 日，德国第 30 步兵师在巴黎举行了盛大的胜利阅兵仪式，此后德国人便安顿下来享受他们的胜利。德国士兵涌入巴黎，享受美景、美酒和女人。连希特勒也决定在 6 月 23 日访问巴黎，让全世界看到他在埃菲尔铁塔和拿破仑墓前亮相。7 月 19 日，战役期间伤亡 1108 人的"大德意志"团在巴黎圣母院举行感恩弥撒，庆祝他们的胜利。德国空军飞行员此时则驻扎在英吉利海峡沿岸，于舒适的住宅中度过暑假。

希特勒力图证明西线战役的伤亡很小，便将其与一战长长的伤亡名单做了比较。OKW 官方承认，国防军在 5 月 10 日—6 月 30 日共有 156492 人伤亡，其中 45458 人阵亡或失踪。德国空军人员伤亡约 7000 人，包括超过 800 名阵亡的机组人员。一失去奇袭的优势，德军的伤亡就变得更大了，"红色方案"中的伤亡数量占伤亡总人数的 57%。实际上，德军在"红色方案"中的伤亡类似于 1917 年 7 月—8 月的帕斯尚尔战役（报告期内，每 10 天有 2.4 万 ~3 万人伤亡），两者的差别在于，"红色方案"只持续了 3 周，而帕斯尚尔战役持续了 6 个月。

占领法国让德国陆军可以以缴获的装备扩充兵力，从而减少了德国经济的负担。根据停战协定第 5 条，法国必须将大部分未受损的军事装备交给德军。缴获的大多数装备，特别是卡车和火炮，被用于德军的二线和三线师。由于西线战役缴获了大量盟国卡车和牵引车，德国陆军实现了更多步兵师的摩托化改造。虽然战役中还缴获了超过 1200 辆的法国坦克，但德国人并没有将其用于自己的装甲师，而是将它们用于次要地区（如巴尔干半岛）的装甲支援。有些坦克还被用作新型自行火炮的底盘，它们的炮塔最终则被用于"大西洋壁垒"的防御。缴获的法国军事物资对德国总体战备的贡献难以估量，但毫无疑问，在 1941—1942 年的东线战役中德国使用了相当数量的前法国装备。更重要的是，德军在荷兰、比利时和法国共缴获了约 280 万吨油料，这为对苏战役提供了战略燃油储备。

战役的结果

法国战役的结局受到了 3 名将官——古德里安、魏刚和布鲁克的不服从行为的影响。默兹河破袭战期间，古德里安一再违背上级（克莱斯特和伦德施泰特）命令，实际上也无视了"元首"批准的止战令。如果古德里安遵守命令，那么德军向英吉利海峡的进攻将会明显变慢，从而给盟国提供的反应时间也会更多。古德里安不顾侧翼危险的鲁莽进攻，并不是"黄色方案"计划的一部分。"红色方案"期间，古德里安也在较小程度上无视了减慢速度的命令，这使他的装甲兵到达瑞士边境的速度超出了所有人的预期。古德里安在法国的豪赌得到了回报，他和其他德军将领都相信，这一切可以在别处复制。然而，在 1941 年对莫斯科的进攻中，古德里安将会发现，怀有赌博心态、认为敌人先天不足并以此为基础作战，可能会以惨败告终。

自魏刚从甘末林手中接过指挥权时起，他就保持着不服从的心态，无视雷诺政府的一切指示。公平地说，魏刚彻底蔑视文官监督军队的理念，使他不适合领导一支民主宪政国家的军队。尽管索姆河和埃纳河防线已出现缺口，魏刚仍固执地决定坚守，这种举动纯属自杀。而雪上加霜的是，他一直拒绝考虑其他方案。雷诺内阁打算在布列塔尼建立最后的防线，然后逃往北非，但魏刚尽一切力量阻止这些政策的颁布。他还确保了巴黎过早失守，其他前线城市在敌军抵达时宣布"不设防"。此后，当精心策划的惨败来临时，他又在内阁公然违抗雷诺的命令，成了这个合法政府崩溃的最后推手。如果魏刚是一名优秀的军人，积极履行对共和国的职责，法国的抵抗可能会再持续一个月，合法政府将转移到阿尔及利亚继续战争。

最后，布鲁克临时决定将第二支 BEF 撤出法国并停止与法国的军事合作，完全与丘吉尔给他的指令相悖。更糟糕的是，为了让战争内阁批准这一未经授权的撤退行动，他还在法国的真实情况上撒了谎。虽然内阁批准了撤离行动，但布鲁克得到的指令仍是向港口且战且退，并且坚守港口足够长的时间，以便将英军运到法国的大量装备撤走。可是他对这一指令视而不见，催促第二支 BEF 仓皇、混乱地退却，丢弃了宝贵的军用物资，造成了"兰开斯特里亚"号沉没的悲剧。布鲁克的所作所为给贝当及魏刚对英国的冷嘲热讽提供了证据，后者对英国人"不能信赖"的行为大加诽谤，从而鼓动法国内阁反对雷诺。如果布鲁克遵守命令，第 52（低地）师和博曼师也许会遭受损失，但会加强法国继续战斗的意愿。

可能出现的结局本质上只有两种，取决于法国决定何时参战，在欧洲战败后采取何种行动。考虑到战略力量的对比，法国要想避免在与第三帝国的面对面较量中失败，唯一的机会就是在国防军获得大量坦克、火炮和飞机之前对其实施打击，发动此类先发制人的军事攻击的短暂窗口期出现在 1936 年 3 月的莱茵兰危机期间。虽然法国可能无法击败德国，但对莱茵兰的德军部队实施打击将向希特勒展示法国在军事上的决心，干扰其重整军备的计划。当然，法国将受到英国和美国等国际舆论的责难，但从长期看不会有很大影响。法国在莱茵兰采取的军事行动将增强捷克和波兰等盟国对法国的信任，使它们在面对希特勒的领土要求时更加坚定，这远比《泰晤士报》的负面社评要重要得多。不幸的是，1936 年之后，法国人很快就无法掌控预防性战争这一选项了。

法国合法政府在北非继续战斗，而不是寻求停战，这是整场战役中的一个重大的反事实问题。雷诺当然有办法，也有决心下令内阁和部分军队在 1940 年 6 月转移到北非，这将确保法国至少暂时忠于盟国的目标。但是，魏刚认为法国没有能力从北非发动战争的观点是正确的——那里没有制造新武器的工厂，也没有足够的军事装备库存。而且，英国自身的军工制造将用于重建

BEF 和扩大 RAF，这意味着它最早也要到 1941 年年底才能向法国提供大量坦克、火炮和飞机。当然，雷诺政府可以在黄金储备耗尽之前，从美国购买一些武器。但是，前往北非的法国陆军和空军残部必须独立维持一年以上，而他们的武器几乎不足以守卫殖民地，更遑论采取其他行动了。苏联于 1941 年卷入战争后，法国将与之争夺英国《租借法案》的援助。1942 年中期之前，即使在最好的状况下，北非的法国军事力量也不可能得到充足的装备，积极参与对轴心国的战役——这比真正发生的情况好不了多少。

但是，德国人不太可能允许法国政府从北非继续作战，不论后者的贡献多么微不足道。首先，如果不停战，德国将占领整个法国本土，实施更加残酷的统治。为了迫使阿尔及尔的法国政府谈判，德国很可能开始毁灭法国城市，围捕平民充作强制劳工——无论如何，他们最终都会这么做。驻北非士兵和飞行员的家人可能遭到搜捕，被赶进集中营，对此盟国无力阻止。在这种情况下，法国将成为一个很大的"格拉讷河畔奥拉杜尔村"[①]。其次，德国"非洲军"（DAK）在 1941 年可能得到增援对突尼斯发动进攻，而不是在埃及展开行动。突尼斯的法国部队缺乏坦克或反坦克武器，无法阻挡隆美尔的装甲兵。那么，1942 年盟军在北非也就不会遇到维希部队，而要面对经验丰富的德军官兵了，"火炬行动"也将大大复杂化。所以，从北非继续战争的思路并不真的可行，甚至可能成为实现盟军目标的不利因素。

"红色方案"透视

由于甘末林的行动计划有误，法国陆军在默兹河沿线的初期战役中失利了，而因为色当的 2 个预备役师士气崩溃，这个错误转化成了一场民族的灾难。3 个法国装甲师发动的反攻未能扭转局面，原因很多，军事思想只是其中之一。法国装甲兵的主要失误是在进入敌军主攻方向时采用了错误的方式——逐次投入、毫无组织的正面进攻。法国军事思想恰恰有着相反的要求，坦克部队在投入战斗前必须有良好的组织。1940 年，法军没有必要以德军的方式使用装甲兵，

---

① 译者注：格拉讷河畔奥拉杜尔村是法国利穆赞大区的一个村庄，1944 年 6 月 10 日，纳粹党卫军以法国抵抗组织的活动为由，在这个村庄实施洗劫和屠杀，造成了 642 人死亡。

因为他们处于守势。集中装甲力量对进攻有好处，但并不利于防御。盟军未能阻止德军抵达英吉利海峡也有多方面的因素，包括迟钝的指挥控制程序，但这种问题在 BEF 和法国陆军中同样风行。普里乌的骑兵军在比利时让布卢缺口的表现证明，法国机械化部队在有利局面下完全能够阻挡德国装甲师。

"红色方案"期间，法国陆军在魏刚防线上证明，他们知道如何阻挡坦克的进攻，只是选择的防御地点是错误的。法国陆军和空军将士为法兰西牺牲的勇敢精神在整个战役中都得到了体现，有些地方甚至持续到了停战前的最后时刻。可是，两个关键缺陷使法国陆军遭到了失败：缺乏充足的火力以及武器储备。德国在设计地面作战部队时为其提供了比法国更多的支援武器，在大部分战术行动中都动用了更胜一筹的火力。自行榴弹炮和突击炮在 1940 年 6 月还不多见，但似乎总能出现在合适的地方。当交战不顺利时，例如法国重型坦克出现，德军会召唤空军的"斯图卡"和 88 毫米高射炮，以取得火力优势。在少数几个法军拥有火力优势的场合，德军部队也不得不将攻击重点转向其他区域。法军火力不足的根源是在战争开始时没能制造足够的现代化武器来全面装备所有部队，而且缺乏补充损失的预备军人。实际上，英国和德国在 1940 年都没能全面装备其预备役部队，或者迅速补充物资损失。双方都没有为长期战役做好准备。

战役一开始，法国的战争努力就因 AdA 的技术劣势和 RAF 不愿意将最好的战斗机投入法国而遭到削弱，这两个因素将空中优势拱手让给了德国空军。英国战前将大部分资源用于打造 RAF，而法国的大部分精力则花在了陆军上，以至于参战时没有一种战斗机能与 Bf-109E 匹敌。一旦德国空军在某个战区赢得制空权，它就能够为地面部队提供近距空中掩护，同时限制敌军的行动。如果没有空中优势，德军在 1940 年的战法就不可能那么有效。这在 1941—1944 年的苏联战役中也显现出来了，失去德国空军的有力支持后，德国装甲部队战斗力锐减。1940 年 5 月—6 月，AdA 所能发挥的作用有限，因为它们只能出动 MB.152 和 MS.406 等二流战机；RAF 有着更强的能力，却选择了不作为。从历史上看，战斗机司令部在法国没有起到多大作用，因为这支部队必须保持完好，以应对不列颠之战。[5] 可是在 1940 年夏季，不列颠之战并没有发生。在法国增加 200 架"喷火"战斗机也许不能改变战役的结局，但德国空军将处于更加不利的局面，也许就无法对英国发动旷日持久的大规模攻击了。

事实证明，英国在 1939—1940 年对法国而言只是一个不负责任的盟友，因为它在开始进行对德战争时，并没有怀着参与一场真正的战斗的政治意愿。张伯伦内阁将战争看成一个象征性的举动，只是为了让希特勒知道破坏国际条约是愚蠢的，却无意打一场血淋淋的战争。巴黎的达拉第内阁在同意对德宣战时也并不理解此举的警告意味。丘吉尔成为首相后，为英国的战争努力增添了更多活力，但他仍然不愿全力投入，因为他深知 1940 年夏季英国的军事资源非常有限。直到最后一刻，雷诺才震惊地发现英国愿意投入战斗的人员和物资有多么少——他并不了解后者的局限性。

1940 年的法国人如果拥有更多先进战斗机和反坦克炮，也许能避免速败，但即便如此，真正的问题仍是他们的军队没有完成主要使命——威慑。法国也不是唯一的失败者，所有西方民主国家都没能阻止战争爆发，因为它们的政治家和国民轻率地认为，厌战情绪就足以使他们免遭战争威胁。1940 年的耻辱属于政治家、社论作家、和平主义作家、自以为是的学生、社会主义鼓动者和其他一些人，他们散布虚假的"福音"：软弱可以维持和平，语言就足以抵御武装侵略。当希特勒替他们剥去这件脆弱的外衣时，西方民主国家就失去了最后的遮羞布，因为他们的军事机器已经严重退化。相比之下，希特勒从一开始就要求德国民众为一场复仇之战做准备，并无情地铲除了对此提出挑战的人。法西斯社会的主要目的之一，就是为了战争而从身体和心理上强化人民。

正如英国人在加查拉和新加坡、美国人在珍珠港和凯塞林隘口所见证的那样，战斗力的平庸和制度上的缺陷并不仅限于法国陆军。1940—1942 年的英国坦克部队，其作战思想甚至还不如 1940 年的法国，直到多次失败后才得以改进。过分强调管理而非领导力，行政职能优先于作战，一直都是军事失败的根源。盟军部队直到 1943 年中期才做好准备与大批德国地面部队进行旗鼓相当的战斗，而此时距离法国沦陷已过去三年了，这充分说明了吸取这些经验教训的难度。

对面临非常规威胁的 21 世纪西方民主国家来说，1940 年法国战败的经验教训仍然有用。法国没有能力有效守卫国土，清楚地证明了过分依赖集体安全是致命的错误。因此，正如法国在比利时身上所看到的，在集体安全体系中增加不愿意或没有能力做出重大贡献的成员，是没有意义的。

　　法国在 1940 年失去了大国地位，但少数法国职业军官（如戴高乐）证明，法国人并不缺乏战斗精神，抵抗之火也从未熄灭。高级将官和政治家可能软弱，但前线的下级军官和士官往往在战斗中表现出勇气和决心。然而，法国民众并没有全体投入战备，许多平民对战争的结局漠不关心。最终，正是备受鄙视的正规军挽回了法国军队的声誉。巴黎陷落后两年，马里 – 皮埃尔·柯尼希（Marie-Pierre Koenig）上尉的第 1"自由法国"旅在比尔哈基姆之战中英勇作战，阻挡了隆美尔的"德国非洲军"整整两周。战后，弗里德里希·冯·梅伦廷少将（Friedrich von Mellenthin）写道："一些英国军官嘲讽法军士气不振，但在整场沙漠战役中，我们再未遇到更英勇、更持久的防御了。"[6] 第一批德军走过香榭丽舍大道 4 年 2 个月后，勒克莱尔将军的第 2 装甲师解放了巴黎。事实证明，戴高乐和丘吉尔都是正确的：即使遭遇大败，也有可能扭转局面。巴黎的解放将第三帝国扔进了历史的垃圾堆，为法国以第四共和国之名重归民主做好了准备。

注释

1. Eugen Weber, The Hollow Years: France in the 1930s (New York: W. W. Norton & Co., 1994), p. 24.
2. Michael Marrus and Robert Paxton, Vichy France and the Jews (Stanford: Stanford University Press, 1995), pp. 77 - 95.
3. War Cabinet Meeting, W. M. (40) 184th Conclusions, 27 June 1940, Confidential Annex.
4. Der Oberbefehlshaber der Heeresgruppe B, 25 June 1940, 4. Armee, NAM (National Archives Microfilm), Series T-312, Roll 114, Frame 2772.
5. Richards, p. 150.
6. Friedrich W. von Mellenthin, Panzer Battles (New York: Ballantine Books, 1971), p. 134.

词汇表

英语

AASF（Advanced Air Striking Force）先遣空中打击部队

BEF（British Expeditionary Force）英国远征军

CIGS（Chief of the Imperial General Staff）帝国总参谋部

RAF（Royal Air Force）皇家空军

RTC（Royal Tank Corps）皇家坦克兵团

RTR（Royal Tank Regiment）皇家坦克团

TA（Territorial Army）地方自卫队

法语

AdA（Armée de l'Air）法国空军

BACA（Batterie d'Anti-chars Automoteurs）摩托化反坦克连

BCC（Bataillon de Chars de Combat）战斗坦克营

BCP（Bataillon de Chasseurs Portés）机械化猎兵营

BS（Brigade de Spahis）斯帕希骑兵旅

CA（Corps d'Armée）军

CACC（Compagnie Autonome de Chars de Combat）独立战斗坦克连

CSG（Conseil Supérieure de la Guerre）最高军事委员会

DCA（Défense Contre Avions）防空部队

DCR（Division Cuirassée）装甲师

DI（Division d'Infanterie）步兵师

DIA（Division d'Infanterie Africaine）非洲步兵师

DIAlp（Division d'Infanterie Alpine）山地步兵师

DIC（Division d'Infanterie Coloniale）殖民地步兵师

DIF（Division d'Infanterie de Forteresse）要塞步兵师

DIM（Division d' Infanterie Motorisée）摩托化步兵师

DINA（Division d' Infanterie Nord-Africaine）北非步兵师

DIP（Division d' Infanterie Polonaise）波兰步兵师

DLC（Division Légere de Cavalerie）轻骑兵师

DLI（Division Légere d'I nfanterie）轻步兵师

DLM（Division Légere Mécanique）轻机械化师

GA（Groupe d' Armées）集团军群

GB（Groupement de Bombardement）轰炸机集群

GBA（Groupement de Bombardement d'Assaut）攻击机集群

GC（Groupement de Chasse）战斗机集群

GFC（Group Franc Motorisé de Cavalerie）摩托化骑兵大队

GQG（Grand Quartier Général）最高司令部，大本营

GRCA（Groupe de Reconnaissance de Corps d' Armée）军属侦察大队

GRDI（Groupe de Reconnaissance de Division d'Infanterie）师属侦察大队

RAD（Régiment d' Artillerie Divisionnaire）师属炮兵团

RAL（Régiment d' Artillerie Lourde）重炮团

REI（Régiment Étranger d' Infanterie）外籍步兵团

RI（Régiment d' Infanterie）步兵团

RIA（Régiment d' Infanterie Africaine）非洲步兵团

RICMS（Régiment d' Infanterie Coloniale Mixte Sénégalais）塞内加尔殖民地混合步兵团

RIF（Régiment d' Infanterie de Forteresse）要塞步兵团

RIM（Régiment d' Infanterie Motorisée）摩托化步兵团

RMIF（Régiment des Mitrailleurs d' Infanterie de Forteresse）要塞步兵机枪团

RMVE（Régiment de Marche de Volontaires Étrangers）外籍志愿步兵团

RTS（Régiment de Tirailleurs Sénégalais）塞内加尔猎兵团

ZOAE（Zone d' Opérations Est）东部空中作战区

ZOAN（Zone d' Opérations Nord）北部空中作战区

ZONE（Zone d' Opérations Nord-Est）东北空中作战区

德语

HKL（Hauptkampflinie）主抵抗线

IR（Infanterie-Regiment）步兵团

JG（Jagdgruppe）战斗机联队

KG（Kampfgeschwader）战斗机群；德国空军轰炸机联队

LSSAH（Leibstandarte SS Adolf Hitler）党卫队阿道夫·希特勒警卫旗队（团级规模）

OKH（Oberkommando des Heeres）德国陆军司令部

OKW（Oberkommando der Wehrmacht）德军最高统帅部

PR（Panzer-Regiment）装甲团

PzJgAbt（Panzerjäger-Abteilung）装甲歼击营

SR（Schützen-Regiment）摩托化步兵团

SS-VT（SS-Verfügungsdivision）由多支部队组成的党卫军特别机动师

德军部队编制名称

Armee 集团军

Armeekorps 军

Armeekorps (mot.) 摩托化军

Aufklärungs-Abteilung 侦察营

Batterie 连

Bataillon 营

Bau-Lehr-Bataillon 特种任务建筑训练营（伪装的名称）

Flakkorps 防空军，高射炮军

Flak-Regiment 防空团，高射炮团

Fliegerdivision 航空师

Fliegerkorps 航空军

Gebirgs-Division 山地师

Gebirgsjäger-Regiment 山地步兵团

Heer 德国陆军

Heeresgruppe 集团军群

Jagdfliegerführer 德国航空队战斗机指挥部

Kavallerie-Division 骑兵师

Kradschützen Bataillon 摩托车步兵营

Kriegsmarine 德国海军

Landwehr 德国后备军人，地方自卫队员

Leichte-Division 轻装师

Luftflotte 航空队

Luftwaffe 德国空军

Maschinengewehr-Bataillon 机枪营

Panzerabwehr-Kompanie 反坦克连

Panzer-Division 装甲师

Panzergruppe 装甲集群

Pionier-Bataillon 工兵营

Schlacht 德国空军的攻击部队

Schützen-Brigade 摩托化步兵旅

Schwere Infanterie-Geschütz-Kompanie 重步兵炮连

SS-Standarte 党卫队旗队（团级规模）

Stab 德国空军联队指挥部

Sturmgeschütz-Batterie 突击炮连

Waffen-SS 武装党卫军（党卫队武装部队）

Wehrmacht 国防军，德国武装力量

Welle 波次

盟军战斗序列，1940年6月5日

英法高级军事委员会（SWC）

英国：温斯顿·丘吉尔（首相），克莱门特·艾德礼（副首相），安东尼·艾登（战争大臣），约翰·迪尔上将（爵士，帝国总参谋长），黑斯廷斯·伊斯梅上将，哈利法克斯勋爵（外交大臣）

法国：保罗·雷诺（总理），菲利普·贝当元帅（副总理），马克西姆·魏刚上将（总司令）

法军最高司令部（GQG）

GQG 预备队

第85非洲步兵师（85e DIA，莫里斯·魏梅埃少将）

第40步兵师（40e DI，安德烈·杜兰德准将）

第2波兰步兵师（2e DIP，布罗尼斯瓦夫·普鲁加尔－凯特林准将）

第10波兰装甲骑兵旅（斯坦尼斯瓦夫·毛采克准将）

第4集团军（军部，爱德华－让·雷坎上将，驻特鲁瓦）

第25军（军部，西尔韦斯特·奥代少将）

重组的部队

第7轻机械化师（7e DLM），从第4轻骑兵师组建

第17轻步兵师（17e DLI）

第53轻步兵师（53e DLI）

第 235 轻步兵师（235e DLI）

第 237 轻步兵师（237e DLI）

第 238 轻步兵师（238e DLI）

第 239 轻步兵师（239e DLI）

第 241 轻步兵师（241e DLI）

英国交通线部队（LoC，亨利·卡斯莱克中将）

博曼师（阿奇博尔德·B.博曼准将）

第3集团军群（安东尼 – 马里 – 伯努瓦·贝松上将）

第10集团军（马里 – 罗贝尔·阿尔特梅耶中将）

第 9 军（马塞尔·伊莱少将）

英国第 51（高地）步兵师（维克托·福琼少将）

英国第 2 装甲旅（理查德·L.麦克里里准将）

法国第 31 山地步兵师（31e DIAlp，阿尔塞纳·沃捷少将）

法国第 5 殖民地步兵师（5e DIC，费利克斯·塞谢少将）

法国第 2 装甲师（2e DCR，让 – 保罗·佩雷上校）

73 辆坦克（6 辆夏尔 B1 bis，15 辆 H39，52 辆 R35/R40）

法国第 2 轻骑兵师（2e DLC，安德烈·贝尔尼凯少将）

法国第 3 轻骑兵师（3e DLC，罗贝尔·珀蒂耶上将）

法国第 5 轻骑兵师（5e DLC，马里·沙努安准将）

第 10 军（皮埃尔·格朗萨尔少将）

法国第 13 步兵师（13e DI，朱尔斯·博杜安准将）

法国第 16 步兵师（16e DI，欧仁·莫尔当少将）

第 12 战斗坦克营 2 连（2e/12e BCC，R35 坦克）

法国第 24 步兵师（24e DI，保罗·瓦兰准将）

法国第 4 殖民地步兵师（4e DIC，马里·巴泽莱尔·德鲁皮埃尔少将）

第 12 战斗坦克营 1 连（1e/12e BCC，R35 坦克）

军预备队：第 12 战斗坦克营 3 连（3e/12e BCC，R35 坦克）

集团军预备队

英国第 1 装甲师（罗杰·埃文斯少将）

英国第 3 装甲旅（约翰·T. 克罗克准将）

法国第 4 装甲师（4e DCR，艾梅·叙德尔上校）

92 辆坦克（8 辆夏尔 B1 bis，23 辆 H39，28 辆 R35，27 辆 D2 和 6 辆 S35）

第 7 集团军（奥贝尔·弗雷尔中将）

第 1 军（特奥多尔-马塞尔·夏尔德中将）

法国第 7 北非步兵师（7e DINA，乔治·巴雷准将）

法国第 7 殖民地步兵师（7e DIC，路易斯·努瓦雷少将）

法国第 11 步兵师（11e DI，保罗·阿拉博斯准将）

法国第 19 步兵师（19e DI，费尔南·朗克吕准将）

法国第 29 山地步兵师（29e DIAlp，保罗·热罗迪亚准将）

法国第 47 步兵师（47e DI，马里·芒德拉准将）

第 24 军（弗朗索瓦·富热尔少将）

法国第 3 轻步兵师（3e DLI，弗朗索瓦·迪舍曼准将）

法国第 23 步兵师（23e DI，约瑟夫·让内尔少将）

法国第 87 非洲步兵师（87e DIA，亨利·马丁准将）

第 1 战斗坦克营（R35 坦克）

集团军预备队

法国第 1 装甲师（1ere DCR，马里·韦韦尔准将）

124 辆坦克（34 辆夏尔 B1 bis，90 辆 R35）

第 6 集团军（罗贝尔-奥古斯特·图雄上将）

第 17 军（奥内西姆·诺埃尔中将）

法国第 7 步兵师（7e DI，弗朗索瓦·于佩尔准将）

法国第 8 步兵师（8e DI，安德烈·多迪准将）

法国第 28 山地步兵师（28e DIAlp，乔治·莱斯蒂耶纳）

法国第 363 战斗坦克营（36e BCC，FT–17）

第 7 军（保罗·拉·波特·杜·泰伊少将）

法国第 42 步兵师（42e DI，弗朗索瓦·凯勒少将）

法国第 44 步兵师（44e DI，罗贝尔·布瓦索准将）

法国第 45 步兵师（45e DI，亨利·鲁少将）

第 17 战斗坦克营（17e BCC，R35 坦克）

第 23 军（马克西姆·热尔曼中将）

法国第 2 步兵师（2e DI，阿尔贝·克洛普芬施泰因准将）

法国第 10 步兵师（10e DI，乔治·艾梅准将）

法国第 14 步兵师（14e DI，让·德拉特尔·德塔西尼准将）

第 23 战斗坦克营（23e BCC，R35 坦克）

集团军预备队

法国第 27 山地步兵师（27e DIAlp，亨利·比泽蒙准将）

第 82 步兵师（82e DIA，古斯塔夫·阿明雅特少将）

第 2 集团军群（安德烈 – 加斯东·普雷特拉上将）

第 2 集团军（亨利·弗雷登堡中将）殖民地军（CAC，埃米尔·卡莱斯中将）

法国第 35 步兵师（35e DI，皮埃尔·德沙尔姆少将）

法国第 36 步兵师（36eDI，马塞尔·奥布莱少将）

法国第 3 摩托化步兵师（3e DIM，保罗·贝尔坦 – 布索准将）

法国第 3 装甲师（3e DCR，路易斯·比松上校）

75 辆坦克（30 辆夏尔 B1 bis，45 辆 H39）

第 7 战斗坦克营（7e BCC，FCM–36 坦克）

第 4 战斗坦克营（4e BCC，FCM–36 坦克）

第 10 战斗坦克营（10e BCC，FCM–36 坦克）

第 21 军（让·弗拉维尼中将）

法国第 1 殖民地步兵师（1e DIC，纪尧姆·鲁科少将）

法国第 6 步兵师（6e DI，奥古斯特·吕西安少将）

法国第 6 殖民地步兵师（6e DIC，吕西安·绍拉德准将）

第 3 战斗坦克营（3eBCC，29 辆 R35 坦克）

第 18 军（保罗 - 安德烈·杜瓦扬少将）

法国第 3 殖民地步兵师（3e DIC，莫里斯·法尔维准将）

法国第 3 北非步兵师（3e DINA，夏尔·马斯特准将）

法国第 6 北非步兵师（6e DINA，约瑟夫·韦迪亚克准将）

法国第 41 步兵师（41e DI，欧仁·布里杜准将）

比泰尔师（原蒙梅迪防区部队）

第 43 战斗坦克营（43e BCC，R35 坦克）

第 8 军（马里·德马兹少将）

法国第 59 轻步兵师（59e DLI）

第 3 集团军（夏尔 - 马里·孔代上将）

第 42 要塞军（加斯东·勒农多少将）

法国第 20 步兵师（20e DI，勒内·科尔贝准将）

法国第 51 步兵师（51e DI，保罗·博埃尔准将）

法国第 58 步兵师（58e DI，亨利·佩罗少将）

第 5 战斗坦克营（5e BCC，R35）

第 51 战斗坦克营（51e BCC，夏尔 2C 坦克）

第6军（吕西安·卢瓦佐中将）

法国第26步兵师（26e DI，马里·博纳西厄准将）

法国第56步兵师（56e DI，让·德米尔里准将）

布莱防区部队（SFB）

蒂翁维尔防区部队（SFT）

第30战斗坦克营（30e BCC，FT–17坦克）

第5集团军（维克托·布雷上将）

第20军（路易斯·于贝尔中将）

法国第52步兵师（52e DI，欧仁·埃沙尔准将）

第1波兰师（1e DIP，布罗尼斯瓦夫·杜赫准将）

福尔克蒙防区部队（SFF）

萨尔防区部队（SFS）

第20战斗坦克营（20e BCC，R35坦克）

第12军（皮埃尔·尚蓬中将）

法国第62步兵师（62e DI，艾梅·萨尔布尔斯·德拉·吉约涅尔准将）

法国第70步兵师（70e DI，亨利·弗朗索瓦少将）

法国第103要塞步兵师（103e DIF，弗雷德里克·瓦莱准将）

阿格诺防区部队（SFH）

第31战斗坦克营（31e BCC，FT–17坦克）

第43要塞军（费尔南·莱斯卡纳中将）

法国第30山地步兵师（30e DIAlp，阿梅代·迪龙准将）

罗尔巴赫防区部队（SFR）

第8集团军

第13军（乔治·米斯雷中将）

法国第 54 步兵师（54e DI，路易斯·科拉丹）

法国第 104 要塞步兵师（104e DIF，爱德华·库斯）

法国第 105 要塞步兵师（105e DIF，皮埃尔·迪迪奥准将）

米卢斯防区部队

科尔马防区部队

第 44 要塞军（朱利安·唐塞少将）

法国第 67 步兵师（67e DI，亨利·布蒂尼翁准将）

阿尔特基克 – 弗兰肯防区部队

蒙贝利亚尔防区部队

贝尔福防区部队

第 45 要塞军（马里于斯·达耶中将）

法国第 57 步兵师（57e DI，马里·古斯塔夫·特谢尔准将）

法国第 63 步兵师（63e DI，莫里斯·帕尔维准将）

汝拉防区部队

阿尔卑斯集团军（勒内 – 亨利·奥尔里上将）

第 14 军（艾蒂安·贝内少将）

法国第 64 山地步兵师（64e DIAlp，罗贝尔·德圣文森特少将）

法国第 66 山地步兵师（66e DIAlp，乔治·布歇少将）

萨伏依防区部队

多菲内防区部队

罗讷河防区部队

第 15 军（阿尔弗雷德·蒙塔涅中将）

法国第 65 山地步兵师（65e DIAlp，马里·德圣朱利安准将）

法国第 2 殖民地步兵师（2e DIC，古斯塔夫·迈尼昂少将）

滨海阿尔卑斯防区部队

尼斯防区部队

<u>第514战斗坦克集群（63辆FT-17坦克）</u>

法国空军（空军上将约瑟夫·维耶曼）
北部空中作战区（ZOAN，空军中将弗朗索瓦·德拉·维热里）
第21战斗机集群

第1战斗机大队第1中队（GC I/1，17架MB.152）、第2中队（GC II/1，15架MB.152）

第10战斗机大队第2中队（GC II/10，17架MB.152）、第3中队（GC III/10，15架MB.152）

第23战斗机集群

第3战斗机大队第1中队（GC I/3，13架D.520）、第2中队（GC II/3，10架D.520），第3战斗机大队第3中队（GC III 3，15架MS.406）

第4战斗机大队第1中队（GC I/4，20架H75A）、第2中队（GC II/4，30架H75A）

第6战斗机大队第1中队（GC I/6，16架MS.406）

第7战斗机大队第3中队（GC III/7，19架MS.406）

第8战斗机大队第1中队（GC I/8，14架MB.152）

第9战斗机大队第2中队（GC II/9，9架MB.152）

第1轰炸机集群

第62轰炸机大队第1中队（GB I/62，6架格林·马丁167F）、第2中队（GB II/62，9架格林·马丁167F）

第63轰炸机大队第1中队（5架格林·马丁167F）、第2中队（GB II/63，6架格林·马丁167F）

第2轰炸机集群

第 19 轰炸机大队第 1 中队（GB I/19 ,9 架道格拉斯 DB-7）、第 2 中队（GB II/19，6 架道格拉斯 DB-7）

第7轰炸机集群

第 11 轰炸机大队第 1 中队（GB I/11，6 架 LeO 451），第 23 轰炸机大队第 2 中队（GB II/23，7 架 LeO 451）

第9轰炸机集群

第 21 轰炸机大队第 1 中队（GB I/21，6 架阿米奥 351/354、4 架 MB.210）、第 2 中队（GB II/21，1 架阿米奥 351/354、4 架 MB.210）

第 34 轰炸机大队第 1 中队（GB I/34，3 架阿米奥 351/354、4 架阿米奥 143）、第 2 中队（GB II/34，2 架阿米奥 351/354、4 架阿米奥 143）

第18攻击机集群

第 54 轰炸机大队第 1 中队（GB I/54，11 架布雷盖 693）、第 2 中队（GB II/54，12 架布雷盖 693）

第 35 轰炸机大队第 2 中队（GB II/35，15 架布雷盖 691/693）

第19攻击机集群

第 51 轰炸机大队第 1 中队（GB I/51，11 架布雷盖 693）、第 2 中队（GB II/51，8 架布雷盖 693）

中部空中作战区（ZOAC）

第 5 战斗机大队第 1 中队（GC I/5，22 架 H75A）

东部空中作战区（ZOAE，空军中将勒内·布斯卡）
第22战斗机集群

第 2 战斗机大队第 1 中队（GC I/2，16 架 MS.406）、第 3 中队（GC III/2，28 架 H75A）

第5战斗机大队第2中队（GC II/5，17架H75A）

第6战斗机大队第2中队（GC II/6，27架MB.152）

第24战斗机集群

第2战斗机大队第2中队（GC II/2，20架MS.406）

第7战斗机大队第2中队（GC II/7，27架D.520）

第6轰炸机集群

第12轰炸机大队第1、第2中队，第31轰炸机大队第1、第2中队（GB I/12、GB II/12、GB I/31、GB II/31，共21架LeO451）

第10轰炸机集群

第38轰炸机大队第1中队、第2中队（GB I/38、GB II/38，16架阿米奥143）

第15轰炸机集群

第15轰炸机大队第1中队、第2中队（GB I/15、GB II/15，5架法尔曼222、2架法尔曼223）

法国海军航空兵

第2、第4俯冲轰炸机中队（AB2、AB4，12架卢瓦尔－尼波特LN 411俯冲轰炸机）

第3俯冲轰炸机中队（AB3，12架沃特156F俯冲轰炸机）

皇家空军驻法部队

航空兵指挥官：空军中将亚瑟·S.巴拉特

先遣空中打击部队（AASF，空军少将帕特里克·普莱费尔）

第67联队

第 1 中队（12 架"飓风"）

第 73 中队（12 架"飓风"）

第 501 中队（12 架"飓风"）

第 12 中队（费尔雷"战斗"）

第 88 中队（费尔雷"战斗"）

第 103 中队（费尔雷"战斗"）

第 142 中队（费尔雷"战斗"）

第 150 中队（费尔雷"战斗"）

第 226 中队（费尔雷"战斗"）

德军战斗序列，1940年6月5日

陆军司令部（OKH）

总司令：瓦尔特·冯·布劳希奇大将

参谋长：炮兵上将弗朗茨·哈尔德

B 集团军群（费多尔·冯·博克）

第4集团军（京特·冯·克卢格上将）

第1军（步兵上将库诺·冯·博特）

第1步兵师（菲利普·克勒费尔少将）

第11步兵师（赫伯特·冯·伯克曼少将）

第31步兵师（鲁道夫·肯普费中将）

第2军（步兵上将卡尔-海因里希·冯·施蒂尔普纳格尔）

第12步兵师（瓦尔特·冯·赛德利茨–库尔茨巴赫少将）

第32步兵师（弗朗茨·伯梅中将）

第57步兵师（奥斯卡·布吕姆中将）

第11摩托化步兵旅（金特·冯·安格恩上校）

第1机枪营

第3机枪营

第15（摩托化）军（步兵上将赫尔曼·霍特）

第5装甲师（约阿希姆·莱梅尔森中将）

第7装甲师（埃尔温·隆美尔少将）

第2（摩托化）步兵师（保罗·巴德尔中将）

森格尔混编快速旅【卡尔·冯·廷根男爵（上校）】

第38军（埃里希·冯·曼施泰因中将）

第6步兵师【阿诺德·冯·比格勒本男爵（中将）】

第27步兵师（弗里德里希·贝格曼中将）

第46步兵师（保罗·冯·哈泽少将）*

第1骑兵师（库尔特·费尔特少将）

*1938年起反希特勒抵抗运动的积极成员

第6集团军（瓦尔特·冯·赖歇瑙大将）

第44军（弗里茨·科赫中将）

第1山地师（路德维希·屈布勒中将）

第72步兵师（弗朗茨·马滕克洛特中将）

第83步兵师（一部）（库尔特·冯·德·舍瓦勒里少将）

第98步兵师（一部）（赫伯特·施蒂梅尔中将）

第5军（步兵上将里夏德·劳夫）

第62步兵师（瓦尔特·凯纳少将）

第94步兵师（一部）（步兵上将赫尔穆特·福尔克曼）

第263步兵师（弗朗茨·卡尔少将）

第8军（炮兵上将瓦尔特·海茨）

第8步兵师（鲁道夫·科赫－埃帕赫中将）

第28步兵师（约翰·辛胡贝尔少将）

第 40 军（骑兵上将格奥尔格·施图梅）

第 44 步兵师（弗里德里希·西伯特少将）

第 87 步兵师（博吉斯拉夫·冯·施图德尼茨少将）

克莱斯特装甲集群（骑兵上将保罗·路德维希·埃瓦尔德·冯·克莱斯特）

第 14（摩托化）军（步兵上将古斯塔夫·冯·维特斯海姆）

第 9 装甲师（阿尔弗雷德·里特尔·冯·胡比茨基少将）

第 10 装甲师（费迪南德·沙尔少将）

第 13（摩托化）步兵师（弗里德里希 – 威廉·冯·罗特基尔希·翁德·潘特恩少将）

第 9 步兵师（格奥尔格·冯·阿佩尔中将）

"大德意志"步兵团（威廉 – 胡诺尔德·冯·施托克豪森上校）

第 16（摩托化）军（骑兵上将埃里希·霍普纳）

第 3 装甲师（霍尔斯特·施通普夫少将）

第 4 装甲师（约翰·约阿希姆·施特弗少将）

第 4 步兵师（埃里克·汉森中将）

第 33 步兵师（鲁道夫·辛策尼希少将）

党卫军特别机动师（党卫队全国总指挥保罗·豪塞尔）

党卫军阿道夫·希特勒警卫旗队（LSSAH）（党卫队全国副总指挥约瑟夫·迪特里希）

第 9 集团军（步兵上将阿道夫·施特劳斯）

第 18 军（赫尔曼·里特尔·冯·施佩克中将）

第 25 步兵师（海因里希·克勒斯纳中将）

第 81 步兵师（弗里德里希 – 威廉·冯·勒佩尔少将）

第 290 步兵师（马克斯·登纳莱因中将，6 月 8 日在战斗中负伤）

第 42 军（工兵上将瓦尔特·孔策）

第 50 步兵师（康拉德·佐尔舍中将）

第 291 步兵师（库尔特·赫尔佐格少将）

第 292 步兵师（马丁·德默尔少将）

<u>第 43 军（弗朗茨·伯梅中将）</u>

第 88 步兵师（弗里德里希·戈尔维策少将）

第 96 步兵师（埃尔温·菲罗少将）

第18集团军（炮兵上将格奥尔格·冯·屈希勒尔）

<u>第 10 军（炮兵上将克里斯蒂安·汉森）</u>

第 18 步兵师（弗里德里希 – 卡尔·克兰茨少将）

第 61 步兵师（齐格弗里德·哈尼克中将）

第 216 步兵师（赫尔曼·伯特赫尔中将）

<u>第 28 军</u>

第 254 步兵师（瓦尔特·贝施尼特中将）

B 集团军群预备队

第 1 步兵师（菲利普·克勒费尔少将）

第 8 步兵师（鲁道夫·科赫 – 埃帕赫中将）

第 11 步兵师（赫伯特·冯·伯克曼少将）

第 19 步兵师（奥托·冯·克诺贝尔斯多夫少将）

第 28 步兵师（约翰·辛胡贝尔少将）

第 30 步兵师（库尔特·冯·布里森中将）

第 217 步兵师（里夏德·巴尔策中将）

A 集团军群（格尔德·冯·伦德施泰特大将）

第2集团军（骑兵上将马克西米利安·冯·魏克斯男爵）

第 5 军（工兵上将奥托 - 威廉·弗尔斯特）

第 5 步兵师（威廉·法尔曼巴赫尔中将）

第 15 步兵师（弗里德里希－威廉·冯·沙皮伊中将）

第 205 步兵师（恩斯特·里赫特中将）

第 293 步兵师（尤斯廷·冯·奥伯尼茨中将）

第 4 军（步兵上将赫尔曼·盖尔）

第 294 步兵师（奥托·加布克中将）

第 295 步兵师（赫伯特·盖特纳中将）

第 26 军（炮兵上将阿尔贝特·沃德里格）

第 34 步兵师（维尔纳·桑内少将）

第 45 步兵师（弗里德里希·马特纳中将）

第12集团军（威廉·李斯特大将）

第 3 军（炮兵上将库尔特·哈泽）

第 3 步兵师（沃尔特·里歇尔中将）

第 23 步兵师（海因茨·黑尔米希少将）

第 52 步兵师（汉斯－于尔根·冯·阿尼姆中将）

第 13 军（装甲兵上将海因里希·冯·菲廷霍夫 - 谢尔）

第 17 步兵师（赫伯特·洛赫中将）

第 21 步兵师（奥托·施蓬海默少将）

第 260 步兵师（汉斯·施密特少将）

第 17 军（步兵上将维尔纳·基尼茨）

第 10 步兵师（康拉德·冯·科亨豪森中将）

第 26 步兵师（西吉斯蒙德·冯·弗尔斯特中将）

党卫军警察步兵师

第 23 军（步兵上将阿尔布雷希特·舒伯特）

第 73 步兵师（布鲁诺·比勒尔中将）

第 82 步兵师（约瑟夫·莱曼少将）

第 86 步兵师（约阿希姆·维托夫特少将）

集团军预备队

第 298 步兵师（瓦尔特·格拉斯纳少将）

第 16 集团军（步兵上将恩斯特·布施）

第 7 军（步兵上将欧根·里特尔·冯·朔贝特）

第 24 步兵师（汉斯·冯·特陶少将）

第 36 步兵师（格奥尔格·林德曼中将）

第 58 步兵师（伊万·西纳特少将）

第 299 步兵师（威利·莫泽少将）

第 31 高级司令部（库尔特·加伦坎普中将）

第 161 步兵师（赫尔曼·维尔克少将）

第 162 步兵师（哈尔曼·弗兰克少将）

第 183 步兵师（贝尼格努斯·蒂博尔特少将）

第 34 高级司令部（汉斯·法伊格中将）

第 71 步兵师（卡尔·维森贝格尔中将）

第 169 步兵师（海因里希·基希海姆少将）

集团军预备队

第 16 步兵师（汉斯－瓦伦丁·胡贝少将）

第 68 步兵师（格奥尔格·布劳恩少将）

第 76 步兵师（马克西米利安·德·安格利斯少将）

古德里安集群（装甲兵上将海因茨·古德里安）

<u>第 39（摩托化）军（装甲兵上将鲁道夫·施密特）</u>

第 1 装甲师（弗里德里希·基希纳中将）

第 2 装甲师（鲁道夫·法伊尔中将）

第 29（摩托化）步兵师【维利巴尔德·冯·朗格曼·翁德·埃伦坎普男爵（少将）】

<u>第 41（摩托化）军（装甲兵上将格奥尔格 - 汉斯·赖因哈特）</u>

第 6 装甲师（维尔纳·肯普夫少将）

第 8 装甲师（阿道夫·孔岑中将）

第 20（摩托化）步兵师（毛里茨·冯·维克托林中将）

第 660 突击炮连

A 集团军群预备队

第 7 步兵师【埃卡德·冯·加布伦茨男爵（少将）】

第 211 步兵师（库尔特·伦纳少将）

第 253 步兵师（弗里茨·屈内中将）

第 267 步兵师（恩斯特·费斯曼中将）

第 269 步兵师（恩斯特 – 埃伯哈德·黑尔少将）

C 集团军群（威廉·里特尔·冯·李布大将）

第 1 集团军（埃尔温·冯·维茨莱本大将）

<u>第 12 军（步兵上将戈特哈德·海因里西）</u>

第 75 步兵师（恩斯特·哈默少将）

第 268 步兵师（埃里希·施特劳贝少将）

<u>第 24 军（骑兵上将莱奥·盖尔·冯·施魏彭布格）</u>

第 60 步兵师（弗里德里希 – 格奥尔格·埃伯哈特少将）

第 252 步兵师（迪特尔·冯·伯姆 – 本青少将）

第 665 突击炮连

第 30 军（炮兵上将奥托·哈特曼）

第 93 步兵师（一部）（奥托·蒂曼中将）

第 258 步兵师（瓦尔特·沃尔曼中将）

第 37 特种高级司令部（阿尔弗雷德·伯姆 - 泰特尔巴赫中将）

第 215 步兵师（巴普蒂斯特·克涅斯少将）

第 246 步兵师（埃里希·德内克中将）

第 257 步兵师（马克斯·菲巴恩中将）

第 262 步兵师（埃德加·泰森中将）

第 45 特种高级司令部（库尔特·冯·格赖夫中将）

第 96 步兵师（一部）（埃尔温·菲罗少将）

第 167 步兵师（汉斯·舍恩哈尔少将）

集团军预备队

第 79 步兵师（卡尔·施特雷克尔中将）

第 168 步兵师（汉斯·蒙特少将）

第 197 步兵师（迈尔 – 拉宾根少将）

第 198 步兵师（奥托·勒蒂希少将）

第 7 集团军（炮兵上将弗里德里希·多尔曼）

第 25 军（卡尔·里特尔·冯·普拉格尔中将）

第 555 步兵师（瓦尔德马尔·亨里齐少将）

第 557 步兵师（赫尔曼·库普里昂少将）

第 33 特种高级司令部（格奥尔格·勃兰特中将）

第 554 步兵师（安东·冯·希施贝格男爵【中将】）

第 556 步兵师（库尔特·冯·贝格少将）

集团军预备队

第 213 步兵师（勒内·德洛姆·德库尔比埃中将）

第 218 步兵师【沃尔德马尔·格罗特男爵（中将）】

第 221 步兵师（约翰·普夫卢格拜尔中将）

第 239 步兵师（费迪南德·诺伊林少将）

德国空军

第2航空队（航空兵上将阿尔贝特·凯塞林）

第1航空军（航空兵上将乌尔里希·格劳尔特）

第 1 轰炸机联队（KG 1）指挥部，第 1、2、3 大队（He 111H）

第 76 轰炸机联队（KG76）指挥部，第 1、2、3 大队（Do 17Z）

第 77 轰炸机联队（KG77）指挥部，第 1、2、3 大队（Do 17Z）

第4航空军（航空兵上将阿尔弗雷德·凯勒）

第 27 轰炸机联队（KG27）指挥部，第 1、2、3 大队（He 111P）

第 30 轰炸机联队（KG30）指挥部，第 1、2、3 大队（Ju 88）

第 1 教导联队（LG1）指挥部，第 1、2、3 大队（He 111H/Ju 88）

第8航空军【沃尔弗拉姆·冯·里希特霍芬男爵（少将）】

第 2 俯冲轰炸机联队（StG 2）第 1、3 大队（Ju 87）

第 76 俯冲轰炸机联队（StG 76，Ju 87）第 1 大队

第 1 教导联队（LG 1）第 4 大队（斯图卡）（Ju 87）

第 2 教导联队（LG2）第 2 大队（对地攻击）（Ju 87）

第 27 战斗机联队第 1 大队（Bf 109E）

第 21 战斗机联队第 1 大队（Bf 109E）

第2战斗机指挥部

第1驱逐机联队（ZG 1）第1、2大队（Bf 110C）

第26驱逐机联队（ZG 26）第1、3大队（Bf-110C）

第26战斗机联队（JG 26）指挥部，第1、2、3大队（Bf-109E）

第3战斗机联队（JG 3）第3大队（Bf-109E）

第20战斗机联队（JG 20）第1大队（Bf 109E）

第51战斗机联队（JG 51）第1大队（Bf-109E）

第27战斗机联队（JG27）第2大队（Bf-109E）

第2高炮军（奥托·德斯洛赫少将）

第6、第136、第201、第202高炮团

第3航空队（航空兵上将胡戈·施佩勒）

第2航空军（布鲁诺·勒尔策中将）

第2驱逐机联队（ZG2）指挥部，第1大队（Bf 110C）

第2轰炸机联队（KG2）指挥部，第1、2、3大队（Do 17Z）

第3轰炸机联队（KG 3）第2大队（Do 17Z）

第54轰炸机联队（KG 54）指挥部，第1、2、3联队（He-111P）

第5航空军（里特尔·冯·格雷姆中将）

第52驱逐机联队（ZG 52）指挥部，第1大队（Bf-110C）

第51轰炸机联队（KG 51）指挥部，第1、2、3大队（Ju 88A）

第55轰炸机联队（KG 55）指挥部，第1、2、3大队（Ju 88A）

第53轰炸机联队（KG 53）第1、2、3大队（He 111）

第2战斗机联队（JG 2）第1、2大队（Bf109E）

第3战斗机指挥部

第2战斗机联队（JG 2）指挥部，第1、2、3大队（Bf-109E）

第 53 战斗机联队（JG 53）指挥部，第 1、2、3 大队（Bf–109E）

第 2 驱逐机联队指挥部、第 1 大队（Bf 110C）

第 76 驱逐机联队（ZG 76）指挥部，第 2 大队（Bf–110C）

第 1 高炮军（高射炮兵上将胡贝特·魏泽）

第 101、第 102、第 103、第 104 高炮团

参考文献

回忆录与日记

【1】André Beaufre, 1940: The Fall of France (New York: Alfred A. Knopf, Inc., 1968).

【2】Charles de Gaulle, The Complete War Memoirs of Charles de Gaulle (New York: Carroll & Graf Publishers, Inc., 1998).

【3】Franz Halder, The Halder War Diary, 1939–1942 (Novato, CA: Presidio Press, 1988).

【4】Siegfried Knappe, Soldat: Reflections of a German Soldier, 1936–1949 (New York: Dell Publishing, 1992).

【5】Henri Lespes, Corps à corps avec les blindés (Paris: Plon. 1945).

【6】Sir Edward Spears, Assignment to Catastrophe, Vol. 1, Prelude to Dunkirk, July 1939 - May 1940 (London: Heinemann, 1954).

【7】Sir Edward Spears, Assignment to Catastrophe, Vol. 2, The Fall of France, June 1940 (London: Heinemann, 1954).

主要信息来源

War Cabinet Meeting, W. M. (40) Conclusions, from 10 May to 30 June, 1940.

马里兰州大学帕克分校国家档案馆缩微胶片（NAM）RG 242系列中的各种记录，包括德国集团军、军和师级记录。

注：许多与该战役相关的德国原始记录（如1940年6月第7装甲师作战报告）毁于盟军轰炸，纸质资料往往部分烧毁。国家档案馆没有任何保存下来的1940年6月德国 A、B 或 C 集团军群记录。

辅助信息来源

1. Jean-Marie Accart, Chasseurs du ciel: bataille de France. Mai–juin 1940 (Le-Luc-en-Provence: Éditions Vario, 2010).

2. Martin S. Alexander, The Republic in Danger: General Maurice Gamelin and the Politics of French Defence, 1933–1940 (Cambridge: Cambridge University Press, 1992).

3. Martin S. Alexander, 'Radio-Intercepts, Reconnaissance and Raids: French Operational Intelligence and Communications in 1940', Intelligence and National Security, Vol. 28, No. 3 (June 2013), pp. 337–376.

4. Claude Antoine, Orage en Champagne. 12 juin 1940 (Yens-sur-Morges: Cabédita, 2001).

5. Paul Auphan and Jacques Mordal, The French Navy in World War II (Annapolis, MD: Naval Institute Press, 1959).

6. André Beaufre, 1940: The Fall of France (New York: Alfred. A. Knopf, 1968).

7. Robert Boyce (ed.), French Foreign and Defence Policy, 1918–1940: The Decline and Fall of a Great Power

(New York: Routledge, 1998).

8. Alan Brooke, War Diaries 1939–1945 (London: Phoenix Press, 2002).

9. Anthony C. Cain, 'L'Armee de l'Air, 1933–1940: Drifting Toward Defeat' in Why Air Forces Fail: The Anatomy of Defeat ed. Robin Higham and Stephan J. Harris (Lexington, KY: The University Press of Kentucky, 2006), pp. 41–70.

10. Guy Chapman, Why France Fell: The Defeat of the French Army in 1940 (New York: Holt, Rinehart and Winston, 1969).

11. Robert M. Citino, The Path to Blitzkrieg: Doctrine and Training in the German Army, 1920–39 (Mechanicsburg, PA: Stackpole Books, 2008).

12. François Cochet, Les soldats de la drôle de guerre: septembre 1939 – mai 1940 (Paris: Hachette, 2004).

13. James Corum, A Clash of Military Cultures: German and French Approaches to Technology Between the World Wars (US Air Force School of Advanced Airpower Studies, 1994).

14. James S. Corum, The Luftwaffe: Creating the Operational Air War, 1918–1940 (Lawrence, KS: University Press of Kansas, 1997).

15. Charles de Gaulle, The Complete War Memoirs of Charles de Gaulle (New York: Carroll & Graf Publishers, Inc., 1998).

16. Robert A. Doughty, 'French Anti-Tank Doctrine, 1940: The Antidote that Failed', Military Review, Vol. LVI, No. 5 (May 1976), pp. 36–48.

17. Robert A. Doughty, The Seeds of Disaster: The Development of French Army Doctrine 1919–1939 (Hamden, CT: Archon, 1985).

18. Robert A. Doughty, 'The French Armed Forces, 1918–40', in Military Effectiveness, Vol. 2, ed. Allan R. Millett and Williamson Murray (Cambridge: Cambridge University Press, 2010).

19. Robert A. Doughty, The Breaking Point: Sedan and the Fall of France, 1940 (Mechanicsburg, PA: Stackpole Books, 2014).

20. Jean-Baptiste Duroselle, France and the Nazi Threat, The Collapse of French Diplomacy 1932–1939 (New York: Enigma Books, 2004).

21. David Drake, Paris at War 1939–1944 (Cambridge, MA: Belknap Press of Harvard University Press, 2015).

22. H. Dutailly, Les problèmes de l'armée de terre français 1935–1939 (Paris: Imprimerie Nationale, 1980).

23. Lionel F. Ellis, The War in France and Flanders (Uckfield, UK: The Naval & Military Press, Ltd., 2004).

24. Patrick Facon, L'Armée de L'Air dans la Tourmente: La bataille de France 1939–1940 (Paris: Economica, 2005).

25. Patrick Facon, Batailles dans le ciel de France: mai–juin 1940 (Paris: le Grand livre du mois, 2010).

26. Robert Frankenstein, Le prix du réarmement français 1935–1939 (Paris: Publications de la Sorbonne, 1982).

27. Karl-Heinz Frieser, The Blitzkrieg Legend: The 1940 Campaign in the West (Annapolis: Naval Institute Press, 2005).

28. Eleanor M. Gates, End of the Affair: The Collapse of the Anglo-French Alliance, 1939–40 (Berkeley, CA: University of California Press, 1981).

29. Jeffery A. Gunsburg, Divided and Conquered: The French High Command and the Defeat of the West, 1940 (Westport, CT: Greenwood Press, 1979).

30. Robin Higham, Two Roads to War: The French and British Air Arms from Versailles to Dunkirk (Annapolis, MD: Naval Institute Press, 2012).

31. Robin Higham, Unflinching Zeal: The Air Battles Over France and Britain, May–October 1940 (Annapolis, MD: Naval Institute Press, 2012).

32. Pierre Hoff, Les programmes d' armement de 1919 à 1939 (Château de Vincennes: Ministere de la Defense, 1982).

33. Alistair Horne, To Lose a Battle: France 1940 (New York: Penguin Books, 1979).

34. Julian Jackson, The Fall of France: The Nazi Invasion of 1940 (Oxford: Oxford University Press, 2003).

35. Peter Jackson, France and the Nazi Menace: Intelligence and Policy Making, 1933–1939 (Oxford: Oxford University Press, 2000).

36. Basil Karslake, 1940 The Last Act: The Story of the British Forces in France After Dunkirk (London: Archon Books, 1979).

37. Eugenia C. Kiesling, Arming Against Hitler: France and the Limits of Military Planning (Lawrence, Kansas: University Press of Kansas, 1996).

38. Eugenia C. Kiesling, 'Resting Uncomfortably on its Laurels: The Army of Interwar France' , in The Challenge of Change: Military Institutions and New Realities, 1918–1941 ed. Harold R. Winton and David R. Mets (Lincoln, NE: University of Nebraska Press, 2000).

39. Frédéric Le Moal and Max Schiavon, Juin 1940, La guerre des Alpes (Paris: Économica, 2010).

40. Dominique Lormier, Comme des lions: le sacrifice héroïque de l 'armée Française (Paris: Calmann-Lévy, 2005).

41. Dominique Lormier, La bataille de France jour après jour, mai–juin 1940 (Paris: le Cherche-Midi, 2010).

42. Jean Mabire, La Waffen SS dans la bataille de France. Mai–juin 1940 (Paris: Grancher, 2005).

43. M. H. Montfort, Les combats de la 16e DI sous Amiens: juin 1940, Revue Militaire Suisse, Volume 105 (1960), pp. 522–531.

44. Emile Obled, Bataille de l' Escault et de la Sensée Mai 1940 (Cambrai: Nord Patrimoine Editions, 2002).

45. Jean Paul Pallud, Blitzkrieg in the West: Then and Now (Harlow, UK: After the Battle, 1991).

46. Volkmar Regling, Amiens 1940: der deutsche Durchbruch südlich von Amiens 5. bis 8. Juni 1940 (Freiburg: Rombach, 1968).

47. Jacques Riboud, Souvenirs d' une bataille perdue 1939–1940 (Paris: Centre Jouffroy, 1994).

48. Jean-Pierre Richardot, 100.000 morts oubliés: Le bataille de France 10 mai–25 juin 1940 (Paris: Le Cherche Midi, 2009).

49. Dennis Richards, Royal Air Force 1939–1945, Vol.1, The Fight at Odds (London: Her Majesty' s Stationary Office, 1953).

50. Gerard Saint-Martin, L' arme blindée francaise: Vol. 1 Mai–juin 1940 (Paris: Economica, 1998).

51. Rafael Scheck, Hitler' s African Victims: The German Army Massacres of Black French Soldiers in 1940

(Cambridge: Cambridge University Press, 2006).

52. Stephen A. Schuker, 'France and the Remilitarization of the Rhineland, 1936', French Historical Studies, Vol. 14, No. 3 (Spring, 1986), pp. 299–338.

53. William M. Shirer, The Collapse of the Third Republic: An Inquiry into the Fall of France in 1940 (New York: Da Capo Press, 1994).

54. Nick Smart, British Strategy and Politics During the Phony War: Before the Balloon Went Up (Westport, CT: Praeger Publishers, 2003).

55. Jean Pascal Soudagne, L'histoire de la ligne Maginot (Rennes: Editions Oust-France, 2006).

56. Pierre Stéphany, La guerre perdue de 1940. 10 mai–25 juin. La bataille de France (Brussels: Ixelles éditions, 2013).

57. Martin Thomas, The French Empire Between the Wars: Imperialism, Politics and Society (Manchester: Manchester University Press, 2007).

58. Pierre Vasselle, La bataille au sud d'Amiens, 20 mai–8 juin 1940 combats des 7e DIC et 16e DI sur le plateau de Dury et de la 24e DI sur la position d'Essertaux (Abbeville: F. Paillart, 1948).

59. Pierre Vasselle, Les combats de 1940, 18 mai–9 juin, Haute-Somme et Santerre, Ligne de l'Avre et de l'Ailette (Montdidier: Carpentier, 1970).

60. Robert J. Young, In Command of France: French Foreign Policy and Military Planning, 1933–1940 (Cambridge: Harvard University Press, 1978).

61. Robert J. Young, France and the Origins of the Second World War (New York: St. Martin's Press, 1996).

法国空军参谋长约瑟夫·维耶曼上将在德国航空部长埃哈德·米尔希上将的陪同下，于1938年8月参观了德国第2战斗机联队的 Bf-109C 新型战斗机。德国人希望通过展示最新装备，在慕尼黑会议之前威胁法国领导层。维耶曼看到德国新型战斗机后意志消沉，承认法国空军已被超越。（德国联邦档案馆：Bild 183-H10840）

一辆法国 R35 步兵坦克正在展示其越过小型障碍的能力。根据20世纪30年代对战术作战条件的理解，法国步兵坦克很适合完成支援步兵进攻的主要使命。这些坦克是针对摧毁敌军机枪和碉堡设计的，而不是与敌方坦克交战。（作者的收藏）

法国修建马奇诺防线的决定，是确保边境地区免遭德军奇袭的局部解决方案，但这一工作显得三心二意，受到了资金不足的困扰。马奇诺防线的存在确实影响了德军在行动上的选择，但事实证明，它最终没有给法国带来太大好处。马奇诺防线的主要缺陷之一是缺乏远程火力，德军可以相对轻松地绕过单独的要塞。（作者的收藏）

1940年3月，"西墙"上的德国官兵。注意右侧士兵装备的一挺捷克造 ZB. vz. 26 轻机枪。法国战役开始时，守卫"西墙"的德国部队由较老的预备役人员组成，他们缺乏现代化装备。（德国联邦档案馆，Bild 146-2006-0187，洛迈尔拍摄）

1939—1940年冬季，法国官兵守卫着萨尔防区铁丝网后的一条警戒线。当地法军指挥官没有利用这一机会让各个师熟悉作战条件，而是满足于前线上"和平共存"的局面，这有利于德军。图中可以看出法军前线部队的装备是多么低劣，使用的还是栓式步枪。考虑到这是法国当时唯一正面对敌的地区，这些部队至少应该得到现代化的 MAS 36 步枪。（作者的收藏）

德国 A 集团军群司令格尔德·冯·伦德施泰特。虽然身为典型的普鲁士总参谋部军官的他声誉很高，但作为战场指挥员能力平平，相比 1939—1945 年对阵的盟军指挥员并无多大优势。（德国联邦档案馆，Bild 183-L08127）

"黄色方案"和"红色方案"期间的德国 B 集团军群司令费多尔·冯·博克大将。博克是典型的普鲁士总参谋部军官，但他愿意支持德国秘密重整军备及希特勒掌权。（德国联邦档案馆，Bild 183-1986-0226-500）

1939—1940 年冬季，希特勒在"李斯特"团的食堂里。希特勒不愿意完全依赖陆军高级领导人，如布劳希奇和哈尔德报告的作战部队的士气情况，而是尽量亲自观察。他还喜欢和一战旧部队的新人保持联系，以凸显其 4 年的前线作战经历。（作者的收藏）

1939年，马克西姆·魏刚上将正在审阅文件。虽然20世纪30年代初，魏刚在法国军队现代化中起到了重要的推动作用，但他在1935年就已经退役，在1940年时已经算是"遗老"了。（Pictorial Parade/盖蒂图片社提供照片）

从1931年起到1940年德国入侵为止，莫里斯·甘末林上将是法国军事现代化的指引者。甘末林对打造现代化全能型陆军有清晰的设想，但对空军的技术和组织问题没有给予足够重视。（作者的收藏）

"黄色方案"开始时，法国空军前线部队有100架可用的寇蒂斯 H-75A 战斗机，尽管在战斗中损失了至少35架，"红色方案"开始时仍然有117架可用的 H-75A。AdA 能在一段时间内保持其前线兵力，是因为其可用的战斗机数量多于合格的飞行员。停战之前，法国共从美国接收了266架 H-75A 战斗机。整个战役期间，H-75A 与更胜一筹的 Bf-109E 交换比至少为1比1，这证明了战前法国骨干战斗机飞行员的能力。尽管如此，H-75A 在速度和武备上都不如 Bf-109E。（作者的收藏）

霍奇基斯8毫米机枪于1914年推出，1940年仍是法国陆军的主要重机枪。一个法国步兵营编制内有16挺霍奇基斯机枪，这是一种合格的武器，但无法与德国最新型MG34机枪的高射速相匹敌。因此，法国步兵的火力明显不如对手。（作者的收藏）

波兰流亡政府在9个月内便于法国招募了超过8万名军人。大部分波兰官兵是1939年战役的老兵，与其他盟军部队不同，他们十分仇视第三帝国，部队中毫无和平主义和失败主义情绪。许多人逃到了英国和中东，这对盟国的目标是件幸事。如果装备得当，波兰军队可与国防军相媲美，他们在北非—意大利—诺曼底的战场上证明了这一点。（作者的收藏）

德军MG34小队从一座楼房里向外射击。1940年，一个典型的德国步兵团编制大约有115挺轻机枪，超过法军2倍。弹带供弹的MG34具有很高的射速，在大部分战术行动中都很有可能取得火力上的优势。不过，MG34的数量仍然不足，许多德国预备役部队装备着过时的一战武器或者缴获的捷克造机枪。（作者的收藏）

355

德军在西线取胜的关键之一是 Bf-109E 战斗机，它超越了所有在法国上空作战的盟国战斗机。Bf-109E 在可以大量生产的紧凑机身中结合了速度、可操纵性和火力，战役开始时德军可用的该型战机有将近1000 架。（作者的收藏）

德国第1装甲师第1步枪团团长赫尔曼·巴尔克中校（右）将缴获的法国军旗献给装甲兵上将海因茨·古德里安。巴尔克是进军英吉利海峡的领军人物，此时又推进到瑞士边境。（作者的收藏）

法国第7集团军司令奥贝尔·弗雷尔中将（摄于1940年6月）。弗雷尔是一名真正的军人——他在一战中曾是出色的步兵营长，战斗中三次负伤。1940年5月，他在德军突破后收拾残局，成功地在索姆河以南建立了新的连续战线。（作者的收藏）

德国摩托车步兵部队经过一座村庄。注意，每辆摩托车运送3名士兵，他们在与敌接触时迅速下车。摩托车步兵营利用战术机动性，在德军早期的胜利中起到了关键作用，但后来的事实证明，他们不适于俄罗斯的泥泞道路。（德国联邦档案馆，Bild 101I-124-0219-18，欣茨摄影）

1940年5月17日，法国第8战斗坦克营（隶属第2装甲师）的夏尔 B1 bis 坦克"快速"号（Rapide）在吉斯的瓦兹河桥梁上被击毁。当地法军指挥官分散使用第2装甲师的坦克，以便阻击强渡瓦兹河的德军，但这实际上使该师被各个击破。从"快速"号旁边建筑物的损坏情况看，德军似乎使用了相当猛烈的火力，但只打断了"快速"号的一段履带。（《南德日报》照片，00011215）

戴高乐麾下第46战斗坦克营的一辆夏尔 B1 bis 坦克（"克拉奥讷"号）于1940年5月17日蒙科尔内反击战中损坏并被抛弃。许多法国重型坦克是因为机械故障（特别是过于精细的转向系统）而损毁的，并非敌军之功。（作者的收藏）

让－马里·德西塞少校的第37战斗坦克营（隶属于法国第1装甲师）从默兹河且战且退，他的最后5辆夏尔B1 bis坦克在比利时的城镇博蒙（距法国边境不到3公里）耗尽了燃油。当德国第5装甲师的坦克于5月16日抵达该镇时，法国坦克手将瘫痪的坦克付之一炬，徒步撤离了。这些坦克经过精心布置，堵塞了主干道，德军花费了一天多时间才清除这些闷烧中的残骸。三天的战斗中，第37战斗坦克营损失了全部的35辆坦克，31名车组人员阵亡（包括2位连长）。（德国联邦档案馆，Bild 101I-125-0277-12，海因茨·弗雷姆克拍摄）

德国37毫米反坦克炮炮手们等待着盟军装甲兵。虽然37毫米PaK能够轻松击穿大部分英国坦克，但除非近距离平射，否则无法穿透"玛蒂尔达"II型和法国夏尔B1 bis坦克的厚重装甲。德国陆军在其主要威胁是轻型坦克时开发了主战反坦克炮，但当敌军开始在战场上部署中型和重型坦克时，这种武器就无法对抗了。（作者的收藏）

英国第7皇家萨塞克斯营的两名士兵，他们于1940年5月20日在亚眠以南与德军第1装甲师的交战中阵亡。德军突破到英吉利海峡后，BEF试图将装备低劣的地方自卫队调到索姆河以北的阻击阵地迟滞敌军的进攻，但此举彻底失败了。第7皇家萨塞克斯营被德军包围，几小时内便被全歼。（德国联邦档案馆，Bild 146-1989-122-24A）

1940年5月21日的阿拉斯反攻战后，英国"玛蒂尔达"II型坦克"幸运"号（来自皇家坦克团7营）在失去战斗力后被抛弃。和法国夏尔 B1 bis 型坦克一样，丘吉尔II型坦克也能抵挡德国主要坦克炮——37毫米 Pak。但是，少量丘吉尔II型坦克在缺乏步兵及炮兵支援下的情况下发动进攻，被德军逐次摧毁。16辆"玛蒂尔达"II中只有2辆幸免于难。图中的德国军官指出了正面装甲上的弹孔，那明显是一发88毫米穿甲弹留下的。（德国联邦档案局，Bild 101I-127-0399-16A，海因茨·伯西希摄影）

1940年5月27日，英国第1装甲师的一辆 Mk III（A-13）巡洋坦克在于皮附近被击毁。1940年的大部分英国坦克装甲防护不足且火力有限，不适合持续战斗。但是，英国人意识到美国设计的克里斯蒂悬挂系统具备法国陆军所没有的实用性。法国坦克在装甲和火力上更胜一筹，而英国巡洋坦克机动性较好——这就是击败德国装甲师的一个不为人知的方案。（作者的收藏）

英国第1装甲师第2装甲旅的一辆Mk Ⅰ(A-9)近距支援巡洋坦克在阿布维尔附近被击毁。近距支援坦克装备1门94毫米后膛装弹迫击炮，用于发射烟幕弹和高爆炮弹，打击敌军反坦克炮，但抵达法国时没有迫击炮弹。与法国陆军一样，BEF研发了合格的武器，但无法确保它们在抵达战场时做好了战斗准备。（作者的收藏）

一门88毫米高射炮向法国地面目标开火。德军在两用高射炮上的大量投入在1940年的西线战役及此后的战役中都得到了很大的回报。88毫米高射炮在战场上一次又一次击退了盟军坦克的攻击，它既能给法国夏尔B1 bis重型坦克以致命打击，也能威胁马奇诺防线的要塞。（德国联邦档案馆，Bild 101I-769-0231-11，埃里克·博尔歇特摄影）

1940年5月29日阿布维尔战役期间，一名英军士兵检查被法国索玛S35坦克摧毁的一门德国88毫米高射炮。德国空军的这种两用高射炮在挫败盟军反攻中起到了关键作用，否则，这次反攻很有可能击溃德国第57步兵师一部，消灭敌军桥头堡。盟军缺乏炮兵支援，只能靠代价沉重的正面攻击来消灭这些高射炮，戴高乐为此付出了大部分坦克。（作者的收藏）

1940年5月底在阿布维尔附近被俘的德国第57步兵师士兵。这个巴伐利亚人组成的步兵师连续几天遭受盟军反攻的重压，但努力守住了阵地。索姆河沿岸的战斗中，盟军俘虏了数百名德国官兵，不过大部分都在几周内获释。（作者的收藏）

这是一个不同寻常的瞬间，被困的里尔法国守军于1940年6月1日得到了战争中的礼遇，包括在德军监督下携带武器列队出城（他们的步枪卸下了子弹）。图中可以看到德国军乐队。此后，批准举行这一仪式的德国军长遭到严厉申斥。（德国联邦档案馆，Bild 101I-126-0311-06，海因茨·弗雷姆克摄影）

法国上空由4架Ju-87B"斯图卡"俯冲轰炸机组成的编队。"斯图卡"是法国战役中德军的关键武器系统之一，具备轰炸点目标的能力。它通常携带1枚SC 250、4枚SC 50炸弹。图中的"斯图卡"已经扔下了炸弹。（《南德日报》照片，00466592）

德军 s.K18 100毫米加农炮是典型的军级和师级支援武器，用于在"红色方案"等精心策划的攻势中扩增师属炮兵。s.K18是一种很笨重的武器（5.5吨），但可以将15公斤重的高爆弹发射到16公里之外。必要时，s.K18还可用于反坦克任务。与使用一战遗留武器的法国炮兵不同，德国陆军炮兵主要使用现代化设备。（作者的收藏）

党卫军"警察"师士兵准备乘坐8人充气突击艇渡河。这可能是"红色方案"即将开始时的一次训练。党卫军"警察"师是未参加过战斗的新编制。注意在图中左侧爆炸的烟幕弹。（德国联邦档案馆，Bild 121-0610）

英国第51高地师步兵在阿布维尔周边的战斗中抢占一个临时射击阵地。这种拥挤的部署方式说明，1940年的大部分英军步兵战术训练有限；1发迫击炮弹就可以消灭这个排的2挺布伦轻机枪。有作战经验的老兵太少，无法训练派到法国的大量地方自卫队士兵，他们的许多训练都匆忙且不切实际。德军迫击炮和机枪能够迅速杀伤这种集中目标。（作者的收藏）

埃尔温·隆美尔少将手持地图板，走到他的一个装甲纵队前面，以便更好地观察。隆美尔的第7装甲师主要装备捷克造Pz 38(t)坦克，与德国坦克相比，这种坦克拥有良好的机动性和火力，但比不上更好的法国坦克。隆美尔喜欢引起人们的注意，确保他的部队有一个宣传连跟随，拍下他所取得的战绩。他是德国陆军在法国战役中最出风头的人物之一。（德国联邦档案馆，Bild146-1998-043-20A）

一辆德国 Sd.Kfz.251 半履带车穿过埃纳河附近的一片玉米地。虽然德军只有少量装甲人员运送车参加法国战役，但它们证明了自己的价值，至少让一些步兵能够跟上坦克。（《南德日报》照片，00024666）

法国第6集团军旗下第10步兵师的一名年轻法国士兵，于1940年6月11日在蒂埃里城堡附近被俘。法国常备军的每个团都有一个由新兵组成的训练营，法军最高司令部在"红色方案"开始前用这些部队补充遭受重创的前线各师。这名士兵的脸上，被俘时的震惊之情显露无遗。（德国联邦档案馆，Bild 146-2010-0014）

乘坐充气筏横渡马恩河的德国步兵。到德军抵达马恩河时，法国第6集团军已陷入混乱，无法沿整条河流建立连续防线。从筏上士兵们从容不迫的外表看，对岸不太可能有法军驻守。(《南德日报》照片，00466829)

魏刚防线基于配备野战炮、反坦克炮、机枪和迫击炮的据点。值得尊敬的75毫米 M1897加农炮在前线被用作反坦克炮，但它只能勉强执行这一任务。这种75毫米炮有很高的射速和丰富的弹药品种，但实际上只能在固定阵地上使用。1940年的许多法国炮兵面对敌军的坦克攻击，会在自己的武器旁边战斗到死。(作者的收藏)

来自第51轰炸机联队（昵称"雪绒花"）第1大队的一架Ju 88A轰炸机准备出动。Ju 88A是1940年德国空军最现代化的轰炸机，通常承担最困难的任务。（德国联邦档案馆，Bild 101I-402-0265-03A，金特·皮尔茨拍摄）

一门德国105毫米FH 18榴弹炮直接打击街对面的目标。遇到抵抗时，德军通常借助炮兵或者空袭压制敌人。榴弹炮放在街道中央，说明敌军的抵抗不是特别强，因为左侧的装弹手完全暴露在反击火力中。（《南德日报》照片，00466593）

一个武装党卫军机枪小队越过敌军设置的障碍前进。西线战役是武装党卫军展示其疯狂战法的第一个真正机会，这种狂热很快就表现为对盟国平民及战俘的多起战争罪行。但除了独特的迷彩服外，1940年的武装党卫军士兵训练与装备并不特别好。（作者的收藏）

一名在埃纳河沿岸战斗中阵亡的德军士兵。魏刚防线早期的战斗多数都是德国步兵渗透法国据点，但这些努力并不总是能取得成功。（作者的收藏）

在法国被击毁的一辆 Pz 35(t) 坦克。第6装甲师是德军中唯一装备捷克造 Pz 35(t) 坦克的装甲部队，这些坦克是占领捷克斯洛伐克后缴获的。与能力更强的 Pz 38(t) 坦克不同，德国人并没有继续制造 Pz 35(t)，1941 年底，该型坦克已经消耗殆尽。尽管如此，缴获的数百辆捷克坦克以及生产更多坦克的一家工厂，都在德国国防军早期的征服行动中起到了重要作用。（德国联邦档案馆，Bild 146-1989-105-04A，O·鲍尔摄影）

法国陆军于1934年引进25毫米霍奇基斯 SA34 反坦克炮，这种火炮可以在500米或者更远距离上击毁1940年的任何德军坦克。SA34 装有消焰器，在战场上难以被发现，且在许多方面都优于德国的 37 毫米 PaK。在魏刚防线上的战斗期间，即便少数几门霍奇基斯炮也能给进攻的装甲兵造成严重损失。（作者的收藏）

一辆SdKfz 232重型装甲车小心翼翼地接近路障，用机枪连续射击以压制可能的敌军阵地。魏刚防线瓦解后，退却的法国各集团军留下路障以迟滞敌军侦察部队。不过，障碍只有在具有火力掩护时才能起作用，否则很容易绕过。（德国联邦档案馆，Bild 101I-124-0219-28，欣茨拍摄）

德国第7装甲团（隶属于第10装甲师）的一辆3号E型（中型）坦克越过被毁村庄的废墟。法国战役开始时，德军只有349辆三号坦克，停战时损失了135辆（38%）。Pz III 的机动性优于最好的法国坦克，但在火力和装甲防护上有所不及。（《南德日报》，00011429）

1940年6月16日前后，德国步兵在科梅尔西押送一名法国战俘。法国陆军征召了大量西非士兵，1940年的战役中，有6.3万名西非士兵在16个团中服役。整场战役中，党卫军和德国陆军士兵都对非洲裔战俘实施特别严厉的惩罚。据信在停战前有超过1000人被杀害，还有许多人死在德国战俘营。(《南德日报》照片，00466907)

1940年6月14日，一支德国巡逻队试探性地走上万军林荫大道，通过凯旋门。德军不完全相信巴黎不设防，最初派出小股巡逻队进城，包括摩托车和少量装甲车。注意图中街上的平民——留下来的巴黎人对第三帝国的首次亮相无动于衷。（作者的收藏）

第二支 BEF 名义上的指挥官艾伦·布鲁克中将（中）只在位四天，就乘坐网拖渔船"剑桥郡"号返回了英格兰。自行终止了伦敦战争内阁交给他的任务后，布鲁克抢在其他人阻止他之前，匆忙拆散了整个英国驻法的军事架构。他因为丢弃大量装备而遭到批评，但短暂使命的可耻结束却很快被人抛诸脑后。（作者的收藏）

一辆德国四号坦克经过奥尔良殉难广场的圣女贞德雕像。由于当局下达了令人困惑的指令，宣布这个有2万多名居民的城市不设防，法国第7集团军无法实施防御。就在法国官兵不确定应该放弃还是守卫这座城市的时候，德国第33步兵师已列队开进奥尔良。（作者的收藏）

"兰开斯特里亚"号于1940年6月17日沉没，造成超过3000名军事人员死亡，这成了英军在整个战役中最大的失败。第二支BEF的撤离十分匆忙，没有充分的战斗机掩护，造成了这场悲剧。法国战舰协助救援"兰开斯特里亚"号的幸存者。听说了这一灾难后，丘吉尔命令封锁有关消息，因为他认为此类消息只会损伤士气，即便战后的大部分历史书籍也鲜有提及"兰开斯特里亚"号灾难的。（作者的收藏）

德国步兵占领马奇诺防线的一座碉堡。事实证明，即便没有要塞间部队和炮兵的支援，马奇诺防线的阵地仍是很难啃的骨头，很多阵地一直坚守到6月底。德军对马奇诺防线上被孤立的要塞试验了不同战术，包括锥形炸药和重炮，但只成功地摧毁了外围的炮塔，对要塞内的法国守军无能为力。(《南德日报》照片，00466563)

1940年6月22日，德国第1装甲团的一辆四号D型坦克在孚日山脉中。此时，德军控制住了被困于贝尔福以北的法军部队，在使用装甲兵方面更为保守。由于德军交通线太长，前线部队的油料极度短缺。法国战役证明，四号坦克是运动战的可靠工具，但它的低速火炮更适合打击碉堡而非敌军坦克。(德国联邦档案馆，Bild 146-1981-070-15)

因1940年6月21日—24日与意大利的短暂冲突，法国部队在阿尔卑斯山作战。山区的地形和气候完全不利于意军，小股法军特遣队就足以阻击数量上占优势的意大利部队，直到停战协议生效。这场短暂的战役也说明了法国预备役部队守卫领土的意愿和能力。(作者的收藏)

一个德国步兵班经过一座法国村庄，小心翼翼地搜寻剩下的守军。街上的瓦砾表明，这座村庄遭到了轰炸或者炮击。从埃纳河开始的追击战中，推进的德军例行公事地轰炸前进道路上的法国村庄，不管在那里有没有发现法国部队。（《南德日报》照片，00466692）

在法国的德国人欢庆胜利。西线战役的速胜使希特勒在接下来的五年里得到了德国民众的支持。德国的民族自豪感上升到了危险的水平，希特勒因此得到了自由处理权。国防军的主旨是为德国民众提供更多"轻而易举"的胜利，为纳粹当局创造宣传的机会。第三帝国承受1941—1944年挫败的能力，在很大程度上基于民众的支持，从这张照片中可以明显地感受到这一点。（作者的收藏）

战争开始时，停泊在凯比尔港的法国战列巡洋舰"敦刻尔克"号和"斯特拉斯堡"号。法国海军获准在战舰和北非的海军基地上投入了过多资源，而这些装备对遏止德国侵略或者本土防御毫无贡献。奇怪的是，丘吉尔比希特勒更担心这些战舰，后者实际上对法国舰队的命运漠不关心。（作者的收藏）

1940年7月3日，法国战列舰"布列塔尼"号在英军袭击凯比尔港海军基地后起火下沉。前景可见15英寸（381毫米）炮弹溅起的水花。"布列塔尼"号不久后沉没，损失了1012名船员——这是法国海军在整场战争中遭受的最大损失。（作者的收藏）

夏尔·戴高乐只是一位年轻军官和雷诺内阁中地位较低的成员，却是唯一真正努力使法国继续对抗德国的人。他得到的回报是贝当政权的死刑判决，并被英美视为不合法且无足轻重的人。尽管如此，戴高乐坚定的爱国主义精神成了榜样，帮助"自由法国"从1940年的一颗小小种子，成长为1944年解放巴黎时超过50万人的武装部队。戴高乐有许多特质——机会主义者、以自我为中心、难以合作——但他在1945年第三帝国最终战败时，帮助法国回到了大国的行列。（作者的收藏）

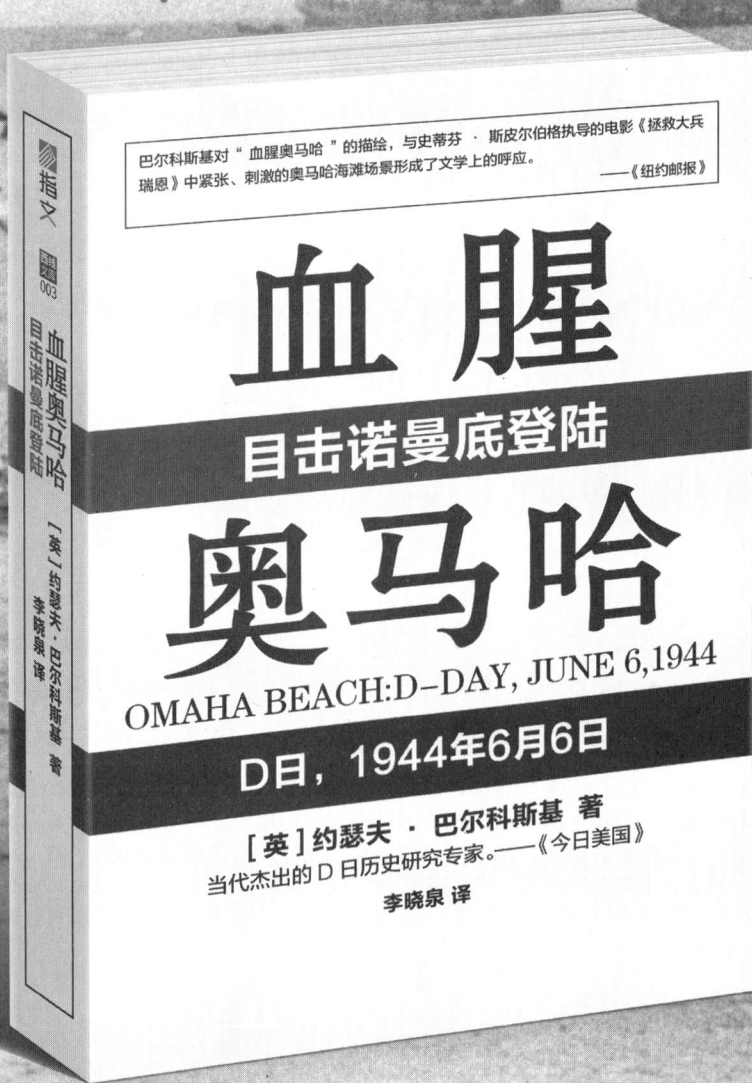